信用评级原理与实务

冯光华等　编著

责任编辑：王雪珂
责任校对：李俊英
责任印制：张也男

图书在版编目（CIP）数据

信用评级原理与实务/冯光华等编著. —北京：中国金融出版社，2019.7
ISBN 978-7-5049-9849-1

Ⅰ. ①信…　Ⅱ. ①冯…　Ⅲ. ①资信评估—研究—中国　Ⅳ. ①F832.4

中国版本图书馆CIP数据核字（2018）第249329号

信用评级原理与实务
Xinyong Pingji Yuanli yu Shiwu

出版
发行　中国金融出版社

社址　北京市丰台区益泽路2号
市场开发部　（010）63266347，63805472，63439533（传真）
网 上 书 店　http://www.chinafph.com
　　　　　　（010）63286832，63365686（传真）
读者服务部　（010）66070833，62568380
邮编　100071
经销　新华书店
印刷　北京侨友印刷有限公司
尺寸　169毫米×239毫米
印张　24.75
字数　398千
版次　2019年7月第1版
印次　2019年7月第1次印刷
定价　69.00元
ISBN 978-7-5049-9849-1
如出现印装错误本社负责调换　联系电话（010）63263947

《信用评级原理与实务》

编委会名单

顾　问： 纪志宏　谢　多

主　编： 冯光华

副主编： 任东旭

编　委（按姓氏笔画排序）：

丁加华　王　中　张桥云　张　铮　段　兵
类承曜　唐凌云　韩　刚

编写组成员（按姓氏笔画排序）

马文婷　王云鹤　邓　婕　石翊龙　朱　慧
刘　骁　刘　艳　孙静媛　李志勇　李志博
李　欣　李　环　李晓静　陈代娣　杨　越
张双双　张　帆　范　瑾　赵　頔　袁　也
郭宏媛　黄　勃　蔡宏宇　霍志辉

前言

近年来在经济结构调整、企业去杠杆的背景下，中国债券市场违约逐步常态化，违约表现和违约特征也呈现多样化发展，如2015−2016年的违约企业多数表现为强周期行业景气度下滑背景下个体信用风险的快速上升，但2018年在普遍受制于相对紧张的外部融资环境的同时，财务质量存疑、股东资产转移、信息披露不充分等各类公司治理问题以及日益突出的投资激进问题成为违约企业的新特征。违约企业特征的变迁促使我们不断反思原有信用评级体系的科学性、合理性和普适性，评级结果对短期表象指标依赖度高、忽略各类信用短板因素的致命影响、前瞻性预测性不足等问题较大程度上限制了原有方法对信用风险的揭示效果。在“从根源上揭示、识别和防范信用风险，推动评级思想和评级实践的创新与变革”原则指导下，中债资信深入研究信用领域相关理论以及信用风险形成机制，结合丰富的评级实践经验和研究积累，构建出一套适应中国特色国情和债券市场发展新特征的信用风险分析理论，并形成《信用评级原理与实务》一书。

本书凝结了中债资信对于中国债券市场信用风险评价原理的深刻认识与理解，对比当前国内外评级方法体系，本书特色主要体现在创造性提出影响主体偿债能力的两个根本性因素——资源配置能力和债务政策，更重视偿债意愿、“短板”因素和大数据因子的考察，并通过行业理想分布校准评级标准的方式解决了跨行业可比难题。本书付梓出版，对于有效改善信用评级质量，优化债券市场价格发现，消除价格扭曲，健全风险管理，进一步发挥好债券市场优化资源配置、调整金融结构的功能具有重要的理论现实意义。

同时，《信用评级原理与实务》的顺利出版，离不开上级单位领导、各领域专家的支持、指导与关怀。感谢人民银行领导、银行间市场交易商协会领导担任本书顾问并给予殷切指导，感谢来自市场、高校的各位编委及所在单位对本书的指导及对中债资信工作一直以来的支持，感谢前期多次莅临中债资信参与原理讨论的各位专家给予中肯意见与建议。

未来，中债资信将持续稳扎稳打、苦练内功，真正踏实做研究、做技术，不断完善评级技术体系，力求提高服务质量，逐步积累声誉、增强公信力，做好债券市场的“守门人”！

本书编委会

2019年6月

目录 CONTENTS

上篇

信用评级基础理论

第一章　评级原理的创建背景

第一节　目前国内外信用评级方法存在的问题

信用评级作为一种中介服务，已存在超过百年，其早期角色主要是为分散的投资人提供债务发行人信用风险信息，通过相对客观地衡量和监测发行人信用状况，解决发行人与投资人的信息不对称问题，扩大债券市场的广度和深度，从而改善发行人债务融资能力。随着时间的推移，受金融脱媒化、投资机构化、行业波动周期化等因素影响，评级结果在监管要求、金融合同和投资决策中被广泛引用，成为监管部门和投资者进行风险管理的主要参考指标，信用评级具备了对金融市场产生潜在系统性影响的能力。尽管信用评级行业已有一百多年的发展历史，形成了较为完善的方法体系，但是各个经济体信用环境差异较大，且科技进步使得外部环境瞬息万变，使现存的评级方法体系仍存在不适应实务发展，不能更好地指导评级实务来准确评估信用风险。特别是处于评级行业发展初级阶段的中国，真正对评级信用风险形成规律和原理进行的深入研究更少。总体而言，目前评级方法论中存在的问题主要表现为以下几个方面。

一、对信用风险规律的根本性影响因素挖掘不足

国内外评级机构在构建评级体系时，较多依赖短期的经营（如业务规模）和财务表现（如盈利指标）等结果性指标。中债资信认为此类指标易于观察和评价，但也存在固有缺陷，主要体现在结果性指标只能反映短期结果和表面现象，难以反映现象背后隐藏的信用风险规律和本质。因此，仅通过评级指标体系尤其是结果性指标得出的评价结论并不能完全反映主体的信用风险水平，无法充分反映影响信用风险的“最根本”“最核

心”“最本质”要素。整体来看，国内外评级机构目前都普遍存在对影响信用风险的根本性因素挖掘不足的问题。

二、前瞻性、预警能力不足，评级顺周期现象明显

信用评级不仅是对过去发生的现象进行评判，更需要对未来进行预测，因此信用评级本质是对评级对象未来风险的一种前瞻性意见，但目前国内外评级机构尚未能对主体未来信用水平的变化进行准确判断和有效预测，前瞻性不足导致市场对信用评级机构的预警能力提出普遍质疑。从国际市场来看，2008年国际金融危机中信用评级机构未能充分发挥预警作用，出现了如雷曼兄弟、通用集团等在违约前仍保持较高信用等级的评级失败事件。同时，国际评级机构在危机期间的顺周期级别变动加剧了市场恐慌[①]，如希腊国债在2010年降级后被花旗全球债券指数剔除，遭到大举抛售并引发市场恐慌。从国内市场来看，随着债券市场违约事件的增加，信用评级结果虚高、预警能力不强的质疑和批评也越发猛烈。例如，2016年发生公开债券违约的川煤集团，违约前一个月级别为AA级，实质性违约后级别则大幅下调至C级。

三、偿债意愿的评价较为欠缺

尽管在对信用评级进行定义时，国内外评级机构均提出信用风险受偿债意愿影响，但无论是评级方法文件中还是实际业务操作中，均较少看到评级机构对偿债意愿的考察。根据中债资信对信用相关基础理论的长期研究，信用的形成源自能力和诚信两大方面，信用风险是主体履行偿债义务能力与意愿的综合反映，对于信用主体而言，即使主体偿债能力未发生重大恶化，自身偿债意愿不强也可能导致主体违约，偿债意愿对主体信用风险产生至关重要的决定性作用。因此，无论是从信用基础理论研究出发，

① 在投资者普遍使用评级结果的情况下，评级结果调整容易造成市场投资决策趋同和市场成员行动的一致性，在金融市场出现“羊群现象”，造成市场对于信用事件过度反应，引发“峭壁效应”。

还是从影响信用风险的机制考虑，偿债意愿都是信用风险评价中不可缺少的重要一环，国内外评级机构对偿债意愿评价的缺失，可能导致其不能全面评价主体信用风险。

四、行业间可比性较差

信用评级注重行业间可比性，即不同行业应采取同样的评级标准，使得行业间评级结果具有一致性和可比性。但长期困扰评级机构的问题是，受行业特征差异影响，不同行业的评价要素和指标存在较大差异，进而导致评价标准无法实现绝对统一。在此背景下，现阶段国内外评级机构主要采用将行业风险作为主体评级要素加以考量或设定行业内主体信用等级上限的方式，体现行业风险的影响并平衡不同行业风险之间的差异，但此类处理方法存在一定问题，体现为行业风险评价中已考虑行业内主体经营及财务表现，如再将行业风险作为主体评级要素纳入主体评价中将导致对主体经营财务表现的重复考察，因此目前评级机构并未真正解决行业间级别可比问题。实务中，国际评级机构往往通过长期的违约数据积累和验证，逐步调整不同行业的评级标准，使评级结果具有可比性，但此种校准方法对于违约数据积累不足的新兴市场国家，可行性相对较差。

五、国际评级理念和体系的普适性有待探讨

当前国际评级机构掌握着全球评级市场的话语权，主导了全球信用评级思想，但国际评级理念是否适用于全球不同政治经济体制、不同发展阶段的经济体仍有待探讨。如国际主权评级方法以新自由主义思潮为基础，体现出对“华盛顿共识”的肯定，使用这种评级理念和方法导致采用非西方政治经济制度并获得成功的国家主权评级较低，这在一定程度上反映了国际评级机构对于政治体制优劣性的主观倾向，可能并不符合客观实际情况。再如受国情、体制、发展程度的差异影响，新兴市场主体信用风险形成规律与发达资本市场存在一定差异，体现为新兴市场在法律制度、监管、信息披露制度等方面尚不完善，信用主体的经营财务指标可能难以准

确反映其风险水平，需根据新兴市场环境补充考察对主体信用风险产生重大影响的公司治理问题、流动性问题、外部支持等。在此背景下，以经营和财务指标为主的国际评级方法体系可能无法充分反映新兴市场信用主体的真实信用风险水平。

第二节　评级原理的创新性

中债资信评级原理秉持科学与创新发展理念，在深入研究信用评级理论和信用风险形成机制的基础上，结合评级实务经验，创新性提出资源配置能力、债务政策、偿债意识、理性决策、行业理想分布等评级概念，构建出一套理论逻辑完善、实务操作可行、易于理解应用的新型评级原理，并试图通过评级原理解决前述国内外信用评级中普遍存在的问题。对比当前国内外评级机构的评级方法体系，中债资信评级原理的创新性主要体现为以下几个方面。

一、挖掘信用风险根本性要素，创新提出资源配置能力和债务政策概念

在构建评级原理的过程中，中债资信注重透过现象看本质，通过结果指标和中间指标，挖掘影响企业信用风险的根本性要素。通过长期的理论研究和实务积累，中债资信发现信用主体对资源的配置能力和运用效率决定着偿债资源，同时债务政策决定着主体债务水平，资源配置能力和债务政策是影响主体偿债能力的根本性因素，因此中债资信创新性提出了资源配置能力和债务政策概念，并将其作为衡量主体偿债能力的核心要素。此外，在评价核心要素时，中债资信侧重于选取对资源配置能力和债务政策能够产生根本性影响的指标，并赋予其更高权重。

二、加强信用评价的前瞻性和预警性

中债资信重视加强评级方法、评级结果的前瞻性和预警性。评级原理将动态分析和静态分析有效结合，注重对信用风险进行前瞻性预测，具

体而言，在评价资源配置能力时，我们结合主体历史资源配置能力水平和未来经营环境的变化，预测主体未来可偿债资源的变化；在评价债务政策时，通过对决策者风险偏好、行为倾向和债务环境变化的预判，预测主体未来债务状态的变化；在评价行业信用风险时，通过对未来行业特征、行业景气度变化的预判，预测未来一段时间行业信用风险的发展趋势。整体来看，中债资信不仅关注信用主体现阶段的偿债资源、债务特征、行业风险现状，更是通过对资源配置能力、债务政策、行业风险的预判，关注信用主体未来信用风险的变化可能，更契合信用评级前瞻性和预警性的要求。

三、重视评价偿债意愿，信用风险分析更为全面

越来越多的违约案例体现出偿债意愿是信用风险事件的重要诱因之一，把握危机主体的偿债意愿变化，对于判断信用风险发展趋势有重要意义。但由于偿债意愿受多种因素影响，判断和评价偿债意愿一直是信用风险分析中的难点，现阶段信用评级更为侧重于主体偿债能力的分析，弱化偿债意愿评价。中债资信通过研究信用基础理论，分析违约案例表现，探索主体偿债意愿评价思路，并从偿债意识和理性决策两方面考察偿债意愿。偿债意愿评级思路的建立一定程度上弥补了信用评级中意愿要素缺失的空白，使信用风险分析更加全面，评价结果相对更为准确。

四、通过行业理想分布校准评级标准，实现跨行业可比性

中债资信通过对行业风险理论和行业风险分布的长期深入研究，在评级原理中提出了依据行业理想分布曲线制定评级标准这一项重大创新，旨在厘清行业风险影响机制，解决信用评级的行业间风险可比问题。中债资信认为行业风险主要通过主体资源配置能力和债务政策要素的表现间接影响主体信用风险，因此中债资信并不将行业风险作为独立评级要素纳入整体评级框架中，而是通过行业理想分布确定资源配置和债务政策评价标准的方式体现其间接影响。中债资信研究发现，各行业内主体的信用风险分布具有一定的相似性，基本为类似正态分布的钟形曲线形态，但由于各行

业信用风险水平的差异，相同形态下各曲线的众数和峰值并不相同，根据行业信用风险的评价结果，可以确定行业风险分布众数和峰值并得到各行业的理想分布曲线，进而确定各行业评级标准。整体来看，中债资信通过行业理想分布可以将不同行业的评级标准转换为统一维度，真正实现了信用评级的行业间比较。

五、重视考察“短板”因素和大数据因子

中债资信在评级核心思路指导下，构建了主体评级思路和打分卡模型。根据历史评级经验，影响企业偿债能力的因素中往往存在部分特殊要素，这些要素在常规表现情况下作用机制与其他要素类似，并不会对主体的信用风险产生重大影响，但极端状态下则会极大损害主体的偿债能力，甚至直接导致主体发生违约，考虑到打分卡模型对此类要素的常规考量难以体现其“信用短板”影响，中债资信在常规打分基础上以级别调整项形式考量此类“短板”要素的负面影响。此外，打分卡模型数据来自受评主体历史经营和财务等传统评级数据，所用数据可能存在无法全面和动态反映受评主体信用风险的问题，为弥补这一固有缺陷，中债资信使用大数据和人工智能技术，对受评主体以及与主体具有关联关系的企业和自然人的非经营、财务数据或信息进行实时跟踪和抓取，并根据获取信息的影响程度，形成受评主体大数据调整因子评分。当该评分结果很差，并对受评主体偿债能力产生重大不利影响时，中债资信也以级别调整项形式反映其影响。

六、从辩证唯物主义出发，评级理念较为客观

作为揭示信用风险起源、发展、扩大、消退一般运行规律的理论，信用评级原理应尽量避免意识形态化和政治化。历史实践证明，唯物辩证法深刻揭示了事物发展的一般规律，排除了意识形态对认知事物的干扰。中债资信坚持辩证唯物主义哲学，把客观事物发展规律放在第一位，并根据客观发展规律和外部环境变化不断完善评级方法体系。在辩证唯物主义指

导下，中债资信信用评级原理秉持客观性原则，无论是对主权政府主体评级还是对企业主体评级，均不倾斜于某一类体制下的经济体，而是通过分析不同政治经济制度对各国主体偿债能力与偿债意愿的传导路径、作用方式和影响程度，对主体信用风险进行全面客观评价。

第二章　评级原理的创建思路和理论基础

任何方法论的构建都离不开基础理论研究，信用评级作为经济学领域的分支，也需要遵循经济学的基本原理和基本发展规律。中债资信对信用风险的理论研究注重规范性理论与实证性理论相结合，规范性理论方面，通过梳理信用风险相关研究寻找信用风险形成的理论基础，对信用风险形成的经济学机理进行了深入分析，同时通过演绎推理确定主体信用风险的影响因素；实证性理论方面，结合历次债务危机爆发的原因和演变过程，寻找信用风险形成规律和主要特征。此外，通过对实际案例的深层剖析，挖掘信用风险的形成规律，校验理论基础的准确性，使其更加具有现实基础。

第一节　信用与信用风险的内涵

长期以来，学者对“信用”的界定一直存在争议。马克思认为信用是商品在买卖中的延期付款或货币的借贷行为，是以偿还为条件的价值的特殊运动形式，这种信用行为以自身独特的方式在生产、流通领域表现出不同的效果。著名经济学家斯密、杜尔阁、魁奈等也对信用的性质提出了自己的理解，他们的观点偏向于银行信用学说，他们普遍认为信用发生在借贷过程中，属于“出借货币”或者“让渡货币的使用价值”。法裔瑞士经济学家瓦尔拉斯认为，资本家将货币贷给企业家的同时企业家按时归还所借款项的行为也属于信用活动。在谈论国家债务时，西方经济学家代表富兰克林、麦克劳德认为信用是对偿还能力和践诺的信任，社会信任也由此得到提升。在讨论社会信用与国家债务问题时，英格兰的哲学家、经济学家大卫·休谟论述到“一旦国家债台高筑，社会信用就将脆弱如同一张薄

纸，轻轻一捅便会粉碎”。到那时候，社会信用的坍塌会让国家覆灭，而国家的债务危机也会进一步加重社会信用危机。所以，如果国家举借债务的程度远远超过其对负债的偿还能力，一旦出现债务危机，整个国家将会失信于民，那时社会就容易出现混乱和动荡。

对信用的研究在各个时期都在进行，尤其是在商品经济逐步发展的过程中，信用的内涵得到了进一步的深化。学者们尝试着从不同角度和领域来理解信用，因而对信用的解释也在不断延伸和丰富。综合来看，信用的内涵有广义和狭义两个方面。从社会学的角度来看，广义的信用是指参与社会和经济活动的直接关系人之间建立起来的以诚实守信为行为准则的履约行为。它是从道德范畴、伦理学方面来理解信用的，是一切社会活动和经济活动的基础。广义的信用是获得信任的一种资本，是社会与经济范畴的集中体现。从经济学角度看，狭义的信用是一种广泛存在的借贷行为，以偿付利息和本金为基本特征。在社会经济生活中，信用是债权人赋予债务人的一种经济资本，它主要体现在金融借贷、证券交易、商品贸易往来等交易活动中，债务人的信用水平通过其偿付能力和践约行为体现。这一范畴的信用主要是为经济交易服务的，在银行的借贷活动中，信用作为经济资本主要指债务人获得贷款能力和还款能力。因此，在现代市场经济条件下，信用更多是指借贷行为，这种狭义的解释被普遍接受。在社会的再生产过程中，信用起着调节企业资金余缺的作用，可以有效地实现剩余部门资金的再分配。这种经济关系，是价值的单方面转移，需要良好的信用关系维系，也需要以契约方式约束当事人的行为。

信用风险是信用的一种延伸，可以作为金融风险的一个分支。关于信用风险的内涵同样有多种论述。一种较为传统的观点认为信用风险是债务人不能践约的风险，这是狭义上的信用风险。在此之前，违约模式（Default Model，DM）认为债务人信用状况的变化不会直接影响信用资产的价值，因而一般意义上的信用风险主要指债务人未能如期偿还债务导致违约而给经济主体生产经营活动带来损失的风险。传统观点对信用风险的

定义较为狭窄，仅仅认为债务人出现困境时才会给债权人带来经济损失的风险可能性。当前由于风险环境变得更加复杂且风险管理技术逐步发展和完善，很明显传统信用风险已无法全面反映信用风险的内涵和本质。第二种观点认为，信用风险是由于债务人未履行契约订立的义务而给债权人带来经济损失的可能性。这种观点认为决定信用风险大小的主要参考指标是偿债意愿与偿债能力。不论债务人是由于财务危机还是出于主观意愿而不履行合约，都被称为是信用风险。这种观点虽然包含了债务人的偿债能力与偿债意愿，但仍然无法适应当下风险环境的变化和风险管理技术的发展。例如，随着借款人还款能力不断变化，在信用基础上发展起来的交易市场中资产价值价格也能不断变化。这样，借款人信用状况的变动也会随时影响银行资产的价值。第三种观点将信用风险定义为由于债务人的信用质量与践约能力出现变化而导致其债务市场价值出现变动。这种观点认为信用风险的大小主要取决于交易对手的信用状况和风险状况变化的不确定性，我们把这种因为信用质量变化带来的风险称作信用价差风险。

第二节　信用风险研究的指导思想

研究信用风险的本质与哲学根源，是为了确定信用评级应坚持什么样的思想，以及信用评级的核心内涵是什么，这也是评级原理首先需要解决的问题。通过长期的基础理论研究，中债资信将辩证唯物主义哲学思想作为评级原理构建的指导思想。

信用评级的主要作用是为分散的投资人提供债务发行人的信用风险信息，通过相对客观地衡量和监测发行人信用状况，解决发行人与投资人的信息不对称问题。因此，信用评级所要做到的是将主体的信用风险状况准确、及时地反映给市场，因此这种评价体系需要符合历史的、客观的规律。有鉴于此，评级原理需要遵循历史唯物主义的基本原理和辩证唯物主义所揭示的基本规律，这不仅是科学评价的基本要求，更是站在推进经济社会信用环境良好发展的立场上构建信用评级体系的时代要求。

历史唯物主义作为基本的方法论原理要求评级在方法论上要坚持总体性原则，对于评级对象的考察要坚持综合分析的态度，要用历史的、现实的眼光对客体的外部环境和内部因素进行考察，同时也不能忽视国际和国内的大环境形势。对于受评主体的历史数据和宏观经济、行业运行的历史周期要有全面的了解。历史唯物主义的基本原理坚持生产力与生产关系的辩证态度，并且坚持生产力的决定性作用，生产力关乎现实的要求。在现代社会中，信用本身作为生产力的重要要素在生产流通环节起着重要作用，而生产力的其他要素又影响着信用，比如生产力中的自然资源要素、劳动能力要素、劳动能力与生产资料结合的程度等。

历史唯物主义还指导我们社会存在决定社会意识，因此我们在信用评级的时候需要关注外部社会整体的大环境，对于世界和中国的宏观经济走势、运行情况有一定程度的判断。掌握外部的经济环境状况才能更好地预测交换流通环节中可能出现的问题。信用环境作为经济社会中的重要要素，是一个随着历史形成并且不断发展的长期范畴，这一范畴随着市场经济的发展将有更多内涵，而信用评级评价要素的选取和收集也是根据社会发展不断发展，其表现形式的变化和丰富发展都需要在实践中给予关注与总结。

辩证唯物主义的世界观和分析方法将指导我们在信用评级实践中灵活运用科学的方法论。我们需要以辩证的、实践的态度对受评客体进行深入考察，而不是仅停留在数据的简单概念上。在市场经济和全球化的常态中，我们要意识到信用风险普遍存在的客观事实，并且在这一事实的基础上认真审视信用风险产生的不同环境，将客观事实和问题深入剖析；在对信用风险产生的认识中，我们不能忽视客观的自然规律，物质的第一性、意识的第二性以及人的认识的客观局限性，要以辩证的眼光面对客观和自身的不足，以预留出判断的可能性；在信用风险的考察和信用评级的实践中，我们需要建立广泛的联系，以全面的眼光审视信用经济的发展，这种联系包含了社会发展的很多方面，如经济、政治、文化、法律等，需要在

联系中厘清关系，以便于准确地把握信用的本质。

历史实践证明，唯物辩证法深刻揭示了事物发展的一般规律，排除了意识形态对认知事物的干扰，是唯物主义的高级形式。中债资信坚持辩证唯物主义哲学，把客观事物发展规律放在第一位，坚持从实践中发现事物发展的客观规律，根据客观发展规律和外部环境变化不断完善评级方法体系。摆正定位之后，信用评级原理要起到能揭示信用风险起源、发展、扩大、消退的一般运行规律，不能受意识形态和世界观的影响，更不能受已有的国际评级思想理念的左右。

在辩证唯物主义的指导下，我们还要注重运用矛盾的分析方法和注重创新思维。矛盾的分析方法要求我们在解决问题的过程中把握主要矛盾和次要矛盾，要注意把握矛盾的主要方面和次要方面，进而更好地把握问题的核心因素，从而将分析逐步深入推进，取得实质性的突破，最终完成整体的信用评级流程。在解决问题的过程中，我们还需要注意理论上的创新和方法上的创新。信用评级这一过程是社会实践的过程，是人在进行主体活动时以大量的经验观察和问题解决为前提的活动，是一项具有创造性的活动，同时也是人的主体体现自身价值的活动。在这一活动中缺乏创新就会使得信用评级变成固化的模式，信用评级思维就会在这种模式中僵化，跟不上时代的发展。缺少创新理论和创新思想环境的评级原理也将无法满足日新月异的市场需要，所以我们要坚持联系的、发展的、实践的、创新的指导思想来不断发展和完善我们的信用评级理念和信用评级方法。

历史唯物主义的分析方法和辩证唯物主义的基本规律要求信用评级主体在评级过程中要将主体的生产、管理、制度、文化、环境等多面要素综合分析。在信用风险的认识中，我们需要站在科学的立场上，需要相信客体的信用状况是可评价的，要对信用评级中的普遍性进行总结，对特殊性进行关注，切不可教条地对待客体；在信用评级的实践中，我们要实事求是地从现实出发，在评级实践过程中对受评客体做出客观合理、符合时代、符合价值观的科学评价。在历史唯物主义的基础上要坚持辩证唯物主义的评价分析方法，发现信用产生的根源，同时在时代发展中把握信用评级的基本方法和规律。

第三节 信用风险相关经济学、社会学的基础理论研究

一、综合信任模型

综合信任模型是Mayer等学者在前人经验基础上构建的一个揭示信任者与被信任者具备有利于信任关系建立特征的信任模型。模型将信任产生的原因归纳为两个方面：一方面是信任者的特点，即信任者的内在倾向性；另一方面是被信任者为人所感知的值得信任的因素，分别是能力、善意和正直。从信任者内在倾向的角度并不能很好地解释信用风险的形成机制，而与信用风险形成相关的主要是被信任者的特点。模型认为个体的值得信任度可以通过能力、善意和正直这三个因素衡量。能力是信任关系中的重要风险来源。如果被信任者事实上在能力上有缺陷，或者能力不足，则其履行约定的能力也会相应降低，从而产生信用风险。善意也是信用风险的重要来源之一。善意是用来评估可信任性的重要因素，一方的善意越低，则越可能做出不利于交易对手的举动。正直是衡量个体值得信任性的第三个因素。被信任者如果过去经常不遵守规则，不履行约定，则能表明其不够正直，在未来会有更大概率违反规则，出现违约情况，从而爆发信用风险。然而，综合信任模型仅仅从信用主体的特征角度进行了讨论，并未关注外部环境对于信用的影响，因此在讨论信用风险成因时，有必要将信用环境作为个体能力之外的另一独立维度进行单独讨论。

二、信息论和博弈论

信息论认为信用风险主要源于两个方面：

一是信息不对称问题。信息不通畅主要表现为信息不对称，这将引起逆向选择和道德风险问题，进一步触发信用风险。逆向选择主要体现在信息的隐蔽性上，对于资信良好的交易主体来说，其风险程度小于其他市场

主体，然而由于风险高的交易主体愿意做出更多让步，且交易对手方具有信息劣势无法识别各交易主体的实际信用风险，因此只肯接受高风险主体条件。此时，信用良好的交易主体被挤出市场，而签订契约的都是信用风险较高的主体，这些主体未来出现失信的可能性较高。另外，交易发生之后，道德风险可能会引起信用风险的发生，主要表现为交易主体可能为了享受高收益而从事高风险活动，或者交易主体可能会隐瞒自身的真实能力而不努力完成契约规定内容。

二是契约问题。契约是信用的基础和保障。现代市场经济条件下的契约问题，主要表现为缺乏有约束力的契约以及契约不稳定。缺乏有约束力的契约，将会导致囚徒困境，信用风险会迅速在市场中蔓延，从而可能导致整个社会的失信问题。而契约不稳定，将会使与之相对应的信用关系变得不稳定，从而产生信用风险。一旦契约被毁或被提前终止，原有的信用关系发生变化，就会导致信用风险的爆发。

信息论对信用风险的解释具有一定局限性：一是信用环境中并不仅仅包括信息问题及契约问题，还包括法律、金融体系、社会信用意识等问题；二是主体特性不仅仅包括道德问题，遵守契约的能力也非常重要，应将能力作为独立要素进行讨论；三是与信用相关的道德问题不仅仅是在信息不通畅的时候才会引起信用风险，而是在任何时刻都会对信用风险的发生产生作用，应将与偿债意愿相关的诚信道德等作为独立要素进行讨论。

博弈论认为在某一经济活动中，参与者的行动具有不确定性，各方都期望得到最大利益。博弈的各方总是从自身角度出发，寻找对自己最优的策略，形成纳什均衡。博弈论从另一个角度解释了企业失信的原因。如果在交易中，买卖双方都讲信用按时交货付款，那么大家都可以得利，但没有暴利；如果买卖双方一个讲信用一个不讲信用，结果会导致不讲信用的一方得到了暴利，而讲信用的一方出现亏损；如果双方都不讲信用，大家都不能得利，市场交易就会出现萎缩，经济发展受损。

在信用环境良好、监管机制完善的社会经济条件下，假如博弈重复次数较多，某个经济主体偶尔不讲信用可以得到额外的收益，一旦信息向外界传播后，其他潜在市场参与者就可以迅速得知并且在将来的交易中拒绝与其合作，不讲信用的参与者将会被驱逐出市场。这样，鉴于长远的交易关系，考虑到未来的收益，交易双方都会重视保持自身良好的信誉。即便短期这种选择未必是受益的，但长远合作能得到较大收益。彼此间建立信誉，才是博弈各方最优化的策略选择。

在信用环境不好、监督机制不健全的社会经济条件下，经济主体不讲信用在短期内可以获得额外的收益，同时由于监督机制不健全，信息向外界传播缓慢，其他市场参与者未能及时得知不讲信用参与者的失信信息。不讲信用的参与者继续在其他经济交易中失信而获得额外收益，直到所有市场参与者都得知为止。最终导致其他经济主体也无视信用的存在，当失信成为大多数经济主体的最优化策略时，整个社会的信任度就会大大降低，信用环境将急剧恶化。

三、信用风险评价因素的理论基础

本质上，对信用风险影响因素的探索即是对信用风险形成一般性规律的研究。尽管信用风险的成因复杂，通过梳理信用风险的评价要素理论可以发现，影响信用风险的核心因素主要包括资源配置、债务政策、偿债意愿、行业风险、外部支持、国家风险六个方面。

1. 关于资源配置的基础理论研究

信用实现依赖主体的偿债资源，经济学主张资源积累依赖其拥有的资源及其继续获取资源的能力，因此偿债资源的根本在于主体的资源配置能力。经济学中对资源配置的理论研究可以分为以下几个阶段：

在资源配置理论研究的萌芽阶段，重商主义学派认为发展制造业、促进制成品的生产和出口是经济福利增长的源泉和主体财富增进与积累的重要途径。重商主义主张发展制造业注重的是物质资料再生产的“生产”环节，重视出口贸易关注的是物质资料再生产的“流通”环节。重商主义代表经济学家托马斯·孟指出应该把货币投入有利可图的流通领域，这种有

利可图的选择性成为资源配置的理论产生的基础。重农学派认为非农部门不生产净产品，因而农业是财富产生的唯一根源。重农主义学派在研究经济增长和财富积累问题时重点关注的是“生产”环节，代表经济学家魁奈在其著作《经济表》中探讨了土地这种能够产生净产品的社会资源的分配和产出，为现代经济的资源配置和投入产出分析奠定了基础。

在资源配置理论研究的过渡和发展阶段，“配第—克拉克命题”提出，劳动分工可以提高劳动生产率，进而促进财富的分配。在古典经济学派中，真正对资源配置理论有突出贡献作用的是亚当·斯密，他首先提出财富由有用劳动和无用劳动的人数及其比例所决定的观点，之后又在此基础上强调了发展教育和开发智力对提高人口质量以及增进社会财富积累，这形成了资源配置理论的基本思想。之后，大卫·李嘉图对技术资源较早给予重视，认为生产技术的进步可以延缓甚至抵销边际报酬递减，引发了当代资源配置理论。新古典主义学派研究了政府和居民之间的资源分配以及居民的消费资源分配问题。新凯恩斯主义经济学派阐释了在一个有众多微观经济主体的经济社会中，如何分配社会资源来实现宏观经济最大效用的问题。以马克思为代表的马克思主义经济学流派也对社会资源分配以及财富增进问题做出一定探讨。马克思认为，在运动的过程中，资本是通过剩余价值的积累实现资本增值，进而达到资本家的财富增长目的。

在资源配置理论研究渐趋成熟阶段，新古典经济学分别吸取了古典经济学、边际学派的理论，将两者结合起来，形成一种折中理论，即我们所指的现代经济学。现代微观经济学的研究重点转变为稀缺资源的最优配置，如何最优或有效地配置资源，成为经济学研究的基本出发点。通常情况下，不同资源具有显著的差异性且无法完全自由流动，导致资源的稀缺性。同时，微观经济学中的需求具有无限性的特点。需求的无限性面对资源的稀缺性，使得资源配置选择的重要性得以彰显。

2. 关于债务政策的理论研究

债务是影响主体信用实现的又一大问题。主体的债务情况是指其签订的债务契约，即其负有偿还责任的本金及利息，这种债务选择往往取决于长期发展战略以及利益相关方的博弈结果。债务形成虽然会受到一定外部因素制约，但其本质仍是主体的一种主观决策行为，它代表了主体对待债务问题的本质认识和看法。

政府为实现经济发展目标，可借助于发行货币、增加税收或者发行政府债券影响经济，进而产生债务问题。政府债务政策作为一种政策存在，首先具有依附性特点，凯恩斯认为有效需求不足导致经济衰退，政府可以用“看得见的手”进行宏观调控，主张国家运用积极的财政政策，通过增加政府支出，减少税收，实行赤字财政刺激需求、增加就业和促进经济增长，认为政府债务对经济的正面效应超过其带来的风险。在凯恩斯理论影响下，政府债务政策开始作为宏观财政金融政策的一个延续而发生作用。具体来说，国债发行与否以及发行规模、期限、品种等都和政府预算开支的需要密切相关，国债发行计划的安排必须和国家财政的预算安排相协调。其次，政府债务政策还具有独立性的特点，政府债务政策不仅仅是宏观财政或者货币政策的一部分，随着国债规模的增大、品种期限的丰富，国债已经成为集筹资、投资、调控等功能于一身的金融产品，并对国民经济产生深远的影响，政府债务活动也成为一种相对独立的经济活动，国债政策也是具有独立性的政府政策。

对于企业而言，债务政策选择的传统理论主要向两个方向发展，一个是与主体价值有关的，也称传统公司金融理论，包括MM定理、静态权衡理论、代理成本理论、优序融资理论、激励理论、信息不对称理论、公司控制权理论等，这些理论侧重于从债务融资的税盾收益、债务政策与公司治理的相互影响、债务政策对于不同利益主体的激励和约束等角度来论述；另一个方向侧重于研究影响企业资本结构的各种因素，资本结构影响因素学派主要重在从实证的角度研究影响企业资本结构的因素，为寻找一种更贴近实际、能够指导企业进行相关决策的一般理论，包括对于行为金融学理论的引入以及主要关注股票市场对债务政策选择影响的市场随机理

论。传统公司金融理论如套利均衡理论、预期效用理论、贝叶斯规则等处于“理性”分析框架内，却无法解释市场中众多“异象”。现代行为公司金融理论缘起于对公司金融中有效市场假说的质疑和重塑，主要关注管理者非理性与投资者非理性对公司资本配置行为及绩效的影响，支撑行为公司理论的心理学理论包括认知偏差、过分自信以及视野理论等。对于融资决策中的债务政策来说，首先，公司管理者的个人特征会影响公司的组织结构战略以及融资决策，与公司的债务政策具有很大相关性；其次，管理者的非理性行为会扭曲公司的融资行为，过度乐观和自信的管理者可能低估投资项目风险，这一非理性认识会促使管理者做出非理性融资行为；最后，在债务期限结构方面，过度自信的管理者会倾向于选择更高的债务比率，更频繁地发行新债务，进而会导致短期债务占比更高。

3. 关于偿债意愿的基础理论研究

从哲学上看，人是理性与非理性的统一体。因此，就社会生活中人的信用行为来说，既有理性的动机，也有非理性的动机。如果主体出于情感、无意识或者习俗等非理性因素而做出信用行为，那么该信用行为的动机是非理性的。反之，如果主体出于理性的思考、分析和判断而做出信用行为，则该信用行为的动机就是理性的。

理性选择理论是以完全理性假设为前提的，该理论强调行为偏好一致性和效用最大化，认为两者结合才是理性行为。西方经济学家认为，在任何经济活动中，每一个从事经济活动的人所采取的经济行为都是力图以自己的最小经济代价去获得自己的最大经济利益。只有这样的人才是“合乎理性的人”，否则，就是非理性的人。在主流经济学的视域中，个人、企业和政府统统属于“理性人”范畴。个体在经济活动中的理性选择行为，根源于收益和风险的比较。在现实经济中，个体在处理每一项交易时，风险和收益会促使其进行认真的理性思考，其要对市场的信息和环境的不确定性进行调查和分析，面临投资选择时，还需要了解市场供求和竞争对手的情况，要考虑是否以契约、合同的形式与他人或机构缔结伙伴关系，要

从成本核算的角度对交易价格进行评估以决定是否成交。无疑，这些过程是理性抉择，存在于一切经济领域，可以理解为理性选择的一般行为规则。

但是，市场的不确定性常常会干扰个体的理性选择，当个体受不确定性因素影响而无法对风险和收益做出清晰的判断时，他就有可能放弃理性思考而在感情机制的作用下做出选择。这里所说的感情机制，是外部环境诱导、直觉判断、历史经验、从众心理等的综合体。显然，这种放弃理性思考而依据感情机制的选择行为，在金融市场中尤为显著。非主流经济学注重个体选择行为的研究，将心理学成果引入了经济学分析，对不确定条件下的风险选择展开了研究。关于偏好的一致性，行为经济学以相似性偏差、可利用性偏差、依附性偏差、锚定效应、从众行为等影响人们实际选择的现象予以反驳，从而建立了展望理论；实验经济学则采用“取景”模拟和搜集数据的计量分析方法以实验结果提出质疑。关于效用最大化，非主流经济学先后提出了“阿莱斯悖论”“羊群效应”“偏好颠倒”等悖论，以批评期望效用函数理论对人类选择行为的解释。由于群体选择行为的外在形式是个体选择行为的集合，主流经济学和非主流经济学均在分析的对象性上排除了个体和群体选择的区别，二者对个体和群体选择行为的区分都显得有些模糊。

根据上述理论，从经济学的角度上看，我们将个体通过成本收益分析而做出的决策看作理性人的理性决策。在这种理性决策下，个体在信用传统文化及价值观等限制条件下通过选择利益最大化从而发生违约，这种个体偶发性的违约信号通过错误和偏离的途径，传导到整体的决策和行为中，扭曲了群体的效用函数，使群体错误地认为选择违约才是他们的最优和最理性选择，最终导致了群体的非理性行为。可见，个体的理性决策可能会导致群体的非理性行为产生。这在信用主体的违约中具体表现为，某个信用主体出于自身利益的违约行为，会导致其他信用主体的效仿和追随，从而发生群体性的主体违约事件，在这个过程中，群体力量明显地使

理性判断失去了作用。因此，在实践中对理性决策进行判断分析时，必须要考虑其带来的群体非理性行为效应，提升信用个体的诚信意识、增加对个体失信违约行为的惩处力度，切断个体向整体效用函数的传导机制。

4. 行业风险理论

经济学家很早就将经济分析深入行业层次，在进行产业分析、产业之间关系、产业内部企业组织结构等问题研究和实践的过程中，逐渐形成了产业经济学理论。产业经济学的萌芽可追溯至1890年马歇尔在《经济学原理》一书中对产业组织的论述，首次把“组织”列为一个独立的生产要素。20世纪30年代后，产业经济学逐渐形成了系统性的研究，其中伯利（A. Berle）和米恩斯（G. Means，1932）以及张伯伦（E. A. Chamberlin，1933）等人从行业内市场垄断情况分别分析了对行业的影响，形成了行业市场结构理论雏形；20世纪30年代，以梅森（Mason）和贝恩（Bain）为代表的结构主义学派代表提出了进入壁垒理论，通过跨部门的产业数据进行统计分析，来解释各产业平均利润率的差别以及不同市场结构状态对产业绩效的影响，基于这种经验性的产业分析，贝恩提出了著名的“集中度、进入条件与利润率假说”，即一个产业的市场集中度越高，各厂商间合谋的可能性越高，这些大企业的合谋将使新企业的进入变得更为困难，最终导致产业的平均利润率提高；1959年贝恩（Bain）和谢勒（Scherer）等人建立了著名的SCP分析模型，从对特定行业结构（Structure）、市场行为（Conduct）、市场绩效（Performance）来分析行业受到冲击时的可能影响和战略调整，成为“结构学派”的主要观点。不过，以斯蒂格勒（Stigler）为代表的效率学派则提出了不同的观点，认为企业自身的效率才是决定市场结构和市场绩效的基本因素，企业效率的提高才能使得企业利润增加和规模扩大，因此“进入壁垒与盈利性假说”并不成立；到了20世纪70年代后，泰勒尔（Tirole）、克瑞普斯（Kreps）等人以分析企业策略性行为主旨提出了“新产业组织理论”，该理论将博弈论引入产业组织理论的研究领域，突破了传统产业组织理论只重视市场结构的分析框架，转向重视行业内企业行为的研究；80年代左右，古特（Gort）和克莱伯（Klepper）提出了G-K行业生命周期理论并建立了首个行业生命周期模型，该模型通过厂商数目对行业发展阶段进行划分，将行业生命周期分为了引入期、大量进入期、稳定期、大量退出（淘汰）期和成熟期五个阶段；同期，产业政策对行业的影响也越来越受到经济学界和政府的重视；90年代中期，产业经济学开始深入企业内部，试图通过分析企业行为的特点，研究企业内部的产权关系及治理机制，出现了“管家理论”（Stewardship Theory）、委托代理理论（Principal-agent Theory）、交易成本理论（Theory of Trade Cost）、公司治理结构（Corporate Government）等现代企业理论。可以看出，行业风险主要受经济周期波动、产业发展阶段、产业市场结构、产业政策、产业链地位、技术创新和产品替代等因素影响。

1985年，迈克尔·波特（Michael Porter）在《竞争优势》一书中提出价值链理论，通过对行业价值的分解，使得各行业环节的价值得以定量核算，并在此基础上提出了著名的“五力分析模型”。波特提出的五种分析因素分别是：潜在进入者的威胁、替代品的威胁、买方议价能力、供应方的议价能力以及产业内现有竞争者的对抗。1990年，波特出版了《国家竞争力优势》一书，该书在“五力分析模型”的基础上进行了拓展，增加了要素层次分解的维度，提出了国际竞争力的“钻石”模型，指出决定一国行业国际竞争力的六大因素为要素条件、需求条件、相关与辅助产业、企业策略、结构与竞争者、政府和机遇，该模型更注重行业的整体业绩，强调系统中各部分的支持作用。波特五力分析模型作为一种定性分析模型，首创性地将研究理论和操作工具融为一体，简洁明晰，是理论界最为主流的行业竞争评价方法。但是，由于该模型假设行业规模是固定的，未充分考虑行业需求的增长潜力及其对行业盈利能力的影响，因此在实践运用过程中一直存在着可操作性争议。

近几年，国内外学者们逐渐将行业因素作为影响企业信用风险相关性

和信用风险蔓延的主要因素来进行研究，例如Chava（2004）等人采用美国1962—1999年破产公司数据进行破产风险率研究，其研究结果表明行业因素在企业破产风险中存在重要的作用，而且行业分组会显著影响模型预测方程的截距和斜率系数；Chava（2011）通过对1980—2008年的大量信用违约数据进行实证分析证明了行业因素会显著影响信用违约模型对损失分布的预测，并且指出违约可能性与回收率呈负相关关系，相关性大小随行业因素及信贷周期等变动。Pu和Zhao（2012）在研究信用风险变化的相关性过程中，对2001—2006年每月的信贷违约互换数据进行主成分分析和回归分析，其实证结果证实了行业因素对信用风险变化的相关性存在影响，并且发现相关性与企业信用级别高低呈反向相关关系，周期性行业在影响企业信用风险变化时有更低的相关性；在我国，行业风险的实证研究随着金融市场的不断成熟而受到重视。曹运根（2005）选取2000—2003年不同行业的3 970家样本公司，采用因子分析法对我国上市公司行业竞争、盈利能力和资本结构进行了实证研究，得出行业竞争对资本结构有显著的影响，盈利能力与资本结构之间呈现负相关关系这一结论。尹占华和王晓军（2007）采用定量与定性相结合的方法，根据行业环境状况评价、行业经营状况评价以及行业财务指标评价三方面指标针对电力、石油等国内十大行业进行评估分析，结果表明，电力的风险最小而零售行业最大。

5. 外部支持理论

越来越多的研究发现，来自主体外部的干预和支持行为成为影响信用实现的必要条件，这种干预既来自政府，也来自股东。在国民经济管理学理论中，政府和市场在国民经济管理中均发挥着必不可少的作用，由于市场机制存在信息不完全或不对称、外部效应、低效或无效提供公共产品、盲目性引发经济运行不稳定等不可避免的缺陷，政府对市场的干预成为现代市场经济一个不可或缺的有机组成部分。政府为发挥稳定宏观经济、促进经济增长等目标，不可避免会对实体经济的组成部分即微观实体进行一定的干预和支持，由此也就形成了政府相关主体的信用品质与政府的外部支持或干预具有紧密的联系。

对于系统性金融机构来讲，“太大而不能倒”的金融机构由于其特殊的经济角色，在危机时更容易获得外部支持。美国联邦存款保险公司（FDIC）在1984年对大陆伊利诺伊国家银行实施了注资救助，理由是“它的规模很大而且牵涉的银行范围广泛，若放任其倒闭，会使不受保护的存款人和债权人遭受巨大损失，会对其他银行产生多米诺骨牌效应，清算冻结会影响金融市场正常运行，对宏观经济产生严重的负面传染效应，最终爆发系统性风险”，至1990年，FDIC重新修正了“太大而不能倒”的重要性含义：一家银行太大了而不能使大多数未保险存款人蒙受损失，这一修订使总体救助范围缩小，但提高了对进入救助范围之内的银行的救助力度。我国在目前“公有制为主体、多种所有制经济共同发展”的中国特色社会主义经济制度下，广义的政府相关主体（包括对于国民经济具有重要影响的非政府所有或控制的工商企业，下同）仍占据着重要的经济发展和调控的地位，而这些主体也更容易得到政府的支持或干预。

关于股东支持，Friedman（2003）等人提出了支持的概念，支持是指大股东向上市公司输送利益的行为，并证明了在东亚金融危机后大股东利用私有资源支持陷入困境的上市公司，从而使其度过困难的行为。侯晓红（2010）认为由于大股东将自己财富的大部分投入上市公司，在公司中所持股份较大，因而股权流动性较差，具有资产专用性的特点，“套牢”决定了大股东为获取长期的投资收益和控制权的私人收益，在上市公司陷入困境时有可能对其进行支持，并进一步通过动态模型得出结论，认为当上市公司的投资回报率低于某一水平时，由于债务的存在，大股东可能会用自己的资源进行支持，防止公司破产。

6. 国家风险理论

任何信用主体的运营无法脱离其所处国家的政治、社会环境与宏观经

济情况，政局、社会动荡或是经济剧烈波动无疑会对其境内企业的经营，进而对其信用状况产生巨大的冲击，这一风险即国家风险。从国家风险的属性角度来看，国家风险是系统性的风险，具有明显的外生性，是信用主体自身无法抗拒和改变的，即国家风险由国家层面下的信用主体所共同承担，这种外部风险与信用主体由于自身管理、经营决策等个体层面的相关因素引起的风险相区别，区域下信用主体无法通过改变自身的管理和经营来规避风险。

（1）制度经济学理论

制度经济学从制度的角度很好地阐释了这种外生性，制度经济学将现阶段制度归为两类：一是社会自发形成的制度，主要是文化方面的约束，包括传统、风俗习惯、道德价值观等方面的内容，是任何个体或组织包括国家政府都难以严格控制或左右其供给的，是社会运行的基本秩序；二是国家政府等权力委托主体制定的法律、政策、命令等，供给者是约束对象的权力委托机构，两个角色不重合，这类制度往往以非常具体严格的正式方式体现。可以看出，无论是软性约束还是硬性约束，都是个体必须遵从和适应的法则。同时，系统性风险经常伴有溢出和传染效应，单个市场在遭受巨大损失时，往往会引起其他市场的连锁反应，使得信用主体无法独善其身。

市场机制的不完善使得一些市场主体没有讲信誉、守信用的外在约束。这就导致有些市场主体即使不守信用也得不到相应的惩罚或制裁，从而抱着侥幸的心理从事诸多的违背信用风险活动，进而扰乱了信用活动的秩序，加大了竞争市场的不稳定性，增大了信用风险。外在约束的缺乏其不仅表现在地方保护主义和法制不健全，更体现企业与个人、企业之间的约束也不够完善。外在约束有如市场秩序的把关人，能在一定程度上自觉剔除市场潜在的各种风险，对维护社会机制、降低金融风险起着稳定器的良性作用。没有外在约束的持续存在，市场就会陷入混乱，像一盘散沙般岌岌可危，结果就导致提高社会信用度、保持市场良性健康发展的目标无从谈起。总之，外在约束对信用风险管理起着至关重要的作用，做好了强有力的市场约束，市场秩序就能重回正轨，社会信用才能日渐提升。

（2）金融脆弱性和系统脆弱性

费舍尔总结了前人的研究成果，他认为，金融体系的脆弱性和宏观经济周期密切相关，特别密切相关的是债务方面，尤其是由于通缩过程造成的过度欠款产生的债务。费舍尔指出，银行体系的脆弱性，在很大程度上是由于日益恶化的经济基础，这是从经济周期的角度解释了银行体系脆弱性的问题。传统金融市场的脆弱性，主要从股票市场过度的波动性来解释，市场不完全有效是金融市场的脆弱性的原因，汇率的波动增加了金融市场的脆弱性。金融市场受到多方面的波动因素的影响，同样地，信贷市场也会受到多方面的波动因素的影响。无论是股市波动，还是汇率波动，都会影响信用市场，造成主体对待信用风险的不同态度。

系统脆弱性是一个区域内部各种经济、金融、政治等指标综合属性的表现，它包含了敏感性和弹性两个方面。其中敏感性是指经济系统在出现内部紊乱和受到外部冲击的情况下，所表现出承受破坏的能力，敏感性越弱，说明系统本身越不容易受到破坏，具有很强的抵抗能力。而弹性是指使系统从危机状况迅速调整到安全稳定状况所表现出的能力，应对能力越强说明系统的自我维护能力越强，越能够从不利的影响中迅速恢复过来。总之，敏感性和弹性在相互作用中，共同决定了整个系统的脆弱性。当系统脆弱性较大时，说明系统承受各种危机破坏的能力越差，恢复到稳定状态的速度就较慢，整个系统处于一种不安全的状态之中，反之则系统越安全。由于国家风险的系统性特征，当区域的系统脆弱性较大时，区域面对冲击的抵抗能力较差，国家风险事件一旦发生常伴有溢出和传染效应，风险迅速从一个部门扩散到另一个部门，最终影响的是实体经济中信用主体的偿债能力。在以往的债务危机中，我们发现危机往往从银行、证券等金融部门开始，金融体系逐步崩溃，进而蔓延到实体经济，引发失业和衰退，最后引发经济危机。一旦经济环境逆转或者其他不利因素出现，信用

主体就可能迅速失去债务偿还能力，出现大面积集中性的债务违约事件。

（3）“羊群效应”和资产负债表效应

危机的蔓延常常有一个由缓慢发展到加速扩展的过程，这个转折有时是通过群体规模信号发生作用的。“羊群效应”是信息连锁反应所导致的一种行为方式，当个体依据其他行为主体的行为而选择采取类似行为时就会产生“羊群效应”。“羊群效应”发生时，个体趋向于一致行动，社会整体的一个较小冲击会导致群体行为发生巨大的偏移，个体甚至可能放弃私人信息而仅仅依靠公共信息来选择自己的行为。资本市场是十分敏感的市场，实物经济和产业结构的失衡、经济增长速度的放慢或即将放慢、货币政策的调整、银行业危机、外汇市场危机和债务危机及它们所带来的信心危机而导致。当人们对于金融资产价格、整体经济的信心急剧丧失时，人们会在短时期内采取一致行动，抛售各种资产特别是有价证券，导致资本市场危机的爆发。当个人的不理性行为得到模仿和放大时，便加速和放大了风险。

当金融市场出现不利冲击，例如股市崩溃、国际投机冲击、社会化风险恶化等，首先会使金融部门的资产负债结构恶化。一旦出现这种情况，银行要保证自身的安全性和流动性，不外乎两种选择：要么削减信贷，要么尝试筹集资金。在宏观环境不利、金融部门资产负债表恶化的情况下，金融机构很难获得足够的资金或是以合理的成本筹集到所需资金，结果只能削减信贷。金融机构削减贷款又会导致更加不利的宏观环境，使金融市场的融资功能进一步丧失。金融部门资产负债表的恶化也直接导致了两个后果：利率上升和物价水平下降。利率上升和物价水平下降又会进一步恶化资产结构，造成更为严重的信贷收缩。对于非金融部门，金融部门的资产负债表恶化导致的信贷收缩会造成信用主体现金流恶化，大幅降低主体的偿债能力，而随着偿债能力的下降，偿债意愿也随之降低。不仅如此，如果非金融部门信用主体的资产负债表恶化成为一种普遍现象，就会加重金融市场上的逆向选择和道德风险，进一步导致金融部门的信贷收缩，加速恶化这一过程。

第四节　透过全球债务危机看信用风险的形成与影响机制

20世纪以来，世界发生了一系列严重的金融危机和债务危机，对全球金融、经济产生了巨大影响，也为信用理论的研究提供了实证经验。因此，中债资信在理论研究基础上，着重梳理了1929年经济大萧条以来世界范围内波及范围较广、影响程度较大的七次典型主权债务危机和金融危机[①]，总结出系统性信用风险形成的一般规律。

一、外部环境变化引发的信用危机

在近现代七次大的债务危机中，有三次属于主权债务危机（拉美、阿根廷、欧洲主权债务危机），四次属于金融危机（大萧条、日本、亚洲、美国次贷危机）。对危机进行分析可见，在危机前的相当长时间内往往处于全球流动性泛滥、利率很低的时期，外部信用环境持续宽松，导致国内信用泛滥。当经济扩张时，泡沫和风险也在集聚，累积到一定程度时经济形势就会发生逆转，一旦全球流动性收紧，资金成本提高，债务国就会面临信贷资金减少、债务利息沉重的压力。而投资项目都有其建设周期，在项目完成之前现金流不一定可以弥补债务的利息，当资金不能持续获得时，投资项目盈利的不确定性增大，投资的乘数效应会将投资的波动数倍放大到整个经济，引起经济增速下滑，甚至国民经济增长速度不及债务总额增长速度，导致债务危机。

二、低还款能力引致信用风险

第一，金融系统固有脆弱性。由于经济发展的周期性特点，经济在经

① 分别为1929—1933年的美国大萧条，1982—2003年的拉美主权债务危机，1990—1999年的日本金融危机，1997—1999年的亚洲金融危机，2001—2005年的阿根廷主权债务危机，2007—2008年的美国次贷危机以及欧洲主权债务危机。

历萧条阶段之后会逐渐回到经济扩张过程。在经济扩张过程中，经济的繁荣引发资产价格的不断上涨，人们就有动力承担更大风险来赚钱，而银行等金融机构也乐于提供风险贷款，社会整体在承担风险方面就会变得越不谨慎，高风险的投机性融资和庞氏融资的比重必然上升，这是一个自我实现、不断强化的过程。然而，由于投资的不确定性，一旦经济环境逆转或者其他不利因素出现，债务主体就可能失去还本付息能力，出现债务违约。进一步地，当外部信用环境改变时债务违约往往会集中爆发，从而直接冲击从事信用业务的机构部门，尤其是银行和商业贷款机构，从而出现金融危机，这些危机又会通过信用部门传递给其他部门，最终形成经济危机。

第二，负债过多无力偿还。一是发生主权债务危机的国家公共福利支出较高，这在欧债危机中表现得极为明显。一方面，教育福利、卫生福利及住房福利等公共福利过高；另一方面由于棘轮效应消费易升难跌，危机国政府希望通过削减福利支出来减少财政赤字的政策会遭到民众的大力抵抗。二是发展中国家在经济起飞阶段需要巨额基础设施投资，而且这些项目建设周期长，资本回报率低，往往只能依靠政府拉动。不过，政府财政收入有限，需要借用低利率的短期贷款，从而加大了投资风险，一旦贷款不能顺利获得，就会发生资金链断裂，易导致债务危机产生。三是债务回报不高。一些国家所借外债很大程度上没有用于发展经济，而是直接用于支付债务利息和公共福利或者弥补国有企业亏损，由于债务使用时未能用于具有创汇能力的产业发展，失去偿还债务的源泉，最终陷入借新债还旧债的恶性循环。

三、无序信用扩张造成信用风险泡沫不断累积

第一，金融机构逐利性使其忽视信用风险泡沫。金融本身具有顺周期的特点。在经济复苏和繁荣阶段，由于市场预期向好，金融机构往往扩张信用，鼓励贷款，然而一旦经济形势走弱，市场预期下降，银行为保证资产安全就会紧缩信用，加紧催收贷款或者停止贷款，导致生产萎缩，工厂倒闭，工人失业，信用风险从金融市场波及实体经济。在以往的危机中，

都可以看到金融机构的贪婪表现。在美国次贷危机中，美国的房贷机构以各种所谓的优惠去引诱资信不足的对象大胆借款，以后又将风险转嫁给投资银行；投资银行、保险公司设计众多的金融衍生产品，将高风险贷款包装成证券化产品，推销给不知情的普通投资者。在拉美债务危机中，政府为管理不善的银行进行隐性担保，促使银行过度发放贷款，风险泡沫大量累积，而信用膨胀之后的泡沫破裂加速了经济危机的产生和加剧。

第二，金融监管不严使信用风险泡沫加大。一是国内监管机制不完善，缺乏必要的监督机制和严格的贷款审查制度。在经济扩张期，银行对贷款的条件越放越松，为不动产和股市源源不断地提供信贷资金，助涨了资产泡沫的增大。如在拉美债务危机中，流入的外资在使用结构上不合理，对外债使用监管的不力削弱了外债偿还能力，加剧了拉美的债务危机。另外，监管部门对金融过度创新的监管不力。美国的次贷危机起源就是金融监管当局对投资银行证券化的风险认识不足，加大了金融市场的顺周期性，进一步增加了市场信用风险。二是缺乏必要的国际监管，IMF等国际机构未能发挥其监管和督促信息披露的作用。在以往债务危机中可以发现，信息不对称问题非常严重，即便是在被认为拥有世界上最可靠的金融监管的美国，都在次贷危机中暴露出信息披露的不透明和金融监管的不力。政府往往有动机去掩盖其资产负债表，因此应该由IMF等国际机构制定规则，迫使政府进行更多信息披露。

第三，政府隐性担保给金融机构忽视风险以错误激励。政府为促进经济发展，往往鼓励金融机构对一些行业发放信贷，对其进行或明或暗的支持，例如对其贷款进行隐性担保等，从而给银行等金融机构一种错觉，使其认为在政府的兜底之下，信贷的违约风险极低，因此盲目地扩张信用，导致经济泡沫的增长。尤其在信息不对称的情况下，政府作为外部人不了解金融系统的风险情况，在高回报的激励下，金融部门就存在凭借政府担保来投资高风险资产的道德风险。而当不良资产过多、债务负担过重时，人们预期政府无力进行偿还，其信用大打折扣，这种预期就会引起信用链

条的连锁反应，造成整个社会信用体系的崩溃。

第五节　从中国债券市场违约看信用风险的形成与影响机制

从违约案例角度看信用风险的形成与影响机制，能够验证前期理论研究成果，并为构建科学、实用的评级方法体系提供重要支撑。中债资信评级原理不仅注重理论分析和研究，而且从实际违约案例的深层次剖析中进一步挖掘影响信用风险的关键因素，使得评级原理更加贴近和指导评级实务开展。

相较于发达经济体，中国市场具有自身鲜明的运行逻辑与国情特色。中国企业面临的信用环境，也决定了企业信用风险的形成机制与国外成熟市场具有特征差异。以经济增速回落、产业结构调整为主要特征的经济“新常态”下，刚性兑付逐渐成为过去式，违约事件不断暴露，市场对高质量评级信息的需求达到了前所未有的高度。

截至2018年6月末，中国债券市场共有约68家主体违约，通过系统梳理违约事件演变和主体信用状况变化可以发现，多数违约事件由多个因素恶化叠加导致。整体来看，主体违约的影响因素可分为长期基本面因素和短期或偶发性因素，各类因素叠加最终会演变为主体时点流动性危机，并导致违约事件发生。

一、长期基本面因素

长期基本面因素包括行业景气度低迷、经营或投资战略激进、债务结构不当等。行业方面，微观个体在运营时必然置身于中观的行业环境中，由行业固有特征形成的风险也必然会对微观个体产生深刻的影响，一定程度会体现为对其偿债资源充足性、稳定性以及债务负担的制约上。在国内市场环境下，受经济发展方式、行业集中度、行业内部差异化程度等因素影响，行业因素在决定企业运营状况尤其是经营业绩表现中的作用更为突出。行业景气下滑背景下，行业中个体企业凭借自身经营竞争力避免经营基本面恶化的可能性较小。典型的经营基本面恶化情景表现为行业景气度低迷导致公司收入规模下滑，进而导致公司盈利能力下滑，在现金流端表现为应收账款增加，经营现金流持续净流出，现金流枯竭并最终导致违约。

战略方面，战略规划及执行对主体的未来发展具有决定性影响。一般情况下，企业的发展方向越清晰，战略规划越适合行业发展的方向和企业的实际状况，企业实现战略的条件越充足，企业实现战略目标的可能性越大，对企业未来发展越有利。反之，不符合企业实际的战略，可能导致企业投资决策的失败和重大的资本损失，可能会严重影响企业现有业务的正常经营。中国经济呈现政府主导、投资拉动的增长特色，受地方政府投资引导和企业规模扩张偏好双重影响，中国企业整体投资策略较为激进。过于激进的投资或经营战略背景下，企业债务规模和财务杠杆可能在短期内大幅上升，个体偿债压力明显增加。目前，国内企业负债经营倾向较为明显，但负债形成的资产收益和现金回流对债务保护能力不足、债务偿付风险大幅上升，成为诱发个体违约事件的重要原因。具体表现为：一方面重资产行业企业在主营业务内部加大投资并购力度或是在主营业务外开展多元化投资意图拓展新的经营增长点，但在投资方向的选择上较为盲目跟风，未有对投资领域的经济效益、经营风险进行全面评估，导致公司后期投资项目经济回报很低，对应形成的在建工程发生大额减值甚至成为烂尾工程；另一方面轻资产行业企业实施较为激进的经营战略，融入大量资金形成大规模存货或应收账款，但在后期遭遇行业上下游经营基本面恶化时，此部分资产的质量、变现能力常常在短期内发生持续大幅下滑，导致公司计提大额减值、业绩快速下滑，资产对存量债务的保护程度大幅下降。

债务方面，主体的债务状况是行业、个体经营、管理层风险偏好等各因素共同决定的。中国企业整体投资策略较为激进，债务负担较重。银行信贷政策或其他外部融资渠道的收紧可能使特定行业或特定区域内企业财

务风险大幅上升。中国国有企业债务负担相对较重，但在国有银行体系的支持下流动性风险相对较低；民营企业尽管债务负担相对较轻，但存在短贷长用现象，流动性风险较高。债务结构配置方面，不合理的债务期限结构可能导致流动性危机。在同样经营环境和发展战略背景下，与债务结构较为稳定的企业相比，债务结构政策较为激进的企业，由于债务偏重短期可能导致其面临更大的流动性周转压力，一旦整体融资环境收紧，此类企业触发流动性危机进而发生违约事件的可能性更大。

二、短期或偶发性因素

短期或偶发性因素包括公司治理风险、或有事项风险、偿债意愿风险等。公司治理方面，股权结构、股东行为或信息披露方面的缺陷很可能直接导致公司经营无法维系或外部融资环境收紧进而引发违约事件，其对个体信用风险具有重大负面影响。从公司治理对信用风险影响的路径看，一方面公司治理结构的不健全可能引发各类突发性事件，导致企业实际控制人不稳定，使得企业生产经营受到重大不利影响，诱发内外部流动性危机。突发事件可表现为实际控制人被相关机构调查或出现重大负面信息、公司股权结构分散背景下遭遇恶意收购或套现、实际控制人发生争斗或缺失、股权结构复杂或实际控制人认定不清等。另一方面，不健全的治理结构下，股东通过资产转移、占用关联资金等恶意掏空企业的行为也会对企业信用资质产生重大不利影响。

或有事项方面，或有负债主要通过增加企业的流动负债对企业的短期偿债能力造成影响，从而对企业的偿债能力和财务风险造成影响。若企业的或有负债数额较大，则对企业产生的潜在影响也会非常大，或有负债一旦变成代偿责任，企业将直接面对突如其来的巨额债务，在企业本身财务状况并不乐观的情况下，会对企业的偿债能力产生重大影响，情况严重时甚至可能导致企业现金流断裂，甚至破产。近年来，由于债务担保引起发行人资金链断裂的情况频繁出现。对外担保的或有风险主要体现为：被担保人多为发行人的同区域甚至同业务的企业，风险难以分散化；被担保人与担保人存在较高的业务往来，债务担保风险传导较快；企业之间可能存在互保现象，导致风险集中度高。

偿债意愿方面，对信用主体的信用风险判断主要基于偿债能力和偿债意愿两个方面，偿债意愿反映主体偿还债务的主观意愿。偿债意愿的弱化会增加信用风险，加强分析偿债意愿才能全面准确地判断企业信用风险。通常情况下，由于债务违约直接影响企业的信用声誉，进而影响其后续融资和生产经营，因此在偿债能力尚可、治理结构完善前提下，由偿债意愿不足引发债务违约可能性较小。只有当企业自身面临较大偿债压力、偿债能力不足的情况下，偿债意愿弱化才可能对主体的信用风险产生负面影响。但特殊情况下，例如，政策层面出台降低企业杠杆水平新举措，导致违约成本大幅下降或违约收益大幅提高，则可能直接触发企业偿债意愿明显弱化；又如，企业通过公开渠道明确表示希望通过债务重组等手段解决债务问题，则直接反映了企业偿债意愿出现弱化。此类特殊情况下，即使偿债能力未发生重大恶化，偿债意愿的明显弱化也可能直接触发违约风险。

第六节　信用风险评价的量化分析方法

根据实际问题建立数学模型，对数学模型进行求解，然后根据结果解决实际问题，这一过程叫做“数学建模”。通过数学模型，可以了解规律、优化管理、控制风险、预测未来以及选择决策。由于信用风险来源复杂，如何对信用风险进行评价始终是一项研究难题，至今未有极具说服力与完备性的计量方法。最早的定量研究可以追溯至1966年Beaver提出的单变量预测企业违约模型。之后，Altman（1968）的Z-Score模型以及Ohlson（1980）的Logit模型都是信用风险计量领域里程碑式的研究成果。随着1993年开发出基于Merton模型的KMV模型后，信用风险计量在商业领域得到了广泛的应用，在1997年到1998年的短短两年时间里，CreditMetrics

（1997）、CreditRisk+（1997）及Credit Portfolio View（1998）等针对投资组合的信用风险组合模型相继面世。目前，随着大数据技术广泛应用及机器学习技术快速发展，以ZestFinance公司与KDS公司为代表的数据挖掘技术成为最新前沿技术。整体来看，一方面，自1909年穆迪开创信用评级业务至今，以经营、管理和财务状况为核心的评级机构传统评级体系并未发生过实质性变化，专家经验与专业判断仍然发挥着重要作用，复杂的数学、统计学分析方法无法让人完全信服；另一方面，得益于大数据技术与统计计算的蓬勃发展以及信贷市场数据的大量积累，金融机构在内部风险管理中开始广泛尝试结构式、简化式、机器学习、数据挖掘等更为前沿的计量手段。

一、信用风险计量方法简述与应用

从分析技术上，根据模型使用范围和类型，信用评级模型可以分为以下几类。

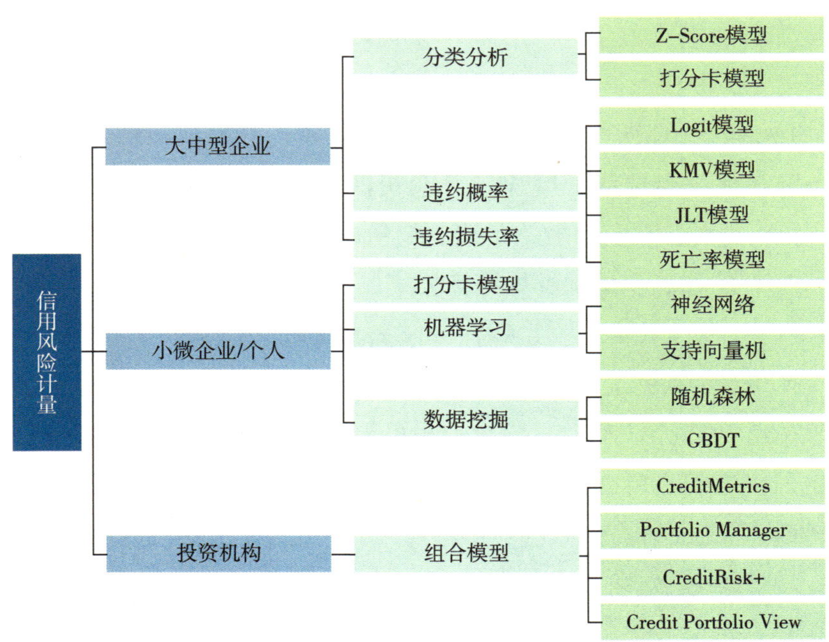

图2-1　信用风险计量模型

1. 分类分析

对企业进行信用风险评估本质上可以看作对企业的违约决策进行分类，将目标企业分为不会采取违约行为的企业与会采取违约行为的企业，分类分析自然而然成为信用风险计量的基础方法。自20世纪60年代以来，分类分析方法就被广泛使用，如Altman的Z-Score模型、Saaty的层次分析法等。信用风险计量发展至今，无论是评级公司在设计打分卡时的要素选择过程，还是银行资产风险评估模型的构建过程中都有应用分类分析的思想。

（1）Z-Score模型

Altman（1968）提出的Z-Score模型是分类分析思想在信用风险计量领域的重要应用。目前，Z-Score模型及其衍生模型主要应用于美国、日本、欧洲、巴西等国商业银行，一些金融机构如美林证券以及国内的国泰安金融数据库、锐思数据库等也提供上市公司的Z-Score计算。

Z-Score模型运用的线性判别分析（Linear Discriminant Analysis）手段是分类分析的经典方法之一，简单来说就是利用已有数据和已有分类建立判别模型，并以此判断新增样本所属类别的一种统计方法。Altman利用1946—1965年美国破产的制造业企业作为样本，用Fisher逐步判别分析法从22个财务比率中选取了运营资产/总资产、留存盈余/总资产、息税前收益/总资产、股权市场价值/总负债、销售收入/总资产共5个财务比率作为Z-Score模型的计算变量，具体计算公式如下：

$$Z = 1.2x_1 + 1.4x_2 + 3.3x_3 + 0.6x_4 + 0.999x_5$$

计算得到Z值决定了该企业所属的类别，Z值得分越高，企业越不可能破产：当Z值低于1.81时，该企业很可能会破产；当Z值在1.81~2.99时，该企业一年内破产可能性为95%，两年内的破产可能性为70%；当Z值高于2.99时，该企业将不会破产。

（2）打分卡模型

打分卡模型是最为常用的信用风险计量模型，其核心思路在于对信

用风险要素进行分层并赋予不同的权重，各要素分数加总后得到企业的信用等级分数，并给予相应的级别，模型的构建过程借鉴了层次分析法（Analytic Hierarchy Process）。层次分析法是Saaty于20世纪70年代提出的一种多准则决策方法，基本思路是通过将复杂问题进行条理化、层次化，依据其本身的属性和相互关系构造出若干层次进行分析。层次分析法的判断矩阵是由专家对变量之间的重要关系进行排序打分后，利用计算最大特征根的方式得到各个要素权重，从而构造出信用风险要素的打分卡模型，使得定性指标能够进行定量分析。

打分卡模型同时适用于企业信用评级与个人信用评级，其要素的选取与设置过程通常结合专家判断、逻辑回归等方法。在实际使用中，各个评级机构都根据对信用风险的理解构建了独特的打分卡模型。例如，国际评级机构标普按照评级方法总论制定的打分卡模型，主要使用“两项指标相互映射、应用矩阵层层映射”的方式计算受评主体的最终信用等级。各项指标没有固定权重，而是依据不同企业类型进行具体设定。标普打分卡模型具体过程如图2-2所示：

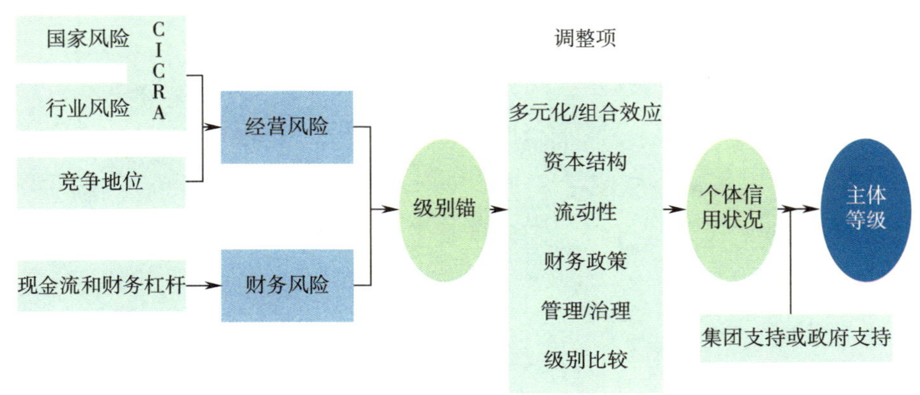

资料来源：Standard & Poor's Ratings Direct。

图2-2　标普评级体系

穆迪在打分卡（表2-1）中明确设定各类评级要素的权重，在专家建立打分卡模型后，分析师只需根据分析对象情况对各个评级要素进行打分，然后将各个要素得分按权重计算加总后与评级类别相对应，从而得到该企业的评级结果。需要说明的是，为了强调不同行业之间的可比性，即使是相同指标，在穆迪不同行业打分卡中风险权重也不尽相同。

表 2-1 穆迪全球制造业评级要素表

评级要素	权重	子要素	权重
业务情况	20%	业务情况	20%
规模	20%	收入	20%
盈利能力	10%	EBITA	10%
杠杆与偿还能力	40%	EBITA/利息支出	10%
		负债/ EBITDA	10%
		留存现金流	10%
		自由现金流/负责净额	10%
财政政策	10%	财政政策	10%
总计	100%	总计	100%

资料来源：Moody' s Global Manufacturing Companies。

银行或信用卡公司常用的信用评分系统（Credit Scoring System）一般用于个人消费信贷领域，通常由申请评分卡（Application Scorecard）以及行为评分卡（Behavior Scorecard）两部分构成。信用评分系统根据借款方的借款与还债历史、债务状况等信息给予不同分数，用来决定是否核准新贷款或信用额度。

2. 违约概率估计

分类分析采用序数关系比较两个企业的违约概率，对于外部评级来说已经能够满足业务需求，但是对于需要了解自身承受风险以及对产品进行定价的投资机构，必须有更为精确的违约概率作为参数。Logistic回归是研究违约概率的基础模型，但本质上仍与打分卡模型近似，都是通过财务指标等静态历史数据进行判断。因此，更多研究者希望能够从瞬息万变

的市场中得到更多信息。在基于市场信息的违约概率研究方面，Merton与Jarrow和Turnbull从两个完全不同的角度展开各自研究。Merton利用Black-Scholes期权定价公式，将企业所有者看作看涨期权的购买者，企业的价值波动看作违约的主要原因，当企业价值下降到边界时就会违约。以Jarrow和Turnbull为代表的简化式模型仅使用债券价格，力图通过债券价格信息所蕴含的内容得到隐含的违约概率。Altman的死亡率模型体现了大数定律的思想，希望通过充足的样本量获得真实世界的违约概率。

（1）逻辑回归

在Z-Score模型之后，有研究者试图利用多元线性回归方法，分析财务数据对企业违约的影响。但一般回归分析（OLS）在处理违约问题时存在显著的缺陷：一是自变量为离散的序数数据时，随机扰动项无法满足零均值和固定方差的假设，二是分类因变量的取值范围极为有限（通常为连续的整数），当OLS的自变量取值范围为（$-\infty$, $+\infty$）时，理论上得到的因变量预测值范围也为（$-\infty$, $+\infty$），显然这样的预测违约概率违反常识。此时，Logistic函数（也称为Sigmoid函数）在处理序数问题或多类问题时的优势就得以体现出来。例如，标普的Credit Model以及穆迪的RiskCalc与LossCalc都是基于Logistic回归开发的评级模型。

Logistic函数写作：$g(z) = \dfrac{e^z}{1 + e^z}$

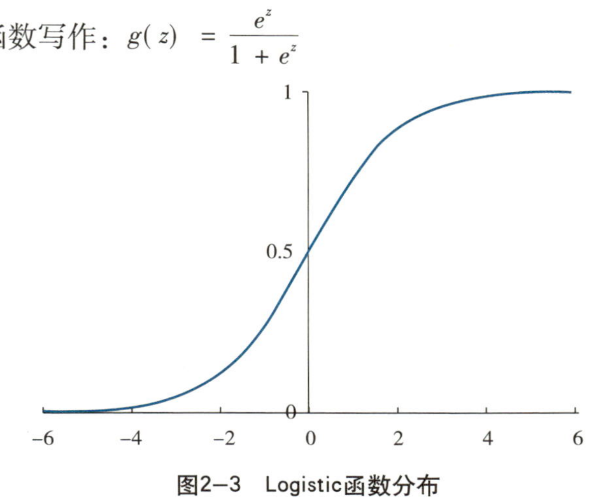

图2–3　Logistic函数分布

该函数可以将取值为（−∞，+∞）特征向量映射到值域[0，1]内（如图2–3所示），因此复杂的财务数据就能够通过Logistic函数转换到0和1之间的范围内，从而计算出该企业的违约概率。

Ohlson（1980）利用Logit模型，以及Zmijewski（1984）利用Probit模型预测企业破产行为后，Logistic回归逐渐成为信用风险计量的主流工具。Logit模型与Probit模型的形式基本相同，Logit模型的基本思想如下：企业的违约事件仅有违约或不违约两种情况，对应到二值变量Y_i，当$Y_i = 0$时表示企业未违约，当$Y_i = 1$表示企业违约。因此，Y_i的条件期望$E(Y_i = 1 \mid X_i)$服从Logistic函数：

$$P_i = E(Y_i = 1 \mid X_i) = \frac{e^{Z_i}}{1 + e^{Z_i}}$$

式中，$Z_i = X_i B$，X_i为自变量，P_i代表企业的违约概率。无论Z_i取值范围如何，P_i都在0到1的范围内。对上式进行Logistic变换，即

$$L_i = \ln\left(\frac{P_i}{1 - P_i}\right) = Z_i = X_i B$$

利用加权最小二乘估计或最大似然估计进行估计后，可以得到违约概率的预测模型。

（2）KMV模型

结构式模型是Merton在1974年设计的信用风险计量模型，因此又被称为Merton模型。Merton模型以Black–Scholes期权定价理论为基础，将违约事件和企业资本结构、经营风险等微观因素以及利率等宏观因素联系起来，把违约与否看作为到期日时点企业资产与负债差额的函数，违约概率转化为到期日资产小于债务的概率。

Merton模型假设在债券到期日，如果企业资产价值大于债务面值，企业有能力偿还贷款，不发生违约；反之，企业违约。因此，到期时股东权益价值和债券价值分别为：

$$E(V, T) = max(V_T - D, 0)$$

$$D(V, T) = min(V_T, D) = D - max(D - V_T, 0)$$

根据Black-Scholes期权定价公式可以得到t时刻股东权益价值：

$$V_E = V_A N(d_1) - D e^{-r(T-t)} N(d_2)$$

式中，$N(d_2)$为未来企业资产大于负债的概率，因此$1-N(d_2)$就是企业的违约概率。

Merton模型提供了一种违约机制分析框架，即企业资产结构变化对违约的影响，已被广泛应用于上市企业的违约风险分析中。1993年，KMV公司以Merton模型为基础，配合其拥有的企业信用数据库，开发出计算企业违约距离（Distance to Default）的KMV模型。KMV模型假设企业未来资产价值呈正态分布，违约距离就等于资产期望值V与违约点DPT之间的差额所包含的资产价值标准差的个数，即$DD = \frac{V - DPT}{V_0 \sigma_A}$

由上式可以看出，违约距离越大，企业发生违约的可能性越小。根据违约距离DD的定义，公司资产价值低于违约点的概率$N(-DD)$就是理论上的违约概率。

KMV模型在评级机构应用较为广泛，标普市场信号模型（PD Market Signals），穆迪CreditEdge模型，以及彭博违约风险模型（DRSK）都是利用KMV模型开发的评级模型。

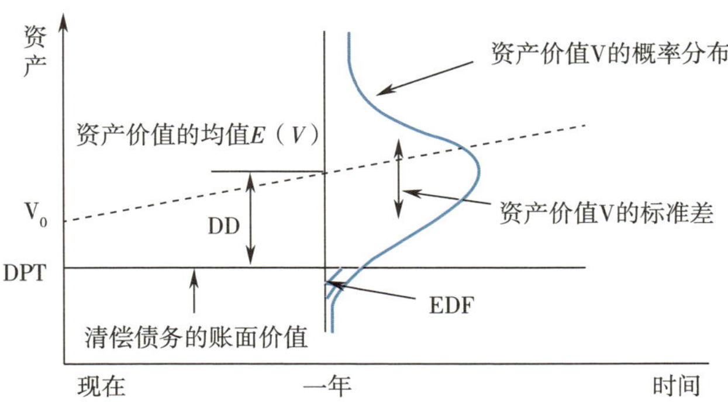

图 2–4　KMV模型的违约距离

（3）JLT模型

简化式模型最早由Jarrow和Turnbull（1995）提出。相对于结构式模型而言，简化式模型不再探讨企业的财务经营等违约因素，而是将违约事件看作随机事件，在一定时间内，违约发生的次数$N(t)$服从违约强度为λ的泊松分布，违约强度λ表示风险中性下违约事件发生的概率密度。根据泊松分布的定义，长度为t的时间内没有发生违约的概率为：

$$\frac{e^{-\lambda t}(\lambda t)^0}{0!}=e^{-\lambda t}$$

针对债券定价过程，Jarrow和Turnbull证明了市场上同时交易无风险债券和风险债券时，可违约的风险债券价值等于无风险债券价值乘以风险中性概率下的期望收益。

Jarrow和Turnbull假设违约强度为固定常数，但实际上不同的企业违约率不同，违约强度为常数的假设显然与现实不符。因此，Jarrow、Lando和Turnbull（1997）将信用评级引入债券定价分析，将违约强度看作马尔可夫过程，通过采用标普历史信用等级转移矩阵计算违约强度，并以此来估计企业未来处于各个信用等级的概率，从而评估信用风险，改善了简化式模型的分析框架，所以简化式模型也称为JLT模型。

（4）死亡率模型

死亡率模型（Mortality Model）以Altman（1989）等学者开发的贷款和债券死亡率表而得名，基本思路是根据贷款或债券历史违约数据，计算未来一定持有期内不同信用等级贷款或债券的违约概率。死亡率可以分为边际死亡率（MMR）和累计死亡率（CMR）两类，其计算公式如下：

$$MMR_t=\frac{DNB_t}{TNB_t}$$

式中，DNB_t是在t年内某一等级违约债券的数量，TNB_t是在t年初某一等级债券样本的总数量。累计死亡率CMR的公式为：

$$CMR_t=1-\prod_{t=1}^{n}SR_t$$

式中，$SR_t=1-MMR_t$，为t年的样本存活率。

3. 机器学习①

实际应用中，Logistic回归存在一定局限性，一方面，由于传统频率论的统计手段虽然能够较好地描述样本内的线性风险，但是对于样本外的不确定性与非线性特征等问题却毫无办法；另一方面，小微企业信贷与消费金融业务逐渐发展成熟，但信贷评估存在数据量大、透明度差、不可观测变量多等问题，导致Logistic回归的显著性差、解释能力弱。2006年以来，深度学习概念推动机器学习热潮再起， 2008年大数据概念提出，基于海量信息数据的数据挖掘技术与机器学习算法不断结合，信用风险领域的研究开始关注基于机器学习理论的非线性分类算法。决策树、神经网络、支持向量机、随机森林以及梯度提升决策树等先进有效的算法开始应用于信用风险领域。

（1）神经网络

神经网络是对数据分布无任何要求的非线性分类建模工具，可以用来探索数据之间所隐含的逻辑关系，其无分布假设特征，能够解决信用风险非线性的问题，因此1990年Odom将神经网络方法引入信用风险分析。目前，神经网络包含BP算法、遗传算法等近40种网络模型，其中BP神经网络模型是较为常用的模型之一。

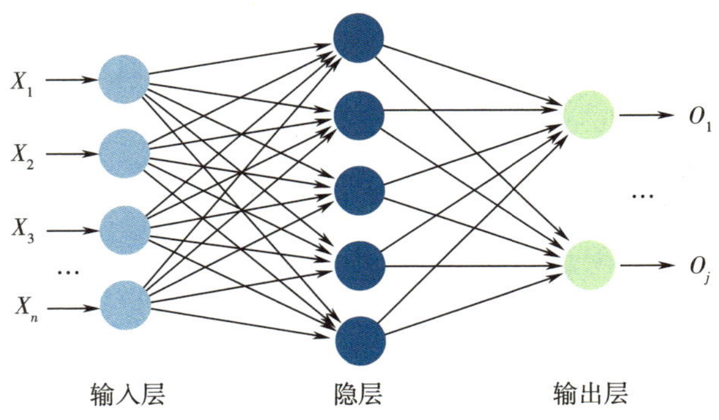

图2–5　BP神经网络模型

① 神经网络的概念远早于机器学习的概念，但随着近20年机器学习理论的发展，通常将神经网络、支持向量机等计算机自动学习的算法都划分为机器学习技术。

神经网络算法首先需要将已有样本分为“未违约”与“违约”两类，再分别从两个样本类中随机挑选训练集与测试集进行神经网络训练。神经网络应用在信用风险计量领域时，以企业数据为输入变量，以是否违约为二值输出变量，形成有多个输入层神经元和一个输出层神经元，并以Logistic函数为隐含层传递函数的BP神经网络模型。BP模型以最大总误差值为衡量模型预测能力的标准，通过迭代算法得到输入层与隐含层、隐含层与输出层之间的系数，再将新的企业财务指标输入模型即可预测该企业的违约概率。

（2）支持向量机

支持向量机模型由Cortes和Vapnik等人于1995年提出，基本模型定义为特征空间上的几何间隔最大线性分类器，其训练目标是几何间隔最大化。支持向量机是介于Logistic回归与神经网络之间的一种分类算法。在使用方式上，支持向量机和神经网络较为相似，都是采用选择财务指标作输入变量，选择二值变量作输出变量，将样本分为训练集与测试集的方式进行模型训练。在处理非线性问题方面，神经网络采用隐含层方法，支持向量机利用核函数（Kernel Function）把非线性问题转换成线性问题，与逻辑回归思想接近，且能够处理更高维度的非线性问题。从预测结果看，神经网络存在“黑箱化”问题，支持向量机能够得到预测模型系数，预测方式更接近逻辑回归。综合来看，支持向量机较逻辑回归模型更适宜处理非线性问题，较神经网络模型更适合小样本数据，而且预测结果更容易解读。

（3）随机森林

随机森林（Random Forest）是基于决策树的分类算法，在信用风险领域，随机森林与数据挖掘技术相结合，已经被广泛应用于美国银行业的个人信贷领域。所谓随机森林，是指该方法包含大量随机生成且互不相关的决策树。在形成随机森林后，对测试样本集采用有放回随机抽样，并由决策树随机选取特征对该抽样进行考察，确保每次考察的特征空间不同，避

免单一决策树出现过度拟合问题。最后，取所有决策树中分类结果最多的作为最终结果。

（4）梯度提升决策树

梯度提升决策树（Gradient Boosting Decision Tree，GBDT）是一个应用非常广泛的算法，阿里集团常用GBDT算法进行数据挖掘。GBDT核心思路与随机森林类似，都是由许多决策树组成，所有决策树的考察综合结果就是最终预测模型。GBDT不采用随机抽样方法，而是令每一个样本遍历每一棵决策树，每一次迭代计算目的是减少上一次残差，并在残差减少的梯度（Gradient）方向上建立新模型，因此被称为梯度提升。

4. 组合模型

20世纪90年代以来，以评级机构为代表的面对社会公众的外部评级体系，主要评估对象为公开上市债券。随着信用衍生品市场及资产证券化的快速发展，仅关注违约概率与违约损失率的外部评级体系已经不能满足投资机构的风险管理要求。自1993年G30提出度量市场风险的VaR方法至今，VaR已成为风险管理框架的核心概念。如何使用VaR方法对信用风险进行衡量，使信用风险变得科学、透明、可比较，是以银行为代表的许多投资机构的重要研究内容。各大投资机构分别开发出了CreditMetrics、CreditRisk+、Portfolio Manager（即KMV模型）以及Credit Portfolio View等信用风险组合模型，以期提高内部评级方法的准确性。

（1）CreditMetrics

CreditMetrics模型是J. P. 摩根在1997年推出的信用风险计量产品。该模型以信用评级转移矩阵为基础，其核心思路是信用风险不只受到违约事件影响，也受到债务人信用等级转移影响。CreditMetrics认为，一方面信用风险事件都能及时恰当地通过信用等级变化表现，另一方面信用工具的市场价值取决于发行企业的信用等级，信用等级变化会带来信用工具价值的相应变化。因此，通过转移矩阵与信用利差就可以计算信用工具在各信用等级的市场价值与波动性，利用蒙特卡罗模拟形成信用风险概率分布，利用VaR方法衡量信用风险。

要素选择上，CreditMetrics模型包含风险敞口、资产价值波动和资产相关性三个部分。在计算单一资产概率分布时，CreditMetrics模型完全基于信用转移概率，度量未来资产组合价值分布，强调资产组合价值变化与信用评级转移、信用利差等因素相关。

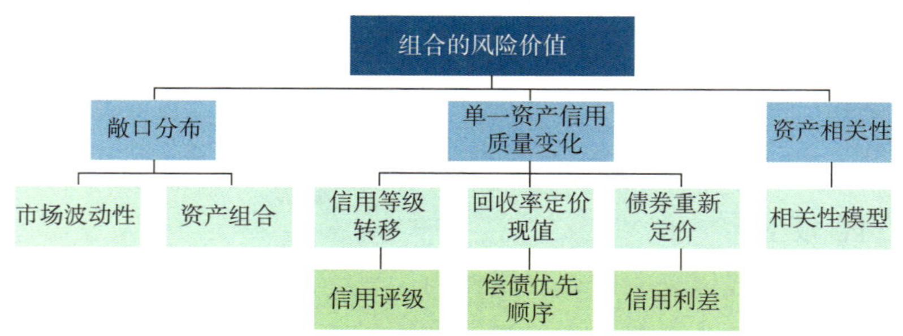

图2–6　CreditMetrics模型框架

（2）CreditRisk+

CreditRisk+模型是由瑞士信贷第一波士顿（CSFB）于1997年开发的源于保险精算思想的信用风险组合管理模型。CreditRisk+不分析违约原因，而是认为违约事件是彼此独立的随机事件，所以违约发生次数服从泊松分布，即一个包含n项投资的组合中出现k个违约的概率为：

$$P(k) = \frac{e^{-\lambda}\lambda^{k}}{k!}$$

由于每一次违约损失程度不一样，整个投资组合的信用风险损失分布将不再遵循泊松分布。为了得到违约损失分布，需要按单一资产风险敞口大小将所有资产划分成若干频段，从而得到整个投资组合的经验损失分布，利用VaR方法就可以衡量该投资组合的信用风险状况。

（3）Credit Portfolio View

麦肯锡公司于1997年提出将信用等级转移矩阵与宏观经济因素模型化的Credit Portfolio View模型（以下简称CPV模型）。CPV模型运用Logistic回

归和蒙特卡罗模拟，计算不同宏观经济状态下每个国家不同行业中资产的信用等级转移概率和违约概率，当经济状况恶化时，降级和违约情况增加。CPV模型利用模拟宏观外生冲击得到投资组合的损失分布。

CPV模型认为违约概率服从Logistic函数，对于行业/国家j的企业在t时刻的条件违约概率可以表示为：

$$P_{j,t} = \frac{1}{1 + e^{-Y_{j,t}}}, Y_{j,t} = \beta + \left[\beta_j^1 \ \beta_j^2 \cdots \beta_j^m\right] \left[X_{j,t}^1 \ X_{j,t}^2 \cdots X_{j,t}^m\right]' + \varepsilon_{j,t}$$

式中，$X_{j,t}$是宏观变量，如失业率、GDP增长率、利率、汇率等。假设宏观经济变量服从单变量的二阶自回归模型，即

$$X_{j,t} = \alpha + \alpha_j^1 X_{j,t-1} + \alpha_j^2 X_{j,t-2} + \epsilon_{j,t}$$

通过Logit回归可以将条件违约概率$P_{j,t}$表示为宏观经济历史数据$X_{j,t-1}$及$X_{j,t-2}$与宏观经济冲击因子$\varepsilon_{j,t}$及$\epsilon_{j,t}$的组合，利用蒙特卡罗方法可以得到当期的违约概率。

由历史数据可以得到历史平均违约概率P_t^*，根据经济周期情况对信用等级转移矩阵进行调整：

$$M_T = \prod_{t=1,2,\cdots,T} M\left(\frac{P_{j,t}}{P_t^*}\right)$$

当$P_{j,t}/P_t^*$大于1，意味着经济处于衰退时期，信用降级概率上升，违约率向降级方向转移，当$P_{j,t}/P_t^*$小于1时则相反。

二、信用风险计量方法比较

从计量方法介绍可以看出，风险计量模型的核心建模思想存在显著差异。同样是为预测企业违约概率，Logit模型更着重考察企业自身素质，根据企业状况判断其违约概率，是一种自内向外的建模思想。而结构式模型与简化式模型试图从市场信息来判断违约概率，核心思路是认为市场参与者能够对企业的变化做出充分反应，市场价格里已经完全包含了该企业的所有信息，因此只需要对市场价格进行分析就能够估计企业的违约概率，是一种从外向内的建模思想。

从数据要求来看，Z-Score模型、打分卡模型、Logit模型与机器学习方法只需要描述企业自身特征的数据即可；KMV模型除了需要企业数据外还需要股票市场数据；JLT模型需要债券市场数据与历史违约数据；组合模型需要资产组合的相关数据，其中CreditRisk+对数据的要求最少，CreditMetrics与CPV还需要信用评级数据作为输入变量；另外数据挖掘与死亡率方法都需要相当庞大的数据支持，因此针对企业的死亡率模型几乎没有使用基础，而针对个人的数据挖掘技术则有了蓬勃发展。

从使用条件来看，Z-Score模型与打分卡模型使用极为灵活，适用于各种场景，但Z-Score模型分类标准过于简单，不适合月于比较不同企业的信用状况；Logit模型、机器学习和死亡率模型对样本量有不同要求，其中Logit模型要求最低，一般认为样本量是自变量的10倍以上即可；KMV模型适合评估股票市场有效的上市企业，JLT模型则需要一个有效的债券市场；支持向量机、神经网络与树形算法虽然都属于机器学习算法，但使用条件差异显著；组合模型中，CreditRisk+相对要求较少，但需要违约事件符合独立性要求，CreditMetrics与CPV不仅需要有效的债券市场，还需要完善可靠的信用评级体系。

综合可解释性与操作性来看，打分卡模型的形式直观，方法易理解，结果易解释，适用性最好；Logit模型的数学基础相对简单，操作相对容易实现，但这类模型隐含线性关系的强假设，部分不符合假设的企业结果解释性较差；基于市场信息的KMV和JLT模型虽然理解上较为简单，但是数学处理较为复杂，需要人力投入较大；组合模型针对投资组合建立，其解释性和操作性与针对评级对象的外部评级方法相比更为复杂；机器学习算法的适用性最差，投资者难以理解，也需要大量IT技术人员进行开发。

第三章　评级原理的核心思路与核心要素

第一节　评级原理的核心思路

根据中债资信对不同范畴信用相关基础理论的研究，客观对象“信用”的形成，基本源自能力和意愿两大方面，能力是信用主体最直接的偿债来源，直接影响信用主体的履约能力，意愿则反映了信用主体对债务履约的意愿，是评估信用主体可信任性的重要依据。经济范畴中的“信用”可以表现为主体履行债务约定的能力与意愿的综合反映，因而可以用经济主体履行债务约定的能力和其对债务履约意愿反映经济学范畴中的信用实现。从评级的角度来看，信用评级是对受评对象信用风险的综合评价，信用风险即信用实现的不确定性，这种不确定性的大小由主体履行债务约定的能力与意愿综合体现。客观上来看，信用主体履约能力越强，意愿越高，信用风险也就越低。

在这种思路指导下，中债资信将综合衡量信用主体偿债能力和意愿作为中债资信评级原理的核心思路。在确立评级核心思路的基础上，需进一步找出影响主体偿债能力与意愿的核心要素。偿债能力方面，信用主体的偿债能力考察主要分为两个方面，一方面需要考察债务人创造偿债来源资金能力，另一方面则需要考察债务人自身需要偿还的全部债务契约状况。因此，分析主体偿债资源对债务的保障程度，即可判断主体偿还债务的能力。关于偿债资源，微观经济学的基本出发点为资源的最优配置，研究重点是如何最优或有效地配置资源，因此，中债资信评级原理中将信用主体的资源配置能力作为反映其偿债资源的核心因素；对于债务契约，主体所承担债务的规模和结构受其决策行为影响，反映其对待债务的意愿和态度，即主体的债务政策。基于此，中债资信提出资源配置能力和债务政策两大创新性概念作为主体偿债能力的核心评价要素，并认为资源配置能力和债务政策在很大程度上受主体所属行业风险的影响。偿债意愿方面，理论研究发现经济领域中的履约意愿一方面受到传统文化和价值观等非理性层面因素的影响，另一方面则受到违约成本收益决策等理性层面影响。因此，中债资信在对偿债意愿评价时，提出偿债意识与理性决策两大创新性概念作为主体偿债意愿的核心评价要素。除个体自身层面外，对于主体偿债能力与意愿的考察还需要注重对个体外部关联主体和环境的分析和把握，中债资信通过对相关理论、历次债务危机和违约实例的研究和总结，找到了影响主体偿债能力和意愿的关键外部因素——外部支持和国家风险。

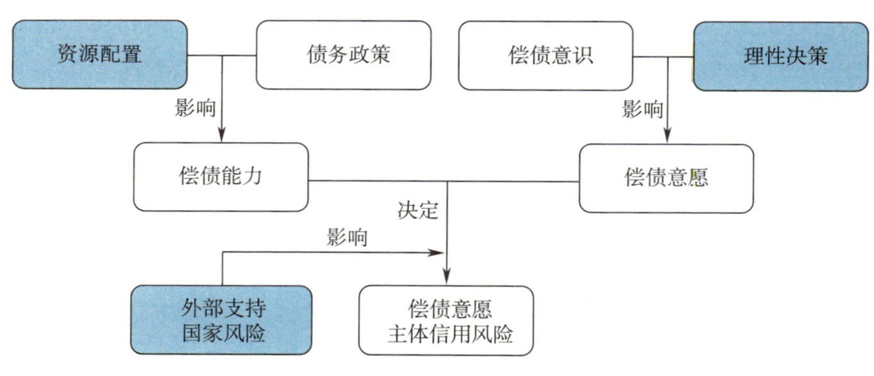

图3-1 评级原理核心思路

第二节 评级原理的核心要素

一、资源配置能力

现代经济学中，资源配置是指将一定量的资源按某种规则分配到不同的产品生产中，以满足不同的需要。通常情况下，不同资源具有显著的差异性且无法完全自由流动，导致资源的稀缺性，成为工商企业、金融机构、主权政府、地方政府等各类主体获取超额收益和竞争优势的基础。结

合对经济学理论的研究和评级实务经验的积累，中债资信将主体的资源配置能力界定为主体所拥有和掌控的资源以及后天通过对资源进行配置和运用而达到最佳经济、社会效益的能力。资源配置能力从范畴上看，主要包括两个方面内容：一是资源禀赋，衡量主体原始所拥有的资源；二是配置能力，衡量主体利用所掌控的资源而达到最佳经济效益的能力。

1. 资源配置能力的内涵和范畴

（1）资源禀赋

资源，从狭义上讲，一般指的是自然资源。资源的发现和开发受科学技术水平的制约，一定程度的科学技术和生产力发展水平是自然物成为资源的前提条件。从广义上讲，对资源的理解并不局限于自然科学，而主要从社会科学（特别是经济学和管理学）的角度来考察资源定义，广义资源包括自然资源、人力资源、财力资源、智力资源、文化资源、时间资源等。中债资信主要从广义层面来界定和理解资源的定义，认为资源不仅包含自然资源，还包含了人力、财力、智力、文化等社会软实力资源，其一般性定义可以表述为在一定的科学技术条件下，能够在人类社会经济活动中用来创造物质财富和精神财富，并达到一定量的包含自然和社会发展软实力的客观存在形态。

资源禀赋又称为要素禀赋，指的是主体拥有或掌控的各种资源要素情况，包括劳动力、资本、土地、技术等的充裕程度，以及它们在数量规模、质量层次、时空结构等方面所呈现的关系状态。关于资源禀赋的具体内容分类，在学界并无统一划分，这是由于资源禀赋包含的内容非常丰富，对于主体发展和效率改善的影响也异常复杂，不同的资源禀赋对于不同主体的影响也存在显著差异。中债资信从核心要素和一般性要素这两个层面考量资源禀赋，核心要素主要是指能够给主体带来特殊竞争优势，从而影响主体核心竞争力的要素，是主体拥有或控制的最核心的资源优势。核心要素主要涵盖主体核心原料及其生产条件或环境、资本、劳动力、固定资产投资等要素，是主体偿债资源增加和发展所必需和必要的物质基础。其中，主体所拥有的资本可以表示为实物形态和货币型态，实物形态又被称为投资品或资本品，如厂房、机器、动力燃料、核心原材料，以及对特许经营资源等特殊资源的拥有或控制。核心要素的具体内涵对于不同类型的主体略有不同，例如，对于资源密集型企业而言，资源质量就是最重要的核心要素构成；而对于劳动密集型企业来说，其核心要素主要是其拥有的劳动力资源。一般性要素主要包括基础设施、交通资源（区位）以及技术资源优势要素（发明专利授权量）等，这些因素可以被视为核心要素的支撑要素。其中，代表技术资源优势的要素能够对主体的技术进步和规模效率增长提供重要的要素支撑，对主体优势的发挥具有显著促进作用，从而提升主体的价值规模，这也合乎技术进步是第一生产力的一般判断。

资源禀赋衡量的是主体对资源的拥有或控制情况，这是对工商企业、金融机构、主权政府、地方政府等主体拥有的先天优势的综合判断。一个主体拥有的资源禀赋中某种要素供给所占比例大于别的主体同种要素的供给比例、而价格相对低于别的主体同种要素的价格，则该主体的这种要素相对丰裕；反之，如果在一个主体的资源禀赋中某种要素供给所占比例小于别的主体同种要素的供给比例、而价格相对高于别的主体同种要素的价格，则该主体的这种要素相对稀缺。资源禀赋丰裕的主体关于优势资源的开发利用往往会有一定的传统积淀，不仅会形成许多对于自身发展特别重要的资源，而且更易于形成品牌优势，这通常是其他主体难以模仿和超越的竞争优势，从而使主体能够拥有举足轻重的地位，在与政策制定者的博弈中获得更多的支持。主体所拥有的品牌优势和制度红利作为无形的资源禀赋要素，可以有效促进主体规模的快速扩张，提升主体的偿债资源产出能力。

（2）配置能力

由于不同种类的独立资源并不一定能够发挥其合力价值，因而仅仅拥有资源并不能保证主体一定能获得竞争优势和创造偿债资源。主体拥有独

特的有价值的资源是必需的，但并不是偿债资源产生的充分条件，所以这就要求主体能够具备充分利用现有的和一切能够获得资源的能力。

中债资信认为，主体的配置能力是指主体运用其拥有的资源产生效益的能力，即主体在创建、成长和发展过程中组织和协调内外部所能够拥有的一切资源进行识别、选择、获取、吸收、优化配置与利用，并将匹配好的资源有效运用到实践活动中的能力。配置能力衡量的是主体利用自身拥有的资源进行的资源创造与运用程度，反映了拥有资源禀赋的主体自身经营管理的效率和能力，是优化整合主体资源配置的重要手段。主体的配置能力主要包含经营管理的效率和战略的制定和执行、主体治理、资源开拓进而获取盈利资金等方面。主体通过对资源的配置，可以有效识别和选择有价值的资源，并通过重新构建资源形成集聚效应，有效分配和利用资源，提升资源合力，从而发挥原始资源的偿债资源效益，提升主体获利能力。主体能否高效地组织运用自身所拥有的资源、发挥竞争优势、提升自身的盈利资源获取能力，是判断主体偿债资源的重要指标。

主体的配置能力主要包含两个方面内容：一是主体的管理水平和战略预见能力。主体的管理水平对于其配置能力和配置效率、生产效率及经济发展水平的高低具有重要影响，高效的管理能力可以有效提高主体盈利水平和社会生产力水平。主体的战略预见能力表现在主体对环境不确定性及变化趋势、管理问题、威胁及优劣势的洞察力、预见力和应变力。利用战略预见力，可以发现潜在威胁，规避风险，掌握主动权。主体通过提升其管理水平和战略预见能力，可以更高效地丰富资源总量，构建资源组合，调整资源结构，提高置换及配置资源的数量和质量，增强组织结构的合理性。二是主体的技术创新能力。主体的创新能力包括技术创新和制度创新等方面，是主体能够持续保持自身竞争力的核心要素。主体的资源配置能力在不同的社会发展阶段具有不同的表现形式。在农业社会，资源配置能力的大小主要表现为主体所拥有的自然资源优劣程度；在工业社会，资源配置能力大小除了主体拥有的自然资源外，还重点体现在主体掌握的社会资源领域，如劳动力、机器、资本等资源的拥有和配置情况。而在当前的新经济时代，随着社会范围内信息技术水平的提高，主体技术创新能力的重要性凸显。通过技术创新能力的不断增强，主体拥有的资源效益与效能得到充分发挥，而技术和制度等层面的持续创新以及创新与市场的紧密结合，也是主体取得核心竞争力、超越竞争对手的最有力武器。因此，一个主体的技术创新能力对于其偿债资源的产生具有重要影响，决定了该主体能否获得与资源实力相匹配的，或者更强的竞争优势和更多偿债资源。

2. 资源配置能力对信用风险的影响机制

主体的信用水平受其对债务的履约能力与意愿影响。其中，主体对债务的履约能力最直观地表现为信用主体的偿债资源对债务的保障程度，而主体偿债资源的大小又受其资源配置能力的影响与制约。根据主体经济活动逻辑，主体拥有的资源成为经济活动本质的要素，决定了对其的配置和运用，而对其的配置能力则进一步决定了主体掌握资源、财富和权力的增加，从而直接影响主体对债务的覆盖程度。主体资源配置能力越强，就越有可能具备较充足的经济实力和较强的履约能力，从而降低潜在信用风险发生的可能性。

（1）资源配置能力从根本上影响主体的偿债资源

从主体经济活动的逻辑来看，主体拥有的资源成为经济活动最本质和原始的要素，决定了对其的配置和运用，而对其的配置能力则进一步决定了主体掌握资源、财富和权力的增加，从而直接影响主体对债务的覆盖程度。这是由于主体的信用水平受其对债务的履约能力与意愿影响。其中，主体对债务的履约能力最直观地表现为信用主体的偿债资源对债务的保障程度，而主体偿债资源的大小又从根本上受其资源配置能力的影响与制约。从这一角度来看，信用主体的资源配置能力是影响其信用实力和水平的根本性要素。主体资源配置能力越强，就越有可能具备较充足的经济实力和较强的履约能力，从而降低潜在信用风险发生的可能性。因此，对主体的资源配置能力进行评判和分析，就是从本质和源头抓住了衡量主体

信用水平的根本性因素。资源禀赋好、资源获取能力强的主体一方面通过资源配置能力具有了内部调节能力，另一方面自有资源通过形成经营优势直接作用于主体的偿债资源。在这一过程中，主体所拥有的资源要素及其配置利用效率更能从本质和源头上反映信用主体的信用风险及其大小，其资源配置能力是主体经济活动和产生经济效益的出发点，决定了主体的偿债资源，支撑着对相关债务的偿还，直接影响主体未来履行债务约定的能力。当前有关主体信用风险的分析方法大多只关注短期的、表面的和指标性的因素，这种方法在一定程度上是有失偏颇的、不准确的。因此，我们在判断分析主体的信用风险大小时，着重关注源头和本质的资源要素指标，注重长期因素和资源性因素，从主体最核心的资源配置能力出发。

（2）资源禀赋作为一种先天和客观性的存在，构成了主体拥有的实力基础；配置能力作为主体主观能动性的体现，对主体偿债资源具有重要影响

资源禀赋是主体所拥有的先天和客观性的存在，是主体生存与发展的重要和根本基础。主体通过对核心原料资源、资本、劳动力、品牌、特许经营资源等关键资源的获取，来创造高额利润，实现价值创造。可以说，主体的成长就是逐渐积累资源禀赋并对其加以拓展和生产的过程，无论主体的配置能力强弱，都离不开最基础和最本质原始的特定资源禀赋条件，它决定了主体拥有的实力基础。良好的资源禀赋条件意味着生产要素的数量丰富、质量上乘，能够显著降低主体偿债资源的要素成本，在需求条件不变的情况下能够为主体提供更高的利润水平，从而吸引更多的资源禀赋流向该主体，促使主体规模迅速扩大，尤其是对于某些对资源要素投入依赖程度比较高的主体而言，这种成本红利更加明显。丰厚的成本红利能够带动主体的偿债资源，特别是在资源禀赋条件优势比较显著的情况下，能够帮助主体更快地跨越规模效益的临界点，迅速累积起显著的规模优势，对于主体规模扩张具有重要的支撑作用，有效推动主体偿债资源的效率增长。同时，生产技术是效率提升的直接动力，而良好的资源禀赋条件不仅

能够为生产技术的研发提供物质支撑，而且能够为生产技术的推广运用提供广阔的空间，延长生产技术的衰退周期，扩大技术革新的总体收益。根据中债资信对资源禀赋的描述，主体所拥有的有价值的、稀缺的、不可模仿和替代的资源是其获取竞争优势、实现偿债资源的基础。但是，仅仅依靠有价值和稀缺的资源禀赋只能为主体的偿债资源提供潜在的可能，并不能够保证主体一定能占有优势地位和创造价值，这就要求主体必须还要具备整合与利用自身所拥有的资源禀赋的能力。因此，主体通过开发自身的主观能动性，对现有资源进行充分开发和利用的能力，是其真正取得优势地位、发挥偿债资源作用的关键所在。可见，配置能力对主体自身的偿债资源生产能力具有非常重要的影响，是主体创造偿债资源过程中不可或缺的关键环节。通过有效地管理和利用自身资源禀赋，主体才能不断成长壮大，真正具备竞争优势和偿债资源生产的能力。

主体通过配置能力的发挥，一方面从外部环境中识别和吸收各类信息与知识，获取所需的资源，并根据外部环境的变化不断调整自身的识别获取能力；另一方面，主体对内部资源不断进行识别、获取、配置与利用，并在成长与发展的不同阶段对该能力进行能动性地调整和改进。通过内外部的不断识别和选择，主体可以有效地运用有价值的资源禀赋，形成资源的集聚与合力效应，真正发挥资源禀赋的价值创造效率，提升主体创造偿债资源的能力。

二、债务政策

虽然基础理论考察债务问题的角度各不相同，但总体上都强调了主体债务政策的主观决策性，即债务政策虽然会受到一定外部因素的制约，但究其本质仍是主体的一种主观决策行为，它代表了主体对待债务问题的本质认识和看法，也从根本上揭示了主体面临的信用风险的来源。因此，中债资信对债务政策的定义为信用主体在各种内外部环境的基础上，为实现一定的财务战略目标，对于承担债务的规模和结构所表现出来的带有很强主观能动性的决策行为，以及因这些行为而产生的主体承债状态变化的

总和。

1. 债务政策内涵和范畴

债务政策的内涵包括信用主体对于举借债务的态度以及因债务融资呈现出来的承债状态，代表了主体对于债务融资的规模、期限结构安排、信用风险偏好等相关问题的本质认识和根本理念。对于不同的主体，在其他方面相同的情况下，也能呈现出迥异的债务政策选择，主体债务政策的差异化选择会直接导致其财务的稳健性和灵活性呈现较大的差异，并最终影响主体的长期信用风险。债务政策的具体内涵主要包括以下三个方面：首先，债务政策中的“债务”是一个广义的概念，包含主体现在及未来负有偿还责任的所有债务。债务融资及由此导致的偿付风险是信用风险的客观来源，债务代表了主体利用外部资源为自身创造价值的选择及结果，对于有息债务主体必须对债权人让渡资金的机会成本做出补偿，对于商业信用而言，信用政策松紧度也会间接影响主体的财务状况及主体的财务决策行为，构成主体信用风险的来源，因此广义的“债务”是指主体的所有债务。其次，债务政策突出的是主体的主观决策行为。假如将所有的信用主体抽象成为独立的“复杂个体”，其决策行为会受到自身“个体心理”的影响，即主体的个性特征、认知能力、风险偏好、决策模式是对债务政策形成决定性影响的因素。即使外部客观条件相同，主体的认知偏差、过度自信或对于未来发展的不同预期都会导致债务政策呈现出较大的差异，因此，债务政策更加强调主体对于债务融资的态度以及由此做出的主观决策选择。最后，债务政策本质上仍是一种均衡筹资决策行为，偏离合理的水平将带来信用风险。主体融资的渠道有权益融资和负债融资，债务政策是关于负债融资的决策行为，能为主体带来杠杆收益，但同时也带来了违约风险。从偿债安全角度，越小的债务规模必然信用风险越小，但从长期发展来看，却不利于主体的发展和增长。成熟的市场经济条件下，债务融资是主体筹集资金的一种必然选择，但同时也应看出债务融资不能无限扩张，必须在风险和收益之间做出权衡，过于激进或结构不合理的债务政策会导致主体出现信用危机甚至破产，因此债务政策选择是一种带有均衡思想的筹资决策行为，偏离均衡或最佳债务占比的债务政策会导致更大的信用风险。

从具体范畴上来讲，中债资信认为债务政策主要由两个方面构成：一是债务主体的主观态度选择，即在特定的内外部环境约束下，信用主体为实现特定发展目标，对于承担债务的规模和结构所表现出来的决策行为，是决定主体债务政策状态及信用风险大小的根本因素。对于主体的主观态度选择来说，信用主体的承债策略并非仅从债务偿还安全性的角度出发，而是基于自身发展及利益需求做出的综合决策，现代经济学、心理学、组织行为学等理论能为主体债务政策选择的决策行为提供一定的理论依据，也有助于判断主体债务政策选择的出发点和思路，进而判断其承债意愿及表现是否激进。二是主体承债状态，主体承债状态则是由于主观决策而呈现出来的主体债务规模、债务结构等所有对主体的偿付可能性带来影响的结果。过度扩张的债务规模和不合理的债务结构会带来更差的信用表现，债务规模是否过高通常以其相对于信用主体自身的资源规模或资源配置效率的高低来衡量，债务的期限结构或债务来源类型的结构也反映了信用主体静态的偿债安全程度。

从逻辑特性上看，主观态度选择具有主观性、间接性和动态性，而承债状态则具有客观性、直接性和静态性。首先从主观性和客观性角度来看，债务政策的主观态度选择必然体现主体决策的主观性，其是基于主体的主观意志和认识的，虽在一定程度上会受客观因素制约，但总体来看其主观意志仍起主导和决定作用；承债状态是主体政策选择形成的结果状态，本身不具备主导性，属于客观范畴。其次从直接性和间接性角度来看，虽然主观态度选择是起主导作用的，但在信用风险的体现及作用上，主观选择本身不能直接作用于信用风险，也不能直接体现出主体的信用风险程度，其具有一定的间接性；承债状态是主观选择作用下的结果，其对于主体信用风险的影响和体现也更直观。最后从动态性和静态性角度来

看，主观态度选择显然是具有动态性的，主体的政策选择不会一成不变，而是随着外界因素变动而不断调整的，主体的主观选择也是对于主体风险的变动和走势状况的反映；承债状态则是相对静态的，主体的承债状态往往是体现在某个时间点而不是时间段，其本身并不能揭示某一时间点之后的风险变化情况。

2. 债务政策对信用风险的影响机制

从债务政策的内涵及特征中可以看出，一方面债务政策具有客观性、直接性、静态性特征，即债务政策会直接影响主体的债务状态，包括债务规模和结构、长短期偿债指标等，进而对信用风险有一个直观的体现，债务规模过大、短期债务过多，相应主体的偿债压力就比较大，短期流动性风险相应提高，信用风险就会比较大；反之，合理的债务期限结构，适当的债务规模就会相应降低主体的信用风险，有助于主体长期稳健的经营发展。另一方面债务政策具有主观性、间接性、动态性的特征，债务政策是决策者主观选择的行为，决策者的认知水平和行为偏好会影响债务政策的结果，且债务政策选择会随着市场环境和主体经营状况进行动态的调整，并通过进一步影响主体的资本结构、资金周转效率等间接影响主体的信用风险。过于激进的、不符合主体长短期负债能力的债务政策会大幅提升主体的债务负担，导致主体面临较大的偿债压力，甚至会带来连锁反应，比如市场声誉受到不利影响，导致主体外部融资来源收紧，甚至引发债务提前偿付等风险事件，本来信用状况很好的主体也可能因为不合理的债务政策而陷入困境。因此，信用主体的债务政策越激进，其面临的信用风险水平也就越高。

三、偿债意愿

偿债意愿是信用风险评价中必不可少的重要一环。对偿债意愿的评价可以分为偿债意识和理性决策两部分。偿债意识评价的是信用传统文化和价值观等非理性意识，反映的是主体在进行是否偿还债务的决策中，受自身的教育情况、价值观及行为风格等因素影响所表现出的非理性部分。

理性决策则是主体在面对是否履行债务约定这一决策时进行的成本收益分析，主体可能会综合考虑偿还债务及不偿还债务的成本收益，最终选择使自己利益最大化的结果。偿债意识与理性决策能够综合分析信用主体进行违约决策的过程和影响因素，通过非理性和理性两个层面全面反映信用主体的偿债意愿。

1. 偿债意愿的内涵和范畴

（1）偿债意识

偿债意识主要反映信用主体偿还债务的主观意愿。在心理学中，意识指的是包括感觉、知觉、思维在内的一种具有复合结构的最高级的认识活动，思维在其中起着决定性的作用，广义的意识概念指的是主体所具有的认知、思想和观念等，具有自觉性、能动性和创造性的特点，而偿债通常是指主体偿还债务的一种行为，综合来看偿债意识是信用主体主动偿还债务的主观意念，反映了组织决策者个人、企业和政府等相关信用主体在意识形态方面以诚实守信为核心的思想与理念，是在一定历史条件下信用主体在实践中逐步形成的共同价值观、行为准则和道德规范，是关于信用的意识、理念、精神、体系、机制等方面的文化积累。

传统文化和价值观是偿债意识的重要组成部分，是整个偿债文化体系的基础，对信用主体的偿债意识提升具有潜移默化的作用。我国几千年来的传统文化中一直都盛行对信用的推崇，仅"信"字就在《论语》中被提及了不下三十八次，另外有很多成语和俗语也都是对信用推崇的真实写照。比如，"言必信，行必果""君子一言，驷马难追""一诺千金""民无信而不立""大信不约"等。西方国家同样推崇守信重诺的道德品质，有关信用及诚信的语句在《圣经》中被提及的频率高达几十次，这些都反映出传统文化和价值观中对信用准则的推崇。传统文化和价值观层面所呈现的信用不仅与个人相关，更重要的是其关联着整个国家和民族的名誉和命运。只有国家社会中人人讲信用守信用，才能在全民族内部形成守信重诺的精神支柱，维系社会信用的良性运转，凝聚成相互信任、相

互友爱、相互帮扶的民族精神。只有形成普遍信任的氛围，才能构筑国家和民族诚实信任的现代社会基石。可见，重诚践诺的良好传统文化和价值观对信用主体的偿债意识具有正面积极的影响。相反，一些区域在传统文化和价值观中缺乏对诚信的足够重视使得该区域内的信用主体与其他区域内信用主体在偿债能力近似的情况下偿债意愿大幅下降，也会增大其履行债务约定的不确定性。因此，当前我国大力发展信用领域的文化与价值观教育，推动建设全社会范围内的信用体系建设，积极开展对信用文化的宣传、教育、培训、强化和普及工作，加大舆论和社会监督的力度，营造“有信者荣、失信者耻、无信者忧”的社会氛围，有助于信用主体偿债意识的形成和深化，使其能够自觉遵守信用道德规范。

（2）理性决策

理性决策主要反映的是信用主体在采取某一行为或行动时所进行的违约成本收益比较。理性决策反映的违约过程和行为是指，若借款主体通过理性的计算发现，违约所得到的收益大于违约所要承担的成本，则有可能受到违约利益的诱惑而实施违约行为。这种决策过程导致了信用主体拒不履行偿债义务的理性违约现象发生。因此，理性决策行为最明显的特征就是主体力图以自身的最小经济代价去获得属于自己的最大经济利益。与理性决策过程对立的是恶意违约过程，在这个过程中，借款主体不论偿债能力大小和自身违约成本收益情况，均会采取一切手段逃废债务。通常而言，恶意违约的出现很大程度上是由社会诚信意识缺失、主体信用文化素质匮乏及信用道德沦丧导致的。

理性决策也是影响信用主体偿债意愿的重要因素。对于信用主体来说，理性决策的过程实质上是该主体对采取某一种行为或实施某一项政策的成本收益进行分析的过程。一般来说，在理性决策范畴内的违约行为主要为理性违约，违约成本与收益的比较是理性决策范畴的两个重要方面，其中违约成本指的是信用主体的违约方基于违约比实际履约所造成的损失要小的考虑，实施违约行为所造成的可期待利益的损失。具体来讲，违约成本主要包括信用主体违约时所要承担的各种经济损失和非经济损失，如抵（质）押物的损失、违约罚息、信誉损失、担保人担保损失以及受到法律制裁、社会评价的降低等所造成的名声损失。因此强有力的失信惩戒和法律法规机制将使违约成本提高，从而使违约行为变得不划算；违约收益指的是信用主体的违约方通过违约行为，所能够获取的最大化利益。具体来讲，违约收益主要包含信用主体通过违约行为不履行偿债义务，不按时偿还债务本金或利息，从而得到的资金或物品等全部收益。信用主体违约收益的大小通常取决于未归还债务本金和利息的相关规模。

2. 偿债意愿对信用风险的影响机制

对于信用主体而言，即使在个体层面资源配置能力及债务政策和其他信用环境因素未发生重大恶劣变化的前提下，其自身偿债意愿不强也可以导致违约风险。因此，偿债意愿在特殊情况下对主体的信用风险可以起到至关重要的决定性作用。一方面，偿债意识是指有关信用这种特殊的经济行为在社会意识层面上的反映，强调的是一定区域内的民俗文化及大众心理等诸多因素对信用主体偿债意愿的影响。偿债意识中包含的信用传统文化和价值观等要素评价的是区域内的群体情况，是一种意识体现。信用传统文化及价值观中包含诚信、道德等要素的群体，更可能竭尽全力履行债务约定，则其偿债意愿可能更强，信用风险更低；反之，信用文化缺失，不重视道德、守信的群体则更可能放弃对债务约定的履行，信用风险较高。另一方面，理性决策是指主体在面对是否履行债务约定这一决策时进行的成本收益分析，是全面分析其履行债务的成本及收益、不履行债务的成本及收益后，做出的理性决定，不考虑决策者的行事风格等人为非理性因素。例如，对于企业主体而言，一般会考虑资产转移、破产清算、债务重组等手段是否能够获取更大收益，若违约的收益大于成本，则其偿债意愿较低，信用风险较高；若违约的成本大于收益，则其偿债意愿较强，信用风险较低。对于政府主体而言，其决策过程则一般会考虑履行债务约定对政局稳定的重要性，履行债务的优先级越高，则其偿债意愿越强，信用

风险越低；履行债务的优先级越低，则其偿债意愿越弱，信用风险越高。

四、行业风险

1. 行业风险的内涵和范畴

行业一词由来已久，从不同的角度出发，对于行业可以产生不同的解释。从广义概念看，行业是按照一定的社会分工原则，为满足社会需要划分出的从事产品生产作业的一个部门，既包含政府类实体部门（如主权政府），也包括非政府类实体部门（如工商企业）；从狭义概念看，行业是同类型企业的集合，是具有共同供给和需求驱动因素、提供相近商品或服务的企业共同构成的群体，即仅限于非政府类企业。中债资信评级原理中所提及的行业风险是指狭义概念上的行业风险，即仅适用于工商企业、金融机构等非政府类实体。

从信用风险的角度来看，作为连接宏观环境和微观主体的中观层次，行业风险描述了行业内主体信用风险的整体情况，反映了不同行业间由于特征因素和表现差异所体现信用风险的差异，在企业信用风险评估中扮演着重要角色。从风险内涵而言可以将行业风险分为两个层面：一是行业风险特征，即由于行业特征因素导致行业内主体信用恶化的风险；二是行业信用风险表现，反映的是行业内主体偿债、抵御周期波动等方面的能力。由于不同行业特征因素具有显著差异，行业内企业的信用风险水平具有先天差异，同时受外部环境及行业自身发展变化的影响，行业特征及行业内主体表现也会随之发生改变，进而影响了行业整体的信用风险水平。在其他条件给定的情况下，行业信用风险水平越低，则行业内主体的偿债能力相对越强，反之亦然。对行业信用风险的研究和判断，一方面有助于更加准确和差异化地设定行业内主体评级要素的评价标准，提高主体评级的行业间可比性，另一方面，行业信用风险的变化也反映了行业基本面波动和发展前景，有助于判断行业内主体未来信用风险的变化趋势，提高评级结果的前瞻性。

2. 行业风险对信用风险的影响机制

从信用风险的角度来看，企业能否及时、足额偿还其债务，主要取决于其资源配置能力与债务政策的匹配程度。一方面，行业周期性、竞争环境等特征要素直接影响企业面临的经营风险的高低，影响企业的盈利能力、盈利稳定性，进而影响企业最核心的资源配置能力；另一方面，企业在制定债务政策过程中必然会受到资本门槛、资产构成等行业基本财务特征制约，进而一定程度上影响企业的债务政策，最终对信用风险形成影响。因此，行业风险对企业的影响可以从资源配置以及债务政策两个层面来看。

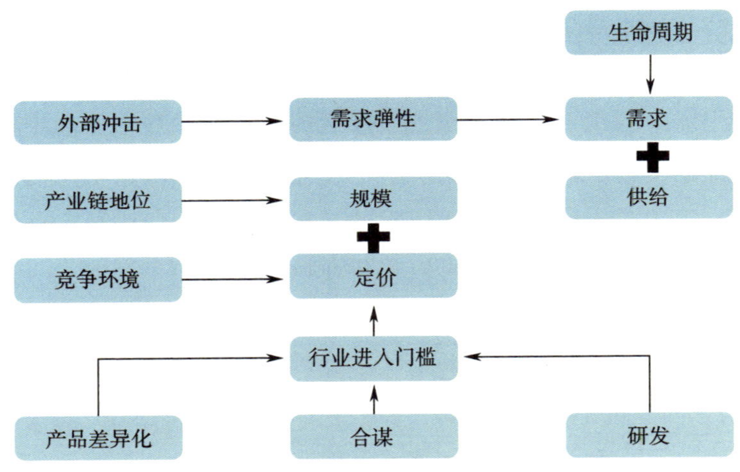

图3-2　行业风险对信用风险的影响机制

（1）对资源配置的影响

首先，行业周期性直接影响企业经营的稳定情况。产品收入弹性较高或固定成本较高的强周期行业与经济运行联系更为紧密，在经济周期的变化中往往难以独善其身，经济周期改变使得行业的景气程度大幅变化，行业内企业的盈利状况也会随着经济周期改变大幅波动，影响企业运行的稳定性。长期来看，由于经济周期的不可预测性较高，强周期行业内的企业

必将面临潜在的盈利波动风险，而且在经济低谷时期，强周期行业内企业面临的再融资压力较大，企业的融资成本和融资难度也会上升，进而影响了企业利润以外的其他偿债来源。

其次，行业竞争环境直接影响了行业内企业的盈利水平以及稳定性程度的高低。在趋于垄断的竞争结构且进入壁垒较高时，行业内企业对产品定价的掌控能力较强，产品均衡价格较为稳定并可以保持在较高的水平，这种情况下企业容易获得超额利润。但是，当行业竞争结构趋于完全竞争或行业进入壁垒较低时，行业内企业的定价主导权很弱，只能是价格接受者，外部竞争者也会进入该市场进一步瓜分利润，企业产品的利润率因竞争环境激烈呈下降趋势，并难以保持稳定。另外，在产业链中处于核心地位的企业议价能力较强，即使自身出现偿债资金周转困难时，也可以通过占用上下游资金满足短期资金周转需要。

最后，行业生命周期直接制约了行业内企业经营能力的上限。从需求的角度来看，行业在初创或衰退阶段都面临需求不足的情况并且处于一种不稳定的状态，行业内企业盈利增长预期较差，企业盈利空间较小。行业在进入成长阶段以及过渡到成熟阶段后，企业的盈利能力有较大提升，需求逐渐趋于稳定也有利于保持企业的稳定性。

（2）对债务政策的影响

首先，行业周期性会影响企业的债务政策。强周期行业难以有效地从外部获得融资来源，为应对潜在的行业景气急剧变动可能带来的资金缺口，企业倾向于选择较为保守的财务策略，同时也会留存一定的资金储备；弱周期行业市场需求及价格相对稳定，企业倾向于采取稳健的财务策略，资本结构一般会维持在合理的水平以保证长期发展。

其次，行业竞争环境影响企业的资本结构。对于垄断程度较高的行业而言，进入壁垒较高，能获取很高的垄断利润，在投资上的表现多为一次性投资规模较大而后续规模较小，较多依靠债务筹资来支持自身长期发展，会表现为较高的资产负债率；对于垄断程度较低的行业，行业内企业需要持续的投资以维持市场份额，但高负债率的企业很有可能因短期资金缺口而被迫退出行业，高杠杆经营对企业的后续投资能力也具有负面影响，因此企业一般会采取低负债的保守政策来应对激烈的市场竞争。综上所述，行业竞争环境的不同，是影响行业内企业财务策略制定、影响企业债务负担高低的影响因素之一。

最后，行业生命周期对于企业债务负担的影响也较为明显。处于初创期的行业内企业，前期并不需要大量的债务资本投入，企业的债务负担一般较轻；处于成长期的行业整体都处于稳步上升的阶段，不但可以保持较高的利润水平，也可通过适度举债维持高速的发展，因此债务负担的选择上通常会高于初创期的行业；处于成熟期的行业市场增长率已开始下降，企业内部融资能力弱化，会较多选择外部融资，导致债务负担加重。

3. 行业内主体信用风险的分布

考虑到行业信用风险对主体资源配置和债务政策等核心要素产生较为重要的影响，中债资信创新性地探讨了行业内主体信用风险的分布情况，并试图找寻行业信用风险与主体信用风险之间的作用路径和实务操作方式。

受限于样本量数量级因素的限制，对于行业内主体分布情况的研究内容较少，较为常见的研究也是基于“齐夫定律”等实验规律对主体规模分布情况的归纳总结，而对行业内主体信用风险的分布鲜有涉及。尽管目前可以利用的成规模的指标和数据因素有限，但我们还是可以基于以往研究，通过具有代表性的指标、逻辑等因素来探讨理想情况下的行业内主体信用风险分布。在目前的信用分析体系框架下，最有代表性的检验指标就是债券违约率，这个指标一个突出的特征就是它反映的是一定期限内各种因素相乘的结果。根据中心极限定理，如果一个事物受到多种因素的加总影响，不管每个因素本身是什么分布，它们加总后的结果就近似服从于正态分布。而如果各种因素对结果的影响是相乘关系，那么最终结果就服从

对数正态分布，即x的对数值log（x）服从正态分布[①]。

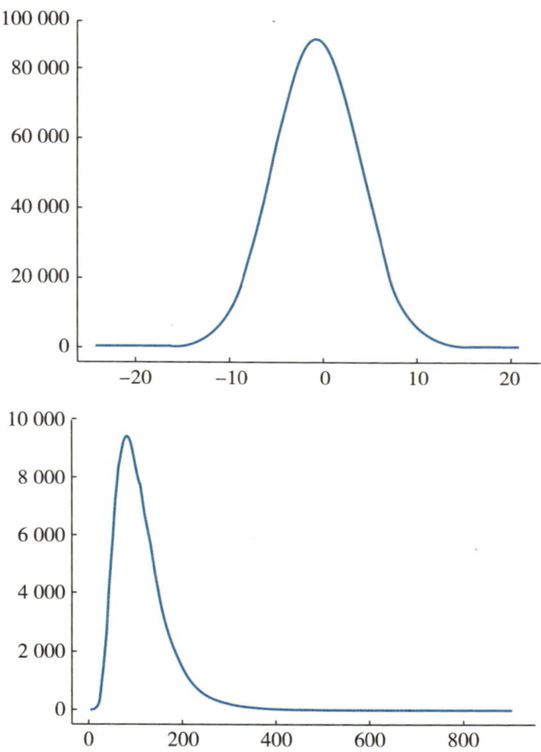

注：n=5，模拟次数为1 000 000次。

图3–3　累加因素与累乘因素的蒙特卡罗模拟分布

基于上述结论，我们继续顺着债券市场违约率分布的逻辑线路来进行梳理。这里可以借鉴国际三大在该方面的部分研究结论。早在2000年，穆迪就在*The Lognormal Method Applied to ABS Analysis*中提到其假设基础资产的累积违约率服从对数正态分布，而在2011年公布的评级方法文件

① 对于相互独立同分布的随机因素$x_1, x_2, \cdots, x_n$来说，令$y=(x_1 \times x_2 \times \cdots \times x_n)^{1/n}$，则$\log(y)=(\log(x_1)+\log(x_2)+\cdots+\log(x_n))/n$，根据中心极限定理，当$n$足够大时，log（$y$）近似服从正态分布，则$y$近似服从对数正态分布。

*Moody's Approach to Rating U.S. Auto Loan Backed Securities*中同样提到其假设基础资产的累积损失率服从对数正态分布。中债资信在2013年对部分资产证券化的基础资产累积违约率进行检验后，也认为累积违约率服从对数正态分布。同理，我们可以在理想条件下将行业中所有潜在发债主体视为一个样本库，受行业特征约束，样本库中主体服从同一累积违约率分布，且该累积违约率分布服从对数正态分布为ln（μ，σ^2），其中$\sigma>0$，$-\infty<\mu<+\infty$，分布形态如图3-4所示（图中形态仅用于说明，不代表中债资信累积违约率分布的具体分布形态）。

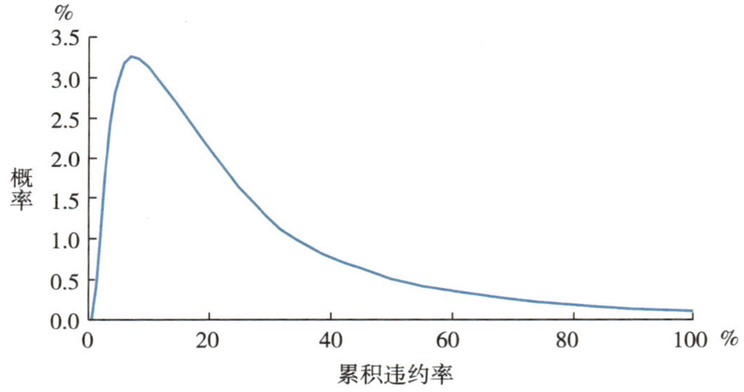

图 3-4 累积违约率分布

尽管传统意义上的中心极限定理对独立样本的分布有着一定的要求，比如期望相同、方差收敛等，但更为一般的一些形式也已经得到了证明。比如金德尔伯格—费勒中心极限定理就要求当样本满足金德尔伯格条件时[①]，各独立随机变量可以服从不同分布。在具体的实践中也可以发现，只要样本量足够大，同时各随机变量的期望与方差在一定的范围内连续变化，其代数与几何平均值依然近似服从正态与对数正态分布，甚至当随机变量在不同期限的取值存在一定程度的相关关系时，其代数与几何均值分

① 和数中各个加项“均匀地小”，即单个独立变量对总和所起的作用是微不足道或可以忽略的。

布依然表现出非常良好的正态与对数正态特征。只有当同等数量级的样本具有显著差异过大的均值或方差时，其两种统计量的分布才会出现异常特征，比如双峰、多峰形态或其他异形曲线。对应到行业内样本主体的分布上，可以得出，只要该行业内主体样本数量足够多，且信用风险水平是连续变化的，而不是经过划分的、差异足够明显的同等数量级样本集合，则可以认为在理想情况下该行业内主体样本的长期累积违约率是服从对数正态分布的。在实际情况中，相同行业内的主体由于受同样的行业特征、行业政策等因素影响，在样本量较大时通常会满足上述条件，只有当样本量过小、行业统计导致样本差异过大时才可能出现上述异常分布情况。

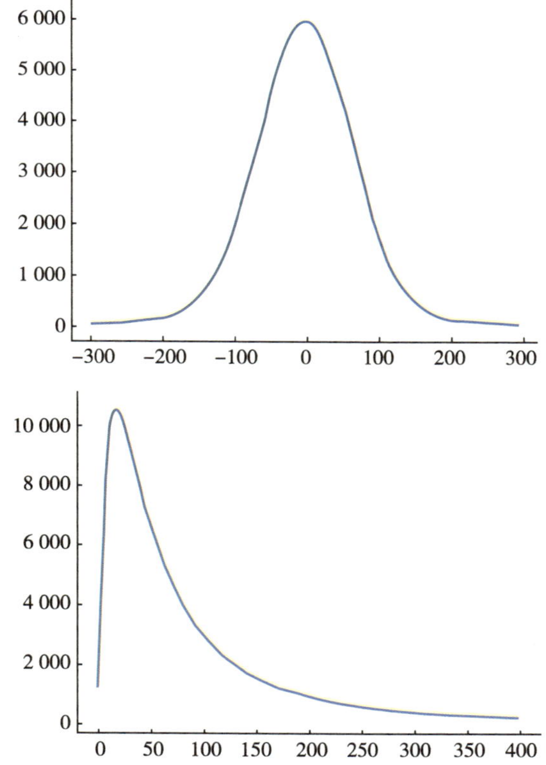

注：各随机变量的期望、方差服从标准正态分布，且各变量不同期限的取值存在线性关系。n=5，模拟次数为1 000 000次。

图3–5　不同分布且不独立随机变量的代数、几何均值蒙特卡罗模拟分布

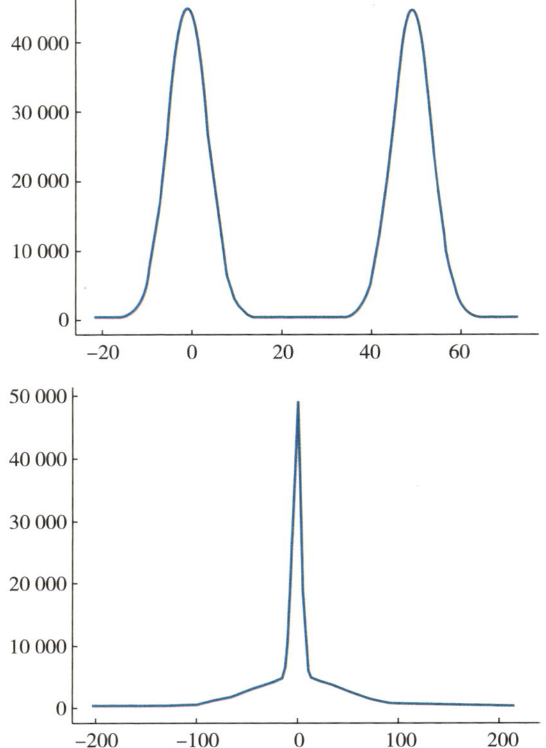

注：上图两类随机变量均值分别为0、50，方差为1；下图两类随机变量均值为1，方差分别为1、100。n=5，模拟次数为1 000 000次。

图 3–6　期望、方差存在显著差异随机变量的代数均值蒙特卡罗模拟分布

得出行业样本理想情况下的累积违约率分布后，要进一步由累积违约率的分布推导出样本级别分布，就需要建立起累积违约率与样本级别之间的对应关系，这一对应关系就是我们所熟悉的违约率曲线（或违约率表）。目前我国由于评级年限较短缺少足够的违约率数据支撑，虽然实际上可以计算出从2014年信用债违约开始至今4~5年的累积违约率，但无论从稳定性还是准确性上都缺乏足够的理论意义。而国际三大评级机构历史悠久，且其间经历了多个经济周期，其违约率数据屡次得到检验与修正，具备较强的理论意义，这里同样采用三大评级机构的违约率数据来说明。

表3-1显示的是标普的累积违约率数据表，可以看出，其违约率数据无论是横向的级别上，还是纵向的时间上都有着良好的单调性。我们抽取其中特定年限的累积违约率数据发现，不同级别的违约率数据呈现出明显的指数化特征。以5年期和10年期数据为例，经简单对数化处理后两者均表现出很强的线性特征，如果将级别对应到数据序列上，经回归后的系数约为0.3，常数项约为-0.15，R^2为97%，可以说标普的级别与累积违约率存在显著的指数函数关系。

经过上述研究后，可以得出在理想情况下，即行业内主体样本数量足够多、行业内样本风险水平连续、期限足够长时的累积违约率服从对数正态分布，而通过历史数据检验发现，国际三大评级机构现有样本级别与累积违约率之间又存在显著的指数对应关系，由两者因素以及对数正态分布的定义可得，行业内样本主体的理想级别分布是近似服从正态分布的。在行业内主体信用风险分布的研究结论基础上，中债资信进一步提出行业理想分布曲线，并利用该曲线实现不同行业间主体信用风险的可比性，具体实现路径详见本原理第六章中债资信主体评级模型。

表 3-1　标普累积违约率表1981—2014年（1年期至10年期，%）

级别/期限	1	2	3	4	5	6	7	8	9	10
AAA	0	0.03	0.14	0.24	0.36	0.47	0.53	0.61	0.67	0.74
AA+	0	0.05	0.05	0.11	0.17	0.23	0.29	0.35	0.42	0.48
AA	0.02	0.03	0.09	0.23	0.38	0.51	0.64	0.77	0.87	0.98
AA-	0.03	0.1	0.2	0.28	0.37	0.49	0.56	0.63	0.69	0.76
A+	0.06	0.11	0.23	0.38	0.51	0.62	0.75	0.90	1.06	1.23
A	0.07	0.17	0.26	0.40	0.54	0.74	0.94	1.13	1.35	1.61
A-	0.08	0.20	0.32	0.46	0.66	0.86	1.13	1.33	1.49	1.63
BBB+	0.13	0.36	0.63	0.91	1.21	1.54	1.77	2.01	2.29	2.56
BBB	0.19	0.49	0.76	1.18	1.60	2.01	2.41	2.81	3.24	3.67
BBB-	0.30	0.91	1.63	2.47	3.29	4.04	4.71	5.35	5.87	6.40
BB+	0.4	1.18	2.21	3.26	4.29	5.33	6.21	6.86	7.66	8.43

续表

级别/期限	1	2	3	4	5	6	7	8	9	10
BB	0.64	1.96	3.87	5.64	7.31	8.68	9.93	10.95	11.9	12.71
BB−	1.09	3.37	5.76	8.09	10.11	12.12	13.75	15.31	16.6	17.74
B+	2.23	6.06	9.82	13.06	15.53	17.42	19.15	20.68	22.08	23.43
B	4.29	9.71	14.04	17.14	19.53	21.74	23.26	24.29	25.16	25.97
B−	7.5	14.5	19.6	23.2	25.96	28.1	29.79	30.89	31.49	32.04
CCC/C	26.38	35.58	40.67	43.77	46.28	47.24	48.27	49.06	50.03	50.73

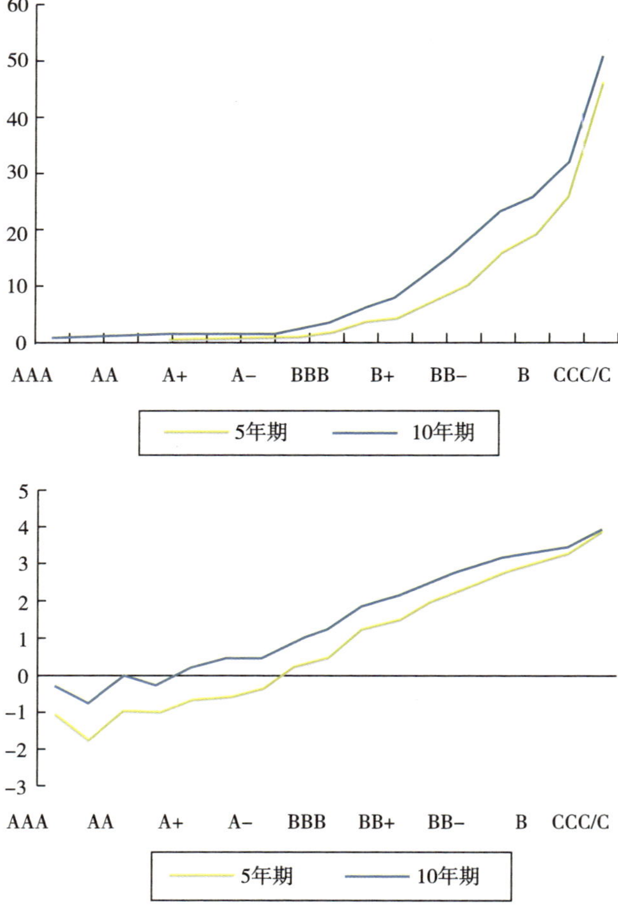

图3−7　标普违约率数据及对数化处理后走势

五、外部因素

1. 外部支持

（1）外部支持的内涵和范畴

中债资信认为信用评级视角下的外部支持指受评主体在陷入困境时，独立于债务人和债权人的第三方对受评主体提供的具有正面影响的临时性特殊支持，以使主体避免违约或帮助其度过困境状态。需要说明的是，第三方向受评主体提供的一般性支持已在主体自身资源配置能力和债务政策中体现，因此外部支持仅体现第三方在受评主体面临困境时提供的救助。以工商企业和金融机构等非政府类实体为例，外部支持主要分为政府支持和股东支持。其中根据政府与受评主体是否存在直接股权关联，政府支持可进一步分为两类，第一类为政府间接持股受评主体或政府与受评主体间无任何股权关系，包括政府间接持股的国有企业和大型民营企业，第二类为政府直接持股受评主体，即中央政府和地方政府直接持股的国有企业。股东支持是指受评主体股东给予的支持，包括股东为国有企业和民营企业或自然人的情况。除政府支持和股东支持外，还可能存在少数非股东非政府向受评主体提供外部支持的情况，包括国际组织的支持、家族关联企业的支持等。

（2）外部支持对信用风险的影响机制

中债资信认为无论是政府支持还是股东支持，对于主体信用资质均有一定提升可能，但外部支持是否能够对主体信用水平产生实质性增信则取决于支持方的支持能力和支持意愿。以政府支持为例，需同时考察救助方政府的支持能力和支持意愿，才能对外部支持的正面信用提升作用进行合理判断，其中政府支持意愿一般取决于主体的重要性程度、主体违约的声誉影响和历史政府支持情况；而政府支持能力则决定了主体面临信用困境时政府能够提供的临时性偿债资源，包括但不限于各类流动性支持和救助计划等。如果政府的支持意愿强烈，且拥有较大规模的可调配偿债资源，则会对主体偿还债务提供充足的外部支持保障，并产生较强增信效果；反之如果政府提供支持的动机不太明确，或者政府支持能力不足，则支持方对受评主体信用水平的提升作用比较有限。

2. 国家风险

（1）国家风险的内涵和范畴

国家风险指的是在国家层面上影响信用主体偿债能力和意愿的经济金融、政治法律等方面的风险要素集合，具有系统性特征。国家风险的构成要素大体可以分为经济金融风险、政治法治风险、突发事件三大类，其中，经济金融风险指的是宏观经济体难以应对突发性冲击而给经济体下的信用主体带来的负面影响，通常而言，只有在相对稳定、健康的宏观经济环境中，信用主体才能正常运行，而经济发展水平低、结构不合理、经济异常波动、金融体系不健全则会降低实体经济抵御突发外部冲击的能力进而影响信用主体的运行，降低信用主体的偿债能力；政治法治风险反映了由于政府治理结构不合理、治理能力低下、法律体系不健全以及法律得不到有效执行而引起的突发政治冲突、战争、社会暴乱事件或是政府不当干预等对信用主体的负面影响；突发事件主要包括突然爆发的自然灾害及重大疾病，一般这类灾害难以预测，一旦发生其产生的负面影响巨大。需要说明的是，国家风险是系统性风险，具有明显的外生性，是信用主体自身无法抗拒和改变的，即国家风险由国家层面下的信用主体所共同承担，这种外部风险与信用主体由于自身管理、经营决策等个体层面的相关因素引起的风险相区别，区域下信用主体无法通过改变自身的管理和经营来规避风险。

（2）国家风险对信用风险的影响机制

任何信用主体无论是进行管理还是生产经营都要在一定区域内开展，外部环境的制约和变化对信用主体偿债能力和意愿具有系统性的影响，是信用风险分析中所需要考虑的顶层制约或调整因素。

一个国家的宏观环境对国内信用主体的影响可分为两类：一类是常规化影响，宏观环境通过影响信用主体的资源配置能力和债务政策进而对

主体的偿债能力和偿债意愿产生影响，是属于一种间接性的、潜移默化的、持续性的影响方式；另一类是非常规影响，即由于宏观环境自身的不稳定性而给该国国内所有信用主体增加的额外信用风险，具体体现为国家风险。区别于宏观环境对信用主体的常规化影响，国家风险通过外部宏观环境的异常变化（如经济不稳定、国内爆发动乱等）直接降低该国国内所有信用主体的偿债能力和偿债意愿。国家风险的非常规化特征可以从三个方面进行理解：第一，国家风险对信用主体的影响是通过国家风险事件的发生概率及发生后给主体造成的损失程度来体现，即国家风险越大，发生国家风险事件的概率越高、发生国家风险事件后对信用主体的影响程度越大。相对于宏观环境对信用主体的常规化影响来说，国家风险事件本身发生的频率并不高，只有当国家风险积聚到一定程度后才会集中爆发。第二，国家风险事件发生后影响范围大，危害程度高，对信用主体偿债能力和意愿构成深度影响。第三，国家风险事件的发生具有偶然性和必然性。偶然性是指国家风险事件发生的时间具有随机性，无法精准判断，而必然性是指当国家风险累积到一定程度之后，国家风险事件的发生一定是不可避免的，是一种必然的趋势。

中篇

评级方法总论

第四章　评级技术规范

第一节　信用评级基本概念

信用评级的定义是评级公司制定评级方法和评级标准的基础。不同的信用评级产品评价什么、主要采用什么样的量化指标来量度以及这些量化指标的定义，是评级机构必须首先明确的问题。

一、信用（Credit）

是指以偿还为条件的价值运动的特殊形式，多产生于融资行为和商品交易的赊销或预付之中，如银行信用、商业信用等。

二、信用风险（Credit Risk）

即违约风险，是指债务人不能根据债务合约的规定及时、足额偿还债务本金和利息的风险。

三、信用评级（Credit Rating）

即资信评级，指由独立的信用评级机构对影响评级对象的诸多信用风险因素进行分析研究，就其偿还债务的能力及其偿债意愿进行综合评价，并且用简单明了的符号表示出来。

四、信用等级（Credit Ratings）

信用评级机构用既定的符号来表示主体和债券未来偿还债务能力及偿债意愿可能性的级别结果。

五、评级对象（Object Rated）

即受评对象，是信用评级实施方（行为主体）进行信用风险等级评定

的操作对象（行为客体）。

六、全球评级与区域评级

根据评级结果可比范围不同，信用评级可分为全球评级和区域评级。

全球评级是指信用评级机构按照全球统一的评级标准进行的信用评级，其评级结果在全球范围内具有可比性。

区域评级是指为了更好地满足某一特定区域（主权国家及地区，或者经济区域）投资者的需求，信用评级机构对该区域内的评级对象采用特定的评级标准进行的信用评级，其评级结果只在相应区域范围内具有可比性，并不具有全球可比性。

七、主体评级与债项评级

根据评级对象不同，信用评级可分为主体信用评级和债券信用评级。

主体信用评级（以下简称主体评级）是以企业或经济主体为对象进行的信用评级，是对受评主体如期偿还其全部优先债务及利息的能力和意愿的综合评价。主体评级主要以受评对象的违约概率来衡量，由于受评主体的违约概率有一定的预测性，因此主体评级通过信用等级的不同揭示了受评主体违约概率水平高低的相对排序，而不是对其违约概率的绝对度量。

债券信用评级（以下简称债项评级）是以企业或经济主体发行的有价债券为对象进行的信用评级，是对债券违约概率和违约损失率的综合评价。其中，债项信用等级揭示的是受评债券预期损失率水平高低的相对排序，而不是对预期损失率的绝对度量。信贷资产支持证券信用评级是对受评证券利息获得及时支付以及本金于法定到期日或之前足额获付可能性的评价。

从理论上讲，债项评级应评估公司破产时的价值、确定公司的债务存量、各债权的优先性以及据此分配公司价值，以确定各债项的回收率；当某项特定债项存在外部增信措施时，还要考虑其对该债项回收率的影响。因此，对某项特定债项而言，最终依据对其预期损失率的评估得出其信用等级。实际操作中，由于主体回收率评估涉及企业的破产清算，其流程长、程序复杂、破产时点距现在时间跨度可能很长且难以确定，对主体回收率的分析仍存在一定的困难和障碍，评估结论的准确性也无法得到验证和保证。因此，在评级业务实践中，对不同的债券品种，中债资信将考虑其债项特点及回收率的评估情况等因素分别采用不同的方法来处理。

1. 一般信用债券

对于无担保、无优先偿还次序的一般信用债券，国内投资者更侧重于判断违约风险。因此，中债资信评估信用债券的预期损失率时，将更侧重于分析其主体违约可能性，主要考虑主体违约率因素的影响（即在回收率难以评估的情况下将不同主体的回收率等同处理）。但对于大部分可抵押资产已用于其他贷款或债券的抵押的企业或者存在偿还优先次序安排的债券，中债资信将进一步考虑该债券回收率因素的影响来评估其预期损失率。

2. 担保债券

在设立第三方担保[①]情况下，债券只有当发行人和担保人同时发生违约时才会出现最后违约，所以第三方担保的设立对于降低债券的整体违约概率存在积极影响。基于此，对于担保债券，中债资信依据联合违约理论（Joint-Default Analysis，JDA）对债券的整体违约概率进行评判。

在联合违约理论下，发行人和担保人的相关性评价是债项违约率评估的重要分析要素之一，其对受评债券适用的理论模型参数以及最终的评级结论都有着直接影响。中债资信对于发行人和担保人的相关性评估包括行业相关性、地域相关性、产权相关性以及债务相关性四个方面。

实际操作中，由于对相关性的分析存在一定的困难和障碍，评估结论的准确性也无法得到验证和保证。因此，中债资信在分析发行人和担保人的相关性时，一般会按合理审慎原则处理，并以此为基础展开对担保债券

① 根据《中华人民共和国担保法》，担保的方式有一般保证和连带责任保证。本文中第三方担保均指连带责任保证。

的评级。

3. 抵押债券

对于抵押债券，中债资信主要分析受评债券的预期损失率。由于主体回收率涉及企业的破产清算，流程长、程序复杂且破产时点距现在时间跨度可能很长，由此导致主体回收率情况不确定性很大，因此，中债资信不考虑主体回收率情况的差异，只考虑抵（质）押资产变现收入对回收率的影响；同时，在国内债券市场实践中，抵押资产很难做到与发行人完全隔离，抵押物价值与债务人风险往往仍具有一定的相关性，抵押资产价值评估的真实性可能也存在一定的问题，因此，中债资信一般会按审慎原则，在发行人主体级别的基础上，综合考虑当期现金流覆盖倍数、质押覆盖倍数、偿还资金来源保障程度等确定增信效果，并对抵押增信的级别跨度作出了一定的限制。

4. 资产证券化产品

对于资产证券化产品①，从理论上讲，应评估单笔基础资产的违约概率和回收率，然后在考虑基础资产相关性的基础上测算分层债券的违约概率，再考虑优先级/次级分层比例、超额抵押等交易结构因素后测算分层债券预期损失分布，最终测算分层债券的预期损失率来确定其信用等级。由于目前单笔基础资产违约后的回收率难以准确测算，以预期损失率作为测算标准会放大回收率估计误差对受评证券评级结果准确性的影响，因此中债资信在实际操作中谨慎估计每笔基础资产的回收率和资产之间的相关性，在基础资产池损失分布测算的基础上，主要以分层债券的违约概率来确定其信用等级。

---

① 资产证券化产品是指企业或金融机构将缺乏流动性但能够产生稳定的、可预期的现金流的资产进行组合，并以此基础资产产生的现金流为支持，在资本市场上发行的资产支持证券。根据基础资产的不同，资产证券化可分为不动产证券化、应收账款证券化、信贷资产证券化、未来收益证券化、债券组合证券化等。狭义的资产证券化指信贷资产证券化，本文主要针对信贷资产证券化产品，评级对象是证券化后具有固定收益工具特征的资产支持证券。

八、本币评级与外币评级

根据评级对象承担债务的币种不同，信用评级还可分为本币评级和外币评级。

本币评级是指信用评级机构对某一主体（包括企业、主权国家及地区、其他经济主体）本币债务（一般指本国货币）偿还能力和意愿的评级。

外币评级指信用评级机构对某一主体（包括企业、主权国家及地区、其他经济主体）外币债务（一般指非本国货币）偿还能力和意愿的评级。

九、长期评级与短期评级

根据评级覆盖期限长短的不同，信用评级可划分为长期评级和短期评级。

长期评级可区分为长期主体评级和长期债项评级，前者是对评级主体在一年以上的偿债能力和意愿的评级，后者是对一年以上到期债务的评级。

短期评级可区分为短期主体评级和短期债项评级，前者是对评级主体在一年以内的偿债能力和意愿的评级，后者是对一年以内到期债务的评级。

十、违约（Default）

法律意义上的违约是指，合同当事人完全没有履行合同或者履行合同义务不符合约定的行为。对于评级业务而言，违约主要考量评级对象所涉及债务文件下的偿付义务是否得到履行。与主体评级、债项评级业务类型的划分相对应，违约可区分为主体违约和债项违约。

受评主体发生下述情形之一的，即被认定为构成“主体违约”：

1. 受评主体在其为一方当事人的债务文件下出现未在约定或依行业惯例确定的支付日（或回售日）和宽限期内及时、全额地履行偿付义务的行为；

2. 受评主体发生不利于债权人的困境债务重组行为；

3. 受评主体发生下列任一影响其履行债务偿付能力的情形的：

（1）解散（出于联合、合并或重组目的而发生的解散，但承继债务偿还义务的主体信用等级不低于受评主体的除外）；

（2）法院裁定受理发行人自身、其债权人或依法负有清算责任的人针对其的破产程序申请；

（3）其债权人作为担保权人采取行动取得了其全部或大部分资产，或使其全部或实质部分资产被查封、扣押、冻结或强制执行，且上述情形在30天内未被相关权力机关撤销或中止，导致其债务偿还义务将出现实际无法履行可能的；

（4）受评主体依法被接管，或发生分立后仍然存续，或与另一实体联合、合并或重组，或把其实质性资产转移到另一实体的情况下，最终接管方或存续、承继、受让的实体未能履行或承继，或明示将不履行或不承继受评主体的债务；

（5）受评主体书面承认其无力偿付相应义务；

（6）其他任何对受评主体履行债务偿付能力产生实质影响的情形。

在债券存续期间，受评债项发生下述情形之一的，即被认定为构成“债项违约”：

（1）相应债务文件项下的债务本金及利息未能在约定或依行业惯例确定的支付日（或回售日）及宽限期内获得及时、足额偿付；

（2）债项到期前，相应债务文件涉及偿付义务的全部当事方，包括但不限于债务人、担保人，均明示不偿还该到期债务；

（3）在债务文件中存在交叉违约条款、事先约束条款等特殊约定情况下，任何触发债券违约条件的情形发生时；

（4）相应债务文件项下的债务本金及利息发生不利于债权人的困境债务重组。

十一、违约率（Default Rate，DR）

是指某种债务类别中实际违约笔数占该类别债务总笔数的比率，是历史的违约率，是对过去实际情况的统计，是实际的违约结果。

十二、违约概率（Probability of Default，PD）

是指债务人在未来一段时期内不能偿还到期债务的可能性。不同信用等级的债务人历史违约率的统计值可作为未来违约概率预测值的参考。

十三、累积违约概率（Cumulative Default Rate，CDR）

是指债务人在n年内违约的概率，是n年内每一年边际违约率的加总。

十四、损失（Loss）

指经济损失，包括主债权及利息、违约金、损害赔偿金和实现债权的费用。实际操作中，考虑到违约金、损害赔偿金和实现债权的费用等事前难以计量，因此，一般情况下损失采用简单处理，即包括本金和利息。

十五、违约风险暴露（Exposure At Default，EAD）

是指债务人违约时预期表内和表外项目的风险暴露总额。

十六、回收率（Recovery Rate，RR）

是指债务人违约后资产的回收程度，采用相对数形式表示。

十七、违约损失率（Loss Given Default，LGD）

违约损失率是度量预期损失的重要参数，指债务人一旦发生违约，将给债权人带来的损失数额，采用相对数形式表示，即预期违约的损失占风险暴露的百分比。违约损失率是由回收率决定的，即LGD=1−RR。

十八、预期损失率（Expected Loss，EL）

是反映信用风险的一个指标，是违约概率与违约损失率的乘积。一般而言，对于单一发行人，可直接运用公式EL=PD×LGD计算。对于多个发行主体的情况，预期损失率的计算基于违约以及违约损失的发生情况，通常使用模拟办法对损失率的分布进行估计，然后得到预期损失率。

十九、联合违约概率（Joint Default Probability，JDP）

是指两个及以上评级对象同时违约的概率。

二十、公开评级（Public Information Rating）

即主动评级，区别于能够获得评级对象相关机构配合的信用评级行为，是指信用评级机构未经评级对象配合实地调查和提供资料，主要通过公开渠道收集受评对象相关资料信息，并以此为依据对相关发债主体或债项开展的信用评级。

第二节　信用评级符号体系

信用评级符号体系是评级机构建立的一套简单、直观的等级符号系统，用于反映受评对象的评级结果，从而使投资者了解受评对象信用风险的相对大小。本文所阐述的评级符号体系适用于中债资信针对中国区域（不含港澳台）的信用评级业务，有关国外其他区域评级业务及全球评级业务的相关评级符号体系中债资信将根据实际需要另行制定。

一、主体评级符号

中债资信主体评级符号体系适用于公司主体评级业务，是对受评主体违约风险的评价。其等级划分为四等十级，符号表示分别为AAA、AA、A、BBB、BB、B、CCC、CC、C、D，其中AAA级别至B级别可用“+”或“-”符号进行微调，表示在本等级内略高或略低于中等水平。各主体等级含义如下：

表4-1　各主体等级含义

等级符号	等级含义
AAA	偿还债务的能力极强，基本不受不利经济环境的影响，违约风险极低。
AA	偿还债务的能力很强，受不利经济环境的影响不大，违约风险很低。
A	偿还债务的能力较强，较易受不利经济环境的影响，违约风险较低。
BBB	偿还债务的能力一般，受不利经济环境的影响较大，违约风险一般。

续表

等级符号	等级含义
BB	偿还债务的能力较弱，受不利经济环境的影响很大，违约风险较高。
B	偿还债务的能力较大地依赖于良好的经济环境，违约风险很高。
CCC	主体基本无法偿还债务，未来一段时间内将发生违约。
CC	主体基本难以偿还债务，短期内将发生违约。
C	主体已发布债务兑付风险提示、申请破产等情况，表示主体即将违约。
D	主体已经违约。

二、债项评级符号

中债资信债项评级符号体系适用于受评主体发行的债务或债务性衍生产品信用评级，主要包括中长期债项评级符号及定义、短期债项评级符号及定义、资产证券化债项评级符号等。

1. 中长期债项评级符号及定义

中长期债券是指偿还期限为一年以上的债券。中债资信中长期债项评级是对债券违约风险和损失程度的综合评价。其等级划分为三等九级，符号表示分别为AAA、AA、A、BBB、BB、B、CCC、CC、C，其中AAA级别至B级别可用“+”或“-”符号进行微调，表示在本等级内略高或略低于中等水平。各债项等级含义如下：

表4–2　各债项等级含义

等级符号	等级含义
AAA	债券安全性极高，违约风险极低，或者违约损失风险极低。
AA	债券安全性很高，违约风险很低，或者违约损失风险很低。
A	债券安全性较高，违约风险较低，或者违约损失风险较低。
BBB	债券安全性一般，违约风险一般，或者存在一定违约损失风险。
BB	债券安全性较弱，违约风险较高，违约损失风险较高。
B	债券安全性很低，违约风险很高，违约损失风险很高。
CCC	债券已经违约，但本金和利息回收可能性较高。
CC	债券已经违约，而且债券在破产或重组时可获得保护较小，本金和利息回收可能性一般。
C	债券已经违约，基本不能保证本金和利息的回收。

2. 短期债项评级符号及定义

短期债券是指偿还期限为一年或不足一年的债券。中债资信短期债项评级是对短期债券违约风险的评价，主要考量发债主体对该项短期债券的偿付能力。其等级划分为四等六级，符号表示分别为A–1、A–2、A–3、B、C、D，每个信用等级均不进行微调。各等级含义如下：

表4–3　短期债项各等级含义

等级符号	等级含义
A–1	还本付息能力最强，安全性最高。
A–2	还本付息能力较强，安全性较高。
A–3	还本付息能力一般，安全性易受不良环境变化的影响。
B	还本付息能力较低，有一定的违约风险。
C	还本付息能力很低，违约风险较高。
D	债项已经违约，参考中债资信违约定义。

3. 资产证券化债项评级符号

中债资信信贷资产支持证券信用评级是对受评证券利息获得及时支付以及本金于法定到期日或之前足额获付可能性的评价。其等级划分为三等九级，符号表示分别为AAA_{sf}、AA_{sf}、A_{sf}、BBB_{sf}、BB_{sf}、B_{sf}、CCC_{sf}、CC_{sf}、C_{sf}，其中AAA_{sf}级别至B_{sf}级别可用“+”或“–”符号进行微调，表示在本等级内略高或略低于中等水平。各等级含义如下：

表4–4　资产证券化债项各等级含义

等级符号	等级含义
AAA_{sf}	偿还证券本金和利息能力极强，违约风险极低。
AA_{sf}	偿还证券本金和利息能力很强，违约风险很低。
A_{sf}	偿还证券本金和利息能力较强，违约风险较低。
BBB_{sf}	偿还证券本金和利息能力一般，违约风险一般。
BB_{sf}	偿还证券本金和利息能力较弱，违约风险较高。
B_{sf}	偿还证券本金和利息能力很低，违约风险很高。
CCC_{sf}	偿还证券本金和利息能力极低，违约风险极高。
CC_{sf}	难以保证证券本金及利息的偿付。
C_{sf}	基本不能偿还证券本金和利息。

4. 主权评级符号

中债资信主权评级是对主权发行人能否按时、足额地对政府债务履行偿债责任进行的评估。其等级划分为四等十级，符号表示分别为AAA_{sov}、AA_{sov}、A_{sov}、BBB_{sov}、BB_{sov}、B_{sov}、CCC_{sov}、CC_{sov}、C_{sov}、D_{sov}，除AAA_{sov}、CCC_{sov}、CC_{sov}、C_{sov}及D_{sov}级别外，其他每个级别均可用“+”或“-”符号进行微调，表示略高或略低于本等级。各等级含义如下：

表4-5　主权评级各等级含义

等级符号	含义
AAA_{sov}	发行人偿债能力、意愿极强，基本不受不利冲击影响，违约风险极低。
AA_{sov}	发行人偿债能力、意愿很强，受不利冲击影响较小，违约风险很低。
A_{sov}	发行人偿债能力、意愿较强，较易受到不利冲击影响，违约风险较低。
BBB_{sov}	发行人偿债能力、意愿一般，受不利冲击影响较大，违约风险一般。
BB_{sov}	发行人偿债能力、意愿较弱，受不利冲击影响很大，违约风险较高。
B_{sov}	发行人偿债能力、意愿依赖稳定的外部环境，违约风险很高。
CCC_{sov}	发行人偿债能力、意愿极度依赖稳定的外部环境，违约风险极高。
CC_{sov}	发行人偿债能力、意愿对政治经济波动表现出极大的脆弱性，难以保障债务偿还。
C_{sov}	发行人基本不能偿还债务。
D_{sov}	表示主体已经违约，参考主权违约定义。

5. 评级符号相关补充内容

（1）评级展望

评级展望作为级别的有效补充，是对受评对象长期级别在未来18个月内变化走向的预判，可以用于主体评级或债项评级，驱动因素主要是受评对象长期基本面要素的变化。中债资信评级展望分为3类：稳定、正面和负面。各类别含义如下：

表4-6　评级展望各类别含义

类别	含义
稳定	受评对象未来的信用等级保持不变。
正面	受评对象未来的信用等级可能有上升趋势。
负面	受评对象未来的信用等级可能有下降趋势。

（2）评级观察

评级观察也是级别的有效补充，一般由事件驱动，主要反映受评对象信用状况变化的短期趋势，可以用于主体或债项评级。导致主体评级观察的事件包括但不限于兼并、重组、资本结构调整、股权变更、实际控制人变更、政府管制等。评级观察表示受评对象级别短期内可能调整，但需要获取更多信息或进行更多分析确定是否进行调整及调整幅度，通常三个月内完成。中债资信评级观察分为3类：将其列入正面信用观察名单、将其列入负面信用观察名单、将其列入信用观察名单。各类别含义如下：

表4-7　评级观察各类别含义

类别	含义
正面观察	受评对象未来的信用等级可能有上升趋势。
负面观察	受评对象未来的信用等级可能有下降趋势。
信用观察	受评对象未来的信用等级可能有上升或者下降趋势。

（3）终止信用评级

终止信用评级是指在评级机构无法取得评级有效信息或在信用评级委托方要求的情况下，评级机构宣布评级结果失效。获取有效的评级信息是评级机构开展评级工作的前提，在信息可获取的情况下，原则上评级机构对已经发布的评级结果不能轻易采取终止信用评级的行动。在评级业务开展过程中，如确实无法获取评级对象有效的评级基础信息，中债资信会本着对投资人负责的态度谨慎处理，经向有关管理部门书面说明有关情况后可向投资人宣布终止评级对象的信用级别。

（4）公开评级

即主动评级，是指未经评级对象配合实地调查和提供资料，公司主要通过公开渠道收集评级对象相关资料信息，并以此为依据对评级对象开展的信用评级业务活动。本文的评级符号体系适用于中债资信按照标准的信用评级流程，在对受评对象进行充分资料收集、现场访谈并深入了解后做出的评级结果。如因业务或实际情况需要，中债资信仅能依据公开资料对受评对象进行公开评级，其评级结果也将采用本文的评级符号体系，但将在对应的评级符号下加Pi下标进行标识。

（5）个体级别

中债资信个体级别主要考察受评主体在完全没有任何外部支持下的信用水平，排除了受评主体的股东、实际控制人或者相关政府部门对其支持的影响。中债资信的个体评级并非一般意义上的信用评级，是评级分析过程中对受评主体个体信用水平的评价结果，可以看作受评主体评级的组成部分。中债资信的个体评级级别序列与一般评级相同，只是用小写字母表示。

（6）影子级别

中债资信的影子评级是通过模型以及分析师分析等过程对受评对象即期信用质量的大概估计，该评级所依据的信息一般由第三方提供，评级过程较传统评级简略，不涉及与受评对象的管理层接触以及开展涉及受评对象运营、财务以及战略等方面的交流，一般也不进行跟踪评级。影子评级并非一个完整意义上的信用评级，一般用于债项评级过程中对所涉及基础资产及相关主体信用水平的大概评判，级别结果一般不对外公布。中债资信的影子级别也将采用本文的评级符号体系，但将在对应的评级符号下加S下标进行标识。

第三节　信用评级原则

中债资信遵循的评级原则分为两个层次：一是评级业务开展过程中的一般性原则（以下简称一般性原则）；二是评级技术操作层面的指导性原则（以下简称操作性原则）。其中，一般性原则包括独立性与客观性、一致性与可比性、合理审慎、信息披露与公开透明四项原则；操作性原则包括定性和定量分析相结合、关注长期信用品质、前瞻性、重视短板约束影响、个体评级与支持评级相结合五项原则。

表 4-8　中债资信评级原则

评级原则		具体解释
一般性原则	独立性与客观性	信用评级活动及评级结果应与受评主体及其他利益团体保持独立，不屈从于政治、经济等各方面的压力。在独立性基础上，以辩证的思维揭示信用风险形成规律，对信用风险的揭示与评价应客观公正。
	一致性与可比性	公司应保持信用评级标准的一致性与可比性，同一时期不同评级对象同样的评级结果对应的信用风险程度应大致相当，同一行业、地域或领域内的评级结果都应有较强的可比性；同一评级对象不同时期的评级结果应有很强的可比性（公司评级方法或评级标准发生大的调整情况除外）。
	合理审慎	在对信用评级资料的分析和判断过程中应持合理谨慎的态度。在分析受评对象基础资料时，应慎重考虑影响评级对象的潜在风险；对没有明确结论的事件应谨慎判断，考虑不利事件发生情况下对受评对象的影响。
	信息披露与公开透明	公开披露公司的股权结构，以及评级定义、评级原则、评级方法、评级标准、作业流程等基础文件，提高公司评级技术的透明度。
操作性原则	定性和定量分析相结合	对受评主体的资源禀赋、配置能力、战略管理等方面的分析以定性分析为主，对债务政策的判断以定量分析为主，最后综合判断受评主体及其债务工具的信用风险。
	关注长期信用品质	信用评级应基于对受评主体及外部环境相对较长期间历史表现的分析，重点挖掘驱动主体信用风险发生变化的根本性、长期性因素及作用机制，减少对表象指标短期表现的过度关注，使信用评级反映受评主体在一个完整经营周期或更长时间段内的跨越周期的整体表现，避免短期频繁波动。
	前瞻性	信用评级应注重对受评主体未来信用品质的预测和评判，而不是仅依据其历史偿债指标衡量其信用风险，应在受评主体长期信用基本面发生实质变化时及时做出评级调整。
	重视短板约束影响	部分特殊评级要素的显著恶化会形成短板约束，严重影响主体的偿债能力和意愿，甚至直接导致主体发生违约。因此当信用主体出现极为严重的公司治理、流动性、偿债意愿等问题时，将直接限制信用等级的给定，体现“短板约束”的影响。
	个体评级与支持评级相结合	能获得外部支持的企业往往在业务经营和发展、财务安全等方面可以获得额外的保障，同时如果支持方实力足够强，企业发生危机时也容易依靠外部支持渡过难关，因此在评级时应考虑外部支持的可能性和支持力度，综合判定其信用等级。

第五章　主体和债项评级思路、评级要素

第一节　主体评级思路

根据评级原理的核心思路，中债资信对于受评主体的评级思路为：在综合评价受评主体偿债能力和偿债意愿的基础上评定受评主体自身的信用风险即个体级别，考虑外部支持对受评主体信用的增级（如有），最终得出受评主体的信用等级。其中，主体的偿债能力主要考虑资源配置能力与债务政策的评价结果；偿债意愿主要考虑偿债意识与理性决策的评价结果。全球评级体系下，中债资信还将在主体信用等级基础上进一步考虑国家风险与汇兑风险，从而得到主体的本币与外币信用等级。该评级思路适用于工商企业、金融机构、主权等各类主体的评级业务实践。

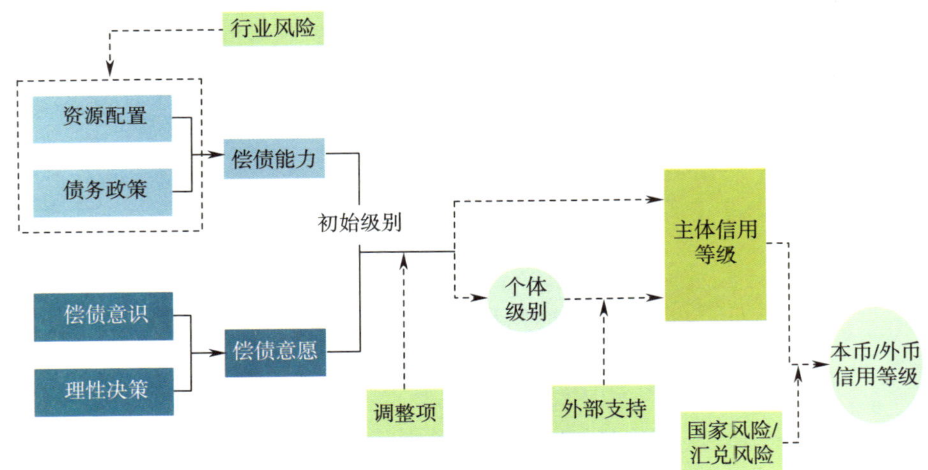

图5-1　主体评级思路

主体评级实务采用定量与定性相结合的方式，具体应用如下：第一，中债资信围绕资源配置能力和债务政策两个核心要素对信用主体的偿债能力进行评价。具体而言，首先根据行业特征确定影响各类主体资源配置能力和债务政策的要素和指标；其次采用打分卡形式构建各类主体信用评级模型，对主体资源配置和债务政策指标进行打分，进而综合评价主体偿债能力。其中对于工商企业和金融机构，中债资信创新性提出根据主体所属行业风险推导行业理想分布曲线，结合专家经验指导确定资源配置和债务政策指标的评价标准，而对于主权政府则主要依据专家经验确定指标评价标准，进而得出各类指标得分，并应用可变权重映射矩阵得出主体偿债能力评价结果。第二，偿债意愿是主体信用风险的重要影响因素，中债资信围绕偿债意识和理性决策两方面来评价主体偿债意愿。考虑到偿债意愿较为主观，评级实务中采取定性方式而非定量打分卡形式进行评价。根据偿债意愿的定性评价结果，中债资信在偿债能力基础上以调整项形式反映偿债意愿对于受评主体信用风险的影响，并最终形成受评主体初始级别。第三，资源配置和债务政策中存在对主体信用风险形成“短板效应”的特殊要素，打分卡对此类要素的常规考察难以充分体现其负面影响。同时打分卡所用评级数据无法全面动态反映受评主体信用风险，为此中债资信应用大数据和人工智能，实时跟踪主体信息，形成受评主体大数据调整因子。评级实务中，中债资信根据 “短板”要素和大数据调整因子的影响程度，对受评主体初始级别进行调整得到个体级别。第四，如果主体可获得一定外部支持，中债资信将在个体级别的基础上根据外部支持程度，考虑信用主体可能获得的增信效果对个体级别进行调整，从而得到受评主体的最终信用等级。此外，在建立全球评级体系时，还需要比较不同国家、地区间国家风险的差异，因此在全球评级体系中，中债资信还会考虑主体面临的国家风险和汇兑风险，根据国家风险与汇兑风险的评价结果进一步调整主体的信用等级，得到主体的本币等级及外币等级。

第二节 主体评级要素的应用

在第三章中债资信评级原理核心思路下，已对资源配置能力、债务政策、偿债意愿、行业风险、外部支持和国家风险等要素的内涵及其对信用风险的影响机制进行了详细阐述。本部分主要阐述评级思路中涉及的评级要素，在工商企业、金融机构、主权等各类主体中的应用。

一、资源配置能力的应用

资源配置能力一方面衡量主体原始所拥有的资源即资源禀赋，另一方面衡量主体利用所掌控的资源而达到最佳经济效益的能力即配置能力。资源配置能力在各类主体信用风险评价中具有普适性，但评级实务中，由于各类主体所处行业的特征和信用风险形成机制差异，资源配置能力的表现形式和影响机制也存在一定差异。中债资信在本部分进一步分析资源配置能力在工商企业、金融机构、主权政府等三类主体的应用，各类主体资源配置要素下的具体评级指标详见中债资信分行业主体评级方法和主权评级方法。

1. 工商企业

对于工商企业而言，其资源配置能力一方面是指企业对资源类型与数量的掌握，例如产能和产量、原燃料自给情况、土地储备、品牌和技术等要素。一般而言，拥有稀缺、异质资源的企业可凭借其垄断地位获得较高经济效益，从而在市场竞争中获得优势地位，资源配置能力更强。另一方面，工商企业的资源配置能力还包括企业对自身拥有和控制资源的管理运行水平与能力，包括生产效率、运营效率、销售能力、战略执行能力等，反映的是企业对竞争资源要素的投入、运作方式、转换方式、转换能力与效率。资产结构的合理性、资产规模的适度性、资产运用的效率性是企业资产管理水平的体现，并直接作用于企业的生产效率和投入产出比，在给定要素投入和技术水平的情况下，资产运营效率越高，企业产出率和资产

收益率越高，资源配置能力更强。整体来看，前述两方面资源配置能力的根本要素可以影响企业盈利能力和现金流等结果要素，决定其经营状况是否得以持续和稳定，影响企业未来履行债务约定的能力，从而决定其信用风险水平的高低。

2. 金融机构

对于金融机构而言，资源配置能力集中体现在其对经营资质的掌握及风险管理能力、业务经营能力等方面。首先，拥有较强的市场地位，能够经营诸如银行类、保险类业务的资质能力是金融机构存在和发展的前提与基础，也对其业务拓展和抗风险能力均产生决定性作用。因此，在评价金融机构的资源配置能力时，主体市场地位、业务资质是资源配置重要组成部分。其次，金融机构的风险管理能力决定了其风险管理体系的完善程度和资产质量，直接关系到机构运营的安全性和业务扩张的有效性，并可能影响其流动性水平。特殊情况下，金融机构风险管理方面的缺陷可能会对企业造成毁灭性的重大伤害。因此，资源配置能力中的风险管理能力、资产质量等要素对于金融机构的信用表现有重要影响。最后，金融机构的业务经营能力直接决定了主体盈利水平进而影响主体信用资质。业务经营能力主要体现在其对分销渠道控制的能力、渠道收入占比及服务水平等方面，如销售渠道控制力较强的主体对相关销售渠道的溢价能力也较强，可以一定程度上有利于盈利增长，是主体业务经营能力评价的重要因素。

3. 主权政府

对于主权政府而言，一方面其资源配置能力表现为一国拥有的天然资源、人口资源及文化特征，此类要素可以影响主权国家经济增长的稳定性和财富水平，为主权信用提供有力的物质与精神支持。另一方面，主权政府的资源配置能力表现为政治决策效率、政府治理水平、法律和社会管理体系等衡量资源运用能力的要素。主权政府对已拥有资源的配置和运用效率，衡量了主权政府在保障民生、有效治理、维护社会稳定发展等方面的能力，对主权政府信用具有重要影响。良好的政府治理与稳定的社会状况

能够为经济的发展提供相对稳定的环境，有利于提高该国政府财政、经济政策的灵活性，增强其应对可能影响主权政府信用的各种冲击的能力。而政府治理情况的恶化、社会的动荡和社会矛盾的加剧会导致其经济财富积累的放缓甚至减少，同时债务偿还在政府议程中的重要性和优先级下降，最终导致主权信用风险上升。

二、债务政策的应用

债务政策一方面衡量受评主体对于债务融资的主观决策选择，另一方面衡量因决策选择所体现的主体承债状态。债务政策在各类主体信用风险评价中具有普适性，但评级实务中，由于各类主体所处行业的特征和信用风险形成机制差异，债务政策的表现形式和影响机制也存在一定差异。中债资信在本部分进一步分析债务政策在工商企业、金融机构、主权等三类主体的应用，各类主体债务政策要素下的具体评级指标详见中债资信分行业主体评级方法和主权评级方法。

1. 工商企业

对于工商企业而言，债务政策是在特定国家政策和宏观经济环境下，主体充分考虑自身实际情况和经营目标而制定的为实现其财务效益的决策行为，以及因决策行为所体现出的承债状态，主要体现为资本结构、长短期偿债能力等。从资本结构来看，资本结构是影响企业债务稳健性的关键因素，评价企业资本结构主要从财务杠杆水平和债务期限结构两方面考量。财务杠杆运用适当可提升企业的盈利能力，但超过企业承受能力的高杠杆会使企业面临较大的偿债压力，进而加大其信用风险；相对合理的债务期限结构能够在节约财务成本的同时，保持企业可承受的债务偿还及周转压力，而债务结构不合理的企业则有可能引发阶段性的财务危机或者导致不必要的资金成本浪费。从偿债能力来看，短期偿债能力反映企业流动性压力，需从短期债务周转和偿还两方面综合考量，分析企业短期资金周转能力考虑企业经营性现金流入量对短期债务的保障程度，分析企业短期债务偿还则侧重于分析短期可变现资产和经营活动现金流净额对短期债务

的保障程度。而长期偿债能力的考察则主要集中在企业长期偿债资金来源对于长期债务和利息的保障程度。

2. 金融机构

对于金融机构而言，债务政策主要考察资本对债务覆盖情况和流动性水平，如激进的债务政策体现为激进的发展速度、高杠杆运营和大量期限错配严重的业务，此类政策虽然能带动金融机构市场地位的提升和盈利的增长，但也容易导致资本充足状况欠佳和流动性风险。同时，由于金融机构具有高杠杆运营的特征，且对于金融体系稳定性具有重大影响，监管部门对于不同类型金融机构的债务政策设置了严格的监管要求，相关监管指标也与工商企业存在较大差异。对于商业银行，依据巴塞尔Ⅲ国际监管准则，我国对于商业银行的债务政策监管指标包括资本充足率、杠杆率、拨备率和流动性；对于保险机构，根据保监会“偿二代”监管规则规定，保险公司债务政策重点关注偿付能力和流动性；对于证券公司，债务政策仍以净资本和流动性为核心，重点为资本杠杆率指标；对于担保机构，债务政策重点体现为担保责任放大比例、准备金覆盖率、流动资产比例等。

3. 主权政府

对于主权政府而言，债务政策的内涵与工商企业和金融机构存在一定差异，主要表现为主权政府的财政灵活性。政府的财政灵活性是影响主权信用最直接的因素。长期的财政失衡导致债务不断积累至难以为继的水平，是主权信用危机爆发的重要诱因之一。相反，较低的债务负担、良好的财政运行情况等因素有助于提高主权政府对于各种冲击所带来的财政压力的应对能力，为主权信用提供有力的支持。对财政灵活性要素的考察主要包括三个方面：财政运行状况、债务规模与结构、再融资环境。长期的财政失衡可能导致宏观经济波动和政府债务的不可持续，债务规模的快速上升或者负债结构的恶化能够导致政府陷入财政危机，再融资环境的变化则可能增加主权政府的借债成本并削弱主权偿付能力。

三、偿债意愿的应用

对偿债意愿的评价可以分为偿债意识和理性决策两部分。由于非政府类主体和主权偿债意愿的表现方式和影响机制存在一定差异，中债资信在本部分分别分析偿债意愿要素在非政府类主体和主权政府的应用情况。

1. 非政府类主体

对于非政府类主体（工商企业、金融机构）而言，偿债意识与理性决策更多是企业主观意愿的选择和体现。其中，偿债意识是信用主体所有者或实际控制人主观上的非理性意识，往往难以衡量，实务中可以借助于企业对债务问题的公开态度、实际控制人或管理层利益与企业信用的相关度以及实际控制人和管理层的信用行为风格等进行判断。另外，主体的历史信用表现能够在一定程度上反映所有者或实际控制人处理信用事件的行为惯性，从侧面反映其契约意识。因此中债资信认为可从企业对债务问题的公开态度、实际控制人或管理层与企业的相关度、企业主体及关联企业的信用表现三个方面进行评价。理性决策建立在主体对于违约的成本和收益进行对比的基础上。如果信用主体通过理性计算发现，违约收益大于违约成本，则可能受到违约利益诱惑而实施违约行为。只有违约成本高于违约收益，才能避免由于理性决策而发生的主体违约行为。中债资信认为可从政策契机引发的道德风险、企业前景及价值两个方面进行评价。非政府类主体偿债意愿的具体评价要素参见第九章中债资信专项评价方法。

2. 主权政府

对于主权政府而言，其在辖区内享有最高的、排他性的管辖权，这意味着主权政府在决定是否履行偿债义务时具有较大的选择空间，即在主权政府具备偿债能力的情况下，仍然可能因为政府主观偿债意愿不足而违约。因此，与其他发行人相比，政府主体的偿债意愿对其自身的信用情况将产生更大影响。

主权政府的偿债意愿也由其偿债意识与理性决策决定。偿债意识主要考察在特定的政治体制安排下，执政党掌握及遵循的信用传统文化和价值

观。执政党遵循的文化及价值观是一种社会自发形成的制度，包括传统、风俗习惯、道德价值观等方面，任何个体或组织包括国家政府都难以严格控制或左右其供给，一般需要考察一个国家或区域的历史，分析其主要受到何种思想、观点的影响，进而确定其是否重视诚信这一在偿债意识中重点考察的基本原则。主权政府的理性决策实质上是对偿还债务的成本收益进行分析。对政府主体来说，根据唐斯的理性政治人理论，执政党的最终目标是保持执政地位，而在债务危机中，执政党控制下的中央政府决策的核心目标是如何通过各种政策组合平抑债务危机。由于执政党的最终目标与债务危机中的阶段性目标并不统一，所以理性政府决策主要体现在两个方面：①选择积极执行财政紧缩政策，能够获得的收益是维持政府信誉以及在国际债券市场上的融资渠道，需要付出的成本是政府面临较大的倒闭风险，主要原因在于财政巩固的相关措施将导致税收收入提高以及福利性支出减少，有损于民众利益，因此容易被反对派利用民意攻击，进而导致政府更迭。②选择消极执行财政紧缩政策，在任政府的收益是能够显著减缓财政巩固措施所带来的社会压力，有利于减轻反对党攻击，巩固执政地位，但需要付出的成本是形成在财政改革方面的“惰政思维”，而这在根本上意味着政府的偿债意愿不足，违约风险加大，进而损害国家的长期利益。此外，主权政府的债务重组与违约历史表现能够反映其偿债意识及理性决策行为，是衡量主权政府偿债意愿的良好参照。在经济实力、财政灵活性、政府治理与社会稳定等要素未发生明显恶化的情况下，主权政府频繁出现债务重组或违约，表明偿还债务在政府议程中的排序相对靠后，对其信用风险构成不利影响。主权政府偿债意愿的具体评价要素请见中债资信主权信用评级方法。

四、行业风险的应用

在第三章中债资信明确了原理中的行业风险是指狭义概念上的行业风险，即仅适用于工商企业、金融机构等非政府类主体。行业作为连接宏观环境和微观主体的中观层次，在主体的信用风险评估中扮演着重要的角色。不同行业特征以及行业表现间的显著差异导致不同行业的评级指标、评级标准客观上存在较大差异，需要通过行业信用风险评价找到行业间风险的差异，并将不同行业的差异化评价标准转化为统一标准，解决跨行业可比问题。

基于行业内主体信用风险分布的相关研究结论，中债资信创新性提出各行业主体评级应用思路：首先，通过行业周期性、行业竞争格局、行业进入壁垒、行业盈利能力、行业景气度等要素对行业信用风险进行评价，得到行业信用风险评价结果，进而推导出行业信用风险的理想分布曲线。其次，在行业理想分布曲线的指导下结合专家经验确定资源配置、债务政策指标的评价标准。最后，根据评级标准，对主体资源配置、债务政策指标表现进行评价，结合级别映射矩阵确定偿债能力的初始级别。不同于国内外评级机构将行业风险作为独立评级要素纳入整体评级框架，中债资信应用行业理想分布曲线确定评级标准，体现行业风险对主体信用风险的影响。行业理想分布曲线可以视为不同行业评级标准的“转化器”，使资源配置和债务政策的评价结果可以体现行业间的风险差异，并实现跨行业比较。行业信用风险的具体评级方法详见第九章中债资信专项评价方法，理想分布曲线的搭建思路和应用详见第六章主体评级模型。

五、短板因素及大数据调整因子的应用

首先，根据前期理论研究和评级实务尤其是违约案例经验，部分特殊要素可能对主体信用风险形成“短板效应”，极端情况下甚至直接导致主体发生违约，而打分卡对此类要素的常规考察难以充分体现要素弱化对主体信用风险的负面影响程度。中债资信在评级原理的构建过程中极为重视此类因素，系统梳理了可能影响信用主体违约风险的所有短板因素，以级别调整项形式反映其对主体信用风险的影响程度，极端情况下此类因素较差的表现甚至将直接限制信用等级的给定，充分体现“信用短板”的影响。工商企业、金融机构、主权政府等各类信用主体均存在统一或特有的调整因素，其中工商企业通常涉及公司治理与管理、流动性、母子公司、或有事项等调整因素，典型调整因素的评级思路详见第九章专项评价方

法；主权政府则通常涉及风险事件。其次，打分卡所用评级数据可能存在无法全面和动态反映受评主体信用风险的问题，为弥补这一固有缺陷，中债资信使用大数据和人工智能技术，实时跟踪和抓取主体相关信用信息，并根据获取信息的影响程度，形成受评主体大数据调整因子评分。当该评分结果很差，并对受评主体偿债能力产生重大不利影响时，中债资信也以级别调整项形式反映其影响。

六、外部支持的应用

外部支持是受评主体在陷入困境时，独立于债务人和债权人的第三方对受评主体提供的具有正面影响的临时性特殊支持，以使主体避免违约或帮助其度过困境状态。多数情况下，主体依赖于自身偿债能力和意愿进行债务偿还，但特定市场环境下的特定主体，往往可以依靠外部偿债资源进行债务偿还。中债资信通过对世界各国债务危机中不同国家信用主体面临违约时的具体表现进行研究后发现，对于一些特殊地位、违约社会成本高昂的主体而言，其在面临违约时往往都能获得来自政府或股东外部支持。虽然近几年以来全球范围内市场化经济发展的结果使得政府对金融机构、企业等各类主体的干预力度均有所下降，但经济危机中我们可以发现政府对于具有重要地位主体的广义支持仍存在。因此，中债资信构建评级原理时将主体的外部支持作为重要影响因素进行考察，将个体评级与支持评级相结合评价方法视为适用于全球市场环境下的评级思路。

不同主体外部支持的考察范畴有一定差异，对于工商企业及金融机构主体主要考察政府及股东的支持，而主权政府通常不存在外部支持。无论是政府支持还是股东支持，均主要考察支持方的支持意愿和支持能力。政府支持方面，从支持意愿角度来看，一般而言，受评主体是否能获得地方政府的支持取决于主体对于政府的重要性、主体违约的声誉影响、政府对主体历史支持情况。从支持能力角度来看，地方政府支持的能力取决于其信用等级，一般而言，地方政府信用等级越高，则支持能力就越强，反之，则地方政府的支持能力就越弱；股东支持方面，从支持意愿角度来看，股东对受评主体的支持意愿主要通过受评主体股权结构及股东控制力、在股东下属企业中的地位、与股东之间的法律关系、股东对主体历史支持情况等进行考察。从支持能力角度来看，股东对受评主体的支持能力通过其自身的信用水平来衡量，其自身实力越强，对受评主体支持的能力就越强。评级实务中，中债资信引入联合违约分析思路，首先依据个体信用风险分析思路评定受评主体个体信用等级；其次考察支持方的支持能力和支持可能性；最后在联合违约理论指导下，根据受评主体的个体级别、支持方能力、支持方意愿以及两者相关程度，综合得出外部支持对受评个体的影响程度，确定考虑外部支持后的受评主体级别。具体评级思路详见第九章专项评价方法。

七、国家风险、汇兑风险的应用

任何信用主体无论是进行管理还是生产经营都要在一定区域内开展，外部环境的制约和变化对信用主体偿债能力和意愿具有系统性的影响，是信用风险分析中所需要考虑的顶层制约和调整因素。中债资信在考察主体（指非政府类主体）外部环境时，主要考察国家风险和汇兑风险的影响。国家风险这一评价要素在具体应用时针对信用主体在全球评级体系中的本币级别，如果要考察信用主体的外币级别则还需要对汇兑风险进行评估。汇兑风险针对外部债务的偿还，受制于政府对资源的汇兑与转移限制。一般而言，政府对资金的汇兑与转移进行限制体现在两个方面，即信用主体无法取得外汇和信用主体无法向海外转移外汇的风险，这两方面经常同时出现。政府对资金的汇兑与转移进行限制对信用主体的本币偿还不构成太大影响，但对信用主体的外币偿还影响巨大，即使在信用主体的本币偿债能力和偿债意愿都很强的情况下，由于政府对资金的汇兑与转移的限制依然会直接造成信用主体外币债务的违约。

评级实务中，中债资信主要根据国家风险的评价结果对主体信用等级进行调整，得到主体的本币信用等级，反映主体偿还本币债务的能力，在此基础上根据汇兑风险的评价结果对本币级别进行调整，得到其外币信用

等级。具体评价思路详见中债资信国家风险评级方法。

第三节 债项评级思路

债项评级是对债券违约风险的分析和评价，其本质是评价债券发行主体或主体持有的基础资产对特定债券的偿还保障能力。目前国内主要债项可分为一般债券（含无增信和增信）、资产支持证券两类，前者偿还保障主要依赖发行主体和增信效果（如有），后者偿还保障则主要依赖基础资产的组合信用风险（如有）以及基础资产形成的现金流。因此，中债资信开展债项评级时，对于一般债券，在依据主体评级思路评价债券发行主体信用风险的基础上，同时考虑债券产品特点、增信措施等因素，对一般债券的偿付保障和违约风险进行评价。对于资产支持证券，则重点考察基础资产的组合信用风险水平（如有）以及基础资产形成的现金流对债券的偿债保障能力。

在总体债项评级思路的基础上，根据不同债项的结构特点，中债资信制定了各类债项的具体评价思路。一般债券方面，对于一般无增信债券，以短期债券为例，中债资信认为债券信用等级受主体长期信用等级影响较大，此外发债主体的短期偿债能力和债券发行情况也会对短期债券偿还能力造成显著影响。因此中债资信对于一般无增信债券的信用评级建立在对发行人主体信用分析的基础上，此外对于短期债券需充分评价发行人的短期偿债能力和债券发行情况最终形成对受评债券偿还风险的综合评估；对于担保债券，只有当担保方和债券的发行人共同违约的时候，债券才会违约，因此中债资信采用联合违约的方法对担保债券进行评级，具体而言是从债券发行人主体信用风险、债项风险（担保方主体信用风险、两者相关性、担保条款设置）两个方面展开，最终对受评债券整体信用风险水平做出综合评价；对于抵（质）押债券，中债资信首先通过发债主体信用分析判断债券的违约风险，再通过对抵（质）押物有效性、抵（质）押物价值评估、交易结构设计、抵（质）押物对债券的覆盖倍数等抵（质）押增信效果的评估，最终形成对债券预期损失风险的综合判断。资产支持证券方面，以公司信贷资产支持证券为例，对受评证券违约可能性的评估是以基础资产整体组合信用风险水平为基础，并结合现金流压力测试、交易结构分析来综合判定。部分债项评级思路详见第八章债项评级方法。

第六章　主体评级模型

评级模型是评级方法的数理统计实现，评级模型的应用能减少评级过程中主观因素对信用等级的影响，能在一定程度上增强评级结果的客观性。因此，中债资信十分重视评级模型建设及模型在信用评级过程中的参考作用。

第一节　主体评级模型的形式

一、主体评级模型基本形式的选择

传统评级业务对模型选择有特定要求，一方面需要评级结果可靠且能够适用于所有受评企业，另一方面需要模型形式直观，方法易理解，结果易解释。综合上述要求，适用性高且包含专家经验的打分卡模型是评级机构用于传统评级业务的最优模型。

首先，打分卡模型能够满足评级业务的使用要求。不同模型适用范围不同，评级机构的主要评级对象是大中型企业，参考前述模型分类，适合评级机构的计量模型主要是分类分析与违约概率估计。结合计量模型应用环境，我国金融市场尚未发展成熟，多数计量模型力不从心：KMV模型与JLT模型从市场信息中计算违约概率，虽然理论上有效，但由于存在市场有效性这一根本前提，在我国缺少使用土壤；死亡率模型受数据限制严重，即使三大评级机构也难以使用；其他基于多元统计判别分析或者非线性分析模型的数学处理更为复杂，模型稳定性与可解释性较差；Logistic回归对应用环境要求较低，但由于我国出现债券违约的时间较短，违约样本严重不足，所以Logit模型的应用效果较差，样本内的预测效果都难以让人满意。此外，所有基于某类假设建立的模型都存在一个严重问题，即并不是所有企业特征都能够满足假设条件，导致计量模型只能适用大多数受评对象，对于部分指标严重异常的企业，模型结果可能和客观情况相去甚远。只有对应用环境无要求、适用性极高的打分卡模型能够同时满足当前我国市场环境与传统评级业务要求。其次，打分卡模型形式直观，解释性强。打分卡模型通过考察各类定量、定性指标，结合专家经验对受评对象的长期基本面做出比较准确的判断，比单纯以历史数据推测未来风险的行为更能够令投资者信服，符合评级机构传统评级业务面向投资者的需求。所以，以国际三大评级机构为代表的评级公司均采取以打分卡模型为主要评级模型、以Logistic回归作为重要参照并与评级结果相互校验的评级体系。但需要说明的是，打分卡模型虽然有较高的适用性，仍存在一定局限性，主要体现为其相对静态的评级过程缺少对突发事件的反应机制，同时也存在对周期性、动态性的变化分析不足等问题。

综上所述，中债资信在选取主体评级模型时仍以打分卡模型为基本形式，同时考虑到其固有局限性，在模型中创新性补充考察大数据信息，挖掘传统方法中无法捕捉的潜在变量或内在逻辑，增强评级模型的动态变化性，提高评级模型对信用风险的预测与预警能力。

二、主体评级模型的函数形式

在确立打分卡模型的基本形式后，根据第五章中的主体评级思路，中债资信将评级思路及评级要素进行分解并以函数的形式建立了主体评级模型，区域体系下主体评级模型的最终函数形式表示如下：

$$Y = y + x_{ext}$$

$$y = y_{abt} + x_{mof}$$

$$y_{abt} = \theta x_{res} + (1 - \theta)\, x_{debt}$$

式中，Y为受评主体的信用等级，y为个体级别，y_{abt}为偿债能力，x_{res}为资源配置能力，x_{debt}为债务政策，x_{mof}为调整项，x_{ext}为外部支持。θ为资源配置能力与债务政策的映射矩阵，参数的设置基于可变权重函数，参数的函数形式如下：

$$\theta = \begin{cases} \alpha - \dfrac{x_{res} - 1}{100} - \dfrac{x_{debt} - 1}{200}, x_{res} \leqslant 9 \\ \alpha - \dfrac{18 - x_{res}}{100} - \dfrac{x_{debt} - 1}{200}, x_{res} \geqslant 10 \end{cases}$$

式中，α表示矩阵中资源配置能力x_{res}的初始权重。

结合主体评级思路，中债资信对上述函数中各要素的设置和逻辑关系进行说明。首先，中债资信主体评级思路为在综合评价受评主体偿债能力（资源配置和债务政策）、偿债意愿的基础上评定受评主体自身的信用风险即个体级别，考虑外部支持对受评主体信用的增级（如有），最终得出受评主体的信用等级。函数中的公式基本反映了前述主体评级思路，但部分评级要素在实务评价时采取了变通方式，主要体现为：（1）偿债意愿不适用于常规打分评价方式；（2）常规打分方式不能全面、动态地反映部分要素的影响，包括"短板"要素和大数据信息。因此对于此类评级要素，中债资信统一采取在常规打分评价结果基础上，以调整项形式反映此类要素的影响，进而得到个体级别。其次，考虑到各评级要素之间关系复杂，如果评级模型赋予要素以固定权重，则该模型将难以准确衡量各信用主体的实际风险状况和要素之间的交互关系。因此，中债资信在评级模型中，根据各要素之间的影响机制及变化关系，在核心要素即资源配置和债务政策的组合中，应用映射矩阵并体现可变权重的思想。

对于全球评级体系而言，主体评级模型形式如下：

$$Y_{local} = Y + x_{CR}$$

$$Y_{foreign} = h(Y_{local}, x_{T\&C})$$

式中，Y_{local}为本币信用等级，$Y_{foreign}$为外币信用等级。x_{CR}为国家风险，$x_{T\&C}$为汇兑风险，$h(x,\bar{y})$表示上限效应函数，即$h(x,\bar{y})$的值取决于$\bar{y}$的上限与x的综合作用。

第二节　主体评级模型的应用思路

本部分将进一步介绍中债资信主体评级模型的具体应用思路。需要说明的是，尽管非政府类主体和主权政府的模型构建均采取打分卡形式，但在具体应用思路和方法层面仍存在一定差异，主要体现在模型指标标准的设定方法、可变权重的具体设置等，因此本部分以非政府类主体的模型应用思路为例进行介绍，主权政府的模型应用思路请参考中债资信主权信用评级方法。

中债资信构建非政府类主体评级模型步骤可分解为：首先确定资源配置能力和债务政策指标；其次确定建模样本并根据样本表现设置指标标准（包括阈值和权重）；再次根据设定标准对主体资源配置能力和债务政策进行打分，并结合级别映射矩阵确定主体初步级别；最后在初步级别基础上考虑短板因素、大数据因子以及外部支持等调整因素，得到最终主体级别。其中，调整因素的影响多以定性规则形式体现，我们将在第九章专项评价方法中详细阐述，本部分将重点介绍主体初步级别的模型得出过程及方法。

一、确定资源配置能力和债务政策指标池

资源配置能力和债务政策要素下可供选择的评价指标很多，各类指标对信用风险的影响机制也存在一定差异。中债资信在非政府类主体评级模型的构建过程中，主要采用了专家经验与统计方法相结合的方式，综合选取行业评价指标，其中主要应用的统计方法为证据权重（WOE）与信息价值（Information Value），并结合最优子集（Best Sub-set）方法选取该行业的评价指标。同时，指标筛选和分解过程中，中债资信也应用了大数据理念，通过逐层分解主体的评级指标，最终形成层次分明、数量庞大的指标体系。

其中，证据权重（Weight of Evidence，WOE）是对原始自变量的一种编码形式。要对一个变量进行WOE编码，需要首先把这个变量进行分组处理。分组后，对于第i组，WOE的计算公式如下：

$$WOE_i = \ln\left(\frac{py_i}{pn_i}\right) = \ln\left(\frac{y_i}{y_T} / \frac{n_i}{n_T}\right)$$

其中，py_i是组中响应样本占全部样本中所有响应的比例，pn_i是这个组中未响应样本占全部样本中所有未响应样本的比例。进一步来看，y_i代表指标的第i组中响应样本的个数，y_T代表总体样本中响应样本的总个数，n_i代表指标的第i组中未响应样本的个数，n_T代表总样本中未响应样本的总个数。在“响应”定义上，我们以违约主体为响应样本。不过，由于当前违约样本仍较为缺乏，我们综合了信用主体一年期的理想违约率，计算每个指标每一层的响应个数。例如AAA级债券的一年期理想违约率为0.015%，意味着100 000个样本中有15个样本出现了响应，利用这种方法可以计算每个指标每一层的响应样本个数和未响应样本个数。

对于指标的WOE值，计算公式如下：

$$\text{WOE} = \sum_{1}^{n} |WOE_i|$$

信息值（Information Value，IV）是以WOE为基础进行计算的，主要衡量两个名义变量之间关联性的最常用指标之一。从指标筛选的角度来考虑，筛选合适的指标，事实上就是挑选并构造出对因变量有较高预测力的自变量，所以也可以认为，具有较高预测能力的单变量评分模型，其自变量就是较为重要的指标。信息值的方法更集中于考虑变量之间的逻辑关系，而不是着重于模型拟合与参数估计的过程，因此更适用于打分卡模型。

IV是以WOE为基础进行计算的，其计算公式如下：

$$IV_i = (py_i - pn_i) \times WOE_i$$

指标的IV的计算公式如下：

$$IV = \sum_{1}^{n} IV_i$$

对于变量的一个分组，这个分组的响应和未响应的比例与样本整体响应和未响应的比例相差越大，IV越大，否则，IV越小。极端情况下，当前分组的响应和未响应的比例和样本整体的响应和未响应的比例相等时，IV为0。IV的取值范围是[0, +∞），假若当前分组中只包含响应样本或者未响应样本时，IV=+∞。具体计算时，评级指标的IV（信息值）越大，说明指标的重要性越高，越应该进入入模变量列表中，并可以根据IV的大小设定不同指标的权重。

根据最优子集的概念，在得到各指标的IV后，中债资信挑选出IV较高的变量与专家经验认为的重要变量共同建立多组备选子集，并从中选取最优指标组合。同时，也会依据专家经验设置某一类型指标的最小指标个数。

二、确定建模样本，并对样本数据进行清洗

在确定指标池后，需确认模型的建模样本，选取具有行业代表性的主体作为模型建设样本，并对样本数据进行必要的数据清洗。具体数据处理涉及两个步骤：一是定性数据定量化；二是缺失数据剔除或填充。其中，定性数据定量化主要依靠专家经验判断完成，因此在模型建立过程中主要涉及缺失数据的剔除或填充问题。

剔除数据主要是针对缺失较为严重的个体或指标，同时也需要剔除明显存在异常情况的个别个体，例如在实际应用中，某指标经专家经验判断为重要参考指标，但在数据搜集过程中发现，该指标缺失率高达50%，或个别主体只有债务政策数据，资源配置能力相关数据严重缺失，存在上述情况的指标或主体都需要在建模前从样本库中剔除。另外，在实践中，多数主体都存在不同程度的数据缺失或滞后的情况，若都进行剔除将不可避免地损失大量有效信息，甚至造成建模样本不足的问题。对于重要性较低的指标，可以采用对缺失值赋均值或者众数的方法进行填充，但对于较为重要的指标，填充结果会对建模产生较大影响，需要保证较高程度的填充准确率，因此采用回归预测的方式进行填充。

三、设定指标初始分档标准和阈值

在设定非政府类主体的分档标准时，中债资信主要根据行业理想分布曲线来确定各行业内主体待选指标的分档标准，在此基础上中债资信还会

对数据进行聚类分析，同时结合专家经验进一步对指标分档情况进行调整和校准。通常而言，评级指标分档标准由低风险（1）至高风险（6）分为6档。需要说明的是，考虑到主体指标表现在不同经济周期会呈现较大程度的变化，中债资信遵循信用评级跨周期原则，在制定评级模型标准时，主要以多周期数据作为制定评级标准的数据基础。

1. 行业理想分布曲线的应用思路

行业理想分布曲线是中债资信基于行业风险分布研究以及对行业间信用风险差异的分析，推导出行业信用风险的理想特征曲线，是各行业模型阈值确定和保证行业间级别可比的重要技术手段。中债资信将行业信用风险作为跨行业风险比较的标尺，即对各个行业不同评级标准进行转换的“转化器”。

（1）构建行业理想分布曲线

根据前文的研究，中债资信认为行业内主体的信用等级分布具有一定的规律性，大体为接近正态分布的钟形曲线形态。由于行业信用风险反映了行业内主体信用风险的平均水平，即级别分布中枢，因此我们可以将行业信用风险的评价结果视为行业内主体信用等级加权平均值。由于行业分布符合正态分布特征，级别分布中枢即分布期望，在得到期望的基础上，我们可以借鉴正态分布的函数形式，计算各行业的行业风险理想分布曲线。行业信用风险与级别分布中枢对应关系见表6-1。

表 6-1　行业信用风险与级别分布对应关系

级别符号	对应行业信用风险级别分布中枢
IRR-1	行业内主体的等级以AAA（+/-）等级为分布中枢
IRR-2	行业内主体的等级以AA+/AA等级为分布中枢
IRR-3	行业内主体的等级以AA-等级为分布中枢
IRR-4	行业内主体的等级以A+等级为分布中枢
IRR-5	行业内主体的等级以A等级为分布中枢
IRR-6	行业内主体的等级以A-等级为分布中枢
IRR-7	行业内主体的等级以BBB（+/-）等级为分布中枢

续表

级别符号	对应行业信用风险级别分布中枢
IRR-8	行业内主体的等级以BB（+/-）等级为分布中枢
IRR-9	行业内主体的等级以B（+/-）等级为分布中枢

在实际构建理想信用等级分布时，由于正态分布具有单峰，曲线下面积和为1，双侧递减等特征，符合信用风险分布的钟形曲线形态，因此在构建函数形式时借鉴了正态分布的函数形式。正态分布的函数形式为：

$$f(x) = \frac{1}{\sqrt{2\pi\sigma}} exp\left(-\frac{(x-\mu)^2}{2\sigma^2}\right)$$

正态分布的众数已知，其峰值点一定是其均值点，由此可知峰值与方差存在稳定关系为：

$$峰值 = \frac{1}{\sqrt{2\pi\sigma}}$$

根据历史经验，我们还可以估算出各行业峰值大约水平，即众数企业在全行业的占比情况，通常为20%左右。因此，当我们已知某行业信用等级分布的众数及峰值时，即可以获得该分布的均值与方差，从而可以通过随机模拟的方式描绘出该行业信用等级的分布曲线。拟合出的等级理想分布曲线如下：

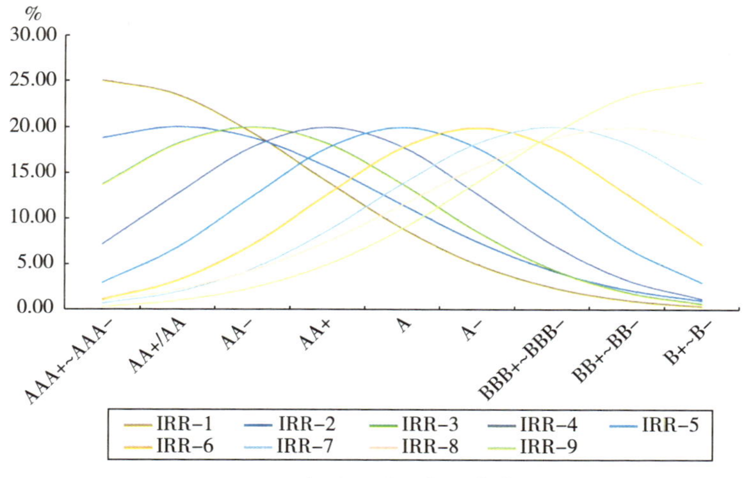

图6-1　行业风险理想分布曲线

（2）调整理想分布曲线峰值

行业理想分布曲线的峰值受行业发债企业数量、行业内的竞争结构、区域垄断等情况影响。一般而言，越接近完全竞争或完全垄断行业，其峰值会越高（例如军工和零售）；另外，行业样本过少也会导致峰值不稳定。因此，现有估算的分布峰值20%可以由行业专家结合样本差异和行业竞争情况进行适当调整。

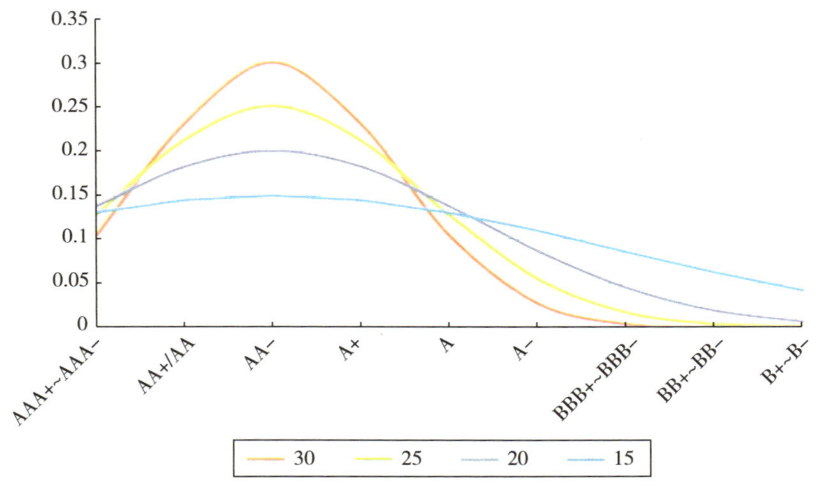

图6–2　不同峰值行业风险理想分布曲线

（3）根据行业理想分布曲线计算指标阈值

行业理想分布曲线描绘了特定行业各等级的理想比例，由于各评级指标的得分分布与级别分布具有一定的对应关系，因此中债资信可以根据行业理想分布曲线，确定行业各指标的阈值。具体计算逻辑如下：

首先，根据行业理想分布曲线确认各级别占比。

其次，将行业理想分布各档比例转为累积占比，再根据各级别占比与模型得分的对应关系，确定各档阈值点比例。

再次，对指标进行指标内排序，根据累积比例确定每档所包含的指标样本数量。

最后，根据计算得到的每个指标的5个阈值点，可以将所有定量指标转换为1分至6分的整数得分。

2. 聚类分析法作为指标阈值设置的补充参考

在行业理想分布确定指标阈值基础上，中债资信补充参考了K均值（K-means）聚类分析法。聚类分析的理论在于衡量不同数据源间的相似性，将数据源分类到不同的簇中，能够挖掘出数据所表现的内涵。K均值方法基于以下基本假设：对于每一个聚类，都可以选出一个中心点，使该类中所有的点到该中心点的距离小于到其他类的中心点的距离。虽然实际情况中得到的分类结果并不能保证总是满足这样的约束，但这通常已经是所能达到的最好结果。

四、采用网格划分技术确定资源配置能力和债务政策指标的风险权重

在评级指标阈值确定的基础上，我们会分别确定各行业内主体资源配置能力及债务政策下各评级指标的风险权重。具体计算时，中债资信会根据行业特征和专家经验对各指标风险权重进行初步判断，然后采用网格划分（Grid Search）技术系统地遍历多种权重组合，通过交叉验证的方式确定最佳效果权重。

确定评价指标组合后，中债资信采用附加条件的网格划分（Grid Search）方法，系统地遍历多种权重组合，通过交叉验证的方式确定最佳效果权重。网格划分技术是指定参数值划分成很多小的单元的一种穷举搜索方法，是将估计函数的参数通过交叉验证的方式进行优化，得到最优参数组合的学习算法。在进行网格划分计算之前，需要根据专家经验判断，设置网格疏密程度、指标边界条件、指标权重排序等要素。由于评级指标通过会分为多个层级，各层级指标均有权重约束，难以对所有权重同时求解，因此，我们通常会选择对每层级指标权重分别求最优，通过迭代计算获得局部最优解。在得到的多组最优权重组合中，需要依据专家经验判断确定最符合该行业特征的一组作为最终指标权重。

五、对主体资源配置能力和债务政策进行打分，并基于映射矩阵得到主体初始级别

确定各行业内主体资源配置能力和债务政策的指标、阈值和风险权重后，中债资信将根据受评主体的指标表现得出资源配置能力和债务政策的打分，并基于映射矩阵得到主体初始级别。下面将详细介绍打分过程中的应用原则和映射矩阵思想。

1. 打分应用原则

（1）注重前瞻性和预警性

历史数据往往不能反映未来，信用评级要实现前瞻性与预警性，必须对指标结果进行预测。具体评级时，评级模型采用历史三年数据与未来一年至两年预测数据的加权平均值作为指标表现进行打分，使得评级指标的打分结果具有较好的前瞻性和预警性。中债资信主要通过分析与指标相关的受评对象外部环境、自身经营发展等各项因素的历史影响情况，找出其内在规律，并建立数量关系式进行预测。实务中，中债资信综合采取销售百分比法、单序列预测法和相关因素预测法进行指标表现的预测。其中，销售百分比法是假设资产、负债与销售收入存在稳定的百分比关系，根据预计销售收入和相应的百分比预计负债、资产，并确定融资需求的一种财务预测方法；单序列预测是指仅根据单一指标自身的发展趋势预测未来走势的方法。常用的单序列预测方法包括移动平均法、指数平滑法、HP滤波等，中债资信会根据指标性质的差异，选取不同的统计方法。其中，移动平均与指数平滑等趋势外推方法是根据时间序列资料逐项推移，依次计算包含一定项数的序时加权平均值，以反映长期趋势的方法。需要说明的是，单序列预测方法忽视了外部环境对该指标的影响，需要根据主体的具体情况和预测指标性质，把单序列预测和定性预测方法结合起来运用；相关因素预测方法认为指标随时间变化运行中所具有的关系既包含了其影响因素的影响，也包含了指标自身的变化规律，因此单一依靠分析自身变化规律不足以准确预测指标的未来走势。相关因素预测考虑较为完备，预测效果较好，但需要有较为完备的历史数据。在中债资信的评级模型中，主要应用的相关因素预测方法包括线性回归、ARMA模型等。

（2）引入压力测试方法

评级模型中，压力测试是一种以定量分析为主的风险分析方法，对模型评级结果进行压力测试能够检验赋予受评主体的等级能否在极端不利环境下承受住违约压力，提高评级的跨周期能力。中债资信在评级模型中应用的压力测试方法主要有以下两种：

①敏感性分析

敏感性分析旨在测量单个重要风险因素或少数几项关系密切的因素由于假设变动对受评主体偿债能力的影响，其最简单直接的形式是观察当风险参数瞬间变化一个单位量情况下，受评主体资源配置能力和债务政策指标的变动。由于敏感性分析中只需确定重要的风险影响因素，而对冲击的来源并无要求，因此运行相对简单快速，而且经常是适时测试，与情景测试有较大不同。

②情景分析

与敏感性分析不同，情景分析中不论是冲击的来源还是压力测试的事件，以及被冲击影响的风险因子都需给出定义，具体情景可以按照宏观经济展望、主体状况进行，包括资产价值极端损失、宏观周期变化、市场条件波动等情景。例如，在对工商企业评级模型测试中，中债资信会根据对宏观经济、行业景气度的判断，分别设定乐观、中性、悲观等不同情景假设进行测试，分别观察不同情景下受评主体的关键指标预测结果变化，以此确定各主体信用等级的承压能力和稳定性。

模型中，情景假设设计方法有两种：第一种是历史模拟情景法。以历史上曾发生过情景为基准，构造受评主体所面临的外部环境或事件冲击，例如考虑2008年国际金融危机时市场环境的变化情况，并以此作为指标调整依据，分析评估受评主体在此类情景假设基准下的压力表现；第二种假设是特殊事件法。该方法通过参考历史事件建立对于每个指标可能产生的

极端事件，并利用蒙特卡罗等统计技术，考察未来可能发生的一次突发事件所造成的影响。利用该方法可以构造一个更加多样化、预测性较强的情景假设，使得压力测试更具完整性。

2. 映射矩阵思想

在各行业内主体资源配置能力和债务政策的打分结果基础上，中债资信利用网格划分的思路构建跨行业统一的映射矩阵，根据映射矩阵可以得到主体的初始级别。考虑到资源配置能力和债务政策之间较为复杂的内在联系，在设置映射矩阵时中债资信应用了可变权重思想。

第一，资源配置能力与债务政策的风险权重初始分别设置为70%与30%，体现了资源配置能力对主体级别的重要性程度较高。第二，在矩阵横向权重设置中，债务政策的权重会逐步递增。主体的债务政策得分越高，反映出其债务政策就越激进，对弱势因素给予更高的权重可以放大其对最终评级结果的影响程度，体现了短板思想。第三，在矩阵纵向权重设置中，由于不同资源配置能力的主体所能容忍的债务政策激进程度不同，因而资源配置能力对信用等级的影响程度存在显著差异。中债资信根据资源配置能力的高低设置了资源配置先递减后递增的U形权重。当企业资源配置能力较好时，会更多关注信用主体的资源配置能力，弱化债务政策的影响。随着主体的资源配置能力降低，中债资信会逐渐加大对债务政策的考察力度，逐渐减少资配置能力的权重。当资源配置能力由一般水平逐步降至较差水平时，资源配置能力所反映出的短板特征会较为明显，因此将逐渐提升资源配置能力的权重，体现资源配置较差状况下的短板影响。

模型中的映射矩阵可以写为：$Z=\alpha X+(1-\alpha)Y$，其中，Z为个体级别所对应的信用风险得分，X为个体的资源配置能力得分，Y为个体的债务政策得分，α为映射矩阵内的权重，根据可变权重理论，对于不同得分水平的X和Y，其所对应的权重α也有所不同，因此需要对不同得分的个体进行分块求解。

上式可变换为：$Z-Y=\alpha(X-Y)$，需要参考历史数据设置α的值。由于设定了系数的取值范围在0到1之间，一般的线性回归方法可能难以实现，参考了网格划分的思路对α进行遍历，将$Z-Y$与$\alpha(X-Y)$的差值的平均值记为C，选取$Z-Y$与$\alpha(X-Y)+C$的最小均差的α作为最优权重。

表6-2　初始级别映射矩阵

资源配置	债务政策					
	1	2	3	4	5	6
1	AAA	AAA	AA	AA	A	A
2	AA	AA	AA	A	A	BBB
3	AA	A	A	A	BBB	BBB
4	A	A	BBB	BBB	BBB	BB
5	BBB	BBB	BBB	BB	BB	BB
6	BBB	BB	BB	BB	B	B

注：实际模型操作过程中会将打分结果取整转换成1~18分，之后对应具体的级别映射矩阵后得出初步级别，该版本级别映射矩阵适当简化处理。

六、应用统计指标和历史违约对评级模型进行定期验证和完善

鉴于评级模型构建的复杂性，评价指标与评价标准均可能与实际情况存在一定的误差。因此，评级模型也需要在评级实践中不断进行验证、调整、完善。实务操作中，中债资信主要应用统计指标和违约案例进行模型验证。

1. 统计指标评价

对于两分类模型的评价，通常采用ROC曲线（Receiver Operating Characteristic）作为评价标准，但是评级模型作为典型的多分类模型，无法通过ROC曲线判断模型准确性，但相对应地，可以采用精确度（Precision）与召回率（Recall）作为评价标准。

假设我们的分类目标只有两类，计为正例（Positive）和负例（Negative）分别是：

（1）True Positives（TP）：被正确地划分为正例的个数，即实际为正例且被分类器划分为正例的实例数（样本数）；

（2）False Positives（FP）：被错误地划分为正例的个数，即实际为负例但被分类器划分为正例的实例数；

（3）False Negatives（FN）：被错误地划分为负例的个数，即实际为正例但被分类器划分为负例的实例数；

（4）True Negatives（TN）：被正确地划分为负例的个数，即实际为负例且被分类器划分为负例的实例数。

在多分类的情况下，需要进行一对多的循环计算，即设定AAA为正例，其他为负例，考察AAA的划分情况。

精确度计算公式为：$P=\frac{TP}{TP+FP}$

召回率计算公式为：$R=\frac{TP}{TP+FN}$

利用这两个参数可以构建F-score作为评价标准，计算公式为：

$$F=\frac{(\beta^2+1)PR}{\beta^2P+R}$$

当$\beta=1$时，$F=\frac{2PR}{P+R}$，为多分类模型的常用评价指标。

2. 利用违约案例进行验证

为验证评级模型的预警效果，中债资信将发生实质违约或发生信用风险事件的主体作为样本代入模型，观察其违约前1~2年的信用等级状况，以此评价评级模型的预警能力和准确性。如果违约样本在发生违约前1~2年的模型结果为合理值，说明模型效果较好。如果违约样本无法对违约样本给出合理的等级，则需要重新审查模型的参数及指标设置，对模型进行调整。

第三节　主体评级模型的创新性和局限性

一、主体评级模型的创新性

1. 打分卡形式具有较高的稳定性与适用性

打分卡模型中包含了大量的定性指标与专家经验判断，能够对受评对象的长期基本面做出比较准确、稳定的判断，而其他计量模型过于依赖数据源，在实际使用中存在不稳定因素。因此，中债资信以打分卡形式建立的评级模型，减少了过多的前提假设与数学处理过程，能够适用于各类市场环境与企业类型，具有较高的适用性，能够同时满足我国目前的市场环境与传统评级业务要求。

2. 模型指标来源于信用风险的根本性影响要素，评价标准跨越多周期，且指标打分重视预测信息，较好地满足了信用评级关注长期信用品质与前瞻性原则

中债资信主体评级模型主要选择可以反映主体信用风险的根本性指标作为评级指标，不仅关注表象因素和结果变量，而且进一步挖掘反映企业长期信用风险基础上确定的根本性指标，同时评级模型采用了多周期阶段数据构建评级标准，弱化了经济波动的影响，体现了信用评级关注长期信用品质的原则。此外，在指标打分中模型采用历史数据与未来预测数据结合的方式，包含了对受评主体的前瞻性与预警性信息，使得评级结果不再局限于对过去历史的总结，体现了信用评级前瞻性与预警性原则。

3. 在映射矩阵中应用可变权重思想，体现了信用评级要素之间复杂的关系和短板影响

由于信用风险与评级要素之间存在较为复杂的非线性关系，为了更好地突出受评主体的关键评级要素或情景变化对其信用风险的影响，评级模型中指标的权重往往需要根据不同的原则或情景进行调整，即“可变权重”思想。在评级模型中，中债资信通过在映射矩阵中引入可变权重的做法，体现资源配置能力和债务政策在自身不同风险水平下对主体信用风险水平影响程度差异。此外，在可变权重中，“要素表现越弱权重越高”一定程度上也体现了短板思想。

4. 在指标选取中应用WOE及IV方法，减少了人为主观判断的影响

中债资信在模型指标选取中大量应用了WOE及IV方法，以此提高模型的科学程度。具体而言，WOE和IV的应用具有以下优势：一是对处理过的

数据运用WOE方法可以将原自变量指标中不包含违约状态的信息转化为包含违约状态的信息，使每个自变量与违约状态直接相关。二是相对于其他方法而言，对变量进行WOE方法运算后，WOE值本身就说明了变量对于判别信用主体风险的重要性程度。如果不对指标变量进行WOE方法运算，还需要借鉴其他方法才能判断各变量的重要性程度，但此时需要对大量的自变量数据进行处理，增加了模型开发的复杂程度，同时模型涉及的自变量指标较多，且为离散数据，模型拟合程度不好的情况极易发生。虽然WOE方法会受到指标分层的影响，单看自变量的WOE值可能存在一定误判，但借助IV方法可以消除WOE方法中指标分层的影响，更好地体现自变量指标对信用主体风险的重要性程度。

5. 将行业理想分布应用于模型指标标准设定，解决行业间可比问题

信用级别的行业间可比一直是评级行业难以解决的问题。中债资信认为，评级结果在行业间应该具有较高的一致性和可比性，因此在评级模型中，将行业理想分布曲线应用于行业标准设定过程。即使各行业间的评级指标不同，中债资信也可以通过行业理想分布将不同行业的评级标准转换为统一维度，使得评级结果在行业之间也具有较好的可比性。

二、主体评级模型的局限性

1. 评级模型使用的统计方法存在一定的局限性

评级模型中使用的统计方法在实际应用中可能存在不同程度的局限性。例如，K均值的聚类分析方法处理指标分档的效果受异常值或离群点较大影响，可能存在个别样本单独被分为一档的情况，而且K均值方法对于距离非常近的类别（blobs）的分类效果并不好，且切分结果可能存在较细的小数，在实际应用中需进一步调整。再如，行业理想分布曲线也存在一定的前提假设和局限性，体现为：首先，行业风险理想分布曲线是根据理论和专家经验综合得出的一条曲线，反映了行业风险的客观规律，也体现了专家的主观判断，未来需通过违约率持续修正曲线。其次，行业理想分布是理想状态下（样本足够大且没有外力干扰），根据理论模拟出的行业内主体信用等级的理想分布，但现实中受样本数量、外部支持、偶然因素等变量影响，实际分布会与理想分布产生一定的偏差。最后，行业理想分布曲线刻画的是符合现有发债政策条件的主体的信用风险分布，并非行业内所有主体的风险分布。因此，当行业内主体的范畴发生变化时，理想分布曲线也会进行相应调整。

2. 评级模型不能完全替代专家经验

基于评级模型中统计方法存在一定局限性，其应用结果可能存在误差或与逻辑不符的情况，因此评级模型更多体现为评级方法的标准化，并不能完全替代专家经验。实务中，中债资信将评级模型与专家经验相结合开展主体信用风险评价。以确定指标阈值为例，中债资信应用行业理想分布曲线和聚类分析进行阈值切分工作后，需专家结合指标经济学含义，在统计方法切分的结果基础上进一步调整得到最终标准。再如定性指标打分和预测仍在很大程度上依赖专家经验进行判断。

3. 评级模型中应用的指标数据的全面性和及时性有待进一步完善

目前评级模型中所应用的指标数据主要集中于受评主体的经营表现和财务数据，多数来源于主体公开披露的信息，指标数据的全面性和及时性仍有待提升。如财务数据多来源于企业财务报告，信息披露具有一定的滞后性，无法及时反映主体财务状态的变化，再如部分能够反映主体经营表现的工商数据如水电、纳税等暂时无法通过公开信息有效获取。为改进现有指标数据的缺陷，中债资信基于大数据、人工智能技术提升指标数据的广度和深度，形成大数据调整因子并应用于评级模型中，全面反映主体信用风险的变化。

下篇

评级实务应用

第七章　分行业主体评级方法体系

第一节　中国煤炭企业主体信用评级方法体系

煤炭是我国重要的基础能源和工业原料，在我国一次性能源消费中占主导地位。我国煤炭资源储量丰富，截至2017年末，我国煤炭资源已探明储量占全球煤炭资源已探明储量的13.41%，世界排名第四位。但煤炭资源区域分布不均，分布集中于西北部地区，其中山西、内蒙古、陕西、新疆的煤炭基础储量排名居全国前四位，每年对我国煤炭产量的贡献超过70%。西南地区有一定资源量，主要集中在贵州省内，东北三省、河南、河北、山东、安徽地区由于煤炭开采历史较久，剩余可采资源量较少，我国其他区域煤炭资源匮乏。同时，受地质作用及成煤期差异的影响，不同煤田煤炭资源的品种、品质、开采条件差异较大。如蒙西的东胜煤田和陕北的神府煤田资源储量较大、分布面积较广，适合开发大型煤矿，煤炭埋藏较浅，所出产的煤炭发热量可达6 500大卡以上，低硫、低灰，为优质动力煤；贵州省受山区密集等地质条件影响，所能开发的大型矿区较少，目前全省煤矿数量众多，但单井规模普遍较小，且受成煤时代影响，贵州省内煤炭资源的特点是含硫较高，但硫分是煤炭中的有害元素，硫分含量过高将直接导致煤炭产品被拒收。

煤炭作为典型的资源型行业，所拥有资源的规模、分布、品质、开采条件等，均对企业经营表现具有决定性影响。如所拥有的煤矿单井规模大、埋藏浅、地质条件简单的煤企，具有一定成本优势；煤种具有稀缺性的煤企，具有一定价格优势；资源分布于煤炭净调入省或运输条件较好区域的煤企，在运输和销售方面具有相对优势。下面，我们将以具体的企业

为例，为大家介绍资源对煤炭企业经营表现的影响。

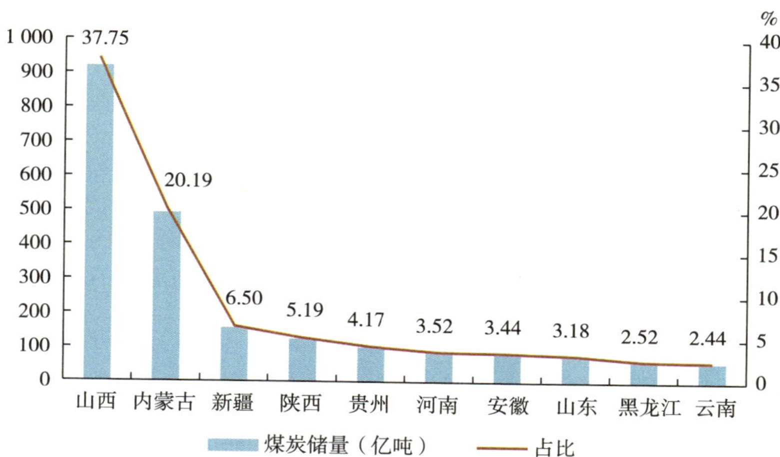

资料来源：公开资料、中债资信整理。

图7–1　2016年我国煤炭资源分布

资料来源：公开资料、中债资信整理。

图7–2　2003年以来动力煤价格走势

2011年起煤炭行业上一轮黄金十年结束，煤炭价格进入下行通道。2016年初，煤炭价格跌至十年来的最低点，环渤海动力煤价格指数仅为370元/吨，行业内大部分煤企经营面临较大困难，其中最先违约的几家煤企均有一个共同特点——资源禀赋差，如云南煤化工集团、川煤集团、中煤华昱等。

就云南煤化工集团来讲，虽然为云南煤炭资源拥有量最大的企业，但公司核定产能不足1 000万吨/年，单井规模约30万吨/年，单井产能在9万吨/年及以下的矿井众多，不具有规模优势。煤种以动力煤为主，其中煤种最差、售价最低的褐煤产能约占总产能的一半。此外，煤炭开采条件差，一方面导致煤矿安全生产事故频发，按国家规定不得不停产整顿，生产稳定性差；另一方面使公司吨原煤开采成本升高，其中2015年吨原煤开采成本达300元/吨，处于行业较高水平。行业景气度下滑使云南煤化工集团成本高的劣势凸显，企业持续亏损，进而导致自身造血能力差，最终出现债务逾期的情况。

川煤集团与云南煤化工集团类似，截至2015年底，其煤炭产能不足2 000万吨，较行业龙头存在很大差距。公司平均单井产能仅为68万吨/年，部分主产矿井可采年限已经降至5年以下，后续产能规模将继续缩减。矿井与云南煤化工同样分布于西南山区，地质条件复杂、资源赋存条件较差。根据2012—2014年的数据，公司原煤生产成本均高于250元/吨。川煤集团所售大部分煤炭为动力煤，发热量低，无价格优势，且资源含硫量高对售价有一定负面影响。同样，在煤炭价格持续下探的压力下，公司较高的生产成本及成本刚性的特征使其经营持续承压，盈利呈持续亏损，自身经营无法支持公司债务的周转，最终也不可避免地出现了公开债务违约。

同处行业下行周期，那些资源禀赋较好的煤炭企业抗风险能力要明显强于上述资源禀赋差的企业。

蒙西的内蒙古伊泰集团、陕西的陕煤化集团，所产煤炭均为发热量较高的优质动力煤，其中伊泰集团的煤矿以露天矿为主，吨原煤开采成本

可低至60元左右；而陕煤化集团在陕北的动力煤埋藏深度浅、地质构造简单，有多个单井产能规模在千万吨以上的大矿，规模优势显著，开采成本处于行业较低水平。山西省煤炭资源丰富，整体资源禀赋较好。省内五大煤炭集团产能均在6 000万吨/年以上，且部分企业拥有炼焦煤和无烟煤之类的优质煤种。五大煤炭集团的平均吨原煤开采成本均可降至200元/吨以下的水平。因此，尽管行业景气度差以及具有一定区位上的劣势，但晋、陕、蒙地区的部分煤企凭借成本优势，其煤炭业务仍可维持一定的盈利空间。

相较晋、陕、蒙的煤炭资源赋存条件，河北冀中能源、山东的山东能源和兖矿集团均处于劣势，但其所处区域均处于或靠近煤炭主消费地，在区位上更有优势，运输条件便利。同样运至港口或华东、华中的煤炭消费地，由于运输成本上的节约，上述煤企相较晋、陕、蒙的煤炭企业具有更高的坑口售价。因此，区位上的优势是上述企业最大的竞争力。

此外，因为煤炭行业属于重资产行业，煤炭资源的开采需要前期投入大量的资本。同时，由于煤炭资源的战略属性，我国的大部分煤炭企业为国有性质。国有煤炭企业历史较久，煤矿早起开采机械化率较低，人员密集。加之，煤炭的国企大多属于省内的经济支柱，承担了区域内较多的社会责任。种种原因叠加，煤炭企业的债务负担普遍较重，因此对煤炭企业的债务周转也给予较高关注。

本方法将以煤炭资源禀赋为起点，综合考虑资源禀赋对煤炭企业经营能力中各个方面的作用，同时结合财务风险的分析，致力于探究中国煤炭企业主体信用评级方法。

一、中国煤炭行业概况及特征

1. 中国煤炭行业划分及界定

根据国民经济行业分类（GB/T 4754—2017），煤炭开采和洗选业（B06）属于采矿业范畴，指对各种煤炭的开采、洗选、分级等生产活动，不包括煤制品的生产和煤炭勘探活动。目前公开市场发债煤炭企业以烟煤和无烟煤的开采、洗选为主。本方法适用于以煤炭开采和洗选为主业的企业[①]，对煤炭的品种不做严格的区分，对各种煤种的煤炭企业均适用。

表7–1　按煤化程度分类煤种一览

褐煤	烟煤												无烟煤
褐煤	低变质烟煤				中变质烟煤						高变质煤		
褐煤	长焰煤	不黏煤	弱黏煤	1/2中黏煤	气煤	气肥煤	肥煤	1/3焦煤	焦煤	瘦煤	贫瘦煤	贫煤	无烟煤

资料来源：公开资料、中债资信整理。

2. 中国煤炭行业特征

（1）行业周期性强

煤炭行业下游需求主要来源于火电、钢铁、建材及化工行业等，上述四大下游行业的煤炭消费量分别占我国煤炭总消费量的50%、18%、14%、5%，合计占煤炭总消费量的85%。由于下游行业受宏观经济的周期性波动影响较大，宏观经济的周期性变化将直接影响到市场对煤炭的需求和煤炭的销售价格，煤炭行业的发展受宏观经济波动的影响较大，体现出强周期性特征。

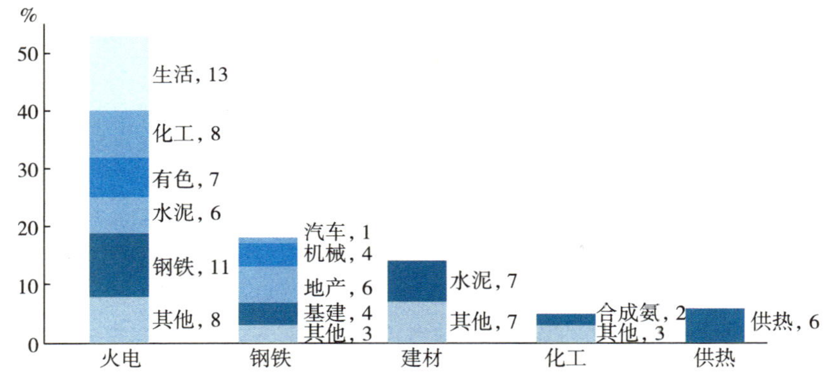

资料来源：公开资料，中债资信整理。

图7–3　煤炭行业下游需求结构

① 判断主业主要依据企业收入或利润占比，具体判断标准详见《中债资信行业分类标准》。

资料来源：Wind资讯，中债资信整理。

图7-4　近年煤炭产量及下游产量的增长率

（2）对资源依赖性强

煤炭行业属于典型的资源型行业，且煤炭资源具有不可再生性。根据国家统计局数据，截至2016年末，我国煤炭基础储量[①]2 492.26亿吨，资源集中分布于我国西北部地区，山西、内蒙古、陕西、新疆、贵州为煤炭基础储量规模前五大的省份，储量合计占全国总储量的74.74%。煤炭品种和品质因资源形成时期及形成环境不同表现出较大差异，不同品种和品质的资源下游需求不同，进而影响价格。煤炭资源所处地理位置及开采条件在很大程度上决定了资源的开采成本。因此，煤炭资源禀赋如储量、品种、品质、地理位置、开采条件等因素对行业发展及经营业绩有决定性影响。

① 基础储量是指能满足现行采矿和生产所需的指标要求（包括品位、质量、厚度、开发技术条件等），是经详查、勘探所获控制的、探明的并通过可行性研究、预可行性研究认为属于经济的、边界经济的部分。

（3）重资产属性、债务负担重

作为重工业的典型代表，煤炭行业矿井及配套机器设备等固定资产投资规模很大，是重资产行业。同时，我国煤炭资源大多集中在国有企业中，人员负担以及企业办社会的责任偏重，行业整体债务负担很重，截至2017年末，煤炭开采和洗选业资产负债率为67.8%，高于全国工业行业平均资产负债率7.8个百分点。

（4）安全生产风险高

由于中国的煤炭开采以井工矿[①]开采为主，生产作业面大多处于地下，煤矿地层、地质构造、瓦斯、水文地质、煤层顶底板、地温、地应力和边坡稳定性等地质条件复杂，操作不当极易发生安全事故。尽管近年来随着生产技术水平的不断提高（如综合机械化采掘技术的不断推广等）和矿井安全生产管理水平（包括安全规章制度、隐患排查与治理、安全生产教育等）逐渐增强，我国煤矿安全生产水平逐年提高，但煤矿安全生产风险较高的特性将不会改变。

（5）生产和消费区域错配，存在一定运输瓶颈

我国煤炭资源和产能主要集中山西、内蒙古、陕西、新疆等西北部地区，而煤炭需求旺盛的地区集中在华东、华南沿海发达地区，资源分布和生产布局的特点决定了中国煤炭运输呈现“西煤东运”和“北煤南运”的格局，运输距离远、运量大的特点导致煤炭行业对交通运输能力的需求较高。从全国范围来看，铁路和公路为最主要的两种煤炭运输方式，且占比相近（均约40%~45%）。省内销售由于运距较近，采用公路为主（占比73%）、铁路为辅（占比26%）的运输方式；省间销售由于运距较远，多采用铁路运输（占比56%）和水路运输（占比30%）的方式，公路占比相对较小。主要产煤省晋、陕、蒙、疆地区中山西铁路外运通道最为发达，

① 对于煤炭开采，当煤层离地表远时，一般选择向下开掘巷道采掘煤炭，此为井工矿；当煤层距地表距离很近时，一般选择直接剥离地表土层挖掘煤炭，此为露天矿。

铁路直达方式占比73%，已形成北、中、南三大通道以及南北向主要集运干线的“丰”字形铁路煤炭运输网络[①]；内蒙古煤炭外运依赖“铁水联运”，即先通过铁路运至秦皇岛、曹妃甸、黄骅港等港口，再通过水路南运，存在南下运输通道不足的问题；陕西煤炭外运通道最为匮乏，铁路外运通道较少，运力不足，大量依赖公路运输，未来蒙华铁路通车后铁路外运条件将得到较大提升；新疆煤炭外运通道仅兰新铁路一条通道，由于新疆地区地质条件复杂、环境恶劣、施工难度大，预计该地区的运输瓶颈或将持续存在。整体来看，现阶段我国煤炭运输存在一定的运输瓶颈。

二、中国煤炭企业主体评级思路

根据中债资信评级原理[②]，中国煤炭企业主体评级思路为：首先，基于行业特征、行业内企业表现、行业政策及经济学意义确定影响煤炭企业资源配置和债务政策的评价要素和指标。其次，采用打分卡模型形式构建企业信用评级模型，对煤炭行业内企业资源配置、债务政策要素打分，并结合级别映射矩阵确定受评主体初步级别。再次，由于部分评级要素难以定量衡量或是存在“短板效应”，打分卡模型无法全面和动态反映此类因素的影响，因此，中债资信在初始级别基础上增加反映上述因素的调整项，得到主体的个体级别。结合煤炭行业特征，此类调整因素主要考察公司治理与管理、流动性、偿债意愿、大数据调整因子等。最后，在个体级别基础上综合考虑外部支持（如有）后得到最终主体信用级别。

---

① 北通道由大秦铁路、丰沙大铁路、京原铁路、神朔黄铁路组成；中通路由石太铁路、邯长铁路、瓦日铁路、和邢铁路（在建）组成；南通路由太焦铁路、侯月铁路、侯西铁路组成。南北向主要集运干线为南北同蒲线。

② 中债资信行业主体信用评级方法在评级原理指导下制定，具体评级思路请参见中篇评级原理方法总论。

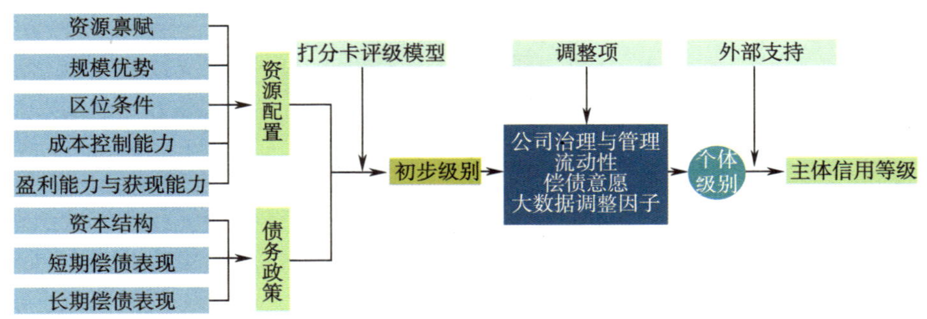

图7-5　中国煤炭企业主体评级思路

其中，打分卡评级模型的阈值、权重和初始级别映射矩阵设定原则说明如下：（1）阈值设定思路：根据煤炭行业自身特征、行业内企业表现、行业政策等要素，确定煤炭行业信用品质的评价结果，从而推导出煤炭行业信用风险的理想分布曲线，进而确定指标阈值划分标准，再结合专家经验调整后确定各指标阈值；（2）权重设定思路：采用网格划分方法结合专家经验得到约束条件下的分层级最优风险权重；（3）初始级别映射矩阵的设定反映了可变权重设置思想。

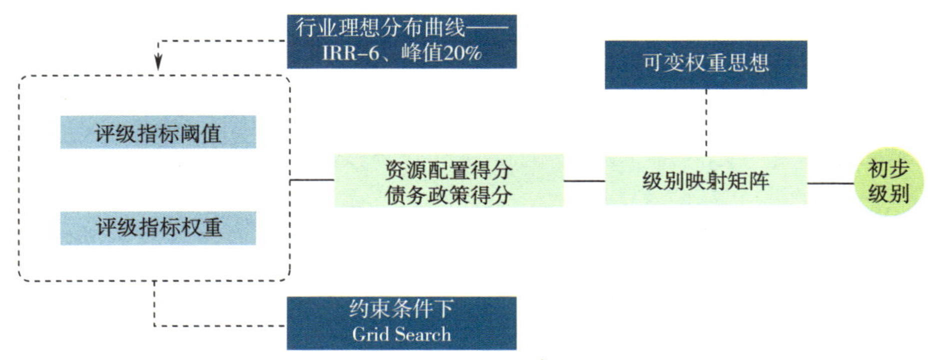

图7-6　中国煤炭企业打分卡模型构建思路

1. 确定中国煤炭企业资源配置和债务政策评价要素和指标

煤炭作为不可再生资源型行业，企业的资源禀赋对生产经营起到决定

性影响；煤炭企业的规模优势反映了其经营的规模效益，可对企业生产、销售等多方面均产生影响，一般规模较大的企业更易获得优质资源、吨煤分摊的固定成本更少、更易拥有固定的销售渠道和较高的议价能力；区位条件优势明显的企业在煤炭的运输和销售方面竞争力更强；成本控制反映了企业精细化管理的程度，对煤炭企业也至关重要，管理越精细的企业，成本竞争力越强；最后，盈利能力和获现能力是企业资源配置能力的直接体现，中债资信对于煤炭企业资源配置能力的评价主要考量资源禀赋、规模优势、区位条件、成本控制、盈利能力、获现能力等因素。

在债务政策方面，煤炭企业与一般工业企业一样，主要考量受评企业的资本结构、短期和长期偿债指标表现等（具体评级要素和指标选取参见本节第三部分）。需要说明的是，在评价煤炭企业各类指标表现时，既要考虑指标的历史表现又要考虑指标的未来预测值。

2. 根据煤炭行业理想分布曲线确定评级标准

（1）中国煤炭行业信用品质评价为IRR-6

中国煤炭行业强周期性特点明显，整体盈利能力一般、呈周期性波动，债务负担偏重，企业偿债能力偏弱。但是，煤炭行业产业地位重要、产业链地位较高，竞争格局稳定，这在很大程度上保障了业内企业的经营稳定性。综合以上分析，中债资信对中国煤炭行业的信用风险水平评价为“IRR-6”，对应的行业风险级别分布中枢为“A-”（评价思路详见第八章债项评级方法）。

（2）根据煤炭行业理想分布曲线确定评级标准

行业理想分布曲线是中债资信基于行业风险分布研究以及对行业间信用风险差异的分析，推导出行业信用风险的理想特征曲线，是各行业模型阈值确定和保证行业间级别可比的重要技术手段[①]。中债资信认为行业内企业的信用等级分布大体为接近正态分布的钟形曲线形态，而行业信用风

① 行业理想分布曲线详细应用方法请见第六章主体评级模型。

险反映了行业内企业信用风险的平均水平（加权平均值），即级别分布中枢，因此我们可在得到行业内企业级别期望的基础上模拟行业风险理想分布曲线。煤炭行业信用品质的评级结果为"IRR-6"，对应级别分布中枢为"A-"，根据历史和专家经验估算出煤炭行业的峰值水平约为25%，拟合出煤炭行业风险理想分布曲线结果如图7-7所示。根据煤炭行业理想分布曲线各等级占比，可得出行业内主体资源配置、债务政策各类要素的打分标准，结合专家经验调整后确定最终阈值。

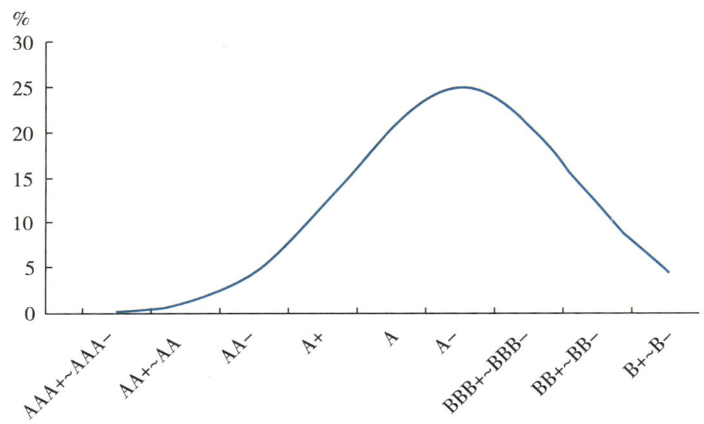

资料来源：中债资信整理。

图7-7 煤炭行业理想分布曲线

3. 确定资源配置能力和债务政策指标风险权重

中债资信以分析师对样本企业自身因素（不考虑模型外调整因素）得出的建议级别为基础，结合煤炭企业评级模型指标打分结果，以拟合误差最小为目标，采用量化分析结合专家经验进行权重设定[①]，具体步骤如下：

第一，采用统计方法确定模型的初始权重。初始权重拟合会很大程度上影响之后的模型计算量及准确率，因此在初始权重的确定上要充分保证

① 详细权重设定方法请见第六章主体评级模型。

拟合效果。中债资信选择带有边界约束条件的二次规划来确定模型的初始权重。

考虑如下的最小化问题：

$$\min \sum_i \left(Y_i - (\pi_1 X_{i1} + \pi_2 X_{i2} + \cdots + \pi_n X_{in})\right)^2$$

$$\text{s. t.} \sum_n \pi_n = 1 \text{ 和 } \pi_n \geqslant 0$$

可以将其转化为一个标准的二次规划问题求解，即

$$\min \frac{1}{2} x^T Q_X + c^T x$$

$$\text{s. t. } A_x \geqslant 0, \ p_x = 1$$

其中对于带有线性等式约束的形式可以采用Lagrange乘子法来求解。可以从上式看出，求出的最优解为每个指标最终体现在模型中的总权重，还需将其转化为各级指标的权重。在具体的对应关系上，对于一个n层、每层指标数分别为a_1，a_2，…，a_n的结构来说，要保证每一子级中所有权重之和为1，因此其内部共存在$1+a_1+a_2+\cdots+a_{n-1}$个约束条件。系数矩阵的秩等于变量个数减去约束条件个数，即$r(A)=a_1+a_2+\cdots+a_n-(1+a_1+a_2+\cdots+a_{n-1})=a_n-1$，而上一步求出来的变量数也为$a_n-1$①，方程存在唯一解，这个唯一解就是各级指标的权重。

第二，采用网格划分方法（Grid Search）对初始权重进行优化。在求出各级指标的初级权重后，考虑到资源配置、债务政策等要素与评级结果之间存在可变权重矩阵，该数值解不能直接对应模型解。因此，中债资信以煤炭样本（不考虑模型外调整因素）得出的建议级别和各指标的打分结果为基础，根据指标特征确定各指标权重最优迭代区间及步长，采用网格划分方法系统地遍历多种权重组合，根据行业特征对评级要素内各指标权重以及评级要素间的可变权重进行估计，得到有约束条件下的分层级最优解。

① 上一步中存在约束$\sum_n \pi_n = 1$，变量个数要减1。

第三，根据专家经验对该最优解权重进行微调后确定资源配置能力及债务政策评级指标的最佳效果权重（煤炭行业评级要素和权重参见附表）。

4. 根据企业资源配置、债务政策得分确定初步级别

在确定评级要素和评级指标的基础上，应用前述指标阈值切分和权重设定标准，即将资源配置、债务政策要素各类指标得分进行加权计算得出资源配置和债务政策打分结果，再通过级别映射矩阵得出企业初步级别。级别映射矩阵的设置采用可变权重思想思路，具体体现在以下三个方面：第一，资源配置能力与债务政策的风险权重设定体现了资源配置能力对主体级别的重要性程度较高的思路。第二，在矩阵横向权重设置中，债务政策的权重会逐步递增。主体的债务政策得分越高，反映出其债务政策就越激进，对弱势因素给予更高的权重可以放大其对最终评级结果的影响程度，体现了短板效应对评级结果的影响更大。第三，在矩阵纵向权重设置中，根据资源配置能力的高低设置了资源配置先递减后递增的U形权重。当企业资源配置能力较好时，会更多关注信用主体的资源配置能力，弱化债务政策的影响。随着主体的资源配置能力降低，中债资信会逐渐加大对债务政策的考察力度，逐渐减少资源配置能力的权重。当资源配置能力由一般水平逐步降至较差水平时，资源配置能力所反映出的短板特征会较为明显，因此将逐渐提高资源配置能力的权重，体现资源配置较差状况下的短板效应对评级结果的影响。

5. 根据模型外调整因素进行最终级别调整

由于部分评级要素（包括但不限于公司治理与管理、流动性、母子公司、偿债意愿等）难以定量衡量，或是存在“短板效应”无法全面和动态反映受评主体信用风险，因此，中债资信在初始级别基础上增加反映上述因素的调整项，得到主体的个体级别。结合中国煤炭企业特征，模型外调整因素主要包括但不限于公司治理与管理、流动性、偿债意愿、大数据调整因子等，考虑此类要素后得出受评个体级别。最后，考虑外部支持（如

有）对企业的增信作用后得出受评主体的最终信用级别（具体模型外调整因素参见本节第四部分）。

三、中国煤炭企业资源配置和债务政策要素和标准

1. 资源禀赋

（1）要素选取

煤炭资源是不可再生资源，煤炭行业作为典型的资源型行业，所拥有的资源禀赋对其影响重大。资源禀赋的衡量指标包括但不限于煤炭资源的储量、可采年限、煤种类别、煤炭品质（如灰分、硫分、挥发分含量、黏结性、热值等）、埋藏深度、地质条件等。资源禀赋较好的企业，在持续经营、安全生产方面均较有优势，产品的议价能力相对较高，开采难度较小也有利于企业的成本节约。因此，在信用评级中应关注煤炭企业的资源禀赋要素。

（2）指标及评价标准设定

中债资信选取可采储量、开采年限、煤种、主要煤矿地质条件指标来综合评价煤炭企业的资源禀赋。

煤炭可采储量、可采年限——通常情况下，企业拥有的可采储量规模越大，其可持续发展潜力越持久，短期内面临资源接续的压力越小。由于煤炭可采储量作为一个绝对指标不能很好地体现不同规模企业之间的差异，相对而言，煤炭可采年限（煤炭资源可采储量/最近一年煤炭产量）可以更好地区分不同规模企业在资源储备和发展潜力上的差异，企业煤炭可采年限越长，企业发展潜力越大。

煤种——不同煤种下游需求不同，煤种稀缺性导致各自细分市场的供求关系有所差异，进而导致不同煤种的价格不同。相对而言，无烟煤、炼焦煤价格高于一般动力煤，褐煤价格较低；而炼焦煤细分煤种中，其价格关系为主焦煤>肥煤>1/3焦煤>瘦煤>气煤。不同煤种价格的差异对企业的盈利情况产生很大影响，但多数企业煤炭资源种类较多，主要关注其煤种的种类即可。

按用途分，除动力煤、炼焦煤和无烟煤外，还有一种喷吹煤。喷吹煤主要为钢铁冶炼时用于高炉喷吹的煤炭，替代一部分焦炭的需求，起到加热、降低钢铁冶炼成本的作用，主要由无烟煤洗选而得；由于烟煤挥发分高、着火点低，易于燃烧，且密度较无烟煤小，输煤时可提高输送效率，部分烟煤也可经磨制生产喷吹煤，但由于烟煤挥发分高，有自爆、易燃特性，对设施要求更高。生产喷吹煤的企业较少，山西潞安集团为代表企业之一。

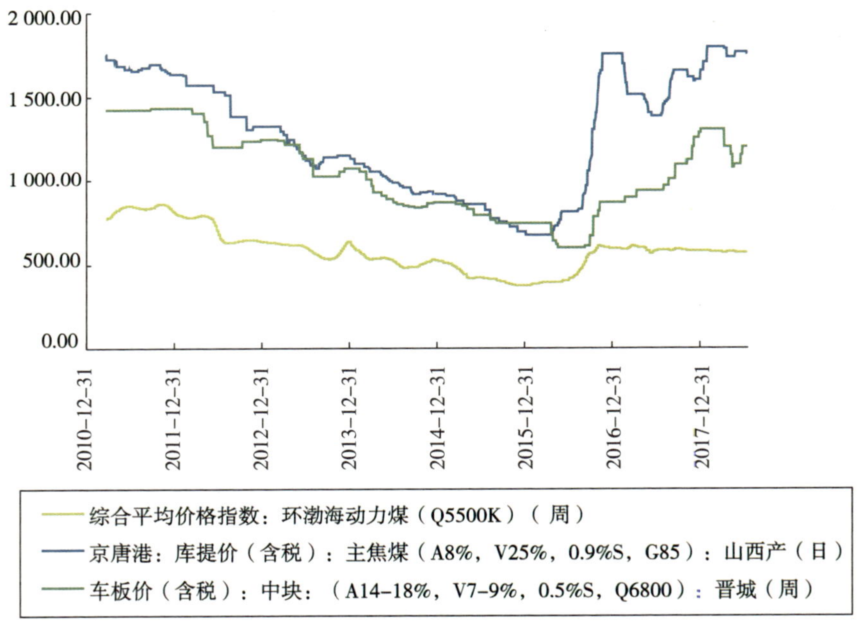

资料来源：中债资信整理。

图7-8　动力煤、炼焦煤、无烟煤价格

主要煤矿地质条件——为资源开采生产难易程度的体现，若公司主要矿井的地质条件构造简单、煤层稳定、瓦斯含量少、水文地质类型简单的，其开采难度小，安全生产压力小，开采成本有一定优势；若公司主要矿井的地质构造复杂、煤层稳定性差、高瓦斯或瓦斯突出等，其开采难度

大，安全事故发生的概率高，开采中需要的支护成本、瓦斯抽取、排水等成本高。

表7–2　井工矿地质类型划分

划分依据		类别			
		简单	中等	复杂	极复杂
地质构造		简单	中等	复杂	极复杂
煤层稳定性		稳定和较稳定煤层的储量占全矿井储量的80%以上，其中稳定煤层储量所占比例不小于40%	稳定和较稳定煤层的储量占全矿井储量的60%~80%	稳定和较稳定煤层的储量占全矿井储量的40%~60%	不稳定和极不稳定煤层的储量占全矿井储量的60%以上
瓦斯类型		瓦斯矿井，煤层瓦斯含量小于5m³/t	瓦斯矿井，煤层瓦斯含量大于5m³/t，且小于10 m³/t	高瓦斯矿井，煤层瓦斯含量大于10 m³/t	突出矿井或按照突出矿井管理
水文地质类型		简单	中等	复杂	极复杂
其他开采地质	顶底板	煤层顶底板平整，顶板完整性好，裂隙不发育	顶底板较平整，局部凹凸不平，顶板较完整、裂隙不很发育	顶底板凹凸不平，顶板裂隙比较发育，岩性比较松软破碎	顶底板凹凸不平，顶板岩性松软、破碎，裂隙发育
	倾角	15° 以下	15° ~30°	30° ~45°	45° 以上
	其他特殊地质因素	一般不出现陷落柱、冲击地压、地热和沙窗等地质危害	偶有陷落柱、冲击地压、地热和沙窗等地质危害	常有较多陷落柱、冲击地压、地热和沙窗等地质危害	煤层大面积遭受陷落柱、冲击地压、地热和沙窗等地质危害

资料来源：《煤炭地质规程》，中债资信整理。

2. 规模优势

（1）要素选取

煤炭企业的规模优势反映了其经营的规模效益，一般规模较大的企业市场地位较高、获得优质资源的能力更强；所拥有的资源禀赋相对中小型企业具有一定优势。较大规模的煤企更容易拥有较为稳定的销售渠道和较高的议价能力；此外，平均单井规模越大，吨煤分摊的固定成本越少，且便于实现机械化，利于成本节约。因此，在信用评级中应关注煤炭企业的规模优势要素。

（2）指标及评价标准

中债资信选取总产能、产量指标来综合评价煤炭企业的规模优势。

总产能——产能为煤炭企业在合法合规条件下可达到的最大生产能力，总产能规模越大，规模优势越显著，市场地位越高。

产量——部分企业总产能规模大，但产能可能因安全生产压力等无法完全释放，产能利用率低，产量可以衡量企业的实际生产规模。

3. 区位条件

（1）要素选取

由于中国煤炭资源生产、消费区域错配的特点，煤炭企业所处的地理位置和区域内的交通运输情况，影响着企业煤炭的销售量、运输成本和销售价格，若所处区域为煤炭需求量较大的区域，企业煤炭销售量大，且可节约运输成本，与区域外调入的煤炭比，同等条件下，可获得更高的出厂价。因此区位条件在评级时应加以关注。

（2）指标及评价标准

中债资信选取煤炭资源分布指标来评价煤炭企业的区位条件。

煤炭资源分布——区位条件主要考虑两方面，一方面为煤炭资源所处位置的区域内供需状况，如果资源所处区域为经济发达地区或属于煤炭净调入地区，可以消化企业全部或大部分的煤炭产量，那么企业所处的区域条件优势显著，相反，如果受评企业处于经济欠发达地区或属于煤炭净调出地区，则销售方面难度加大。另一方面则是考虑区域交通运输条件，现阶段煤炭运输仍存在一定瓶颈，如果企业资源分布的区域对煤炭需求量有限，那么企业就需要通过长距离运输来解决煤炭销售问题，在此背景下，

如果企业所在区域内铁路、公路运输网络发达，不存在运输瓶颈，则企业销售方面受到的运输瓶颈制约越小，竞争力越明显。

4. 成本控制

（1）要素选取

对于成本控制能力越强的企业，在盈利能力方面越具有竞争力。因此成本控制在煤炭企业评级时应加以关注。一般来说，对于管理越精细的企业，其成本控制能力越强。如企业对非矿井生产人员数量和职工薪酬的控制、机械化作业的推广程度、对于下属矿井管理人员考核标准及激励政策的科学性等，均为煤企成本控制的主要途径。

（2）指标及评价指标

吨原煤开采成本——主要由材料动力、职工薪酬、折旧与摊销、安全生产费、维简费、塌陷补偿费及其他支出构成，其中职工薪酬及材料动力是主要构成部分。开采成本可以综合反映成本控制能力。

吨原煤开采成本呈区域分化，以2016年煤炭企业吨原煤开采成本为例，晋、陕、蒙及西北青甘宁地区平均开采成本在200元/吨以下，成本优势明显，河北、北京及山东地区的平均开采成本处于200~250元/吨的区间，无成本优势。安徽、东北三省、河南、西南云贵川渝地区开采成本高企，平均水平均高于250元/吨。

吨商品煤完全成本——为在原煤开采成本的基础上，考虑了期间费用及原煤对商品煤的出煤率。对于部分煤炭企业，其非矿井生产人员较多，该部分人员的职工薪酬一般计入管理费用，在吨商品煤完全成本中体现。此外，部分企业通过大规模举债进行矿井建设和整合矿井的改扩建，相应的财务费用也可在吨商品煤完全成本中体现。

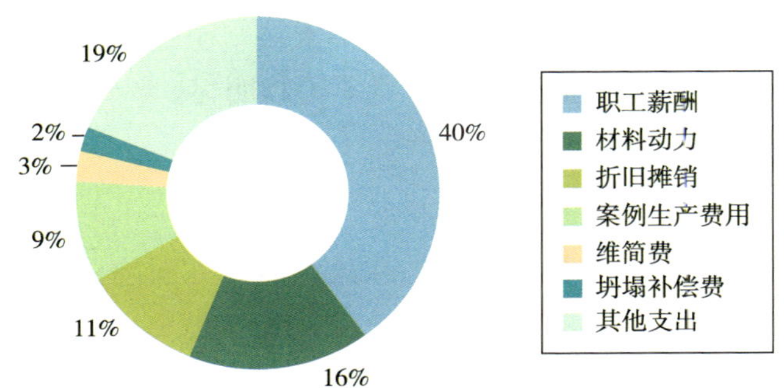

资料来源：公开资料，中债资信整理。

图7-9　吨原煤开采成本构成[①]

5. 盈利能力和获现能力

（1）盈利能力指标及评价标准

盈利是企业经营的根本，也是企业竞争实力的最终体现。在同样的债务压力下，盈利能力较强的煤炭企业在行业低谷期能够保持相对较好的竞争地位，也有利于保持相对稳定的信用品质。

煤炭业务毛利率——由于煤炭企业因资源禀赋和区位条件的不同，销售价格和生产成本差别较大，煤炭业务毛利率可以综合反映这两方面对煤炭企业盈利水平的影响。

经营性业务利润率——大部分煤炭企业为地方国有企业，经营历史长，部分企业办社会问题突出，尽管近年国家持续推动企业办社会职能的移交，但部分企业因历史遗留下来的社会负担较为沉重，移交难度大、进展缓慢，仍存在的这部分负担对企业盈利能力形成不同程度的削弱，该部分费用主要计入企业的期间费用，可通过经营性业务利润反映出来。经营性业务利润率可体现煤炭企业经营性业务所创造利润的能力，不包含投资收益、营业外收支等，相对稳定性更强一些。

总资产报酬率——煤炭属于重资产行业，因规模差异，从投资角度，

① 不同区域及不同规模企业成本构成较上图略有差异。

可以采用资产的盈利能力指标进行衡量。

综上所述，考虑到煤炭业务毛利率、经营性业务利润率和总资产报酬率分别是从不同维度考量企业的盈利能力的，因此我们综合上述指标衡量煤炭企业的盈利能力。

（2）获现能力指标及评价标准

经营活动净现金流量代表了企业经营活动的造血能力，是企业债务偿还的直接来源。由于煤炭行业具有周期性，行业周期的波动会导致企业对客户信用政策的调整，进而导致经营获现能力的波动。此外，由于煤炭企业非煤业务规模也较大，对经营活动现金流量产生不同程度的影响。指标方面选取现金收入比作为衡量经营业务获现能力的主要指标。

6. 资本结构

（1）要素选取

资本结构体现了企业的债务政策，是影响企业债务稳健性的关键因素，煤炭企业的资本结构分析同一般制造企业相比没有显著差异。煤炭作为重资产行业，项目建设周期较长，资金需求较大，外部债务融资金额较高；加之非煤业务如电力、煤化工等大规模项目的投资，进一步推高了煤炭行业的债务规模。

（2）指标及评价标准

资产负债率、全部债务资本化比率——能够较好地反映企业债务负担情况，因此中债资信选取上述指标来评价煤炭企业的资本结构。上述指标值越高，反映企业的债务政策越激进、债务负担越高、偿债风险越大。

煤炭行业的重资产属性以及低盈利导致的资本回报周期长的特点，决定了行业的规模发展需要长期的信贷支持。2009年以来，煤炭企业在行业景气度上行周期时大规模新建产能、资源整合、投资电力、煤化工等项目导致行业资产负债率持续攀升，至2016年初行业景气度最低点时，煤炭开采和洗选全行业的资产负债率达70.23%，增速以及杠杆水平远超全国各行业平均水平，行业整体面临较大的债务周转压力。2016年以来，随着行业景气度稳步提升，行业杠杆率逐渐下降，截至2018年5月，下降到66.42%，仍处于较高水平。

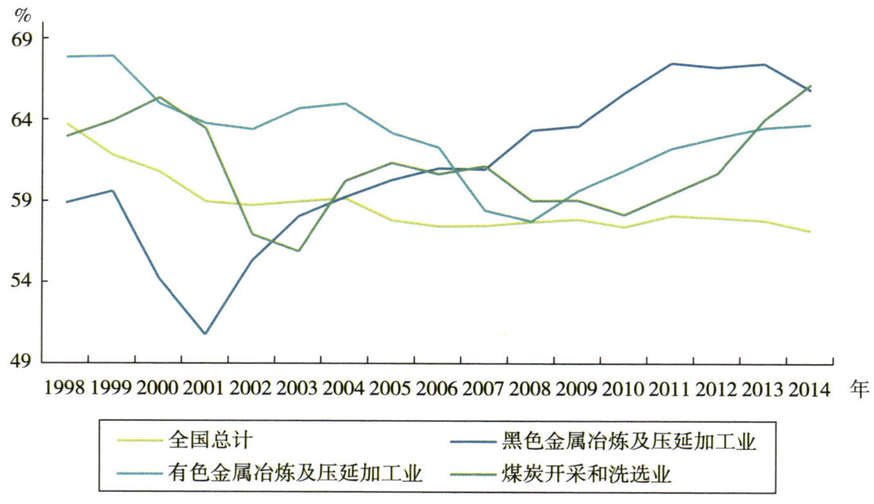

图7–10　部分重资产行业资产负债率情况

7. 短期偿债指标

（1）要素选取

煤炭行业财务杠杆较高，生产经营涉及大规模的现金流入和流出，对营运资金的要求较大，因此保持较强的现金获取能力、较高的资产流动性和债务资本周转是保障到期债务偿付和保持经营持续性的关键。企业资金流动性越强，偿债风险越低。

（2）指标及评价标准

流动比率——用于衡量企业流动资产对流动负债的覆盖程度，衡量企业流动资产在短期债务到期前可变现用于偿还负债的能力。

现金类资产/短期债务——主要用于补充流动性，在债务偿付时具有较强的刚性及时间限度要求，所以中债资信从流动性比较强的现金类资产角度考察企业对短期债务的即时偿付能力。

经营活动流入量/流动负债——煤炭企业通常现金流入规模较大，资金周转能力较强，短期债务往往能获得银行周转的支持，短期偿债更多地体现为资金周转，而短期资金周转的主要来源为经营活动现金流入量，因此，中债资信采用经营活动流入量/流动负债指标来衡量煤炭企业的流动性。

8. 长期偿债指标

中债资信对煤炭企业长期偿债能力的评价更为重视稳定的现金流来源对债务及利息的偿付保障。受评企业的自有偿债资金来源与EBITDA有很大的相关性，全部债务/EBITDA、EBITDA利息保障倍数指标综合反映了企业资本结构和盈利能力，即使两家企业的财务杠杆比率相同，不同的盈利能力和现金获取能力所承担的财务风险也不同，可以相对较全面地反映企业的长期偿债能力。

四、中国煤炭企业模型外调整因素

对于煤炭企业而言，主体信用风险的模型外调整因素包括但不限于以下几个方面。

1. 公司治理与管理

公司治理与管理水平主要从股权结构及股东行为、信息披露透明度与质量、战略管理三个方面考察。由于公司治理与管理方面的缺陷很可能直接导致公司经营无法维系或外部融资环境收紧进而导致违约，对个体信用风险具有重大影响，因此中债资信对公司治理与管理存在或出现重大缺陷的主体，以对个体级别下调形式反映其负面影响，并根据其缺陷的严重程度，设置了不同程度的调整规则①。

对于煤炭企业而言，结合所有制性质，对于民营煤炭企业仍需关注其实际控制人、治理结构不完善和信息披露不规范等问题，对于国有企业来说，股权结构方面存在重大风险可能性较小，结合行业内违约企业总结和

---

① 具体考察要素和调整规则参见《中债资信公司治理与战略专项方法》。

分析来看，部分国有煤企由于资源整合，旗下拥有众多与民营资本共同出资设立的子公司，该类子公司面临债务危机时，股权结构可能导致对待债务意见不一致而导致违约。另外，部分大型煤炭企业下属子公司众多，不可避免地存在一定信息披露质量方面的瑕疵。

2018年2月5日，晋能集团下属子公司山西国际电力集团有限公司公告其三级子公司国锦煤电有4 000余万的融资租赁等到期债务未能清偿，国锦煤电为晋能集团全资孙公司晋能电力集团有限公司与民营企业美锦能源集团有限公司按51%、49%比例投资设立。由于国有股东和民营资本意见无法达成一致，导致国锦煤电债务违约。对晋能集团形成一定负面影响。

战略管理方面，煤炭企业的投资主要有两个方面，一方面为煤炭资源及煤矿建设的投资，另一方面为产业链延伸方面的投资。对于煤炭主业方面的投资，主要关注新投资源的资源禀赋。本次供给侧改革，国家鼓励大型煤炭企业对中小型煤企的兼并重组，需关注兼并资源的优劣以及煤矿手续的合规性。产业链延伸方面，主要方向为火电和煤化工，投资规模一般均较大，其中火电业务具有一定的风险分散作用，但目前国内火电已呈供给过剩，需关注投资项目所在区域的电力供需格局及投产后的盈利能力。煤化工可分为以尿素、甲醇为主的传统煤化工和以乙二醇、烯烃等为主的新型煤化工。其中传统煤化工项目由于行业产能过剩未来投产后经营压力将较大，而对于供需关系尚好的新型煤化工，虽然当前产品价格维持高位，具有一定的盈利空间，但需关注随着大规模新型煤化工项目的投产，行业供需关系恶化导致的产品价格下降、盈利空间收缩。

此外，对于煤炭企业，还要特别关注安全生产管理水平。煤炭行业具有安全生产风险高的特点，如果出现重大安全生产事故，将可能出现停产整顿影响企业的效益，更甚者会存在被责令关停的可能，将对企业生产的稳定性及持续经营产生重大影响。

资料来源：公开资料，中债资信整理。

图7–11　中国煤炭行业百万吨死亡率

2. 流动性

债务政策中已经对影响主体流动性的因素进行了评价，由于我们认为流动性是影响主体的短板因素，即通过打分卡模型无法完全反映其对信用风险的影响，因此我们增加一个流动性评价的模型外调整因素，具体来说，当调整项——流动性评价结果非常差时，对个体级别进行一定下调。流动性评价涵盖内容包括内生流动性和外生流动性：内生流动性评价主要针对主体自身资产变现、持续经营活动和投资活动的流动性，具体评价时主要考察主体现金偿付能力、营运资金需求、营运资本、易变现资产情况及短期投资压力；外生流动性主要考察主体获取外部金融机构流动性资源的能力。此外，通过定性调整的方式考虑外部融资大环境变化对企业流动性压力的影响。流动性不足会导致主体无法及时获取资金履行各类付现契约义务，极端情况下会直接导致主体违约或破产，因此中债资信将以对个体级别下调形式反映其负面影响①。

对于煤炭企业而言，由于部分矿井或其他项目建设存在合规性方面

① 具体评价指标和调整标准参见第九章专项评价方法。

的瑕疵，导致项目贷款办理困难，企业通过其他渠道融资的期限往往和项目建设期限有错配，使部分企业存在短债长投的情况。煤炭投资回收期限长，当外部融资环境趋紧时，企业债务接续或面临一定困难，整体行业面临较大的流动性周转压力。实务中需要重点关注以下几类企业的外部流动性压力：一是银行授信收紧且融资渠道单一的中小煤企；二是银行授信收紧、公开债券市场受阻而自身债务负担重、短期流动性压力大的煤企；三是公开债券市场仍开放，但公开市场偿付压力较大且融资成本高企的煤企。

3. 偿债意愿

影响企业偿债意愿的因素主要包括两个：一是理性决策；二是偿债意识。主体偿债意愿的弱化会增加信用风险，尤其是在经济下行、违约增多的背景下，主体偿债意愿可能出现阶段性弱化的特点，因此需要加强分析其偿债意愿，才能全面准确地判断企业债务违约风险。中债资信评价偿债意愿弱化程度，并根据评价结果，适度下调个体级别[①]。对于煤炭企业来说，尤其是部分中小民营煤企，需关注其在经营不善、较大债务周转压力下偿债意愿弱化的可能性。

4. 大数据调整因子

打分卡模型数据来自受评主体历史经营和财务等传统评级数据，所用数据可能存在无法全面和动态反映受评主体信用风险的问题，比如在年初4月份（上年年报尚未公布时）对受评主体进行评级，使用财务数据往往是上年度的第三季度报，财务数据时间滞后，无法反映企业最新财务状况；再如，对于煤炭企业而言，落后产能淘汰以及环保限产等突发事件可能对企业正常的生产经营产生较大影响，但经营财务数据对企业经营变化的反应相对滞后。为弥补现有模型、方法的固有缺陷，中债资信使用大数据和人工智能技术，对受评主体以及与主体具有关联关系的企业和自然人

① 具体考察要素和调整规则参见第九章专项评价方法。

的非经营、财务数据或信息（信息范围包括但不限于公告、工商税务信息、法院检察院诉讼信息、新闻舆情等各类信息）进行实时跟踪和抓取，并根据获取信息的影响程度，形成受评主体大数据调整因子评分。当该评分结果很差，并对受评主体偿债能力产生重大不利影响时，中债资信以对个体级别调整形式反映其影响。

5. 外部支持

中债资信引入联合违约分析思路考虑外部支持后主体信用风险的评定，首先依据个体信用风险分析思路评定受评主体个体信用等级，其次考察支持方的支持能力和支持可能性，最后在联合违约理论指导下，根据受评主体的个体级别、支持方能力、支持方意愿以及两者相关程度，综合得出外部支持对受评个体的正面影响程度，确定考虑外部支持后的受评主体级别[①]。

对于煤炭企业而言，发债煤炭企业多以国有企业为主，多数能够得到中央或地方政府或强或弱的支持，如2016年行业融资环境极为恶劣时，山西省省长亲自带队山西七大煤企进行路演、提出为七大省属煤企提供增信担保、组建基金等，在很大程度上增加了投资者信心。实务中对于国有煤炭企业，需根据支持方的实力、支持意愿和过往支持、潜在支持计划等进行综合判断。值得说明的是，在判断支持意愿时，相对单一股东的股权结构，股东多元化可能造成各方利益难以协调，整体救助意愿或下降。由于煤矿资源整合，部分大煤炭集团旗下拥有一些非全资子公司为国有和民营资本的混合所有制企业，这类企业获得大股东的外部支持需特别关注。

① 具体联合违约理论下的实务操作原则参见第九章专项评价方法。

附表：中国煤炭企业评级要素权重

要素归类	评级要素	要素权重
资源配置	资源禀赋	20%
	规模优势	30%
	区位条件	20%
	成本控制	5%
	盈利能力与获现能力	25%
债务政策	杠杆水平	30%
	短期偿债指标	40%
	长期偿债指标	30%

附例：中国煤炭企业信用评级运用举例

对于一个待评级的中国煤炭企业，我们的评级思路如下：

首先，梳理出煤炭企业资源配置能力和债务政策评级要素和指标。

其次，根据行业信用品质评价方法和模型确定煤炭行业信用品质评价结果为“IRR-6”，从而确定指标阈值划分标准，经分析师调整后确定最终阈值。

再次，依照指标评价标准对该企业的各个指标进行评分，在得到各指标的分值后，按照各指标的权重根据评级模型计算出该企业的资源配置能力得分和债务政策得分。

最后，将企业资源配置能力得分和债务政策得分转换后通过初始级别映射矩阵得出企业初步级别，在此基础上考虑调整项和外部支持对级别的影响后得出最终主体信用级别。

以某煤炭企业×公司为例，对×公司的各项指标，我们均可以得出相应分值，其中对于资源配置能力和债务政策指标加权求和后的资源配置能力和债务政策评分分别为3.45和2.52，取整转换后再根据初始级别映射矩阵得出企业初步级别为A级。在模型给出的初步级别的基础上，中债资信对未纳入模型的调整项进行综合考虑，考虑外部支持的一定增信作用后，最终得出×公司的指示级别为A+级。

下表演示了对煤炭企业×公司评级的过程：

附例　×公司信用评级模型运用

要素归类	评级要素及权重		模型指标及权重	指标表现	指标分值	对应打分	初步级别
资源配置能力	资源禀赋（20%）	资源量	可采储量	52	3	3.21	A
			可采年限	226	1		
		煤种	煤种	3	3		
		主要煤矿地质条件	主要煤矿地质条件	2	2		
	规模优势（30%）	产能	总产能	2 495	4		
		产量	产量	2 318	4		
	区位条件（20%）		煤炭资源分布	3	3		
	成本控制能力（5%）	吨原煤开采成本	吨原煤开采成本	202	3		
		吨商品煤完全成本	吨商品煤完全成本	288	3		
	盈利能力与获现能力（25%）	盈利水平	煤炭业务毛利率	35%	3		
			经营性业务利润率	54%	5		
			总资产报酬率	0.96%	5		
		获现能力	现金收入比	104%	2		
债务政策	杠杆水平（30%）		资产负债率	65.79%	3	2.64	
			全部债务资本化比率	50.22%	3		
	短期偿债指标（40%）		现金类资产/短期债务	1.69	2		
			流动比率	0.82	4		
			经营活动现金流入/流动负债	2.83	2		
	长期偿债指标（30%）		全部债务/EBITDA	7.3	3		
			EBITDA利息保障倍数	6.48	2		

第二节　中国钢铁企业主体信用评级方法体系

众所周知，钢铁行业是重化工工业代表，伴随着宏观经济周期波动，其景气度也出现了大幅波动。具体来看，2000年以来中国钢铁行业经历了5个发展阶段。

图7-12直观展示了近20年中国钢铁工业的发展史，并体现了钢铁典型的强周期行业特征，整体来看，2000年至今，中国钢铁业的发展大致经历了5个阶段：第一阶段，2000—2004年，借助宏观经济的快速增长，整个行业迎来了快速发展阶段，行业净利率（即净利润/营业收入）中枢在6%左右；2005年宏观经济调控之后，钢铁行业的发展进入第二阶段，行业净利率中枢降到4.5%左右，这个阶段一直持续到2008年国际金融危机；金融危机之后，受制于铁矿石成本端的上涨，2009—2011年行业净利率中枢持续下滑至2.5%左右；2012—2015年在产能过剩背景下，行业景气度降到了历史最低，2015年全行业呈现巨亏局面；2016年开始，随着需求的逐步企稳，供给侧改革的推动，行业景气度逐步抬升。

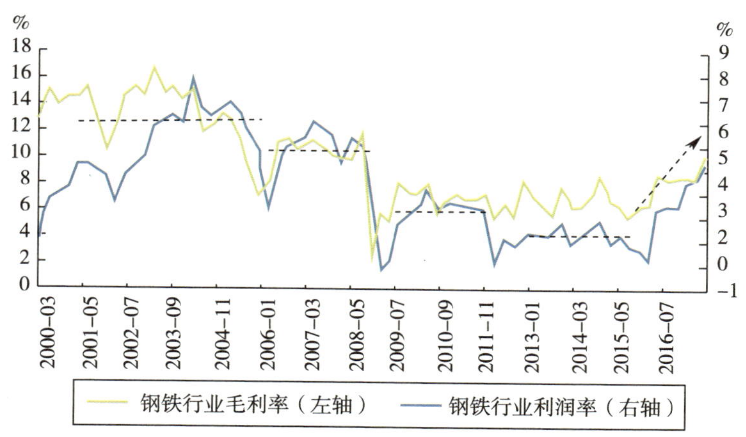

资料来源：Wind资讯，中债资信整理。

图7-12　钢铁行业盈利周期波动

资料来源：Wind资讯，中债资信整理。

图7–13　固定资产投资和房地产开发投资情况

在不同行业发展阶段，钢铁企业信用风险表现也存在一定的差异，具体而言：

第一阶段（2000—2004年）——工业化和城镇化。政府陆续开始大规模基建投资以及我国从1998年开始的住房商品化步入正轨，基建和房地产共同开启了国内工业化和城市化浪潮，从而拉动了钢铁下游领域（包括建筑耗材、交通运输、工业品和耐用消费品）的发展，其中房地产的放大效应尤其显著，行业迎来了快速发展阶段。此阶段主要钢铁行业供不应求，钢铁价格快速上涨，大部分企业盈利处于较高水平，钢铁企业产能处于快速扩张，固定资产投资增加带来杠杆的提升，但整体杠杆率处于合理范围。

第二阶段（2005—2008年）——价格双轨制。国内固定资产投资和房地产投资仍维持一个高增长态势，但是2005年开始铁矿石价格出现了上涨，行业盈利中枢略有下滑，行业供需平衡尚且能够消化成本端的上扬，整体表现仍不错。简单概括这个阶段行业特点就是价格双轨制。这段时间我国铁矿石的价格实施双轨制，海外四大矿山和国内大型钢企每年签订铁矿石长协价，和市场价格双轨，长协价只和大型国有企业签订，所以这段

时间大型钢厂一方面享受了行业整体增长带来的好处，另一方面还享受到了价格双轨制带来的政策红利。在这个阶段规模与市场地位对于钢铁企业来说非常重要，规模越大、市场地位越高的企业往往在海外四大矿山长协价的白名单里，能够享受到双轨制的红利，这个阶段一直持续到2009年，长协价被打破。

第三阶段（2009—2011年）——成本制约。由于之前铁矿石产能增长几乎处于停滞状态，加上四大矿山处于寡头垄断地位，长协价打破后，铁矿石价格出现了快速上涨，最高飙升到160美元。成本端，尤其是铁矿石价格的上扬对盈利形成很大制约，钢铁行业进入明显的下行通道，而国有企业在长协价打破后，成本控制力包括生产效率、人员负担等方面不如民营企业，这使得国企和民企利润出现反向分化。这个阶段行业盈利开始进入明显的下行通道，从粗放扩张规模阶段逐步转向精细化成本控制阶段，尤其是是否控制或拥有铁矿石资源，成为企业竞争的优势项。

第四阶段（2012—2015年）——产能过剩。为什么会产能过剩呢？2009年前后的利润分化导致钢铁企业产能快速扩张。2009年之前国企受益于铁矿石双轨制，所以产能扩张以国企为主；2009年之后四万亿元刺激政策，钢铁价格和盈利上升，再加上国家淘汰落后政策使得民营企业加速扩产能。上个阶段轮动扩张的产能在2012—2015年陆续集中大规模投放，同时行业需求大幅下滑，导致严重产能过剩，行业产能利用率最低降到了67%，行业利润也急剧下滑。进入低谷期时尤其需要关注企业的成本控制力和财务杠杆，成本控制能力强和杠杆可控的企业才能够在行业“寒冬”中维持自身正常运营、度过行业低谷期。值得一说的是，这个阶段上游铁矿石的表现出现了微妙的变化，铁矿石企业的产业链地位由强到弱，2009—2013年处于强势低位，之后随着海外四大矿山产能的陆续投放，铁矿石领域产能过剩逐步严重，其地位逐步处于弱势，对于国内钢铁企业来说拥有国内自给矿可能会成为企业业绩的拖累，因为国际铁矿石价格远低于自产铁矿石。

2016年以来——供给侧改革。钢铁行业发展进入新的阶段，钢铁企业的盈利持续大幅好转，根本原因一方面是供给侧改革（去产能和环保限产）带来的供给端收缩，另一方面是宏观经济企稳带来需求端的稳定超预期。此阶段技术和产能先进的大型钢铁企业是主要受益对象，而落后产能的小型钢铁企业可能是关闭产能和淘汰对象，行业集中度逐步提高。另外，在环保高压下，中小企业尤其是民营企业后续的环保压力较大，尤其是环保限产直接影响部分区域内小企业经营的稳定性。

对于周期性波动较大的行业，在评价其信用风险时，如何处理周期性因素对信用风险的影响？对于强周期性行业和弱周期性行业信用风险如何进行跨行业比较？中债资信新版钢铁企业主体评级方法体系中通过搭建行业信用风险评价（钢铁行业为IRR–6）和行业风险理想分布曲线等一系列创新方法系统性解决上述问题。

一、中国钢铁行业概况及特征

1. 中国钢铁行业划分及界定

钢铁是铁与碳、硅、锰、磷、硫以及少量的其他元素所组成的合金。钢铁简单可以划分为普钢和特殊钢。普碳钢根据用途可以分为建筑用材和工业材：建筑用材，也称为长材，主要用于房地产、基建等大建筑业；工业材也称为板材，主要应用于机械、汽车、船舶、家电等制造业。特殊钢在钢材总量中占比相对较小、分类较为庞杂、细分产品间差异较大，绝大多数发债钢铁企业产品以普碳钢为主，另有少量专营特钢的钢铁企业（如中信泰富、东北特钢、西宁特钢、新冶钢、兴澄特钢等）。本方法适用于以钢铁为主业的企业[①]，包括普碳钢和特殊钢。

① 判断主业主要依据企业收入或利润占比，具体判断标准详见《中债资信行业分类标准》。

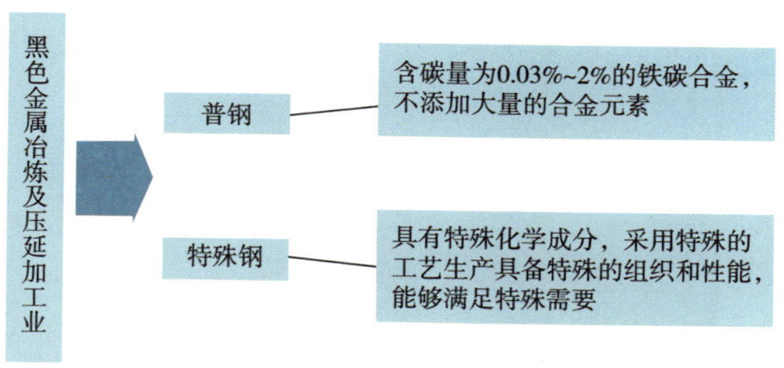

资料来源：公开资料、中债资信整理。

图7-14　钢材分类

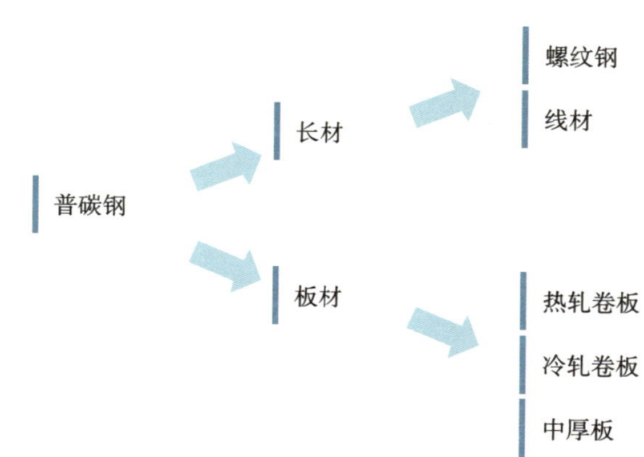

资料来源：公开资料，中债资信整理。

图7-15　普碳钢分类

2. 中国钢铁行业特征

（1）行业周期性强

钢铁工业是重要的基础工业，产品主要用于基建、房地产、机械制造、汽车、家电、船舶、电力设备等行业，上述下游行业的用钢需求占国内终端需求的80%~90%（见图7-16），其中房地产和基建所属的大建筑领域对钢材的贡献度近60%。由于下游行业多属于周期性行业，钢铁行业的发展受宏观经济波动的影响较大，体现出强周期性特征。

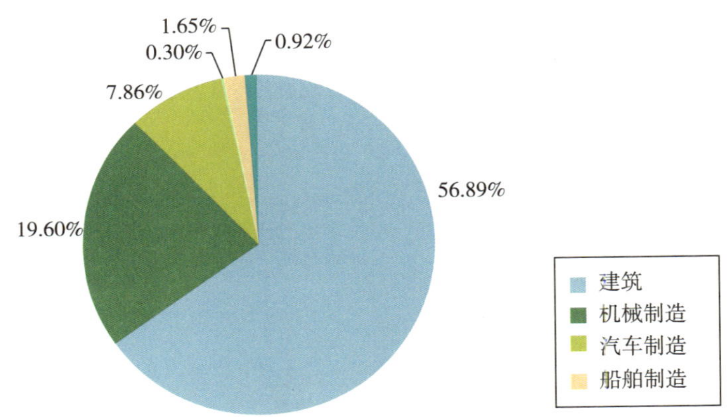

资料来源：冶金工业规划研究院，中债资信整理。

图7–16　行业下游用钢领域需求

资料来源：Wind资讯，中债资信整理。

图7–17　钢铁行业周期性波动表现

（2）产品同质化竞争激烈、规模经济特征明显

钢铁工业是资金和技术高度密集的行业，目前行业准入条件趋于严

格，有较高的进入门槛。但是，由于在过去十多年的快速发展过程中，大量低技术水平、耗能高的落后产能与现代化的大型、高效的先进设备并存，加之违规或不合规的盲目重复建设，导致中国钢铁生产企业众多，国内约有1 200家，总体规模小而且分散，其中仅有约70家大中型钢铁生产企业。虽然近些年通过并购重组，中国钢铁企业的集中度有所提升，但与国际上主要国家钢铁行业集中度相比仍然偏低，2017年9月末前十大钢铁企业粗钢产量占全国粗钢总产量的比重为35.66%。现阶段我国钢铁产品同质化现象严重，多数钢铁企业产品结构类同，钢铁企业之间竞争激烈，行业整体盈利处于较低水平，因而导致钢铁企业规模经济特征较为明显。

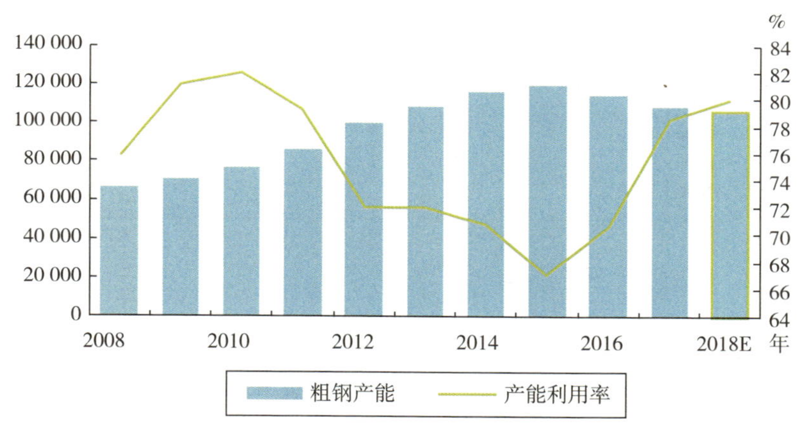

资料来源：Wind资讯，中债资信整理。

图7–18 中国钢铁行业粗钢产能及利用率情况

（3）“两高一资”行业、环保标准趋严

钢铁工业生产过程中能源消耗较高、污染较大，属于高耗能、高污染和资源性行业。受国家“两高一资”行业产能政策导向（如环保限产等）影响，钢铁行业产能释放面临一定的环保压力。此外，作为产能过剩行业，钢铁面临较大的去产能压力，自2016年以来，行业去产能加速推进，未来产能任务较前期将涉及更多的在产产能，在此过程中，环保水平不达标及装备技术落后的产能将首当其冲，面临淘汰风险。

（4）重资产属性、债务负担重、债务结构偏短期

作为重工业的典型代表，钢铁以厂房建筑、机器设备为主的固定资产投资规模很大，是资金和技术高度密集的行业。重资产属性导致行业整体债务负担很重，但钢铁投资回报周期很长，随着前期举债的陆续到期，钢铁企业出于控制财务费用的目的以及银行出于控制信贷风险的目的，往往会用短期债务进行滚动，从而造成投资回收期限与债务期限的结构错配，导致钢铁行业债务结构严重偏短期化。

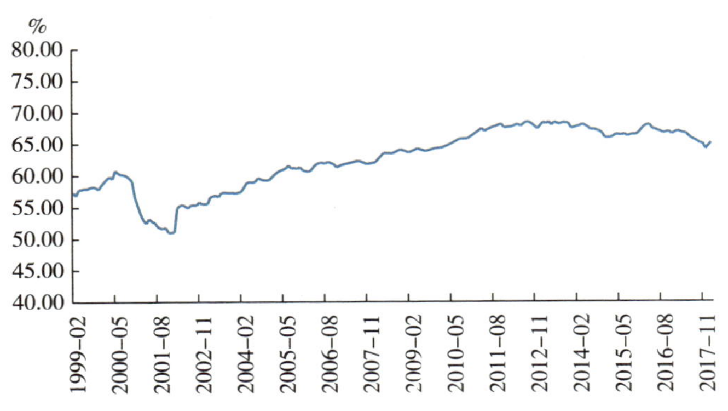

资料来源：Wind资讯，中债资信整理。

图7-19　黑色金属冶炼及压延业债务负担

（5）行业对下游议价能力较强，收入变现能力较强

从上游原料供给看，中国铁矿石自给能力不足，近几年铁矿石对外依存度高达65%左右，对资源的高依赖使得铁矿石供应商在产业链中处于强势地位，但2013年以来随着全球铁矿石产能的持续扩张，铁矿石领域产能逐步过剩，使其强势地位逐步转弱，铁矿石价格从2013年最高的160美元/吨降至最低50美元/吨，虽近年随着钢铁价格上涨有所跟涨，但仍不改其弱势格局。从下游需求看，中国钢铁企业对下游主要需求方以及钢材经销商较为强势，多数均采用款到发货的销售原则，即使在行业景气下行阶

段，该销售原则基本能坚持，使钢铁企业能合理占用下游经销商或客户的资金，拥有一定的议价能力。整体来看，钢铁企业产业链地位导致行业整体营运资金被占用的可能性低于其他重工业企业，行业收现质量尚可。

二、中国钢铁企业主体评级思路

根据中债资信评级原理①，中国钢铁企业主体评级思路为：首先，基于行业特征、行业内企业表现、行业政策及经济学意义确定影响钢铁企业资源配置和债务政策的评价要素和指标。其次，采用打分卡模型形式构建企业信用评级模型，对钢铁行业内企业资源配置、债务政策要素打分，并结合级别映射矩阵确定受评主体初步级别。再次，由于部分评级要素难以定量衡量或是存在“短板效应”，打分卡模型无法全面和动态反映此类因素的影响，因此，中债资信在初始级别基础上增加反映上述因素的调整项，得到主体的个体级别。结合钢铁行业特征，此类调整因素主要考察公司治理与管理、流动性、偿债意愿、大数据调整因子等。最后，在个体级别基础上综合考虑外部支持（如有）后得到最终主体信用级别。

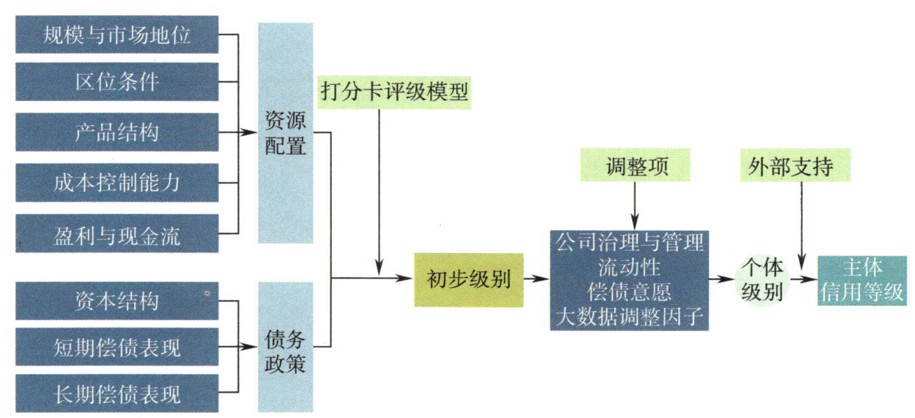

图7–20　中国钢铁企业主体评级思路

① 中债资信行业主体信用评级方法在评级原理指导下制定，具体评级思路请参见中篇评级方法总论。

其中，打分卡评级模型的阈值、权重和初始级别映射矩阵设定原则说明如下：（1）阈值设定思路：根据钢铁行业自身特征、行业内企业表现、行业政策等要素，确定钢铁行业信用品质的评价结果，从而推导出钢铁行业信用风险的理想分布曲线，进而确定指标阈值划分标准，再结合专家经验调整后确定各指标阈值；（2）权重设定思路：采用网格划分方法结合专家经验得到约束条件下的分层级最优风险权重；（3）初始级别映射矩阵的设定反映了可变权重设置思想。

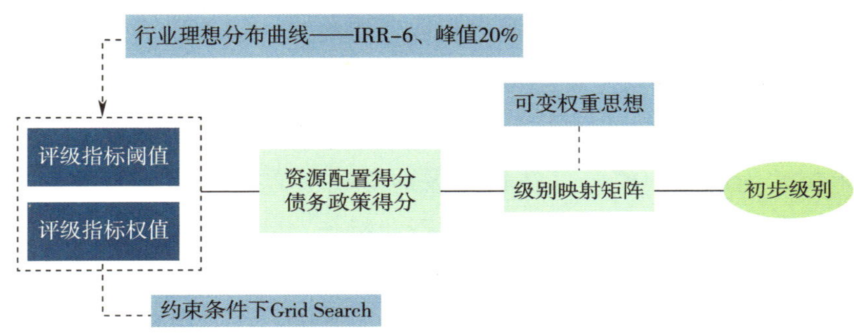

图7—21　中国钢铁企业打分卡模型构建思路

1. 确定中国钢铁企业资源配置和债务政策评价要素和指标

钢铁作为强周期行业，现阶段行业竞争较为激烈，规模经济特征明显决定了规模与市场地位对于企业的重要性；同时，作为典型的制造业，我国钢铁产品同质化竞争激烈，环保趋严，成本控制对于钢铁企业来说至关重要，主要体现在原燃料自给、生产工艺和生产效率等维度；另外，考虑钢铁不同产品的下游需求存在差异，所以产品结构对钢铁企业销售的稳定性有一定的影响；而区位条件也在区域供需格局、物流成本等方面影响着企业的盈利表现。最后，由于盈利与现金流是企业资源配置能力的直接体现，中债资信对于钢铁企业资源配置能力的评价主要考量规模及市场地位、区位条件、产品结构、成本控制、盈利与现金流等因素。

在债务政策方面，钢铁企业与一般工业企业一样，主要考量受评企

业的资本结构、短期和长期偿债指标表现等，但由于钢铁债务负担普遍偏重、债务期限结构严重偏短期化，因此需重点考虑其债务周转能力（具体评级要素和指标选取参见本节第三部分）。需要说明的是，在评价钢铁企业各类指标表现时，既要考虑指标的历史表现又要考虑指标的未来预测值。

2. 根据钢铁行业理想分布曲线确定评级标准

（1）中国钢铁行业信用品质评价为IRR-6

中国钢铁行业强周期性特点明显，竞争程度高，整体盈利能力较低，债务负担偏重，债务期限结构严重偏短期化，企业偿债风险较高。但是，钢铁行业产业地位重要、产业链地位和收益实现质量尚可，这在很大程度上保障了业内企业的经营稳定性。综合以上分析，中债资信对中国钢铁行业的信用风险水平评价为“IRR-6”，对应的行业风险级别分布中枢为“A-”（评价思路详见第九章第二节行业信用风险评价方法）。

（2）根据钢铁行业理想分布曲线确定评级标准

行业理想分布曲线是中债资信基于行业风险分布研究以及对行业间信用风险差异的分析，推导出行业信用风险的理想特征曲线，是各行业模型阈值确定和保证行业间级别可比的重要技术手段①。中债资信认为行业内企业的信用等级分布大体为接近正态分布的钟形曲线形态，而行业信用风险反映了行业内企业信用风险的平均水平（加权平均值），即级别分布中枢，因此我们可在得到行业内企业级别期望的基础上模拟行业风险理想分布曲线。钢铁行业信用品质的评级结果为“IRR-6”，对应级别分布中枢为“A-”，根据历史和专家经验估算出钢铁行业的峰值水平约为20%，拟合出钢铁行业风险理想分布曲线结果如图7-22所示。根据钢铁行业理想分布曲线各等级占比，可得出行业内主体资源配置、债务政策各类要素的打分标准，结合专家经验调整后确定最终阈值。

① 行业理想分布曲线详细应用方法请见第六章主体评级模型。

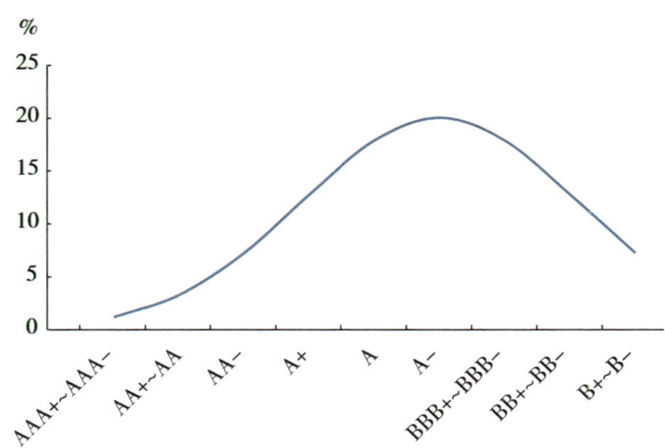

资料来源：中债资信整理。

图7-22　钢铁行业理想分布曲线

3. 确定资源配置能力和债务政策指标风险权重

中债资信以分析师对样本企业自身因素（不考虑模型外调整因素）得出的建议级别为基础，结合钢铁企业评级模型指标打分结果，以拟合误差最小为目标，采用量化分析结合专家经验进行权重设定[①]，具体步骤如下：

第一，采用统计方法确定模型的初始权重。初始权重拟合会很大程度上影响之后的模型计算量及准确率，因此在初始权重的确定上要充分保证拟合效果。中债资信选择带有边界约束条件的二次规划来确定模型的初始权重。

考虑如下的最小化问题：

$$\min \sum_{i} \left(Y_i - (\pi_1 X_{i1} + \pi_2 X_{i2} + \cdots + \pi_n X_{in}) \right)^2$$

$$\text{s.t.} \sum_{n} \pi_n = 1 \text{ 和 } \pi_n \geqslant 0$$

可以将其转化为一个标准的二次规划问题求解，即

① 详细权重设定方法请见第六章主体评级模型。

$$\min \frac{1}{2} x^T Q_X + c^T x$$

$$\text{s. t. } A_x \geqslant 0,\ p_x = 1$$

其中对于带有线性等式约束的形式可以采用Lagrange乘子法来求解。可以从上式看出，求出的最优解为每个指标最终体现在模型中的总权重，还需将其转化为各级指标的权重。在具体的对应关系上，对于一个n层、每层指标数分别为a_1，a_2，$\cdots a_n$的结构来说，要保证每一子级中所有权重之和为1，因此其内部共存在$1+a_1+a_2+\cdots+a_{n-1}$个约束条件。系数矩阵的秩等于变量个数减去约束条件个数，即$r(A) = a_1+a_2+\cdots+a_n-(1+a_1+a_2+\cdots+a_{n-1}) = a_n-1$，而上一步求出来的变量数也为$a_n-1$[①]，方程存在唯一解，这个唯一解就是各级指标的权重。

第二，采用网格划分方法（Grid Search）对初始权重进行优化。在求出各级指标的初级权重后，考虑到资源配置、债务政策等要素与评级结果之间存在可变权重矩阵，该数值解不能直接对应模型解。因此，中债资信以钢铁样本（不考虑模型外调整因素）得出的建议级别和各指标的打分结果为基础，根据指标特征确定各指标权重最优迭代区间及步长，采用网格划分方法系统地遍历多种权重组合，根据行业特征对评级要素内各指标权重以及评级要素间的可变权重进行估计，得到有约束条件下的分层级最优解。

第三，根据专家经验对该最优解权重进行微调后确定资源配置能力及债务政策评级指标的最佳效果权重（钢铁行业评级要素和权重参见附表）。

4.根据企业资源配置、债务政策得分确定初步级别

在确定评级要素和评级指标的基础上，应用前述指标阈值切分和权重设定标准，即将资源配置、债务政策要素各类指标得分进行加权计算得出资源配置和债务政策打分结果，再通过级别映射矩阵得出企业初步级别。级别映射矩阵的设置采用可变权重思想思路，具体体现在以下三个方面：

---

① 上一步中存在约束$\sum_n \pi_n = 1$，变量个数要减1。

第一，资源配置能力与债务政策的风险权重设定体现了资源配置能力对主体级别的重要性程度较高的思路。第二，在矩阵横向权重设置中，债务政策的权重会逐步递增。主体的债务政策得分越高，反映出其债务政策就越激进，对弱势因素给予更高的权重可以放大其对最终评级结果的影响程度，体现了短板效应对评级结果的影响更大。第三，在矩阵纵向权重设置中，根据资源配置能力的高低设置了资源配置先递减后递增的U形权重。当企业资源配置能力较好时，会更多关注信用主体的资源配置能力，弱化债务政策的影响。随着主体的资源配置能力降低，中债资信会逐渐加大对债务政策的考察力度，逐渐减少资源配置能力的权重。当资源配置能力由一般水平逐步降至较差水平时，资源配置能力所反映出的短板特征会较为明显，因此将逐渐提高资源配置能力的权重，体现资源配置较差状况下的短板效应对评级结果的影响。

5. 根据模型外调整因素进行最终级别调整

由于部分评级要素（包括但不限于公司治理与管理、流动性、母子公司、偿债意愿等）难以定量衡量，或是存在“短板效应”无法全面和动态反映受评主体信用风险，因此，中债资信在初始级别基础上增加反映上述因素的调整项，得到主体的个体级别。结合中国钢铁企业特征，模型外调整因素主要包括但不限于公司治理与管理、流动性、偿债意愿、大数据调整因子等，考虑此类要素后得出受评个体级别。最后，考虑外部支持（如有）对企业的增信作用后得出受评主体的最终信用级别（具体模型外调整因素参见本节第四部分）。

三、中国钢铁企业资源配置和债务政策要素和标准

钢铁行业作为典型的制造业，规模经济特征明显决定了规模与市场地位要素对公司竞争力和资源配置能力影响较大；同时，中国钢铁行业已经经历了粗放式发展，进入依靠技术、成本和创新进行竞争的阶段，成本控制和产品结构对于钢铁企业的竞争力越来越重要；而区位条件也在区域供需格局、物流成本等方面影响着企业的盈利表现。因此，中债资信对于钢

铁企业资源配置能力的评价主要考量规模及市场地位、区位条件、产品结构、成本控制、盈利与现金流等评级因素。债务政策方面，钢铁企业与一般制造业企业一样，主要考量受评企业的资本结构、短期和长期偿债指标表现等，但由于钢铁债务负担普遍偏重、债务期限结构严重偏短期化，因此需重点考虑其债务周转能力。钢铁企业资源配置和债务政策具体要素和指标分析如下：

1. 规模及市场地位

（1）要素选取

钢铁行业是典型的周期性行业，同等条件下，规模较大和市场地位突出的企业在资源配置、产品定价、外部支持等方面具有优势，其抵御经济周期性波动的能力也较强；同时，钢铁行业投资规模大，规模经济特征明显，规模较大的企业能够摊薄折旧等相关成本。因此信用评级中应关注规模及市场地位要素，但钢铁行业不同周期阶段企业核心资源配置要素将有所变化，结合现阶段行业周期特征，中债资信对于规模与市场地位要素的权重设置适度弱化。

案例解析：

宝钢和武钢合并是规模效益的典型案例，合并对宝钢、武钢基本面将带来较为积极的影响：第一，宝钢、武钢为板材领域两大龙头，两方合并规模效应更为突出，且更易获得外部支持。第二，战略资源和优势资源的互补，宝钢在华东市场优势较大、武钢在华中市场优势较 大，合并有利于优势资源互补；同时双方在华南地区均有产能布局（宝钢湛江、武钢防城港项目），整合后有利于产品定价的稳定性。第三，成本控制上，合并后两家产量超过6 000万吨，铁矿石需求量达1亿吨，占到全球铁矿石贸易量的5%左右，三大矿山年产量的 30%~50%，对铁矿石议价能力将大幅提升，焦煤、废钢等成本议价也是如此。

（2）指标及评价标准设定

中债资信选取粗钢产能、产量、钢铁业务收入和粗钢产量全国排名从量、价等维度来综合评价钢铁企业的规模和市场地位。

粗钢产能、产量——近年中国钢铁企业普遍采用规模扩张的形式来增强自身竞争实力，且多数通过并购重组来实现粗钢产能的增长，企业间产能规模差距加大，导致企业粗钢产量规模快速增长。通常来说拥有较大粗钢产能、产量规模的企业具有更好的经营稳定性。

钢铁业务收入规模——考虑到不同质量及技术附加值的细分品类间吨钢均价存在差异。因此，中债资信还采用了钢铁业务收入规模这一指标来补充反映同等规模量级的钢铁企业在产品结构、市场地位等方面的差异。

粗钢产量全国排名——粗钢产量全国排名是其市场地位主要体现。

2. 区位条件

（1）要素选取

不同区位条件下，钢铁企业的运营环境存在较大差异，进而导致不同区域企业经营表现的分化。一般来说，供需相对平衡、物流便利性高且物流成本低的区域内钢企生存环境相对较好，而供需严重失衡、物流成本高企的区域内钢铁企业生存压力将显著加大。因此信用评级中应关注区位条件要素。

（2）指标及评价标准

中债资信对于区位条件要素设置综合定性打分指标。标准设定方面，考虑到区域供需格局是影响区域内钢铁企业运营的首要因素，物流成本通过影响成本端发挥重要作用，因此中债资信主要通过分析各区域供需格局和物流成本设定评价标准。

区域供需格局——中国钢铁行业的区域供需格局整体呈现“东强西弱”的分布。西部地区由于区域内需求相对较弱，供需矛盾较为突出，其中西北地区产能过剩尤为严重，而东部地区受益于下游需求相对较好且运输条件较为便利，整体供需矛盾弱于西部地区。2017年以来，受行业需求向好及清理“地条钢”带动，全行业统计口径内的粗钢产量整体有较大增长，其中过往产能利用率相对较低的西北、中南及东北等地区粗钢产量增

幅明显高于华东及华北地区，“东强西弱”的差距有所缩小。

物流成本——基于区域位置及各区域产品销售区域分布特点，不同区域钢材产品物流成本分化明显。首先，区域位置决定主导运输方式、便利性及运输成本。一般而言，铁路、公路等运输成本显著高于水运。华东地区钢铁企业产品运送均以水运为主，物流成本最低；东北地区和华北地区以水运为主，铁路、公路为辅，物流成本较低；中南地区以公路、水路为主，物流成本中等；西南、西北地区地处内陆，相对封闭，运输以铁路、公路为主，物流成本高。其次，结合各区域钢材产品销售区域分布看，华东地区外输的产品比例最低（仅20%左右），加之发达的水运体系，综合看物流成本最低；西南、西北地区外输比例均较高，加之无论内销外销均以铁路、公路为主，物流成本高；东北地区外销比例最高（50%左右），尽管物流条件较好，但运输距离较远，综合来看物流成本较高。

3. 产品结构

（1）要素选取

中国钢铁细分产品种类丰富，不同下游需求会造成不同钢材品种的景气差异，进而影响其价格走势，导致产品盈利差异。此外，由于中国钢铁行业中低端产品同质化程度很高，企业之间的竞争主要围绕价格展开，而一些高端产品则会因为技术壁垒导致产品获利空间差异显著，因此信用评级中需要关注受评企业的产品结构。

（2）指标及评价标准

中债资信选取大类产品数量、高技术产品销量占比来综合评价钢铁企业的产品结构。

大类产品数量——受下游供需影响，不同产品产能利用率和盈利能力存在较大差异，如整体看螺纹钢、热轧板卷、中厚板等品种产能过剩较为严重，冷轧板卷产能过剩压力较小，保持相对较好的盈利水平。再如2016年以来，房地产等下游需求强劲，使螺纹钢的价格和盈利走势优于其他钢材品种。因此，对于产品结构相对多元的企业整体抗周期波动风险能力更强，中债资信通过大类产品数量指标评价产品结构，评价标准基本按照缺失一大类即往下一档递减的分类来划分。

高附加值产品销量占比——产品生产工艺越复杂、其技术门槛越高、越容易形成技术壁垒，进而表现出较强的产品竞争力，企业产品质量的稳定性越好。一般而言，冷轧工艺较热轧工艺流程长、冷轧产品相对质量高于热轧产品；而同为热轧工艺，工艺设置越复杂、处理程序越多、产品特性要求越多，体现出产品的技术含量越高，其附加值也越高。因此，中债资信通过高附加值产品销量占比指标进一步评价其产品竞争力和质量的稳定性。

4. 成本控制能力

对于制造业企业来说，成本控制力是企业的核心竞争力，尤其在行业低谷期，面临需求萎缩、价格下跌等行业共性不利环境时，成本控制能力将直接决定企业的抗风险水平。因此中债资信对于钢铁企业成本控制力的评价无论是从考量维度还是权重层面均有所加强。从钢材成本结构看，主要包括原材料、燃料动力、人工工资、折旧摊销等，其中现阶段铁矿石、焦炭等原燃料占绝对比例，如2017年马钢股份和南钢股份原燃料占比达到82%~84%。整体来看，企业的成本控制能力主要关注以下三个方面：一是原燃料自给情况，二是生产工艺，三是生产效率。

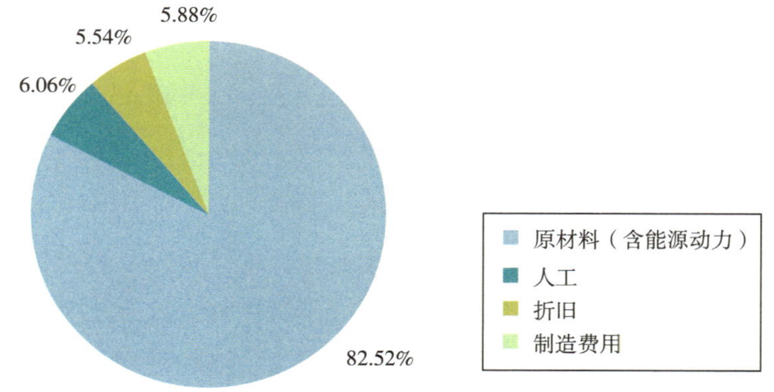

图7–23　2017年马钢股份钢铁业务成本构成

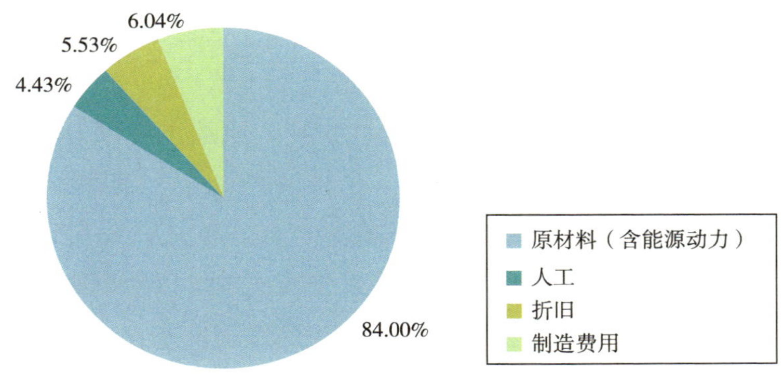

图7-24　2017年南钢股份钢铁业务成本构成

（1）原燃料自给情况

①要素选取

原燃料价格方面，自给率、物流成本是分析的关键因素，物流成本已在区位条件要素给予考虑，这里重点评价原燃料自给程度。原材料自给程度越高、自给原料的成本越低，表明企业的原材料成本可控力度越大。

②指标及评价标准

中国钢铁企业拥有铁矿石资源的企业较少，铁矿石自给程度普遍较低，拥有焦煤资源的企业更是稀缺，且有实力的钢铁企业多投资自有焦化设备，以保证焦炭质量，因此中债资信通过铁矿石自给率、焦炭自给率、自备电比例来衡量原燃料自给情况。

铁矿石自给率——在评价铁矿石自给率时，需关注不同阶段铁矿石的产业链地位变化导致的指标评价标准差异。2013年以来随着海外四大矿山产能的陆续投放，矿石领域产能过剩逐步严重，矿石地位转弱，国际铁矿石价格远低于自产铁矿石的成本，拥有自给矿反而会成为拖累，如鞍钢卡拉拉、山钢唐克里里铁矿，都在后期对企业的经营形成较大拖累。在设定自给率标准时，当国际铁矿石价格低于70美元/吨时，铁矿石自给优势丧失，此时铁矿石自给率为反向指标。

焦炭自给率——以炼焦煤和冶金焦1.3：1的出焦率计算，一般情况下自有配套焦化厂能够节约6%~10%的焦炭成本，以焦炭和铁水0.35∶1的产出比率看，在当前焦炭价格处于高位的情况下（按1 900元/吨计），焦炭自给率高的钢厂能够节约铁水成本数十元/吨，成本优势较为明显，因此考察原料自给情况需评价焦炭自给率。值得说明的是，当焦炭与炼焦煤价差处于较低水平时（见图7–25），焦炭生产成本倒挂，焦炭自给优势丧失，此时钢企需主动调整焦炭外购规模来平衡成本。以沙钢集团为例，自2012年以来冶金焦价格快速下滑，冶金焦与炼焦煤价差收窄，沙钢集团会主动减少焦炭自给来控制成本。

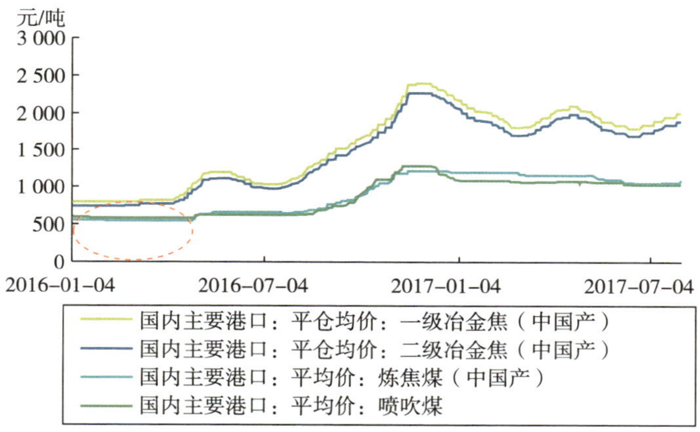

资料来源：Wind资讯，中债资信整理。

图7–25　冶金焦、炼焦煤和喷吹煤价格走势

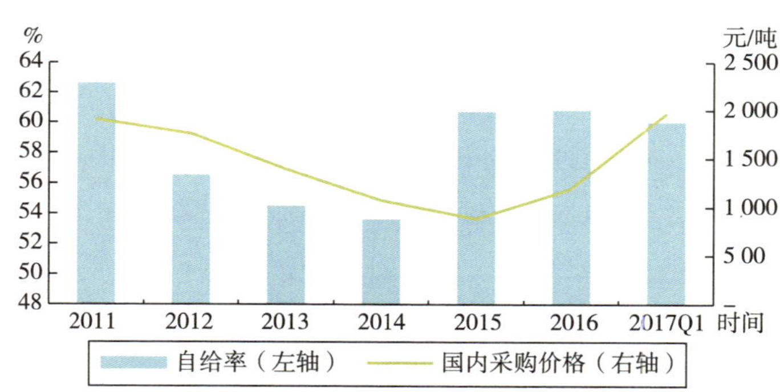

资料来源：公开资料，中债资信整理。

图7–26　沙钢集团焦炭自给率及外购均价

自备电比例——根据《行业百科之钢铁行业——从钢企电耗看成本控制和高炉限产》研究测算，主流钢企吨钢电耗为300~600千瓦时/吨，工业用电成本约0.6元/千瓦时，自备电厂发电成本为0.2~0.3元/千瓦时（包含回收废气等材料成本），假设主流钢企自发电比例在50%，则每千万吨粗钢产量的钢企每年可通过自备电厂节约用电成本4.5亿~12亿元。因此考察原料自给情况需评价自备电比例。

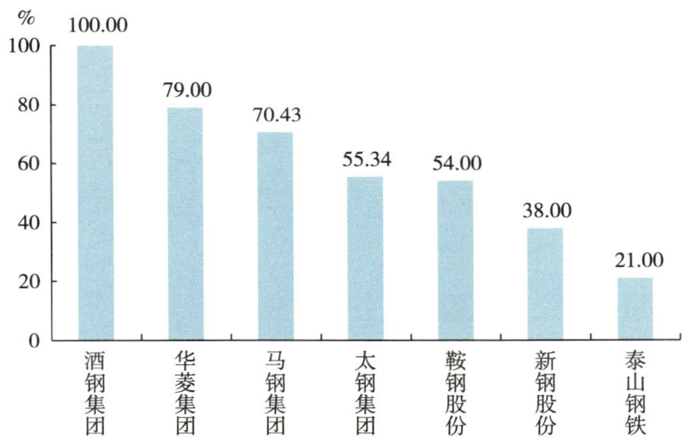

资料来源：Wind资讯，中债资信整理。

图7–27　部分钢铁企业自备电比例情况

（2）生产工艺

①要素选取

中国钢铁行业在经历了漫长的发展之后，生产工艺和流程总体保持稳定，短期内难以通过主要环节的技术跃迁来实现行业革新，工艺优化成为提高生产效率的重要途径。中债资信从装备水平和生产能耗两方面评价生产工艺水平。

②指标及评价标准

装备水平——当前中国钢铁生产工艺主要以长流程为主，高炉反应是重要的成本控制环节。一般来说，高炉炉容级别越高则能耗越低。高炉的规模以其容积来度量，400立方米以下规模的高炉为落后产能，目前落后高炉产能占比很低，但中等规模及以下的企业装备、工艺水平较大型钢铁企业有明显差距，部分仍面临着淘汰落后压力和环保限产压力。在现阶段环保高压态势下，主要钢铁企业重点向大高炉的方向发展，因此中债资信用1 280立方米及以上炉容炼铁产能占比来衡量企业的装备水平。

生产能耗——钢铁生产工艺优化的直接导向就是生产能耗低，吨钢综合能耗是钢铁企业生产能耗的综合指标，是指每生产一吨钢所消耗的能源折合成标准煤量，吨钢综合能耗越低表示成本控制能力越强。当前钢铁企业吨钢综合能耗在500~650千克标煤不等。

（3）生产效率指标及评价标准

人均产钢量（粗钢产量/员工总数）——钢铁行业普遍具有人员负担重的特点，企业内部管理问题也是企业生产环节分化的重要因素，因此中债资信通过人均产钢量衡量钢铁企业生产效率。

产能利用率——钢铁为重资产行业，吨钢折旧大，产能利用率越高，吨钢折旧摊销越小，所以产能利用率也是另一个反映企业生产效率的指标，但其更多是通过非现金支出（折旧、摊销）直接影响企业盈利能力，同时也会通过人均产钢量间接作用盈利能力。

5. 盈利能力和现金流

（1）盈利能力指标及评价标准

盈利是企业经营的根本，也是企业竞争实力的最终体现。在同样的债务压力下，盈利能力较强的钢铁企业在行业低谷期能够保持相对较好的竞争地位，也利于保持相对稳定的信用品质。

钢铁业务毛利率——由于钢铁行业原材料价格波动大，固定资产规模大，因此生产成本、固定资产折旧政策对企业盈利能力的影响较大，主要反映在毛利率表现有差异。值得注意的是，部分钢铁企业在维修费用的处理方面有所不同，可能计入成本，也可能计入管理费用，而维修费用往往金额不小，从而导致毛利率水平有所差异。

EBIT利润率——虽然钢铁企业固定资产折旧规模较大，但钢铁企业每年技改、维修支出较高，EBIT利润率反映了扣除折旧摊销后钢铁企业的盈利能力。

总资产报酬率——钢铁属于重资产行业，因规模差异，从投资角度，可以采用资产的盈利能力指标进行衡量。

综上所述，考虑到毛利率、EBIT利润率和总资产报酬率分别是从不同维度考量企业的盈利能力的，因此我们综合上述指标衡量钢铁企业的盈利能力。

标准设定依据：

钢铁行业为传统的中游加工制造业，产品附加价值相对较低，利润水平具有明显的天花板限制。2000年，在供需结构相对合理的情况下，行业毛利率能够保持在14%左右，但随着行业竞争加剧、产能严重过剩，行业毛利率下降至6%~8%的较低水平并维持稳定。

（2）现金流指标及评价标准

钢铁行业对款到发货的收现政策执行较好，保障了行业盈利向现金流的转化，多数钢企的现金收入比能够保持在100%以上，甚至是120%左右，但需警惕行业景气度下行阶段中钢厂弱势情况下收现政策执行弱化。在行业景气度持续下降的情况下，企业盈利水平恶化，现金流将成为偿债的关键资源。无论亏损多严重，只要现金流能持续滚动，钢铁企业仍会继续生产。考虑到钢铁企业整体收现质量维持得较好，评级模型中对于现金流的考量权重适当弱化，指标方面则选取现金收入比作为衡量经营业务获现能力的主要指标。

6. 资本结构

（1）要素选取

资本结构体现了企业的债务政策，是影响企业债务稳健性的关键因

素。作为重工业的典型代表，钢铁企业项目建设周期较长，资金需求较大，外部债务融资金额较高，较高的固定成本也在一定程度上降低了企业的财务弹性。对于较高杠杆运营的中国钢铁企业，债务负担的高低体现了企业债务政策的谨慎程度，因此是影响偿债能力和偿债意愿的关键要素。

（2）指标及评价标准

资产负债率——能够较好地反映企业债务负担情况，因此中债资信选取资产负债率这一能体现总体负债水平的指标来评价钢铁企业的资本结构。该指标值越高，反映企业的债务政策越激进、债务负担越高、偿债风险越大。

钢铁行业的重资产属性以及低盈利导致的资本回报周期长的特点，决定了行业的规模发展需要长期的信贷支持。2000年以来，钢铁行业爆发式增长带来的大规模的投资支出，直接导致了行业资产负债率的持续攀升并维持在高位（65%左右），增速以及杠杆水平远超全国各行业平均水平，行业整体面临较大的债务周转压力。

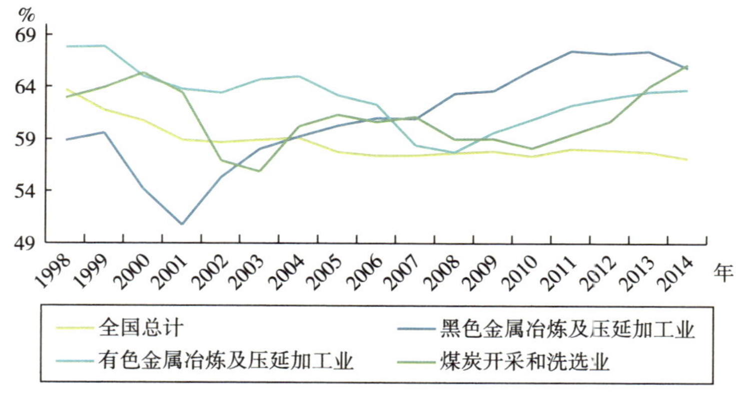

图7-28　部分重资产行业资产负债率情况

7. 短期偿债表现

（1）要素选取

钢铁行业财务杠杆较高，生产经营涉及大规模的现金流入和流出，对

营运资金的要求较大，因此保持较强的现金获取能力、较高的资产流动性和债务资本周转是保障到期债务偿付和保持经营持续性的关键。企业资金流动性越强，偿债风险越低。

（2）指标及评价标准

现金类资产/短期债务——主要用于补充流动性，在债务偿付时具有较强的刚性及时间限度要求，所以中债资信从流动性比较强的现金类资产角度考察企业对短期债务的即时偿付能力。

经营活动流入量/流动负债——钢铁企业通常现金流入规模较大，资金周转能力较强，短期债务往往能获得银行周转的支持，短期偿债更多地体现为资金周转，而短期资金周转的主要来源为经营活动现金流入量，因此，中债资信采用经营活动流入量/流动负债指标来衡量钢铁企业的流动性。

剩余授信额度/授信总额度——考虑到钢铁企业债务负担普遍较重，债务期限结构严重偏短期化，对借新还旧依赖大，进而有必要对其债务融资的难易程度进行判断，可从企业授信总额变化、剩余授信占授信总额比重、贷款利率变化等角度判断银行融资难易程度。在此，中债资信选取剩余授信额度/授信总额比重来衡量企业融资环境变化。

8. 长期偿债表现

中债资信对钢铁企业长期偿债能力的评价更为重视稳定的现金流来源对债务的偿付保障。受评企业的自有偿债资金来源与EBITDA有很大的相关性，全部债务/EBITDA指标综合反映了企业资本结构和盈利能力，即使两家企业的财务杠杆比率相同，不同的盈利能力和现金获取能力所承担的财务风险也不同，可以相对较全面地反映企业的长期偿债能力。

四、中国钢铁企业模型外调整因素

对于钢铁企业而言，主体信用风险的模型外调整因素包括但不限于以下几个方面。

1. 公司治理与管理

公司治理与管理水平主要从股权结构及股东行为、信息披露透明度与质量、战略管理三个方面考察。由于公司治理与管理方面的缺陷很可能直接导致公司经营无法维系或外部融资环境收紧进而导致违约，对个体信用风险具有重大影响，因此中债资信对公司治理与管理存在或出现重大缺陷的主体，以对个体级别下调形式反映其负面影响，并根据其缺陷的严重程度，设置了不同程度的调整规则①。

对于钢铁企业而言，结合钢铁企业所有制性质，对于民营钢铁企业仍需关注其实际控制人、治理结构不完善和信息披露不规范等问题，对于国有钢铁企业来说，股权结构和信息披露质量方面存在重大风险可能性较小，结合行业内违约企业总结和分析来看，近年来多数企业存在投资战略激进的问题，在信用评级过程中需对这一要素重点关注。

2. 流动性

债务政策中已经对影响主体流动性的因素进行了评价，由于我们认为流动性是影响主体的短板因素，即通过打分卡模型无法完全反映其对信用风险的影响，因此我们增加一个流动性评价的模型外调整因素，具体来说，当调整项——流动性评价结果非常差时，对个体级别进行一定下调。流动性评价涵盖内容包括内生流动性和外生流动性：内生流动性评价主要针对主体自身资产变现、持续经营活动和投资活动的流动性，具体评价时主要考察主体现金偿付能力、营运资金需求、营运资本、易变现资产情况及短期投资压力；外生流动性主要考察主体获取外部金融机构流动性资源的能力。流动性不足会导致主体无法及时获取资金履行各类付现契约义务，极端情况下会直接导致主体违约或破产，因此中债资信将以对个体级别下调形式反映其负面影响②。

对于钢铁企业而言，由于行业整体债务结构严重偏短期化与投资回收期限不匹配，加上外部融资环境不确定性较大，整体行业面临较大的流动

① 具体考察要素和调整规则参见第九章专项评价方法。

② 具体评价指标和调整标准参见第九章专项评价方法。

性周转压力。实务中需要重点关注以下几类企业的外部流动性压力：一是银行授信收紧且融资渠道单一的中小钢企；二是银行授信收紧、公开债券市场受阻而自身债务负担重、短期流动性压力大的钢企；三是公开债券市场仍开放，但公开市场偿付压力较大且融资成本高企的钢企，上述钢企将面临较大的流动性压力。

3. 偿债意愿

影响企业偿债意愿的因素主要包括两个：一是理性决策；二是偿债意识。主体偿债意愿的弱化会增加信用风险，尤其是在经济下行、违约增多背景下，主体偿债意愿可能出现阶段性弱化的特点，因此需要加强分析其偿债意愿，才能全面准确地判断企业债务违约风险。中债资信评价偿债意愿弱化程度，并根据评价结果，适度下调个体级别[①]。对于钢铁企业来说，尤其是部分中小民营钢企，需关注其在经营不善、较大债务周转压力下偿债意愿弱化的可能性。

4. 大数据调整因子

打分卡模型数据来自受评主体历史经营和财务等传统评级数据，所用数据可能存在无法全面和动态反映受评主体信用风险的问题，比如在年初4月份（上年年报尚未公布时）对受评主体进行评级，使用财务数据往往是上年度的第三季度报，财务数据时间滞后，无法反映企业最新财务状况；再如，对于钢铁企业而言，落后产能淘汰以及环保限产等突发事件可能对企业正常的生产经营产生较大影响，但经营财务数据对企业经营变化的反应相对滞后。为弥补现有模型、方法的固有缺陷，中债资信使用大数据和人工智能技术，对受评主体以及与主体具有关联关系的企业和自然人的非经营、财务数据或信息（信息范围包括但不限于公告、工商税务信息、法院检察院诉讼信息、新闻舆情等各类信息）进行实时跟踪和抓取，并根据获取信息的影响程度，形成受评主体大数据调整因子评分。当该评

① 具体评价要素和调整规则参见第九章专项评价方法。

分结果很差，并对受评主体偿债能力产生重大不利影响时，中债资信以对个体级别调整形式反映其影响。

5. 外部支持

中债资信引入联合违约分析思路考虑外部支持后主体信用风险的评定，首先依据个体信用风险分析思路评定受评主体个体信用等级，其次考察支持方的支持能力和支持可能性，最后在联合违约理论指导下，根据受评主体的个体级别、支持方能力、支持方意愿以及两者相关程度，综合得出外部支持对受评个体的正面影响程度，确定考虑外部支持后的受评主体级别①。

对于钢铁企业而言，发债钢铁企业多以国有企业为主，多数能够得到中央或地方政府或强或弱的支持，如2016年行业融资环境极为恶劣时，内蒙古自治区政府出面帮助包钢集团协调银行贷款兑付公开市场债券，再如山钢集团济钢搬迁和日照钢铁基地建设面临很大的投资压力，省市两级政府在资金上给予较强支持。实务中对于国有钢铁企业，需根据支持方的实力、支持意愿和过往支持、潜在支持计划等进行综合判断。值得说明的是，在判断支持意愿时，相对单一股东的股权结构，股东多元化可能造成各方利益难以协调，整体救助意愿或下降。以东北特钢为例，控股股东辽宁省国资委直接和间接持有东北特钢51%的股权，其余股权由东方资产和黑龙江国资委持有，辽宁省经济财政实力下滑明显，且持股比例偏低，造成其提供流动性支持的能力及意愿均有限。

① 具体联合违约理论下的实务操作原则参见第九章专项评价方法。

附表：中国钢铁企业评级要素权重

要素归类	评级要素	要素权重
资源配置	规模与市场地位	30%
	区位	15%
	产品结构	10%
	成本控制能力	25%
	盈利能力与现金流	20%
债务政策	杠杆水平	40%
	短期偿债表现	40%
	长期偿债表现	20%

附例：中国钢铁企业信用评级运用举例

对于一个待评级的中国钢铁企业，我们的评级思路如下：

首先，梳理出钢铁企业资源配置能力和债务政策评级要素和指标。

其次，根据行业信用品质评价方法和模型确定钢铁行业信用品质评价结果为“IRR-6”，从而确定指标阈值划分标准，经分析师调整后确定最终阈值。

再次，依照指标评价标准对该企业的各个指标进行评分，在得到各指标的分值后，按照各指标的权重根据评级模型计算出该企业的资源配置能力得分和债务政策得分。

最后，将企业资源配置能力得分和债务政策得分转换后通过初始级别映射矩阵得出企业初步级别，在此基础上考虑调整项和外部支持对级别的影响后得出最终主体信用级别。

以某钢铁企业×公司为例，对×公司的各项指标，我们均可以得出相应分值，其中对于资源配置能力和债务政策指标加权求和后的资源配置能力和债务政策评分分别为2.18和2.60，取整转换后再根据初始级别映射矩阵得出企业初步级别为AA级。在模型给出的初步级别的基础上，中债资信对未纳入模型的调整项进行综合考虑，考虑外部支持的一定增信作用后，最终得出×公司的指示级别为AA+级。

下表演示了对钢铁企业×公司评级的过程：

附例：×公司信用评级模型运用

要素归类	评级要素及权重		模型指标及权重	指标表现	指标分值	对应打分	初步级别
资源配置能力	规模与市场地位（30%）	规模	粗钢产能	2 520	3	2.18	AA
			粗钢产量	2 182	3		
			钢铁业务收入规模	577.42	3		
		市场地位	粗钢产量全国排名	1	1		
	区位（15%）		所处省份	1	1		
	产品结构（10%）		大类产品数量	3	3		
			高技术产品销量占比	34.16	3		
	成本控制能力（25%）	原燃料自给情况	铁矿石自给率	0	5		
			焦炭自给率	100%	1		
			自备电比例	54%	4		
		装备水平	1 280立方米及以上炉容炼铁产能占比	100%	1		
		生产效率	人均产钢量	567.53	3		
			产能利用率	86.59%	2		
		生产能耗	吨钢综合能耗	587	4		
	盈利能力与现金流（20%）	盈利水平	钢铁业务毛利率	8.32%	3		
			EBIT利润率	0.75%	3		
			总资产报酬率	0.70%	3		
		现金流	现金收入比	89.57%	4		
债务政策	杠杆水平（40%）		资产负债率	48.94%	2	2.6	
	短期偿债指标（40%）		现金类资产/短期债务	0.45	3		
			经营活动现金流入/流动负债	1.40	3		
			剩余授信额度/授信总额度	66.87%	3		
	长期偿债指标（20%）		全部债务/EBITDA	5.25	3		

第三节　中国住宅开发房地产企业主体信用评级方法体系

回顾中国房地产行业的发展历史，1998年中国结束福利分房、实施住房市场化，随后五年进入快速发展阶段，直至2003年中后期进入第一次收缩调整期。中债资信选取国房景气度指数①划分小周期，2003年以来，中国房地产市场共经历了3轮完整周期波动，分别为2005年下半年至2008年下半年、2008年底至2011年底、2012年至2015年，呈现了显著小周期波动，当前以2015年初为起点至今仍处于小周期波动的前半段。

中债资信认为，房地产行业重投资属性使行业整体对资产的持续周转滚动要求很高，销售现金回笼质量和持续融资能力对房地产企业不断拿地、开工、复工起决定性作用，而企业销售现金回笼质量作为其经营能力的重要体现对企业的持续融资能力影响重大，因此，行业分析以销售端作为起点，销售带动投资，而投资端是结果和结论，反映企业对于未来行业发展的信心及预期的变化。

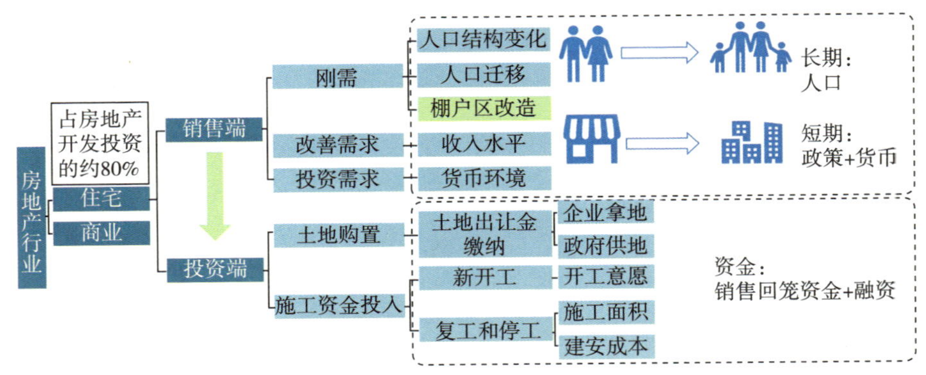

资料来源：公开资料，中债资信整理。

图7-29　房地产行业分析逻辑与框架

① 国房景气度指数是国家统计局公布根据8个分类指数（包括销售及投资端）合成地综合指标，其波动变化可综合反映我国房地产市场的景气度变化。

整体来看，过去几轮小周期，特别是2008年底至2011年、2011年底至2015年初以及此轮周期2015年下半年至今，每一轮的周期起点均由货币政策的放宽为起始。2008年底，面临美国次贷危机、全球经济下滑的严峻背景，央行实施了一系列货币宽松政策，对金融机构贷款利率进行了5次下调，国务院在2008年12月明确放松二套房政策并支持房地产企业合理融资要求，在政策货币双宽松影响下，销售增速快速提升、房地产投资迅速反弹；2011年起央行进入新一轮降息、降准周期，3次下调存款准备金，两次下调存贷款基准利率；2015年两次降息、两次降准，超发的流动性带来房地产购置需求的上涨和投资资金来源的宽松，再叠加调控政策的变化而演变为小周期上行波动。

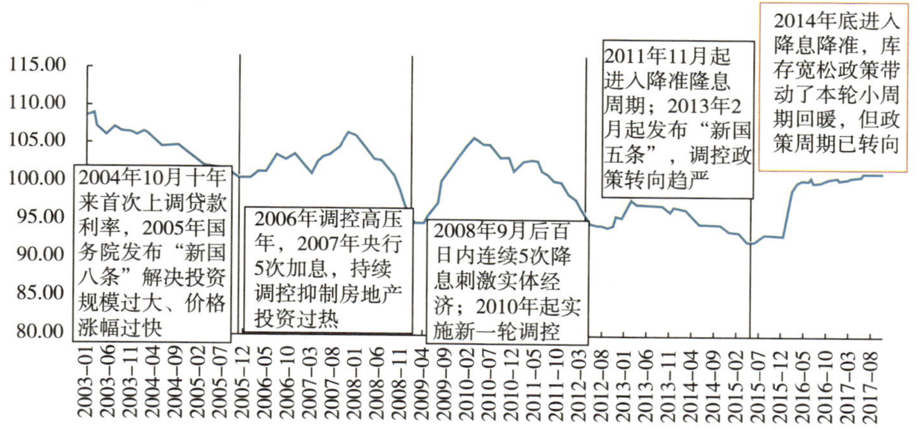

资料来源：Wind资讯，中债资信整理。

图7–30　2003年以来国房景气度指数变化

而由于我国目前调控政策以对需求的调控为重点，因此近年来每轮周期的下行均以调控政策的高度收缩对销售端的直接打压形成拐点，但销售的下行对投资的影响受库存周期、货币环境等多因素影响，传导的时滞长短存在不确定性，最终每轮小周期的结束都是以投资指标的下行为结尾。在经历2009年房价高速增长后，2010年4月国务院出台“新国十条”，房价过高的城市相继颁布“限购令”，同时国务院加强房企购地和融资监管，在此影响下销售增速进入下行阶段，但由于前期的货币宽松带来的超发流动性，投资增速得以维持；2011年1月，国务院“新国八条”提高二套房首付比例和限制第三套住房贷款，2011年上半年6次上调存款准备金率，4次上调存贷款利率，8月银监会多次发布通知规范开发贷款及房企融资，投资增速在2011年下半年起持续下行。2013年2月国务院颁布“国五条”要求各直辖市、计划单列市按照保持房价的基本原则制定房价控制目标并严格执行限购措施，坚决遏制房价上涨，全国限购城市超过40个，市场景气度再次下行至2014年深度调整。而此轮自2015年起的周期，其政策周期已经发生明显转向，但在库存低位、棚改货币化安置政策等因素影响下，此轮周期被显著拉长，这导致了2017年以来的销售指标下行与投资指标的上行形成了背离。但从周期波动趋势分析，未来随着政策维持紧缩，销售指标继续下探的趋势已基本形成，随着传导时滞已进入尾声，预计未来投资增速逐渐盘整下行的趋势将逐步显现。

综上所述，房地产调控政策影响企业销售端短期走势，叠加土地供给、库存水平和市场投资投机需求等因素，在多方因素的影响下最终形成行业的小周期波动。

但是，长期来看，房地产行业发展根本上还是有赖于人口的流动和增长，热点城市人口吸附能力强，房地产市场供需矛盾较为突出，需求刚性好，从而可以对房地产企业项目的收益形成比较好的支撑效果；同时，热点城市土地资源相对更加稀缺，土地获取成本更高，能够在热点城市充分布局并且掌握一定规模土地储备的房地产企业在竞争中优势更加显著；此外，房地产行业已进入因城施策、精准调控阶段，进一步提升了房企城市布局的要求。因此，区域分布和土地储备是长期影响企业竞争实力的关键要素。

而中期考虑，企业的发展需要持续不断的资金支撑以获取土地、开发项目，销售回笼是房企资金重要来源，项目运营情况和盈利能力一定程

度上决定了企业的抗风险能力。房地产行业黄金十年的结束使房企不能再像过去一样单纯依靠房价的单边上涨获利，市场竞争优势更多偏向于项目开发专业、运营能力强的房企，这类企业在地价不断上涨的背景下仍然能够获得相对可观的盈利空间。销售回笼资金是房企运营资金的重要组成部分，采用高周转、轻资产的经营策略，主动控制项目开发节奏的企业存货去化压力相对较小，资金回笼速度相对更快，一定程度上可以缓解企业资金压力。此外，再融资也是房地产企业的重要资金补充，房地产企业的债务政策和融资能力成为企业在行业调整阶段平稳发展的决定性因素。

那么，上述因素在微观层面如何具体地影响个体企业的信用品质？中债资信新版住宅开发房地产企业主体评级方法体系通过搭建行业信用风险评价，确立企业评价要素和指标等一系列创新方法系统性解决这一问题。

一、中国房地产行业概况及特征

1. 中国房地产行业划分及界定

从产品来分，房地产主要包括住宅开发和商业地产，中国房地产市场受住宅市场主导，住宅开发投资占全国房地产总投资80%左右。住宅开发和商业地产的运营方式、盈利模式及财务表现差异较大，本方法主要适用于以住宅开发为主的房地产企业[①]。同时考虑到房地产企业普遍开始拓展商业地产项目运营，中债资信在评级实务中按照商业地产板块收入权重添加商业地产运营情况评价模块，从而更加全面评估房地产企业信用品质。

2. 中国房地产行业特征

（1）行业周期性强

房地产业属于周期波动性行业，其周期性表现为市场短期自身调节，以及中长期的宏观经济影响。短期来看，房地产行业自身调节主要源于市场供需关系的波动改变。由于普通商品和投资品的双重属性，房地产需求释放受很多外在因素影响，比如市场预期、宏观货币环境等，进而较多情

① 判断主业主要依据企业收入或利润占比，具体判断标准详见《中债资信行业分类标准》。

况下形成阶段性的供需不均衡。短期供需关系变动使房地产销售及价格呈现一定周期波动，进而影响行业土地购置、新开工等，而开发投资情况进一步导致新增供给的变化，从而形成新一轮自身供需调节。而中长期来看，房地产行业与宏观经济的周期性呈正相关关系，在经济的上升期，房地产行业发展快速，房价及销量均大幅增长，而在经济的下行期，房地产行业萧条萎靡，房价及销量均呈下跌趋势。此外，人口规模及结构的变化也对房地产市场的长期需求形成影响，同时，城镇化进程及居民收入水平波动等均将影响长期需求的释放。外在因素方面，国内过去行政色彩较浓的调控政策也较大程度地影响和改变了市场自身调节进程及节奏，未来中长期内政策影响因素仍将存在，房地产行业周期波动性仍将延续。

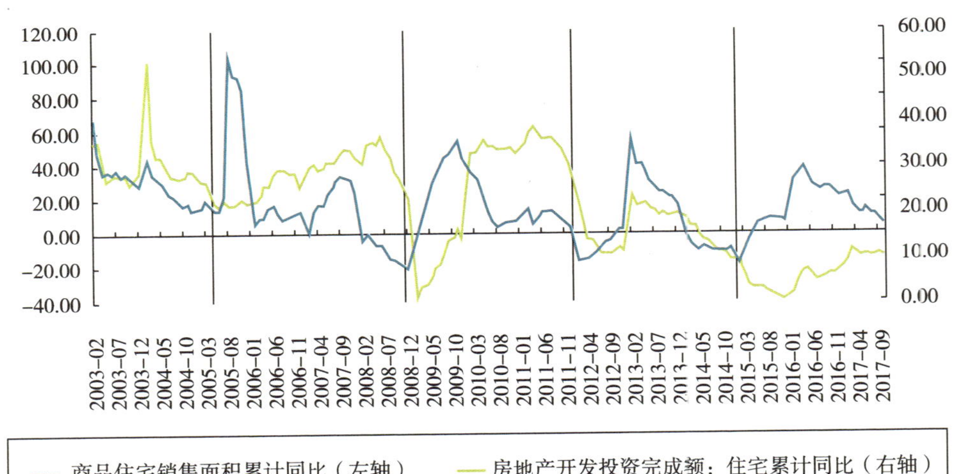

资料来源：Wind资讯，中债资信整理。

图7-31　2003年以来我国房地产市场销售、投资呈现小周期波动

（2）行业竞争激烈，集中度提升显著

随着我国房地产行业步入白银时代，行业整体发展速度下行，行业内竞争持续升级。在调控政策趋严、融资受限的背景下，大中型房企在土地资源获取、企业并购重组、战略转型及对外融资等方面竞争优势逐步显

现，部分中小房企加速转型退出、竞争淘汰，房地产行业集中度加速上升且趋势持续。

表7-3 近年房地产行业集中度变化情况

销售金额	2013年	2014年	2015年	2016年	2017年
前3名集中度	—	—	7.7	8.9	12.0
前10名集中度	13.7	16.9	17.0	18.7	24.1
前20名集中度	18.9	22.8	23.1	25.2	32.5
前50名集中度	26.2	31.2	32.1	35.3	45.9

资料来源：CRIC，中债资信整理。

（3）区域分化显著

我国房地产市场呈现显著的区域分化特征，受区域人口构成及流动情况、区域经济水平、产业结构、消费习惯等长期因素的直接影响，房地产市场的区域分化程度显著并且在短期内保持相对稳定。对于房地产企业，区域差异成为了企业分化的重要驱动因素，区域间的分散程度及集中度将较大程度地影响企业风险控制能力。

（4）资本密集行业，债务负担重

房地产业属于典型的资金密集型行业，房地产项目开发周期长，资金投入规模巨大，而企业自有资金投入较少，现金流状况受项目建设和销售进展状况影响大，主要依靠外部资金及销售回款滚动经营，行业债务负担重，平均资产负债率超过68%，整体对外部融资依赖度较高。

（5）行业地位重要

住房市场从1998年开始进入市场化，伴随着我国的经济飞速增长而快速发展，房地产行业涉及面广、产业链条长、关联度大，一直以来都是我国经济增长的主要引擎，2016年以来行业的升温，对GDP贡献度维持8%左右的高位，叠加行业对上游大到钢铁、建材、建筑、电力，小到家电等都有直接的带动影响，其实际整体对我国经济的拉动作用可能超过30%，行业在国民经济中发挥重要作用，因此也是国家政策重点调控行业，整体地位非常重要。

二、中国住宅开发房地产企业主体评级思路

根据中债资信评级原理①，中国住宅开发房地产企业主体评级思路为：首先，基于行业特征、行业内企业表现、行业政策及经济学意义确定影响房地产企业资源配置和债务政策的评价要素和指标。其次，采用打分卡模型形式构建企业信用评级模型，对房地产行业内企业资源配置、债务政策要素打分，并结合级别映射矩阵确定受评主体初步级别。再次，由于部分评级要素难以定量衡量或是存在“短板效应”，打分卡模型无法全面和动态反映此类因素的影响，因此，中债资信在初始级别基础上增加反映上述因素的调整项，得到主体的个体级别。结合房地产行业特征，此类调整因素主要考察公司治理与管理、流动性、偿债意愿、大数据调整因子等。最后，在个体级别基础上综合考虑外部支持（如有）后得到最终主体信用级别。

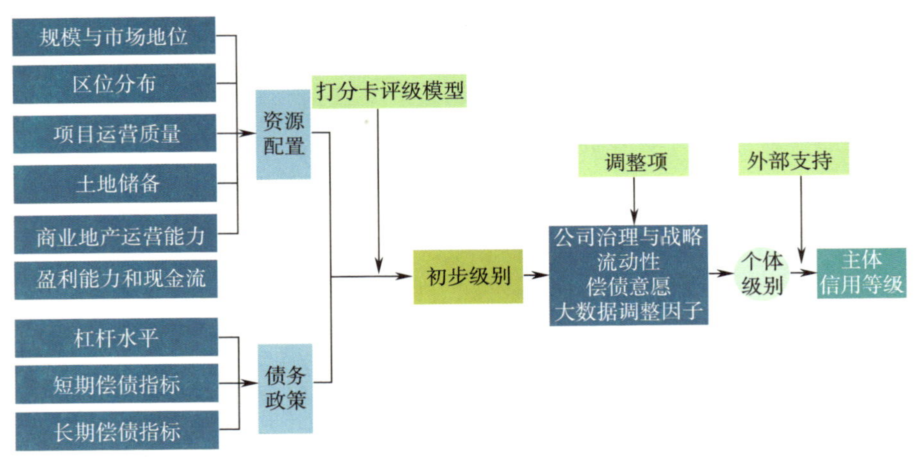

图7–32　中国住宅开发房地产企业主体评级思路

① 中债资信行业主体信用评级方法在评级原理指导下制定，具体评级思路请参见中篇评级方法总论。

其中，打分卡评级模型的阈值、权重和初始级别映射矩阵设定原则说明如下：（1）阈值设定思路：根据房地产行业自身特征、行业内企业表现、行业政策等要素，确定房地产行业信用品质的评价结果，从而推导出房地产行业信用风险的理想分布曲线，进而确定指标阈值划分标准，再结合专家经验调整后确定各指标阈值；（2）权重设定思路：采用网格划分方法结合专家经验得到约束条件下的分层级最优风险权重；（3）初始级别映射矩阵的设定反映了可变权重设置思想。

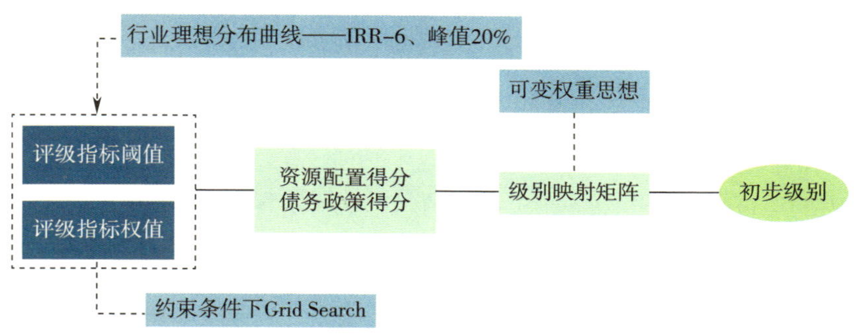

图7–33　中国住宅开发房地产企业打分卡模型构建思路

1. 确定中国房地产企业资源配置和债务政策评价要素和指标

中国房地产行业强周期性特点明显，行业竞争程度高、集中度显著提升，马太效应明显决定了规模与市场地位对于企业的重要性；行业区域分化显著使区域分布对企业盈利影响重大；项目运营质量决定了企业周转开发的能力；土地储备是企业未来发展的基础要素；商业地产由于运营模式与住宅开发存在较大差异，需要单独考量其经营能力。最后，盈利与现金流是企业资源配置能力直接体现。综上所述，中债资信对于房地产企业资源配置能力的评价主要包括规模及市场地位、区域分布、项目运营质量、土地储备、商业地产运营能力、盈利与现金流等因素。

在债务政策方面，房地产企业与一般工商企业一样，主要考察受评企业的杠杆水平、短期和长期偿债指标等（具体评级要素和指标选取参见本节第三部分）。需要说明的是，在评价房地产企业各类指标表现时，既要考虑指标的历史表现又要考虑指标的未来预测值。

2. 根据房地产行业理想分布曲线确定评级标准

（1）中国房地产行业信用品质评价为“IRR–6”

中国房地产行业强周期性特点明显，区域市场分化显著，行业竞争程度高，集中度显著提升，利润空间下降，债务负担偏重，对外部融资依赖度高，行业外部政策支持力度一般。综合以上分析，中债资信对中国房地产行业的信用风险水平评价为“IRR–6”，对应的行业风险级别分布中枢为“A–”（评价思路详见第九章第二节行业信用风险评价方法）。

（2）根据房地产行业理想分布曲线确定评级标准

行业理想分布曲线是中债资信基于行业风险分布研究以及对行业间信用风险差异的分析，推导出行业信用风险的理想特征曲线，是各行业模型阈值确定和保证行业间级别可比的重要技术手段[①]。中债资信认为行业内企业的信用等级分布大体为接近正态分布的钟形曲线形态，而行业信用风险反映了行业内企业信用风险的平均水平（加权平均值），即级别分布中枢，因此我们可在得到行业内企业级别期望的基础上模拟行业风险理想分布曲线。房地产行业信用品质的评级结果为“IRR–6”，对应级别分布中枢为“A–”，根据历史和专家经验估算出房地产行业的峰值水平约为20%，拟合出房地产行业风险理想分布曲线结果如图7–33所示。根据房地产行业理想分布曲线各等级占比，可得出行业内主体资源配置、债务政策各类要素的打分标准，结合专家经验调整后确定最终阈值。

① 行业理想分布曲线详细应用方法请见第六章主体评级模型。

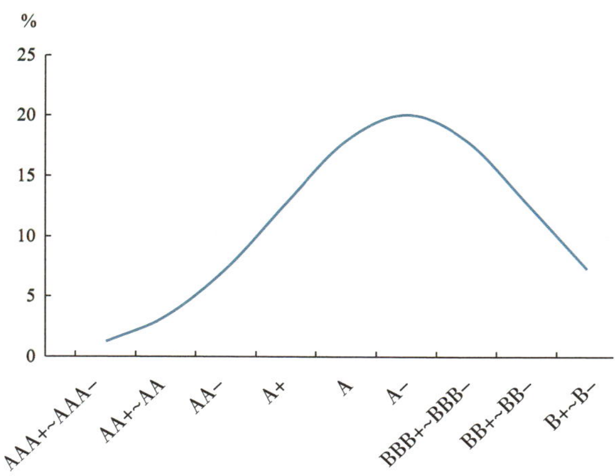

资料来源：中债资信整理。

图7-34　中国住宅开发房地产行业理想分布曲线

3. 确定资源配置能力和债务政策指标风险权重

中债资信以分析师对样本企业自身因素（不考虑模型外调整因素）得出的建议级别为基础，结合房地产企业评级模型指标打分结果，以拟合误差最小为目标，采用量化分析结合专家经验进行权重设定[①]，具体步骤如下：

第一，采用统计方法确定模型的初始权重。初始权重拟合会很大程度上影响之后的模型计算量及准确率，因此在初始权重的确定上要充分保证拟合效果。中债资信选择带有边界约束条件的二次规划来确定模型的初始权重。

考虑如下的最小化问题：

$$\min \sum_{i} \left(Y_i - (\pi_1 X_{i1} + \pi_2 X_{i2} + \cdots + \pi_n X_{in}) \right)^2$$

$$\text{s.t.} \sum_{n} \pi_n = 1 \text{ 和 } \pi_n \geqslant 0$$

① 详细权重设定方法请见第六章主体评级模型。

可以将其转化为一个标准的二次规划问题求解，即

$$\min \frac{1}{2}x^T Q_X + c^T x$$

$$\text{s. t. } A_x \geqslant 0，\ p_x = 1$$

其中对于带有线性等式约束的形式可以采用Lagrange乘子法来求解。可以从上式看出，求出的最优解为每个指标最终体现在模型中的总权重，还需将其转化为各级指标的权重。在具体的对应关系上，对于一个n层、每层指标数分别为a_1，a_2，…，a_n的结构来说，要保证每一子级中所有权重之和为1，因此其内部共存在$1+a_1+a_2+\cdots+a_{n-1}$个约束条件。系数矩阵的秩等于变量个数减去约束条件个数，即$r(A)=a_1+a_2+\cdots+a_n-(1+a_1+a_2+\cdots+a_{n-1})=a_n-1$，而上一步求出来的变量数也为$a_n-1$①，方程存在唯一解，这个唯一解就是各级指标的权重。

第二，采用网格划分方法（Grid Search）对初始权重进行优化。在求出各级指标的初级权重后，考虑到资源配置、债务政策等要素与评级结果之间存在可变权重矩阵，该数值解不能直接对应模型解。因此，中债资信以房地产样本（不考虑模型外调整因素）得出的建议级别和各指标的打分结果为基础，根据指标特征确定各指标权重最优迭代区间及步长，采用网格划分方法系统地遍历多种权重组合，根据行业特征对评级要素内各指标权重以及评级要素间的可变权重进行估计，得到有约束条件下的分层级最优解。

第三，根据专家经验对该最优解权重进行微调后确定资源配置能力及债务政策评级指标的最佳效果权重（房地产行业评级要素和权重参见附表）。

4. 根据企业资源配置、债务政策得分确定初步级别

在确定评级要素和评级指标的基础上，应用前述指标阈值切分和权重设定标准，即将资源配置、债务政策要素各类指标得分进行加权计算得出

① 上一步中存在约束$\sum_n \pi_n = 1$，变量个数要减1。

资源配置和债务政策打分结果，再通过级别映射矩阵得出企业初步级别。级别映射矩阵的设置采用可变权重思想思路，具体体现在以下三个方面：第一，资源配置能力与债务政策的风险权重设定体现了资源配置能力对主体级别的重要性程度较高的思路。第二，在矩阵横向权重设置中，债务政策的权重会逐步递增。主体的债务政策得分越高，反映出其债务政策就越激进，对弱势因素给予更高的权重可以放大其对最终评级结果的影响程度，体现了短板效应对评级结果的影响更大。第三，在矩阵纵向权重设置中，根据资源配置能力的高低设置了资源配置先递减后递增的U形权重。当企业资源配置能力较好时，会更多关注信用主体的资源配置能力，弱化债务政策的影响。随着主体的资源配置能力降低，中债资信会逐渐加大对债务政策的考察力度，逐渐减少资源配置能力的权重。当资源配置能力由一般水平逐步降至较差水平时，资源配置能力所反映出的短板特征会较为明显，因此将逐渐提高资源配置能力的权重，体现资源配置较差状况下的短板效应对评级结果的影响。

5. 根据模型外调整因素进行最终级别调整

由于部分评级要素（包括但不限于公司治理与管理、流动性、母子公司、偿债意愿等）难以定量衡量，或是存在“短板效应”无法全面和动态反映受评主体信用风险，因此，中债资信在初始级别基础上增加反映上述因素的调整项，得到主体的个体级别。结合中国房地产企业特征，模型外调整因素主要包括但不限于公司治理与管理、流动性、偿债意愿、大数据调整因子等，考虑此类要素后得出受评个体级别。最后，考虑外部支持（如有）对企业的增信作用后得出受评主体的最终信用级别（具体模型外调整因素参见本节第四部分）。

三、中国住宅开发房地产企业资源配置和债务政策要素和标准

1. 规模及市场地位

（1）要素选取

中国房地产行业竞争程度较高，马太效应显著，市场份额能够综合体

现房地产企业现有的市场竞争力。在资源和能力条件相同的情况下，市场份额越高的房地产企业可以掌握更多的市场资源进行开发运营，因此相比市场份额较低的企业而言，在市场环境变化时，市场份额越高的房地产企业抵御市场波动、维持经营稳定性的能力越强，从而使得企业具备更强的债务偿还能力。综上所述，在对房地产企业的信用评价之中，中债资信给予规模和市场地位要素的权重较高。

案例解析：

随着土地成本占比持续走高，万科、保利等一线大型房企对一二线城市优质土地和项目资源的获取能力显著高于其他企业，其在土地市场的竞争优势进一步凸显，而土地储备质量的分化对房企未来业绩的分化至关重要。另外，市场调控期间，大型房企可以牺牲部分项目收益以及时回笼资金，而通过其他项目弥补盈利，但是小型房企或无法承受哪怕是单个项目的收益下滑。

（2）指标及评价标准设定

中债资信选取签约销售额和销售商品、提供劳务收到的现金来综合评价房地产企业的规模及市场地位。

签约销售额——房企的规模体现在新开工面积、竣工面积、销售面积、销售金额和营业收入等多个方面，但是由于不同地区房价存在较大的差异使得销售面积等指标不能准确反映其市场地位，营业收入为结转以前年度预售项目所得，新开工面积等数据的可获取性较差，综合选取企业最近一年的销售金额作为衡量指标。

销售商品、提供劳务收到的现金——虽然签约销售额可以很好地区别房企销售规模之间的差距，但却无法对规模相近但市场地位不同的房企做出进一步区分，而通过对比签约销售额与销售商品、提供劳务收到的现金，可以从现金实际收付角度反映房企销售资金回笼情况，也可以从现金流角度对公司销售数据的真实性进行验证，因此，中债资信采用这一指标

来补充反映房地产企业在规模和市场地位方面的差异。

2. 区域分布

（1）要素选取

房企承受风险的能力很大程度体现在其在手项目的区域分散性上，其分布城市的数量和质量直接关系到未来的销售和资金回笼，对于维持市场竞争地位和保持经营稳定性具有重要影响，因而也是房企资源配置能力的重要要素之一。

（2）指标及评价标准

中债资信对于区域分布设置综合定性打分指标。标准设定方面，考虑到区域景气度相较于分散性更能够反映房地产企业项目布局质量，因此，中债资信给予区域景气度更高权重。

城市数量——在建在售项目分布城市数量可总体反映企业在手项目资源的分散能力，在因城施策调控背景下，布局城市的数量在一定程度上可以作为企业分散风险能力的一个指标，但若房企对部分城市的进驻仅为个别项目的成本较低或配套政策的有力，项目销售完毕后则退出该城市，在考察实际项目分布城市数量时，中债资信将此类城市剔除，以反映企业长期持续经营的城市分布情况。同时，现有储备项目分布是对企业实际发展策略的直接体现，因此，中债资信将根据企业拟建项目分布对企业现有整体布局进行一定调整。

核心开发区域景气度——定性分析房地产企业布局区域的景气度，中债资信主要通过企业核心开发区域的经济发展水平、城镇化水平和人口增速等指标进行综合考量。京津冀、长三角、珠三角三大城市群城市化率和人均GDP远高于全国平均水平，人口复合增长率高，市场需求旺盛，重点布局三大城市群的房地产企业销售压力小；而东北及西北部地区整体人口吸附力低，甚至表现为人口持续净流出，市场疲软，核心开发区域位于这些城市的房企或承受较大库存压力。

优质项目占比——定量分析房地产企业布局区域景气度，中债资信以优质项目建筑面积（以未销售的可售建筑面积计）占比来衡量。布局在需求支撑及去化能力较好城市的项目占比可较大程度地反映房企在不同景气度区域的分布以及市场分化背景下对优质资源的占有情况。

3. 项目运营质量

（1）要素选取

房地产行业所处周期不一样，房企项目运营能力衡量因素有所差异。目前房企的运营模式不同于过去简单依靠房价单边上涨获利，而是集中体现在加快项目周转上，从而使房企快速增大利润规模并控制在手项目累积风险，高周转已成为现阶段大部分房企的主流开发策略。一般而言，房地产企业周转能力越强，意味着其项目运营及销售能力较强，资金回笼速度越快，市场环境低迷下也可以保持一定的盈利规模，从而使其债务偿还具有更为可靠的保障，抗风险能力更强。

（2）指标及评价标准

中债资信选取存货/预收账款来衡量房地产企业的运营效率，以已完工和在建项目去化率判断房地产企业去化压力，以项目安全边际分析企业项目质量。

存货/预收账款——由于不同企业体量大小的差异，并不能仅通过存货的绝对规模判断企业的优劣，存货对于预收账款的相对规模能够更加准确地反映企业的项目运营能力。中债资信以存货/预收款项指标来反映房企静态的库存压力，一般情况下在手存货中已形成预售款的部分越大，则说明企业可以实现较好的周转，同时面临较小的库存去化压力，存货相对于预收账款过于庞大的企业项目运营效率或较差。

已完工项目、在建项目去化率——房企的项目运营能力直接体现为项目的去化能力，项目去化进度是房企主动管理项目、调整开发进度的结果，影响房地产企业的资金回笼速度。由于房企项目销售价格变化波动较大，中债资信以项目累计销售面积/项目建筑面积来计算项目去化率，从而衡量房企项目销售进度。同时，由于同一时点上房地产企业已完工项目

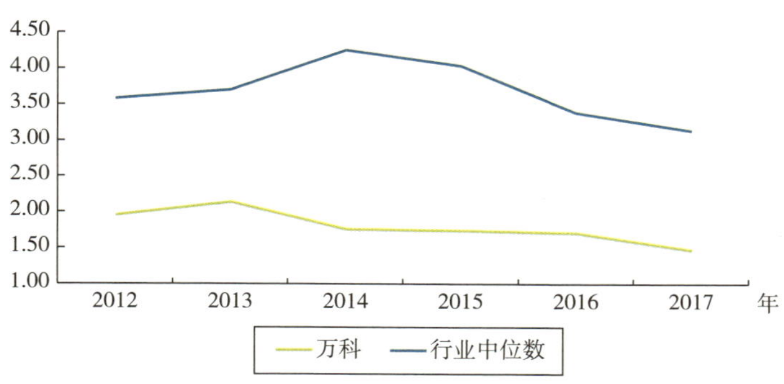

资料来源：Wind，中债资信整理。

图7-35 行业龙头万科项目周转显著高于行业平均水平

相较在建项目所经历的去化时间更长，中债资信对于已完工项目和在建项目的去化率设定了不同的阈值以对房企的项目运营能力做出更为准确的判断。

项目安全边际——项目安全边际衡量的是房企销售均价对在建项目平均投资成本的覆盖程度，是项目质量的直接表现，在面临地价持续上涨、销售市场波动背景下，较高的安全边际意味着相对较好的抗跌价空间及运营灵活性，企业可以通过一定程度的降价来实现开发产品的销售资金回笼，是企业综合竞争力的体现。

4. 土地储备

（1）要素选取

土地储备是房地产企业从事生产经营的重要物质基础。拥有适量的土地储备是企业持续发展的保障，但同时大量的闲置储备也可能给企业带来资金沉淀，降低企业的营运效率。中债资信对土地储备主要关注房企土地储备分布和充足度。

（2）指标及评价标准

中债资信选取土地储备一二线城市占比来衡量房地产企业的土地储备分布，以土地储备倍数判断房地产企业土地储备充足度。

优质项目土地储备占比——持续表现出较强的人口吸附能力的城市，

房地产市场需求刚性较好，布局在上述城市的项目收益具有较好保障。同时，土地价格的持续上涨使得未来房地产企业在土地储备质量上分化将进一步加剧，进而影响房企未来的项目质量和经营业绩。持有优质项目土地储备较多的房地产企业，特别是拿地时间较早成本较低的房地产企业具有更高的成本优势和更低的去化压力。

土地储备倍数——对于房地产企业来说，土地是最基本的生产资料，土地储备量可以反映企业可持续发展能力。土地储备倍数，即土地储备总规划建筑面积/最新签约销售面积，是分析房企成长性的关键指标之一，当倍数较高时，表明企业当前土地储备较充足，可以满足企业后续项目开发，甚至带来业绩的快速上升，例如，碧桂园销售额逐年高速攀升主要是得益于其不断加强大量优质土地资源储备；当倍数较低时，说明企业的土地储备不足，若后续补充乏力，企业可能面临“缺地断粮”的危险。此外，该指标并非越大越好，土地储备倍数过高的企业投资或过于激进，因此，在关注土地储备面积的同时，还需要关注土地储备成本高低，一方面，土地成本利息增长或导致单位面积的开发成本大幅上升；另一方面，高价地块项目在房价涨幅不达预期的情况下或面临亏损。

5. 商业地产运营能力

在行业经营压力不断加大的背景下，房地产企业越来越多地开始尝试产业链延伸，进入商业地产方向。由于商业地产引入了资产管理概念，核心在于商业地产落成后的持续经营，运营方式和盈利模式与住宅地产具有较大差异，因此中债资信在对房地产企业的资源配置能力进行评估的过程中，将单独评估其商业地产板块经营情况，并根据企业住宅地产和商业地产的收入规模赋予其权重。

对于商业地产运营能力，中债资信主要考虑商业地产规模、区域景气度以及物业质量。

（1）商业地产规模

商业地产行业竞争程度高，马太效应显著，企业所持商业地产规模是

其综合竞争力的体现。

商业地产板块收入规模——虽然物业租赁面积规模可反映公司在售的自持物业量，但商业地产在运营阶段能否产生收入才是公司物业运营结果的直接体现，而租金收入除了受面积影响外还受物业质量影响，因此以可租赁物业面积反映企业规模地位并不全面。中债资信认为衡量企业规模与市场地位时应选择租赁收入。以2016年租金收入第二位的九龙仓为例，其租赁物业面积仅约77万平方米，但得益于其优质的物业位置和业态品质，其租赁收入超过租赁面积更大的红星美凯龙。

（2）区域景气度

由于商业地产物业所处区域的经济成熟度也会影响商业地产的开发运营质量，区域景气度高的城市会对企业物业形成一定需求支撑。所持物业分布的城市数量和质量直接关系到物业的租金水平及空置率水平。

商业地产所处区域景气度——对于企业物业区域景气度的衡量，商业地产由下游第三产业发展的需求为主导，同时，区域内人均收入水平推动区域消费水平的变化，影响零售规模、租金水平等，从而对商业地产的

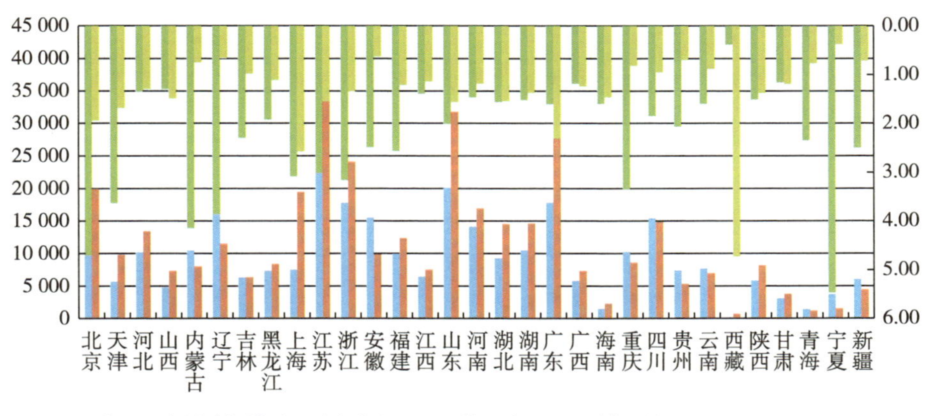

资料来源：Wind资讯，中债资信整理。

图7–36　各地区商业地产景气度表现情况

需求形成影响，而人均商业地产面积越小，同等条件下，未来商业地产进一步可开发的规模越大，因此，中债资信通过人均第三产业GDP和收入水平，以及人均商业地产面积来定性判断区域景气度水平，即区域商业地产供求对比情况。

（3）物业质量

物业运营质量是影响商业地产分化的最重要的要素之一，中债资信通过物业出租率、租金水平和投资回收期限三个角度对商业地产运营质量进行分析。

平均出租率——出租率是物业运营质量的最基础表现，可以对企业商业地产运营质量的绝对情况进行初步判断。出租率低的物业说明其对下游需求的吸附力较弱，商业地产自身运营压力相对大。

投资回收期限——优质的商业地产具有运营收入稳定、收益高的特点，因此对于前期的大规模一次性的资金投资，优质的商业地产投资回收期限也相对较短。对于投资回收期限，中债资信根据商业物业计价方式的选取分别进行评判。对于成本计价物业，可以通过成本投资回收期限衡量商业地产企业仅依靠物业租金收入回收其开发建设成本所需要的时间长度。房地产企业可能通过牺牲以公允价值计量的投资性房地产投资回收期限的方式，换取资产或盈利规模的扩大，需关注其计价合理性。

根据中债资信房地产行业研究团队所梳理的133家商业地产披露建设成本的企业中，企业投资回收期限的中位数为7.39年，其中，所需投资回收期限最长的企业为石榴置业集团股份有限公司，约为37.12年，而中国金茂（集团）有限公司投资回收期限仅为0.63年，为行业内指标表现最好的企业。

6. 盈利能力和现金流

（1）盈利能力指标及评价标准

房地产企业的盈利状况可以较好地反映出其在项目获取成本、项目管

理运营、费用控制等方面的把控能力，是企业竞争实力的最终体现，盈利能力强弱是衡量房企抵抗市场波动风险能力的重要要素之一。

毛利率——毛利率决定着企业的盈利最大空间，是企业盈利的“天花板”。房地产企业的销售环节采取预售制，收入及成本确认滞后于当期销售，故毛利率企业盈利能力的反映有一定滞后性，但考虑到过去项目盈利状况的表现仍能较好地反映出房企的成本把控能力，且企业的成本控制能力较为稳定，故房企过去盈利状况总体仍可作为对其未来盈利风险辨识的重要参考。

调整后EBIT利润率——调整后EBIT利润率将营业外净损益、汇兑净损益、投资净损益和公允价值变动净损益从EBIT中进行剔除，主要考虑房地产企业项目运营能力，同时结合资金成本、人力成本和管理费用等综合要素，从而反映房企经营性业务的盈利能力。但需要注意的是，以商业地产运营为主的房地产企业，若其所持商业物业计入投资性房地产并采用公允价值计量，会产生较多的公允价值变动，虽然公允价值变动有一定的主观可调整性和不确定性，但以该指标来判断拥有一定商业地产资产房企的整体盈利能力会显得过于保守，故该指标较适用于以住宅开发为主的房企。

（2）现金流指标及评价标准

由于房地产企业收入确认和一般企业有较大差异，现金流更能够反映企业当期真实经营情况，从房地产企业经营活动来看，企业土地款、工程款规模庞大导致经营活动现金流支出规模很大，因此，中债资信选取经营活动净现金流/购买商品、接受劳务支付的现金来衡量经营活动现金盈余对项目开发建设支出的覆盖程度或者是经营活动现金缺口占项目开发建设支出的比重。

7. 杠杆水平

（1）要素选取

财务杠杆是影响企业财务稳健性的关键因素，一般情况下，杠杆水平越低，资本结构越稳健，财务风险也越低，企业具有更高的财务弹性。对于高杠杆运营的中国房地产企业，杠杆水平的高低体现了企业财务政策的谨慎程度，是影响偿债能力和偿债意愿的关键要素。

（2）指标及评价标准

调整后资产负债率——一般而言，房地产企业的资金需求主要用于购置土地和建设成本的支付，扩大自身业务规模或节点性大额资金支出均使其面临资金支出压力，故房企资金来源主要依靠银行贷款、债券和信托等外部融资，进而形成较大规模的有息债务。上下游占款方面，房企因预售房屋而产生较大规模的预收款项，是对未来收入的提前锁定，只要房屋正常完工结算，此部分负债对房企并无偿还要求；然而，作为建筑施工行业的下游，房企在工程款等负债支付方面仍具有一定刚性，且工程款的支付情况将直接影响开发产品的形成进程及质量，同时考虑到房地产企业资产端存在一定的价值波动风险，用资产负债的覆盖程度来衡量房企财务杠杆水平则更为客观。鉴于房地产企业的预收款项主要由预售房款组成，并不负有偿还义务，因此在考虑房地产企业的财务杠杆水平时，以最新一期的剔除预收款项的资产负债率指标进行考察。

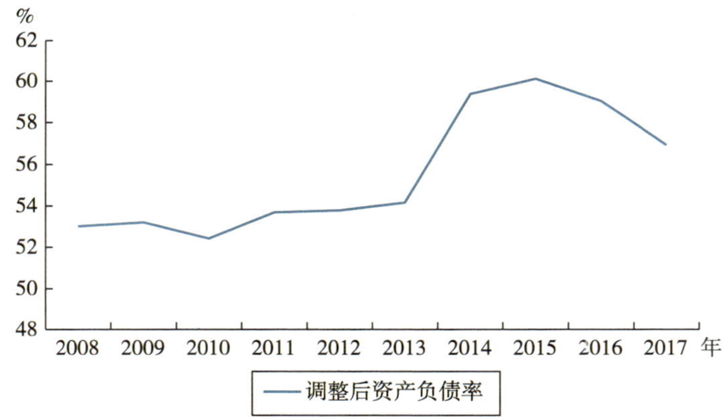

资料来源：Wind资讯，中债资信整理。

图7-37　2015年起房地产企业调整后资产负债率平均水平有所下降，行业杠杆仍处于较高水平

8. 短期偿债指标

（1）要素选取

房地产作为周转需求相对较高的行业，财务杠杆较高，因此保持较强的现金获取能力、较高的资产流动性是其保障到期债务偿付和持续经营的关键。企业资金流动性越强，偿债风险越低。

（2）指标及评价标准

现金类资产/短期债务——短期债务主要用于补充流动性，在债务偿付时具有较强的刚性以及时间限度要求，在房地产市场景气度低迷的行情中，在手项目或存在销售风险和去化压力，因此中债资信从流动性最强的现金类资产的角度考察企业短期债务的即时偿付能力。如果企业的现金类资产能够较好地覆盖短期债务，则该企业的即期偿付能力较好。

经营活动流入量/（流动负债-预收账款）——房地产企业通常现金流入流出规模较大，短期偿债更多地体现为资金周转，而短期资金周转的主要来源为经营活动现金流入量，因此，中债资信从期间角度，采用期间经营活动现金流入量来衡量房地产企业当期偿付流动负债的能力，同时从流动负债中剔除了不负有偿还义务的预收账款。

综合融资成本——房地产企业的融资渠道包括银行贷款、债券融资、股权融资、信托融资、金融租赁融资等多种方式。由于房地产行业是资金密集型行业，债务规模巨大，高昂的融资成本会大幅增加项目开发的成本和支出压力。中债资信选取（费用化利息+资本化利息）/全部债务以估算企业的综合融资成本。融资成本处于相对低位的房地产企业借贷优势更为明显，面对融资渠道收紧或融资成本抬升时弹性更强，资金链压力相对较小。

截至2016年末，241家房地产企业平均综合融资成本约为9.76%，整体处于较高水平。而2017年以来陆续出台的房地产调控政策，使房地产企业融资渠道收紧、融资成本进一步上升。房地产企业的规模和运营能力是决定其融资成本的关键因素，大型房企，例如保利地产、中海地产、招商蛇口、华侨城等央企国企背景的房地产企业，借贷优势明显，融资成本处于相对低位。中小房企，尤其是对债务滚动依赖性较强的企业，或对融资渠道收紧、融资成本抬升弹性较差，需关注其资金链压力。

剩余授信额度/授信总额——中债资信选取剩余授信额度/授信总额来衡量企业融资环境变化。该经营指标需要注意的是，可动用授信额度能够反映房企可动用融资空间，但在公司经营情况较差的情况下，可能并不能真正获得贷款，同时如果债券等融资渠道政策收紧或利率大幅上行，虽然房企拥有较多已注册但尚未发行的融资工具额度，但仍可能面临实际发行困难的处境，房企剩余融资空间需结合实际情况来分析。

9. 长期偿债指标

由于主体信用评级是对被评主体中长期偿债能力和意愿的评价，因此长期偿债能力是主体信用的必要评级要素之一。从长期来看，房地产企业全部债务的偿还主要依赖于资产的逐步变现，因此中债资信以核心资产对全部债务覆盖程度，即（现金类资产＋存货＋投资性房地产－预收账款）/全部债务，来评价房地产企业的长期偿债能力。典型的房地产开发企业资产主要集中于存货之中，土地储备、未完成的建设项目等以房地产开发成本或房地产开发产品的形式存在，现金类资产为流动性很高的资产，而投资性房地产往往具有较高的流动性，极端情况下可变现进而对全部债务进行覆盖，同时，剔除已经以预收账款形式变现的资产部分，即为长期来看房企的核心偿债资产。

四、中国房地产企业模型外调整因素

对于房地产企业而言，主体信用风险的调整因素包括但不限于以下几

个方面。

1. 公司治理与管理

公司治理与管理水平主要从股权结构及股东行为、信息披露透明度与质量、战略管理三个方面考察。由于公司治理与管理方面的缺陷很可能直接导致公司经营无法维系或外部融资环境收紧进而导致违约，对个体信用风险具有重大影响，因此中债资信对公司治理与管理存在或出现重大缺陷的主体，以对个体级别下调形式反映其负面影响，并根据其缺陷的严重程度，设置了不同程度的调整规则①。

对于房地产企业而言，实际控制人风险日益凸显。房企大部分为民营企业，实际控制人对企业的控制力度较强，个人风格对房企的经营特点影响较大，如扩张较为激进的房企财务风险或显著增加，同时实际控制人的行为、控制的其他产业的合法合规性也会对房企造成较大影响，如海外投资规模较大的房企将面临一定的管理风险。实际控制人风险的不确定性较高且难以预测，一旦爆发将对房企造成很大影响，未来需更加关注实际控制人问题带来的企业信用品质分化。

2. 流动性

债务政策中已经对影响主体流动性的因素进行了评价，由于我们认为流动性是影响主体的短板因素，即通过打分卡模型无法完全反映其对信用风险的影响，因此我们增加一个流动性评价的模型外调整因素，具体来说，当调整项——流动性评价结果非常差时，对个体级别进行一定下调。流动性评价涵盖内容包括内生流动性和外生流动性：内生流动性评价主要针对主体自身资产变现、持续经营活动和投资活动的流动性，具体评价时主要考察主体现金偿付能力、营运资金需求、营运资本、易变现资产情况及短期投资压力；外生流动性主要考察主体获取外部金融机构流动性资源的能力。此外，通过定性调整的方式考虑外部融资大环境变化对企业流动

① 具体考察要素和调整规则参见第九章专项评价方法。

性压力的影响。流动性不足会导致主体无法及时获取资金履行各类付现契约义务，极端情况下会直接导致主体违约或破产，因此中债资信将以对个体级别下调形式反映其负面影响①。

房地产行业为资金密集型行业，房企获得资金的难易程度和融资成本决定了房企在项目运营方面的资金投入可靠性和开发成本，进而影响房企流动性和项目安全边际。2017年，房企融资政策继续收紧，对不规范融资监管力度空前，资金流动性收紧导致融资成本有所走高，同时，从债务期限结构看，房地产行业债券集中于2018年至2021年到期，到期规模合计约1.33万亿元，占目前存续债券余额的83%，债券融资占比较高、到期较集中、短期偿债指标较差或债务负担很重，流动性压力较大的房企将面临很大的债务滚动压力。一方面，去化能力强的房企现金回笼速度更快，资金链安全性更高；另一方面，融资能力强、融资手段多样化的房企可以拥有境内外多种融资手段，具有更强的抗风险能力。而经营规模较小，拿地激进，项目销售去化压力较大，且债务负担较重、债务滚动压力较大、融资渠道单一的中小型民营房地产企业信用风险在行业景气度下行时将明显增加，一旦发生债券违约，外部流动性将阶段性显著弱化，需重点关注该类房企的信用风险。

3. 偿债意愿

影响企业偿债意愿的因素主要包括两个：一是理性决策；二是偿债意识。主体偿债意愿的弱化会增加信用风险，尤其是在经济下行、违约增多背景下，主体偿债意愿可能出现阶段性弱化的特点，因此需要加强分析其偿债意愿，才能全面准确地判断企业债务违约风险。中债资信评价偿债意愿弱化程度，并根据评价结果，适度下调个体级别②。对于房地产企业来说，尤其是部分中小民营房地产企业，需关注其在经营不善、较大债务周

① 具体评价指标和调整标准参见第九章专项评价方法。

② 具体考察要素和调整规则参见第九章专项评价方法。

转压力下偿债意愿弱化的可能性。

4. 大数据调整因子

打分卡模型数据来自受评主体历史经营和财务等传统评级数据，所用数据可能存在无法全面和动态反映受评主体信用风险的问题，比如在年初4月份（上年年报尚未公布时）对受评主体进行评级，使用财务数据往往是上年度的第三季度报，财务数据时间滞后，无法反映企业最新财务状况；再如，对于房地产企业而言，项目的临时处置或者土地购置等政策的修订都可能对企业正常的生产经营产生较大影响，但经营财务数据对企业经营变化的反应相对滞后；此外，市场对于企业部分信息的解读等或在企业经营财务未发生显著变化时对企业生存环境产生一定影响，而传统的评级方法对此反映较为有限。为弥补现有模型、方法的固有缺陷，中债资信使用大数据和人工智能技术，对受评主体以及与主体具有关联关系的企业和自然人的非经营、财务数据或信息（信息范围包括但不限于公告、工商税务信息、法院检察院诉讼信息、新闻舆情等各类信息）进行实时跟踪和抓取，并根据获取信息的影响程度，形成受评主体大数据调整因子评分。当该评分结果很差，并对受评主体偿债能力产生重大不利影响时，中债资信以对个体级别调整形式反映其影响。

附表：中国住宅开发房地产企业评级要素权重

要素归类	评级要素	要素权重
资源配置	规模与市场地位	50%*a1
	区域分布	10%*a1
	项目运营质量	10%*a1
	土地储备	15%*a1
	商业地产运营能力	85%* a1
	盈利能力与现金流	15%
债务政策	杠杆水平	50%
	短期偿债指标	30%
	长期偿债指标	20%

注：a1为开发销售收入占比。

附例：中国住宅开发房地产企业信用评级运用举例

对于一个待评级的中国住宅开发房地产企业，我们的评级思路如下：

首先，梳理出房地产企业资源配置能力和债务政策评级要素和指标。

其次，根据行业信用品质评价方法和模型确定房地产行业信用品质评价结果为“IRR-6”，从而确定指标阈值划分标准，经分析师调整后确定最终阈值。

再次，依照指标评价标准对该企业的各个指标进行评分，在得到各指标的分值后，按照各指标的权重根据评级模型计算出该企业的资源配置能力得分和债务政策得分。

最后，将企业资源配置能力得分和债务政策得分转换后通过初始级别映射矩阵得出企业初步级别，在此基础上考虑调整项和外部支持对级别的影响后得出最终主体信用级别。

以某房地产企业×公司为例，对×公司的各项指标，我们均可以得出相应分值，其中对于资源配置能力和债务政策指标加权求和后的资源配置能力和债务政策评分分别为4.67和2.76，取整转换后再根据初始级别映射矩阵得出企业初步级别为A级。在模型给出的初步级别的基础上，中债资信对未纳入模型的调整项进行综合考虑，考虑外部支持的一定增信作用后，最终得出×公司的指示级别为A级。

下表演示了对房地产企业×公司评级的过程：

附例：×公司信用评级模型运用

要素归类	评级要素及权重		模型指标及权重	指标表现	指标分值	对应打分	初步级别
资源配置能力	规模与市场地位（50%*a1）		签约销售额	107.80	4	4.31	A
			销售商品、提供劳务收到的现金	78.56	3		
	区域分布（10%*a1）	分散性	城市个数	4	3		
		区域市场景气度	核心开发区域景气度	2	2		
			优质项目占比	100.00	1		
	项目运营质量（10%*a1）	运营效率	存货/预收账款	3.46	2		
		去化压力	已完工项目去化率	—	—		
			在建项目去化率	—	—		
		项目质量	项目安全边际	2.90	2		
	土地储备（15%*a1）	土地储备分布	优质项目土地储备占比	—	—		
		土地储备充足度	土地储备总规划建筑面积/最新签约销售面积	2.65	3		
	商业地产运营能力（85%*a2）	商业地产规模	商业地产板块收入	1.80	5		
		区域景气度	商业地产所处区域景气度	2	2		
		物业质量	平均出租率	100.00	1		
			成本计价物业价值/租金收入	—	—		
			公允价值计价物业价值/租金收入	8.71	1		
	盈利能力与现金流（15%）	盈利水平	毛利率	51.77	1		
			调整后EBIT利润率	26.65	2		
		现金流	经营活动现金流净额/购买商品、接受劳务支付的现金	−0.26	5		
债务政策	杠杆水平（50%）		调整后资产负债率	55.80	2	2.64	
	短期偿债指标（30%）		现金类资产/短期债务	14.80	1		
			经营活动现金流入/（流动负债−预收账款）	0.60	4		
			综合融资成本	—	—		
			剩余授信额度/授信总额	0.00	6		
	长期偿债指标（20%）		核心资产对全部债务覆盖倍数	2.27	2		

第四节　中国建筑施工企业主体信用评级方法体系

“大哥，农民工工资不能拖欠！”

2005年春晚小品黄宏喊出的这一句话道出了无数农民工的心声，民工讨薪、工程款拖欠等社会现象层出不穷。因农民工大都文化水平低，对相关法律及合同条文不熟悉，无法用有效的法律武器来维护自身合法权益，讨薪问题便遥遥无期，以至于成为行业内常态，无法让社会真正重视起来。2016年1月，国务院办公厅发布关于全面治理拖欠农民工工资问题的意见，重点解决农民工工资问题，但要从根本上杜绝，尚需时日。

“农民工工资哪里来？”——工程款

“工程款哪里来？”——业主、甲方支付

我国目前农民工主要与劳务公司签订劳务合同，由施工方收到工程款后转交于劳务公司用于发放工资，一旦工程款无法按时结算，农民工工资将直接受到影响。工程项目结算难，农民工工资兑现难，建筑施工企业首先成为了众矢之的。

施工企业背后的故事知多少？

一个工程“干一年，算三年，讨账又三年”，施工企业普遍存在验收难、审计难以及结算难的问题，工程完工了却往往在验收、结算的环节遇阻，直到“审计通过”，而在此期间的拖延无法算作是拖欠工程款，按时按量结算难度加大。一般业主在资金紧张的情况下，惯用手段是将压力转嫁至施工企业，从而“合理合法”延迟结算。施工企业的微薄利润也在拖延中被财务成本逐步耗尽。此时，建筑企业处于进退维谷的境地，中途退场、停工或将面临前期工程款损失以及延误工期的风险，多数企业无奈选择垫资继续施工，期待产品销售后的资金回笼。

除了工程款拖欠，行业内的保证金制度同样给企业带来较沉重的资金压力，具体包括工程投标保证金、履约保证金、农民工工资保证金、安全生产保证金、工期保证金、质量保证金等。保证金的筹措主要来自建筑企业的银行贷款，长期被业主滞留的保证金实则成了变相垫资行为，严重影响施工企业资金运转，同时增加企业成本。

在当前行业内同质化竞争的背景下，为争取工程项目，行业内低价中标、垫资施工现象普遍，导致施工企业利润微薄、负债累累，行业杠杆水平整体偏高。长期的高杠杆运营致使施工企业脆弱的资金链或一触即断。

我们从信用风险的角度来看，在分析企业信用风险时，需考虑众多影响因素，包括但不限于企业所处行业风险、自身资源配置能力、债务政策选择等，但追根溯源，行业的本质特点在一定程度上决定了企业信用风险的关键所在，在建筑行业中体现得更为明显，行业属性决定了建筑企业具有流动性压力大的风险特征。看清行业的本质，并在此基础上对企业进行更全面的风险分析，将有利于提高信用风险结论的准确性，因此，在介绍建筑行业信用风险评级全要素前，中债资信从建筑行业本质出发，围绕其核心问题来抓取与其相关度高的风险因素，帮助分析师更好地抓住风险分析关键点。

流动性是建筑企业健康持续发展的核心基础，由于其弱势的产业链地位，影响其流动性的风险因素较多，主要有以下三类（具体分析将在后文信用风险影响因素中有所体现）：

1. 账款回收困难、资金占用严重。建筑企业因上游分包商未按时结算工程款，导致账款回收缓慢，对企业资金形成较大占用，从而加大企业流动性压力。尤其对于规模及市场地位较弱的建筑企业而言，工程款拖欠的情况更为频繁。

2. 外部融资环境恶化、融资渠道受阻。建筑企业在工程款回收困难的情况下，通过举债来维持企业运转，因此，一旦外部融资环境出现恶化，建筑企业融资难度将加大，尤其是民营类建筑企业，融资受限较大。

3. 风险性业务拖累。因行业利润偏低，部分建筑企业在具有一定规模

基础上进行跨行业延伸，例如涉足房地产开发领域。但由于房地产开发对资金需求量大，回报周期较长，一旦资金回笼达不到预期，或将对建筑主业造成拖累，加大企业资金风险。此外，若涉足其他重资产、行业景气度低的风险行业，抑或致使企业面临流动性风险。

那么，建筑企业信用风险评价标准如何选取？又如何来判断企业信用品质的好坏？我们将在后文进行阐述分析。

一、中国建筑行业概况及特征

1. 中国建筑行业划分及界定

建筑施工行业是专门从事土木工程、房屋建设、线路管道和设备安装、装饰和装修工作的生产部门，其产品是各种工厂、矿井、铁路、桥梁、港口、道路、管线、住宅以及公共设施的建筑物、构筑物和设施等。建筑业可分为四大类：房屋建筑业；土木工程建筑业（土木工程建筑又可细分为铁路、道路、隧道和桥梁工程建筑，水利和内河港口工程建筑，海油工程建筑，工矿工程建筑，架线和管道工程建筑，其他土木工程建筑6个子类别）；建筑安装业；建筑装饰和其他建筑业。根据下游产品特征，建筑业可以分为房建、基建、专业工程和海外工程4个板块，包括房屋建筑工程、公路工程、市政公用工程、铁路工程和水利水电工程等12个细分领域。本方法适用于以建筑为主业的企业①。

2. 中国建筑行业特征

（1）细分子行业较多，施工能力要求存在差异

建筑行业根据其下游产品特征可细分为多个子行业，不同子领域对企业资质门槛及技术要求不一，导致各领域对企业施工能力要求存在差异。近年来，我国建筑行业技术水平逐渐提高，许多单项技术已处于世界一流水平，尤其在路桥施工领域，可完成部分高难度特种工程。与发达国家相比，我国建筑企业在某些单项技术上有相对优势，但技术发展

① 判断主业主要依据企业收入或利润占比，具体判断标准详见《中债资信行业分类标准》。

不均衡，尤其在综合服务领域，因此，不同子领域技术差异较大，相应形成的经济效益及进入门槛也存在区别，施工领域范围较广也反映出其施工能力较强。

（2）产品同质化竞争激烈，行业集中度低

建筑行业市场进入门槛较低，工程建设专业化分工不足，经营领域过度集中于相同的综合承包市场，同质化竞争较激烈，尤其在房屋建设领域。普通住宅及小型施工项目市场供给端过剩，技术壁垒较低，行业利润水平也偏低。行业内具备技术管理、装备优势以及高等级资质的大型建筑企业具有较强的市场竞争力。目前我国建筑企业竞争格局呈“中间大、两头小”的结构，从企业类型来看，主要形成以中字头大型央企、国企为首，地方性大型国企、龙头民营企业次之以及中小型、专业细分领域等企业为主的竞争体系；从分布区域来看，沿海及经济发达地区建筑业产值规模较大，建筑企业发展迅速，内陆地区发展相对滞后。行业集中度方面，截至2017年末，我国有施工活动的建筑企业88 059个，大部分企业规模小而分散，行业集中度在15%左右，近年来虽有提高的趋势，但提升速度较慢，相对于一般生产行业仍处于很低水平。

（3）高危行业，安全事故频发

建筑行业因人员流动大、露天高空作业多、交叉施工复杂等特点属性，施工过程中工作条件较差，存在较多不安全因素，且预防难度大，因此，建筑行业安全事故频发，对施工企业及行业发展带来较大的负面影响。一旦出现较为严重的安全事故，施工企业需立即停工并实施调查，并在一定时期内无法参与新项目招投标，影响项目工期以及企业新签合同额情况，抑或面临相应监管部门的处罚。随着国家对高危行业的安全监察力度不断加大，建筑企业安全生产管理能力显得尤为重要，是企业持续发展及业务扩张的基本保障。

（4）垫资施工导致行业债务负担重，流动性压力大

由于建筑行业在产业链中的地位处于中游，通常对上下游企业的议

价能力较弱，在行业竞争过度，以及下游企业资金压力直接转嫁至建筑施工企业等多重因素作用下，低价中标、垫资施工及工程款回笼慢等行为在行业内较为普遍，因此建筑企业资金需求高，行业整体杠杆水平高、债务负担较重。建筑属于轻资产行业，按完工百分比确认收入并回收工程进度款，依靠短期内的资金周转来运营，在工程款回收困难及短期集中到期的双重压力下，易出现阶段性资金短缺的情况。建筑企业或通过外部融资来缓解债务压力，但因其轻资产属性及业务模式特点，一般获得短期融资，因此短期偿债压力始终较大。国有企业获取外部资金相对于民营企业更为容易，整体债务风险相对较小，而民营企业在无可抵质押的资产情况下，银行出于风控原则，一般要求企业提供担保增信，尤其在民营企业发达的江苏、浙江地区，担保融资模式更为盛行。

（5）产业链中地位较弱，行业收现质量较差

从上游原材料供给端来看，一般为钢材、水泥等生产类行业，通常要求款到发货，在原材料供给紧缩的情况下，甚至要求预付货款来保证供给，对于议价能力较弱的建筑企业而言，资金压力加大。从下游分包商来看，建筑企业地位更为弱势，工程款回收较困难，即使收到工程款或已直接用于其他施工项目来维持业务运转。整体来看，建筑企业产业链地位导致行业整体营运资金被上下游占用的可能性高于其他行业内企业，行业收现质量相对较差。

二、中国建筑企业主体评级思路

根据中债资信评级原理①，中国建筑企业主体评级思路为：首先，基于行业特征、行业内企业表现、行业政策及经济学意义确定影响建筑企业资源配置和债务政策的评价要素和指标；其次，采用打分卡模型形式构建企业信用评级模型，对建筑行业内企业资源配置、债务政策要素打分，并

① 中债资信行业主体信用评级方法在评级原理指导下制定，具体评级思路请参见中篇评级方法总论。

结合级别映射矩阵确定受评主体初步级别；最后，由于部分评级要素难以定量衡量或是存在“短板效应”，打分卡模型无法全面和动态反映此类因素的影响，因此，中债资信在初始级别基础上增加反映上述因素的调整项，得到主体的个体级别。结合建筑行业特征，此类调整因素主要考察公司治理与管理、流动性、或有事项、偿债意愿、大数据调整因子等；最后，在个体级别基础上综合考虑外部支持（如有）后得到最终主体信用级别。

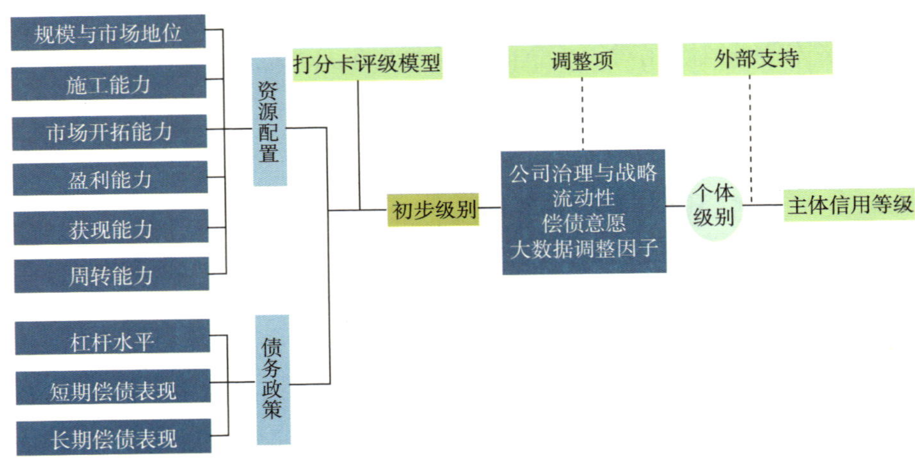

图7–38　中国建筑企业主体评级思路

其中，打分卡评级模型的阈值、权重和初始级别映射矩阵设定原则说明如下：（1）阈值设定思路：根据建筑行业自身特征、行业内企业表现、行业政策等要素，确定建筑行业信用品质的评价结果，从而推导出建筑行业信用风险的理想分布曲线，进而确定指标阈值划分标准，再结合专家经验调整后确定各指标阈值；（2）权重设定思路：采用网格划分方法结合专家经验得到约束条件下的分层级最优风险权重；（3）初始级别映射矩阵的设定反映了可变权重设置思想。

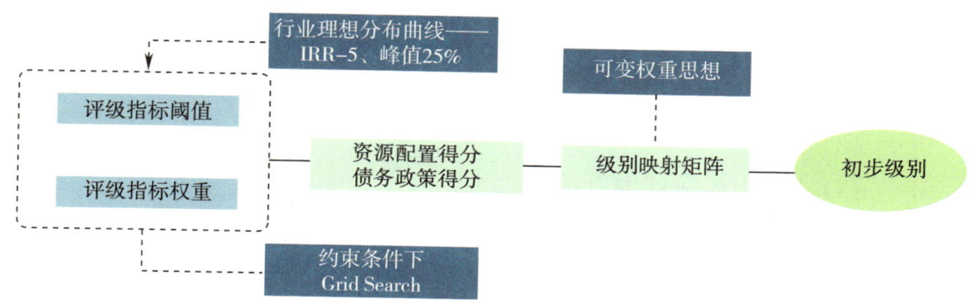

图7-39　中国建筑企业打分卡模型构建思路

1. 确定中国建筑企业资源配置和债务政策评价要素和指标

建筑施工作为周期性一般的行业，竞争较为激烈，行业集中度偏低，在资源和能力相同的条件下，规模及市场地位较高的企业承揽业务的能力更强，在行业景气度下行的周期内维持经营稳定性的能力也更强；同时，我国建筑产品同质化竞争激烈，施工能力对于建筑企业来说至关重要，主要体现在施工领域分散性、施工资质等维度；另外，考虑建筑业务在不同区域因经济周期波动而存在差异，所以市场开拓能力对建筑企业区域风险分散性有一定的影响。最后，由于盈利与现金流是企业资源配置能力的直接体现，中债资信对于建筑企业资源配置能力的评价主要考量规模及市场地位、施工能力、市场开拓能力、盈利能力、获现能力与周转能力等因素。

在债务政策方面，建筑企业主要考量受评企业的杠杆水平、短期和长期偿债指标表现等，但由于建筑企业债务负担普遍偏重、短期债务规模大，因此需重点考虑其短期债务周转能力（具体评级要素和指标选取参见本节第三部分）。需要说明的是，在评价建筑企业各类指标表现时，既要考虑指标的历史表现又要考虑指标的未来预测值。

2. 根据建筑行业理想分布曲线确定评级标准

（1）中国建筑行业信用品质评价为“IRR-5”

中国建筑行业竞争程度高，整体盈利能力较低，债务负担偏重，短期债务规模大，企业偿债风险较高。但是，建筑行业产业地位重要、我国基础设施及城市化进程持续推进，对行业内企业提供了较好的经营发展环境。综合以上分析，中债资信对中国建筑行业的信用风险水平评价为“IRR–5”，对应的行业风险级别分布中枢为“A”（评价思路详见第九章第二节行业信用风险评价方法）。

（2）根据建筑行业理想分布曲线确定评级标准

行业理想分布曲线是中债资信基于行业风险分布研究以及对行业间信用风险差异的分析，推导出行业信用风险的理想特征曲线，是各行业模型阈值确定和保证行业间级别可比的重要技术手段①。中债资信认为行业内企业的信用等级分布大体为接近正态分布的钟形曲线形态，而行业信用风险反映了行业内企业信用风险的平均水平（加权平均值），即级别分布中枢，因此我们可在得到行业内企业级别期望的基础上模拟行业风险理想分布曲线。建筑行业信用品质的评级结果为“IRR–5”，对应级别分布中枢为“A”，根据历史和专家经验估算出建筑行业的峰值水平约为25%，拟合出建筑行业风险理想分布曲线结果如图7–40所示。根据建筑行业理想分布曲线各等级占比，可得出行业内主体资源配置、债务政策各类要素的打分标准，结合专家经验调整后确定最终阈值。

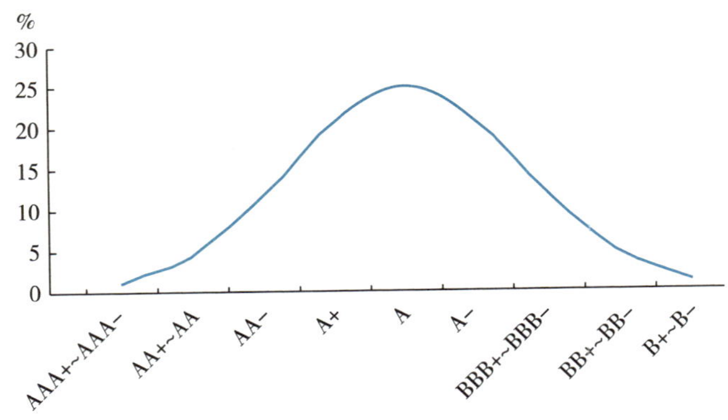

资料来源：中债资信整理。

图7–40　建筑行业理想分布曲线

① 行业理想分布曲线详细应用方法请见第六章主体评级模型。

3. 确定资源配置能力和债务政策指标风险权重

中债资信以分析师对样本企业自身因素（不考虑模型外调整因素）得出的建议级别为基础，结合建筑企业评级模型指标打分结果，以拟合误差最小为目标，采用量化分析结合专家经验进行权重设定①，具体步骤如下：

第一，采用统计方法确定模型的初始权重。初始权重拟合会很大程度上影响之后的模型计算量及准确率，因此在初始权重的确定上要充分保证拟合效果。中债资信选择带有边界约束条件的二次规划来确定模型的初始权重。

考虑如下的最小化问题：

$$\min \sum_{i} \left(Y_i - (\pi_1 X_{i1} + \pi_2 X_{i2} + \cdots + \pi_n X_{in}) \right)^2$$

$$\text{s. t.} \sum_{n} \pi_n = 1 \text{ 和 } \pi_n \geqslant 0$$

可以将其转化为一个标准的二次规划问题求解，即：

$$\min \frac{1}{2} x^T Q_X + c^T x$$

$$\text{s. t. } A_x \geqslant 0, \ p_x = 1$$

其中对于带有线性等式约束的形式可以采用Lagrange乘子法来求解。可以从上式看出，求出的最优解为每个指标最终体现在模型中的总权重，还需将其转化为各级指标的权重。在具体的对应关系上，对于一个n层、每层指标数分别为a_1，a_2，…，a_n的结构来说，要保证每一子级中所有权重之和为1，因此其内部共存在$1+a_1+a_2+\cdots+a_{n-1}$个约束条件。系数矩阵的秩等于变量个数减去约束条件个数，即$r(A) = a_1+a_2+\cdots+a_n-(1+a_1+a_2+\cdots+a_{n-1}) = a_n-1$，而上一步求出来的变量数也为$a_n-1$②，方程存在唯一解，这个唯一解就是各级指标的权重。

① 详细权重设定方法请见第六章主体评级模型。

② 上一步中存在约束$\sum_n \pi_n = 1$，变量个数要减1。

第二，采用网格划分方法（Grid Search）对初始权重进行优化。在求出各级指标的初级权重后，考虑到资源配置、债务政策等要素与评级结果之间存在可变权重矩阵，该数值解不能直接对应模型解。因此，中债资信以建筑样本（不考虑模型外调整因素）得出的建议级别和各指标的打分结果为基础，根据指标特征确定各指标权重最优迭代区间及步长，采用网格划分方法系统地遍历多种权重组合，根据行业特征对评级要素内各指标权重以及评级要素间的可变权重进行估计，得到有约束条件下的分层级最优解。

第三，根据专家经验对该最优解权重进行微调后确定资源配置能力及债务政策评级指标的最佳效果权重（建筑行业评级要素和权重参见附表）。

4. 根据企业资源配置、债务政策得分确定初步级别

在确定评级要素和评级指标的基础上，应用前述指标阈值切分和权重设定标准，即将资源配置、债务政策要素各类指标得分进行加权计算得出资源配置和债务政策打分结果，再通过级别映射矩阵得出企业初步级别。级别映射矩阵的设置采用可变权重思想思路，具体体现在以下三个方面：第一，资源配置能力与债务政策的风险权重设定体现了资源配置能力对主体级别的重要性程度较高的思路。第二，在矩阵横向权重设置中，债务政策的权重会逐步递增。主体的债务政策得分越高，反映出其债务政策就越激进，对弱势因素给予更高的权重可以放大其对最终评级结果的影响程度，体现了短板效应对评级结果的影响更大。第三，在矩阵纵向权重设置中，根据资源配置能力的高低设置了资源配置先递减后递增的U形权重。当企业资源配置能力较好时，会更多关注信用主体的资源配置能力，弱化债务政策的影响。随着主体的资源配置能力降低，中债资信会逐渐加大对债务政策的考察力度，逐渐减少资源配置能力的权亘。当资源配置能力由一般水平逐步降至较差水平时，资源配置能力所反映出的短板特征会较为明显，因此将逐渐提高资源配置能力的权重，体现资源配置较差状况下的

短板效应对评级结果的影响。

5. 根据模型外调整因素进行最终级别调整

由于部分评级要素（包括但不限于公司治理与管理、流动性、母子公司、偿债意愿等）难以定量衡量，或是存在“短板效应”无法全面和动态反映受评主体信用风险，因此，中债资信在初始级别基础上增加反映上述因素的调整项，得到主体的个体级别。结合中国建筑企业特征，模型外调整因素主要包括但不限于公司治理与管理、流动性、或有事项、偿债意愿、大数据调整因子等，考虑此类要素后得出受评个体级别。最后，考虑外部支持（如有）对企业的增信作用后得出受评主体的最终信用级别（具体模型外调整因素参见本节第四部分）。

三、中国建筑施工企业资源配置和债务政策要素和标准

1. 规模及市场地位

（1）要素选取

建筑施工的下游行业分散度较高，各领域投资周期的结构性差异一定程度上弱化了建筑施工行业整体需求的波动性，因此行业周期性强度一般。由于技术壁垒和资金壁垒都不高，行业市场化程度较高，在资源和能力相同的条件下，规模及市场地位较高的企业承揽业务的能力更强，在行业景气度下行的周期内维持经营稳定性的能力也越强。因此，信用评级中应关注规模及市场地位要素，但一方面考虑建筑施工行业存在挂靠现象，部分企业资产和收入规模较高但运营情况不佳；另一方面考虑建筑施工企业在产业链中的话语权较小，导致企业垫资采购物料和下游业主延期支付工程款的现象较为严重，周转能力对建筑施工企业也十分重要，因此中债资信对于规模与市场地位要素的权重设置适度弱化。

（2）指标及评价标准设定

建筑施工行业业务领域众多，不同领域的业务特点、业务体量等会有所差异，为了实现可比性，行业内通常采用合同额指标来衡量业务量，但考虑到合同额数据为建筑施工企业的商业机密，数据可得性相对较差，

而通常情况下，企业签订的合同量越大，最终体现到施工收入上的金额越大，因此中债资信选取年施工收入来评价建筑施工企业的规模和市场地位，对于年施工收入要素设置综合定性打分指标。

根据建筑施工企业涉及的业务领域情况，我们将企业分为综合性企业、房建类企业、基建类企业、专业领域企业和其他领域企业。主要的分类依据如下：

表7–4　中国建筑施工企业分类标准

综合性企业	房建/基建收入占比超过50%，且基建/房建收入占比超过15%或房建、基建收入均未超过50%，但二者合计收入占比超过65%的大型建筑集团
房建类企业	房建收入占比超过50%，且其他领域收入较分散，无单一收入占比超过15%以上的
基建类企业	基建收入占比超过50%，且其他领域收入较分散，无单一收入占比超过15%以上的
专业领域企业	专业领域（钢结构、园林、装饰等）收入占比超过50%的
其他领域企业	其他

注：该分类需要结合主观判断，无法完全定量。

2. 施工能力

（1）要素选取

建筑施工领域的工程复杂程度差异较大，施工能力直接决定了其承揽业务的能力。施工能力主要表现在所能承揽的工程类型的多寡、难度的高低、拥有的机械设备的高端程度和规模大小、拥有的高级工程技术和管理人力资源的充足性等方面。施工能力越强，其开展业务的空间越大，经营灵活性越强，具有更强的抗风险能力，因此信用评级中应关注施工能力要素。

（2）指标及评价标准

中债资信对于施工能力要素的评价从广度和深度两个方面考量，即施工领域分散性和施工资质，评价指标为施工领域数量和施工资质。

施工领域分散性——如上所述，建筑施工行业内专业细分领域众多，不同细分领域所需的技术存在差异，因此，如果企业施工的专业领域数量越多，当某一领域面临周期性下滑时，越能够在最大程度上降低单一行业的系统性风险。中债资信将施工领域分为房屋建筑工程、公路工程、铁路工程、港口与航道工程等20个细分类别，通过计算企业涉及的施工领域数量，来衡量其施工领域的分散性。该指标为定性打分指标，施工领域数量多于7个，则打分为1分，依次类推。

施工资质——目前国家按照施工能力划分施工总承包、专业承包、劳务分包三类资质，其中总承包资质等级标准包括12个类别，一般分为四个等级（特级、一级、二级、三级）；专业承包资质等级标准包括36个类别，一般分为三个等级（一级、二级、三级）；劳务分包企业资质不分类别与等级。我们按照企业所拥有的施工总承包和专业承包资质情况进行级别划分并打分。

表7-5　中国建筑施工企业施工领域分类情况

施工领域20个类别			
房屋建筑工程	公路工程	铁路工程	港口与航道工程
水利水电工程	电力工程	矿山工程	冶金工程
石油化工工程	市政公用工程	通信工程	机电安装工程
建筑装修装饰工程	建筑幕墙工程	园林绿化工程	钢结构工程
环保工程	特种工程	勘察设计	其他
施工总承包12个类别			
房屋建筑工程	公路工程	铁路工程	港口与航道工程
水利水电工程	电力工程	矿山工程	冶金工程
石油化工工程	市政公用工程	通信工程	机电安装工程

续表

施工专业承包36个类别			
地基基础工程	铁路电务工程	起重设备安装工程	铁路铺轨架梁工程
预拌混凝土	铁路电气化工程	电子与智能化工程	机场场道工程
消防设施工程	民航空管工程及机场弱电系统工程	防水防腐保温工程	机场目视助航工程
桥梁工程	港口与海岸工程	隧道工程	航道工程
钢结构工程	通航建筑物工程	模板脚手架	港航设备安装及水上交管工程
建筑装修装饰工程	水工金属结构制作与安装工程	建筑机电安装工程	水利水电机电安装工程
建筑幕墙工程	河湖整治工程	古建筑工程	输变电工程
城市及道路照明工程	核工程	公路路面工程	海洋石油工程
公路路基工程	环保工程	公路交通工程	特种工程

资料来源：中债资信整理。

3. 市场开拓能力

（1）要素选取

由于进入门槛较低，建筑施工行业市场竞争比较激烈，行业整体盈利水平普遍较低，因此企业自身经营竞争力的保持和提升主要依靠市场开拓能力。市场开拓能力越强，其维持和提高市场竞争地位和市场份额的能力越强，对于保持经营稳定性进而保持债务偿还能力具有重要作用，因此信用评级中需要关注受评企业的市场开拓能力。

（2）指标及评价标准

中债资信选取施工区域分散性和新签合同额/年施工收入来综合评价建筑施工企业的市场开拓能力，相应的指标为施工区域数量和新签合同额/

年施工收入。

施工区域分散性——施工区域布局越广，表明企业的外延能力越强，当某个区域受到不利因素冲击时，能够通过其他区域来弥补，在一定程度上降低了企业受单一区域系统性风险冲击的影响，经营稳定性更强。我们采用施工区域省份数量这一指标来衡量企业的施工区域分散性，具体标准如下。

新签合同额/年施工收入——考虑到一般的建筑工程项目施工周期为2~3年，因此，如果企业当年的新签合同额可满足未来2.5年以上的业务量，则可认为其承揽业务的市场能力较强，而若能满足企业5年以上的业务量，我们认为达到了行业最优水平，故我们将5倍作为该指标最优值的下限。

4. 盈利能力

（1）要素选取

建筑施工企业一般都采用项目制运行，由于施工作业的分散流动，企业经营规模越大，项目管理难度越大，管理能力的差距最终会通过经营成果表现出来。因此，信用评级中需要关注受评企业的盈利能力。

（2）指标及评价标准

中债资信选取营业毛利率和EBIT利润率来衡量企业的盈利能力。

营业毛利率——建筑施工行业由于不同领域的施工难度、施工模式等有所差异，各子行业间毛利率有所差异，整体来看行业平均毛利水平在7%左右，而毛利率在15%以上的企业基本盈利能力较好。

EBIT利润率——根据管理能力，结合资金成本、人力成本和管理费用等综合要素，行业EBIT利润率平均水平在3.5%左右，而该指标在10%以上的企业项目管理能力较强。

5. 获现能力

（1）要素选取

盈利是企业经营的根本，但企业运转需要的是资金，基于建筑施工企

业财务杠杆较高和轻资产运营的财务特征，我们加强了对企业获现能力的考察比重。在同样的盈利水平下，获现能力较强的施工企业能够在融资环境较差的情况下保持相对较稳定的运转，对其进而保持债务偿还能力具有重要作用。因此，信用评级中需要关注受评企业的获现能力。

（2）指标及评价标准

建筑施工行业的收现情况通常较差，中债资信选取收现比、（收现比–付现比）和经营净现金/EBIT来从不同维度综合衡量企业的获现能力。

收现比——企业运转及偿债资金的最根本来源是自身的经营活动，而由于建筑施工企业在产业链中的地位较低，通常会产生较大规模的应收账款占用资金，能够将收入转化为现金的比率越高的企业，说明其竞争力和话语权越强，因此我们用销售商品、提供劳务收到的现金/营业收入来衡量企业的收现能力。

收现比–付现比——收现比衡量的是建筑施工企业对下游客户的话语权，付现比则体现的是对上游供应商的话语权，一般情况下建筑施工企业对下游客户的议价能力都偏弱，但对上游供应商的议价能力则有一定差异。若能够将资金压力转移给上游供应商，那么企业的周转压力将会有所降低。因此，我们在考察企业收现比的同时，还应该考察（收现比–付现比），即（销售商品、提供劳务收到的现金/营业收入–购买商品、接受劳务支付的现金/营业成本），以此来衡量企业营运的资金缺口大小。

经营净现金/EBITDA——EBITDA通常用于衡量企业主营业务产生现金流的能力，与收现比相比，该指标考虑了补充营运资金等需求后的息税前利润实现率。由于建筑企业的经营活动净现金流波动较大，该指标可能会出现因经营净现金为负而导致指标为负值的情况，特别需留意当EBITDA和经营净现金同时为负但该指标却为正时，并不意味着获现能力强，因此该指标需要结合EBITDA来看，只有当EBITDA为正时，该指标越大越好。由于该指标稳定性较收现比指标差，因此该指标作为衡量获现能力的辅助指标。

6. 周转能力

（1）要素选取

建筑工程结算流程复杂、时间长，且业主处于强势甲方地位，建筑施工企业垫资施工、工程款结算延迟的现象较为普遍，除了少数区域市场地位较强的企业，大部分企业向钢材、水泥等上游原材料供应商转移资金压力的能力较弱，企业对自身资金周转的管理能力十分重要，在融资环境较差的情形下，应收款项周转较快的企业面临的偿债风险相对较小，因此信用评级中需要关注受评企业的周转能力。

（2）指标及评价标准

建筑施工企业是轻资产行业，其资产端主要体现在应收款项和存货，从信用风险的角度来看，企业的周转能力主要体现在应收款项的管理上。建筑企业应收款项的回收风险一方面是看应收款项的质量，如规模及运营效率、分散性、下游客户资信水平等；另一方面是企业自身的管理水平，如信用政策的选择与事前预判、项目流程管控等，后者往往扮演着更重要的角色，并会对前者产生影响。应收款项出现坏账的原因与行业外部环境、企业经营及财务处理风格和对手方履约能力和履约意愿等密切相关。然而，行业外部环境是企业不可控的，对手方的履约能力会受施工领域影响，比如市政公用类的子行业业主主要是国企及地方政府，账款回收相对民企保障程度高一些，企业自身的经营及财务管理能力便是影响其信用风险的主要内生因素，因此我们选取应收款项/营业收入来衡量企业的周转能力。

应收款项/营业收入——该指标体现了企业应收款项的管理政策，应收款项（应收账款+应收票据）/营业收入指标数值越大，其潜在的坏账风险越大。从各子行业看，装饰、园林绿化环保行业收现能力较弱，根据中债资信研究测算，建筑装饰和园林绿化环保行业样本企业的应收账款/营业收入分别为95.30%和48.02%，其中装饰行业“以垫资拼业务”状况尤为严重，因此在进行信用风险评估时，应相应增加对其应收款项的考察权重。此外，少数企业的“存货——工程施工”科目规模较大，由于该科目计入时通常已经确认了收入，但由于没有结算而尚未进入应收账款科目，因此可以认为是未来的应收款项。该科目的金额越大，收入的含金量越低，资金占用越严重，故对于“存货——工程施工”科目规模较大的企业，可将该指标进行一定调整，即调整后的应收款项/营业收入=（应收账款+应收票据+存货-工程施工）/营业收入，以此来衡量其真实的周转能力。

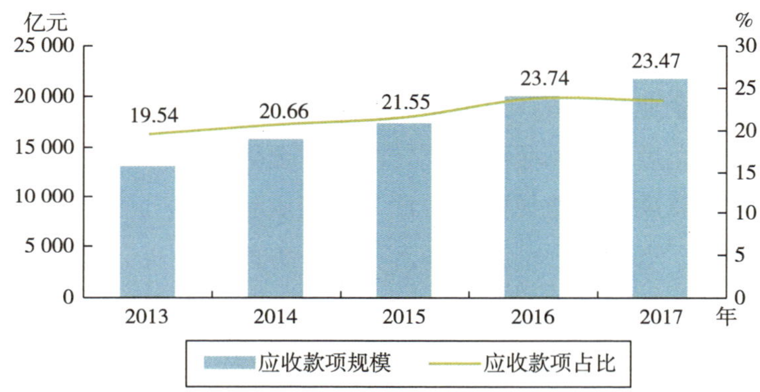

资料来源：Wind资讯，中债资信整理。

图7–41　近五年样本建筑企业应收款项规模及占营业收入的比重

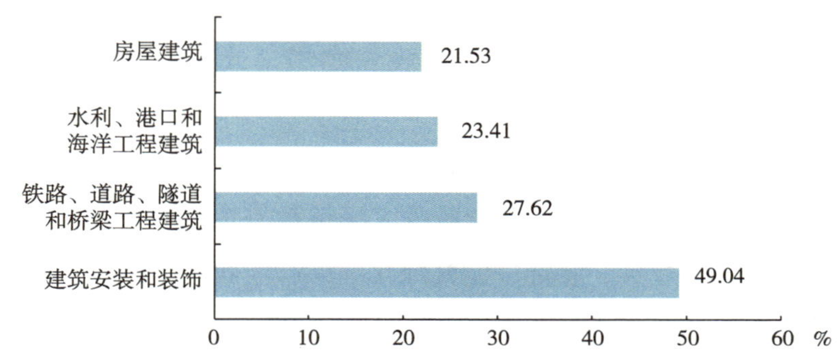

资料来源：Wind资讯，中债资信整理。

图7–42　2015—2017年样本建筑企业各子行业应收款项占比平均值

7. 杠杆水平

（1）要素选取

资本结构体现了企业的债务政策，是影响企业债务稳健性的关键因素。受垫资特点影响，建筑施工企业资金需求较大，外部债务融资金额较高，债务负担的高低体现了企业债务政策的谨慎程度，因此是影响偿债能力和偿债意愿的关键要素。我们选取资产负债率、应收账款/所有者权益和全部债务资本化比率来综合衡量企业的杠杆水平。

（2）指标及评价标准

资产负债率——一般而言，建筑施工企业的营运资金需求主要来自外部债务融资和上下游商业信用占款，因此相对于全部债务资本化比率，资产负债率更能反映建筑施工企业的资本结构。由于垫资明显的行业特征，建筑施工企业一般采取高负债运营，资产负债率普遍高于70%，集中在70%~90%。由于一般情况下建筑施工行业的负债主要为经营性的短期资产占用形成，流动性相对重资产行业好，因此我们对建筑施工企业的资产负债率容忍度较高，当企业资产负债率超过90%时，我们认为其杠杆水平超过了容忍上限。

应收款项/所有者权益——当行业景气度下行或下游行业资金链紧张使得行业坏账率普遍提升时，建筑施工企业可能会因自有资本薄弱而无法对债务形成良好保障，因此我们在衡量企业资产负债率的基础上，通过应收款项/所有者权益指标来进一步衡量杠杆水平差异，如果所有者权益不到应收款项的1倍，那么在应收款项出现坏账时，自有资本对债务的保障程度将受到影响。

全部债务资本化比率——该指标体现的是企业刚性债务的偿还压力，对建筑施工企业而言，外部融资是补充营运资金的重要部分，但当融资环境较差时，对于资产负债率水平相似的企业而言，刚性债务占比越高，债务偿还压力越大，因此我们将全部债务资本化比率作为资产负债率的辅助衡量指标。

8. 短期偿债指标

（1）要素选取

建筑施工行业财务杠杆较高，生产经营涉及大规模的现金流入和流出，对营运资金的要求较大，因此保持较强的现金获取能力、较高的资产流动性和债务资本周转是保障到期债务偿付和保持经营持续性的关键。企业资金流动性越强，偿债风险越低。

（2）指标及评价标准

经营活动现金流入量/流动负债——建筑施工企业主要通过回收工程结算款来偿还到期债务，企业经营现金流入量越大，越容易获得金融机构等外部融资渠道提供的贷款额度用于资金周转和扩大经营，短期偿债更多地体现为资金周转，因此，我们采用经营活动现金流入量/流动负债指标来衡量建筑施工企业的流动性。

现金类资产/短期债务——短期债务主要用于补充流动性，相较于流动负债，短期债务在偿付时具有较强的刚性及时间限度要求，所以我们从流动性比较强的现金类资产角度考察企业对短期债务的即时偿付能力。

流动比率——建筑施工企业的资产构成以货币资金、工程物资存货、应收工程借款等流动资产构成，负债也以流动负债为主，因此流动比率反映了资产流动性对债务的保障程度。

9. 长期偿债指标

中债资信对建筑施工企业长期偿债能力的评价更为重视稳定的现金流来源对债务的偿付保障。对于长期债务而言，通常是采用每年付息到期还本的形式，因此在一定时间内，EBITDA对利息的保障程度是衡量企业偿债安全程度的重要指标，如果企业一直保持按时付息的信誉，则长期债务到期时通过举借新债进行滚动偿还也比较容易。

四、中国建筑施工企业模型外调整因素

对于建筑施工企业而言，主体信用风险的模型外调整因素包括但不限于以下几个方面。

1. 公司治理与管理

公司治理与管理水平主要从股权结构及股东行为、信息披露透明度与质量、战略管理三个方面考察。由于公司治理与管理方面的缺陷很可能直接导致公司经营无法维系或外部融资环境收紧进而导致违约，对个体信用风险具有重大影响，因此中债资信对公司治理与管理存在或出现重大缺陷的主体，以对个体级别下调形式反映其负面影响，并根据其缺陷的严重程度，设置了不同程度的调整规则[①]。

建筑行业不同子行业的企业性质有所差异，其中建筑装饰和建筑安装领域以民营企业为主，房建领域中民营企业和国有企业基本各占一半，其他领域都以国有企业为主。对于民营企业而言，信息披露质量较国有企业会有一定差距，需关注民营企业的会计处理方式对企业财务表现的影响；建筑施工行业存在挂靠现象，一方面被挂靠企业的工程质量保障程度相对较差，另一方面被挂靠企业存在预付款项无法收回的风险，因此需关注资产和营业收入规模较大但盈利表现较差的企业。此外，建筑企业一旦出现较为严重的安全事故，施工企业需立即停工并实施调查，并在一定时期内无法参与新项目招投标，影响了项目工期以及企业新签合同，抑或面临相应监管部门的处罚，对施工企业及行业发展带来较大的负面影响，因此需关注安全事故频发的企业由于安全管理不到位带来的经营风险。

2. 流动性

债务政策中已经对影响主体流动性的因素进行了评价，由于我们认为流动性是影响主体的短板因素，即通过打分卡模型无法完全反映其对信用风险的影响，因此我们增加一个流动性评价的模型外调整因素，具体来说，当调整项——流动性评价结果非常差时，对个体级别进行一定下调。流动性评价涵盖内容包括内生流动性和外生流动性：内生流动性评价主要针对主体自身资产变现、持续经营活动和投资活动的流动性，具体评价时

① 具体考察要素和调整规则参见第九章专项评价方法。

主要考察主体现金偿付能力、营运资金需求、营运资本、易变现资产情况及短期投资压力；外生流动性主要考察主体获取外部金融机构流动性资源的能力。此外，通过定性调整的方式考虑外部融资大环境变化对企业流动性压力的影响。流动性不足会导致主体无法及时获取资金履行各类付现契约义务，极端情况下会直接导致主体违约或破产，因此中债资信将以对个体级别下调形式反映其负面影响①。

对于建筑施工企业而言，由于行业整体债务结构偏短期化，而外部融资环境不确定性较大，整体行业面临较大的流动性周转压力。实务中需要重点关注以下几类企业的外部流动性压力：一是自身债务负担较重，短期流动性压力较大，且未来PPP项目投资规模较大的企业；二是连续多年亏损，应收账款周转慢、坏账风险较大且融资渠道单一的企业。

3. 或有事项

中债资信对或有事项（尤指或有负债）的考量主要包括两个方面：一是判断发生可能性；二是结合主体的抗风险能力判断或有负债对企业信用品质的可能影响。或有负债一旦发生，可能直接影响受评主体的盈利表现、资本实力、短期流动性及偿债能力等，严重时甚至能引发主体的流动性危机，因此应加强分析其可能发生规模及影响。中债资信依据对或有事项发生可能性及影响的评价，酌情适度下调个体级别②。

对于建筑施工企业而言，一方面由于垫资现象突出，在款项回收过程中易发生工程款纠纷、债务认定不一致、债务人破产等变故，因此企业的诉讼等事项对其财务表现会产生一定影响，但由于以上事项具有不确定性，需关注企业涉诉案件的多少、涉及金额大小、重大涉诉案件发生损失的可能性等；另一方面，建筑施工企业由于资金需求较大，在融资时互相担保的情况较为明显，需重点关注江浙等地区互保规模较大的企业，以及

① 具体评价指标和调整标准参见第九章专项评价方法。

② 具体考察要素和调整规则参见第九章专项评价方法。

其他对外担保规模较大的企业。

4. 偿债意愿

影响企业偿债意愿的因素主要包括两个：一是理性决策；二是偿债意识。主体偿债意愿的弱化会增加信用风险，尤其是在经济下行、违约增多背景下，主体偿债意愿可能出现阶段性弱化的特点，因此需要加强分析其偿债意愿，才能全面准确地判断企业债务违约风险。中债资信评价偿债意愿弱化程度，并根据评价结果，适度下调个体级别[①]。对于建筑施工企业来说，尤其是部分中小民营企业，需关注其在融资环境恶劣、较大债务周转压力下偿债意愿弱化的可能性。

5. 大数据调整因子

打分卡模型数据来自受评主体历史经营和财务等传统评级数据，所用数据可能存在无法全面和动态反映受评主体信用风险的问题，比如在年初4月份（上年年报尚未公布时）对受评主体进行评级，使用财务数据往往是上年度的第三季度报，财务数据时间滞后，无法反映企业最新财务状况；再如，对于建筑施工企业而言，由于或有事项发生频率较高且具有不确定性，财务数据的反应相对滞后。为弥补现有模型、方法的固有缺陷，中债资信使用大数据和人工智能技术，对受评主体以及与主体具有关联关系的企业和自然人的非经营、财务数据或信息（信息范围包括但不限于公告、工商税务信息、法院检察院诉讼信息、新闻舆情等各类信息）进行实时跟踪和抓取，并根据获取信息的影响程度，形成受评主体大数据调整因子评分。当该评分结果很差，并对受评主体偿债能力产生重大不利影响时，中债资信以对个体级别调整形式反映其影响。

① 具体考察要素和调整规则参见第九章专项评价方法。

附表：中国建筑施工企业评级要素权重

要素归类	评级要素	要素权重
资源配置	规模与市场地位	30%
	施工能力	20%
	市场开拓能力	10%
	盈利能力	10%
	获现能力	10%
	周转能力	20%
债务政策	杠杆水平	25%
	短期偿债指标	50%
	长期偿债指标	25%

附例：中国建筑施工企业信用评级运用举例

对于一个待评级的中国建筑施工企业，我们的评级思路如下：

首先，梳理出建筑施工企业资源配置能力和债务政策评级要素和指标。

其次，根据行业信用品质评价方法和模型确定建筑施工行业信用品质评价结果为“IRR-5”，从而确定指标阈值划分标准，经分析师调整后确定最终阈值。

再次，依照指标评价标准对该企业的各个指标进行评分，在得到各指标的分值后，按照各指标的权重根据评级模型计算出该企业的资源配置能力得分和债务政策得分。

最后，将企业资源配置能力得分和债务政策得分转换后通过初始级别映射矩阵得出企业初步级别，在此基础上考虑调整项和外部支持对级别的影响后得出最终主体信用级别。

以某建筑施工企业×公司为例，对×公司的各项指标，我们均可以得出相应分值，其中对于资源配置能力和债务政策指标加权求和后的资源配置能力和债务政策评分分别为4.56和4.40，取整转换后再根据初始级别映射矩阵得出企业初步级别为A+级。在模型给出的初步级别的基础上，中债资信对未纳入模型的调整项进行综合考虑，考虑外部支持的一定增信作用后，最终得出×公司的指示级别为AA-级。

下表演示了对建筑施工企业×公司评级的过程：

附例：×公司信用评级模型运用

<table>
<tr><th>要素归类</th><th colspan="2">评级要素及权重</th><th>模型指标及权重</th><th>指标表现</th><th>指标分值</th><th>对应打分</th><th>初步级别</th></tr>
<tr><td rowspan="11">资源配置能力</td><td colspan="2">规模与市场地位</td><td>年施工收入评价</td><td>3.00</td><td>3</td><td rowspan="11">4.56</td><td rowspan="19">A+</td></tr>
<tr><td rowspan="2">施工能力</td><td>施工领域分散性</td><td>施工领域数量</td><td>2.00</td><td>3</td></tr>
<tr><td>施工资质评价</td><td>施工资质评价</td><td>2.00</td><td>2</td></tr>
<tr><td rowspan="2">市场开拓能力</td><td>新签合同额/年施工收入</td><td>新签合同额/年施工收入</td><td>1.52</td><td>3</td></tr>
<tr><td>施工区域分散性</td><td>施工区域省份数量</td><td>31.00</td><td>1</td></tr>
<tr><td colspan="2" rowspan="2">盈利能力</td><td>EBIT利润率</td><td>10.80</td><td>2</td></tr>
<tr><td>营业毛利率</td><td>17.09</td><td>2</td></tr>
<tr><td colspan="2" rowspan="3">获现能力</td><td>收现比</td><td>89.98</td><td>3</td></tr>
<tr><td>收现比-付现比</td><td>3.34</td><td>3</td></tr>
<tr><td>经营净现金/EBIT</td><td>0.25</td><td>3</td></tr>
<tr><td colspan="2">周转能力</td><td>应收款项/收入</td><td>96.16</td><td>5</td></tr>
<tr><td rowspan="7">债务政策</td><td colspan="2" rowspan="3">杠杆水平</td><td>资产负债率</td><td>59.63</td><td>2</td><td rowspan="7">4.40</td></tr>
<tr><td>全部债务资本化比率</td><td>19.26</td><td>1</td></tr>
<tr><td>应收款项/所有者权益</td><td>1.76</td><td>4</td></tr>
<tr><td colspan="2" rowspan="3">短期偿债表现</td><td>流动比率</td><td>1.44</td><td>3</td></tr>
<tr><td>经营活动现金流入/流动负债</td><td>1.14</td><td>3</td></tr>
<tr><td>现金类资产/短期债务</td><td>1.00</td><td>3</td></tr>
<tr><td colspan="2">长期偿债表现</td><td>EBITDA利息保障倍数</td><td>32.28</td><td>1</td></tr>
</table>

第五节　中国收费公路（运营）企业主体信用评级方法体系

“收费到期了，但贷款没还清，怎么办？”，近年来，早期建设的一批收费公路陆续面临收费到期的问题，但建设贷款尚未偿清的情况却普遍存在。

收费公路经历了30余年的蓬勃发展，在支撑经济社会发展的同时累积了大量的债务，截至2016年末，收费公路行业债务余额约4.86万亿元，2016年行业实现通行费收入4 548.46亿元，但扣除运营养护等刚性支出以及偿付利息的支出后，能用于偿还债务的资金仅余606.24亿元，以此测算，单纯依靠通行费收入的话，行业债务大概需要80年才能偿清，远远高于最长30年的收费期限，“收费到期但债没偿清”将是收费公路行业亟待解决的问题。

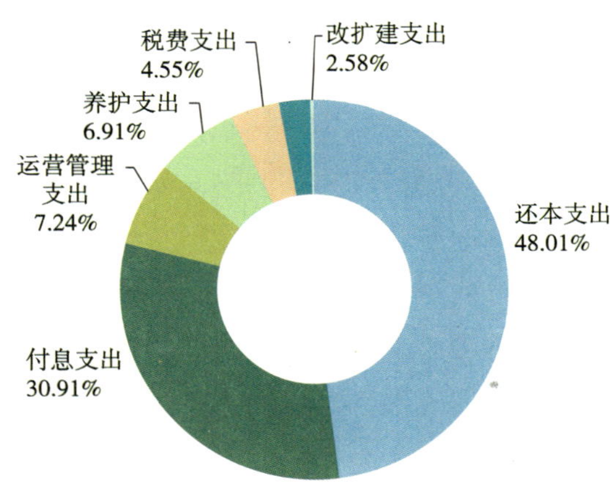

资料来源：公开资料，中债资信整理。

图7—43　2016年我国收费公路支出构成

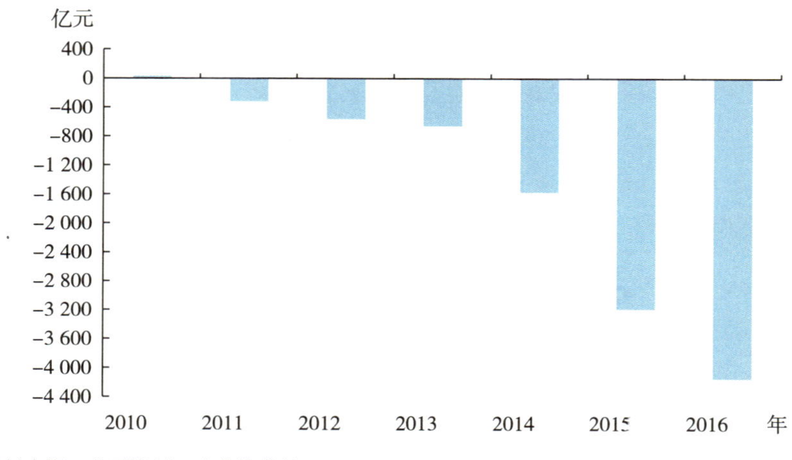

资料来源：公开资料，中债资信整理。

图7-44　近年我国收费公路收支情况

我国收费公路起步较晚，改革开放初期，社会交通运输需求急剧增长，但由于政府财力不足，公路建设严重滞后，制约了社会经济的发展。在此背景下，1984年国务院出台了“贷款修路、收费还贷”政策，公路融资由单一的依靠财政资金拓展到利用贷款、集资、外资等多种方式。1997年，《中华人民共和国公路法》正式颁布，从法律层面明确和规范了收费公路政策。2004年国务院颁布了《收费公路管理条例》（以下简称《条例》），明确了收费公路收费的条件、范围、标准、期限以及收费公路权益转让和收费公路经营管理等事项，同时明确了政府还贷公路和经营性公路两个收费公路建设和管理体系，对于规范收费公路管理以及促进收费公路的发展起到了重要作用。

但收费公路政策在发展过程中，积累的各种问题逐步显现，主要体现在投融资模式问题和偿债压力问题两个方面。在投融资模式方面，为了推进公路建设，地方政府多以组建交通投融资平台来投资建设区域内的收费公路，对债务进行统一偿还，存在政企不分、政事不分的现象；在偿债压力方面，收费公路在发展建设过程中积累了大量的债务，如前文所述，截

至2016年底，全国收费公路累计债务余额高达4.86万亿元，当年通行费收入扣除刚性运营支出后的利息保障倍数为1.26倍，即收费足以支付利息，但债务仍主要依赖借新还旧来进行滚动，在现行《条例》下，对于政府还贷公路可能出现收费期届满而债务未偿清的情况，而对于许多投资规模大但效益较差的经营性公路也可能存在经营期限内无法收回投资，更无法获得合理回报的情况，而且，随着土地拆迁、人工和材料成本的上升，新建公路成本逐年攀升，新建公路的投资回报和债务偿还风险也在增大。由于收费公路具备准公共产品属性，国家对其实行较为严格的管制，路产的建设规划、收费标准的制定等均受到政府管制，因此收费公路企业债务风险的化解依赖于政策的调整。

针对上述问题并根据财税体制改革的新要求，交通运输部启动了《条例》修订工作，并于2015年7月发布了《收费公路管理条例（修订征求意见稿）》，旨在理顺行业投融资机制，化解行业债务风险。首先，规范行业现行投融资机制，将政府收费公路的"贷款修路、收费还贷"模式调整为由政府发行专项债券方式筹措建设资金的模式；其次，建立政府收费高速公路"统借统还"制度，以省级人民政府为单位，不再规定具体收费期限，按照用收费偿还债务的原则，以该路网实际偿债所需时间确定偿债的收费期限；同时，对于特许经营高速公路的经营期按照收回投资并有合理回报的原则确定经营的收费期限，经营期届满后，由政府收回纳入政府收费公路统一管理。

虽然《条例》修订尚未出台，但实务中基于财税体制改革的新要求（如2017年7月收费公路专项债已试点发行）以及行业偿债的切实压力（有些省份已经基于"统借统还"的思路延长了部分到期收费公路年限），预计政策大方向不会有太大变化。那么基于收费公路政策的改革方向，收费公路行业的信用评价思路也将逐渐改变。不论是对于交投公司（平台）还是特许经营主体（运营），其自身信用评价将主要基于其资源配置与债务政策要素来评价。但同时应关注到，对于《条例》的修订尚存

在争议，如其中提到的“养护收费”与《公路法》中关于“征税筹集公路养护资金”的条款有一定争议，收费期限的调整也面临较大的社会舆论压力，未来政策的出台仍存在一定不确定性。中债资信将持续关注该政策的变化进展，并根据政策导向适时调整行业评级方法。

一、中国收费公路行业概况及特征

1. 中国收费公路行业划分及界定

收费公路是指符合《公路法》和《收费公路管理条例》规定，经批准依法收取车辆通行费的公路（含桥梁和隧道），有偿使用是其区别于普通非收费公路的主要特征。按照建设和运营主体划分，收费公路可分为政府还贷公路和经营性公路两类，两者在建设主体、资金来源、收费标准、收费期限、通行费收入管理上均有明显区别。根据现行《收费公路管理条例》（2004）①，政府还贷公路是指县级以上地方人民政府交通主管部门利用贷款或向企业、个人有偿集资建设的公路，不以盈利为目的，其通行费收入只可用于必要支出及偿还贷款（集资款），收费年限最长不得超过20年（东部地区最长不超过15年）；经营性公路是指国内外经济组织投资建设或者依照《公路法》的规定受让政府还贷公路收费权的公路，其收取通行费的目的是收回投资并取得合理回报，收费年限最长不超过30年（东部地区最长不超过25年）。

① 《收费公路管理条例征求意见稿（2015）》对政府还贷公路（或“政府收费公路”）和经营性公路（或“特许经营公路”）重新定义，但因其尚未正式出台，本文以2004年版的《收费公路管理条例》为依据。

表7–6　政府还贷公路与经营性公路的比较

	政府还贷公路	经营性公路
建设主体	按照政事分开的原则依法专门设立的不以盈利为目的的法人	国内外经济组织设立的企业法人
资本金来源	财政性资本金为主，财政性资本金占比平均超过80%	非财政性资本金为主，财政性资本金占比平均低于30%
债务资金来源	以银行借款为主，引入地方政府收费公路专项债券	以银行借款为主
收费年限	按照用收费偿还贷款、偿还有偿集资款的原则确定，最长不得超过15年。国家确定的中西部省、自治区、直辖市的政府还贷公路收费期限，最长不得超过20年	经营性公路的收费期限，按照收回投资并有合理回报的原则确定，最长不得超过25年。国家确定的中西部省、自治区、直辖市的经营性公路收费期限，最长不得超过30年
收费标准制定	由省、自治区、直辖市人民政府交通主管部门会同同级价格主管部门、财政部门审核后，报本级人民政府审查批准	由省、自治区、直辖市人民政府交通主管部门会同同级价格主管部门审核后，报本级人民政府审查批准
收入管理	车辆通行费收入，应当全部存入财政专户，严格实行收支两条线管理	无明确规定

资料来源：公开资料，中债资信整理。

当前我国收费公路行业主要的投融资及运营模式分为三类：第一类为政府直接投资管理模式，由地方交通主管部门下辖的高速公路建设局、管理局或地方性投融资平台进行投资建设和管理，投资建设的公路均属于政府还贷公路，该种模式下的通行费缴入财政专户，建设资金贷款由财政统一偿还；第二类为政府组建的交投公司进行投资管理的模式，该模式为目前较为普遍的一种投资管理模式，一般由省（市）国资委（局）或省（市）级交通主管部门为主导组建独资或控股的国有（集团）公司，对所在区域的收费公路（既有政府还贷公路，又有经营性公路）进行投资建设和管理，以企业化模式管理，该种模式下公司依靠通行费收入以及政府给予的资金或其他补偿来偿还项目贷款。第三类为特许经营投资管理的模式，即引入社会资金进入收费公路投资领域，以合资、BOT或直接投资、直接收购收费公路特许经营权等方式参与，该模式下投资管理的公路均属于经营性公路，由企业自主支配通行费收入，自行偿还债务，特许经营者的身份可以为国资、外资或民资等。

本方法适用于以第三类模式投资运营收费公路业务为主业的企业[①]，对于以第一类模式投资运营收费公路为主业的地方性投融资平台企业可参照中债资信城投企业主体信用评级方法，以第二类模式投资运营收费公路为主业的企业可参考中债资信收费公路（平台）企业主体信用评级方法。

2. 中国收费公路行业特征

（1）行业受政策影响大

中国收费公路行业脱胎于公路的"收费还贷"政策，在随后的发展中始终受到严格的政府管制，当前收费公路的投融资机制、建设规划、收费标准、收费年限、权益转让等均由政府制定和监管，相关政策的变化会对行业内所有收费公路企业产生影响。例如近年来实施的逐步取消二级政府还贷公路收费、重大节假日小客车免收过路费、高速公路差异化收费等政策影响了收费公路企业的通行费收入，而财税体制改革以及《收费公路管理条例》的修订等政策将会对行业产生重大影响。

（2）行业周期性较弱

公路运输主要为满足社会经济运行中人员和物资流动的中短途陆地运输和出行需求，与铁路、航空和航运相比，公路运输所面临的下游运输需求特征多元，抵御单一产业需求波动能力较强。其中，公路货运需求主要受宏观经济发展状况的影响，而公路客运需求还受人口规模、城镇化水平、人均可支配收入以及出行习惯等的影响，而且随着我国公路网络建设的加快，路网贯通效应也在刺激新的公路运输需求，汽车保有量上升和自

① 判断主业主要依据企业收入或利润占比，具体判断标准详见《中债资信行业分类标准》。

驾行为同时带动了公路消费性运输需求的增长，整体来看公路运输需求结构多元，抵御经济周期性波动的能力较强，行业周期性较弱。

（3）具有自然垄断属性，竞争程度较弱

收费公路作为交通基础设施，经济和社会效益兼具，并涉及公共安全和国防事业，具备准公共产品属性，因此国家对其实行较为严格的管制，区域内公路建设的位置、走向等均由政府规划，一般而言，政府根据区域内交通运输需求的预测，尽量避免规划相同走向的路线重复建设，因此一条收费公路建成后便在其服务的区域内具有自然垄断属性，行业内竞争程度较弱。近年来，公路运输行业虽然面临高速铁路、航空等其他运输方式的竞争，但不同运输方式的服务侧重点有所差异，公路运输主要满足中短途陆地运输，具有覆盖面广、灵活性高、经济、便利、安全等特点，行业间竞争程度也有限。

（4）收入及现金流相对稳定

收费公路行业下游需求波动相对较小，而通行费收费标准由各省级政府制定，在较长的时间内保持不变，因此成熟路产的通行费收入相对稳定。车辆通行费具有即时收费的特点，运营期间付现费用相对较少，行业内企业的经营活动获现能力较强且现金流具有良好的稳定性。

（5）投资回报期较长，债务负担较重

公路行业属于重资产行业，投资回报期较长。若以收费公路的单公里投资造价/单公里通行费收入作为衡量行业投资回收期限的话，截至2016年末，全国的平均水平为16.63倍，有些省份的投资回收期甚至超过30年的最长收费年限。近年来，随着拆迁、人工、材料等成本的增长，公路建造成本上涨较快，而收费标准由于受政府管制基本维持不变，由此导致新建公路的投资收益比持续弱化。公路行业属于典型的资金密集型行业，前期建设资金需求大，虽然国家和地方政府给予公路建设一定的财政资金，但其主要的资金来源仍依赖于债务融资渠道解决，目前行业债务融资占比保持在70%左右的水平，行业整体债务负担较重。

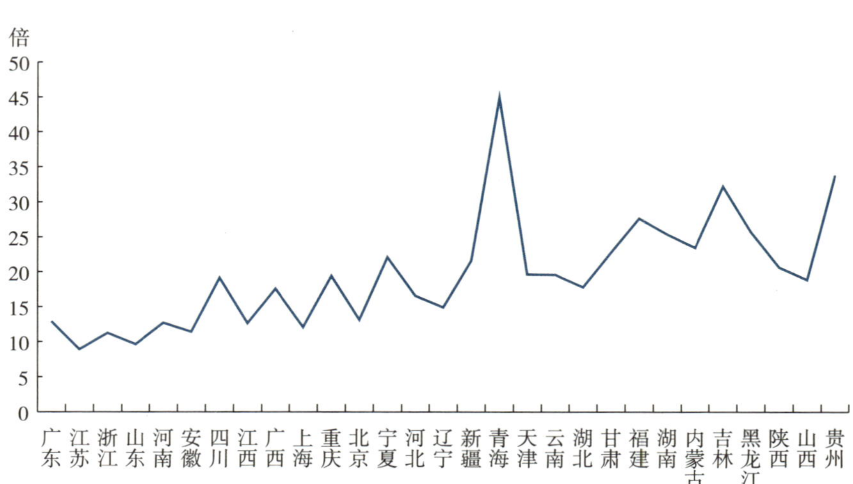

资料来源：Wind资讯，中债资信整理。

图7-45　截至2016年末，各省（自治区、直辖市）收费公路行业投资回收期

（6）行业地位重要，政府支持力度较强

公路在交通基础设施领域的地位毋庸置疑，依靠收费公路政策，我国建设了四通八达的高速公路网络，大大提高了公路的运输效率，有力地支撑了经济社会的发展，特别是物流业的快速发展。收费公路兼具经济与社会效益，因此受到各级政府较强力度的支持，中央政府主要给予车购税资金等财政资金补贴，由于收费公路（运营）企业经营自主性高，业务公益性较弱，地方政府可能从税收优惠、财政补贴等方面给予企业一般性支持，政府的支持力度相对弱于收费公路（平台）企业。

二、中国收费公路（运营）企业主体评级思路

根据中债资信评级原理①，中国收费公路（运营）企业主体评级思路为：首先，基于行业特征、行业内企业表现、行业政策及经济学意义确定

① 中债资信行业主体信用评级方法在评级原理指导下制定，具体评级思路请参见中篇评级方法总论。

影响收费公路（运营）企业资源配置和债务政策的评价要素和指标。其次，采用打分卡模型形式构建企业信用评级模型，对收费公路行业内企业资源配置、债务政策要素打分，并结合级别映射矩阵确定受评主体初步级别。再次，由于部分评级要素难以定量衡量或是存在“短板效应”，打分卡模型无法全面和动态反映此类因素的影响，因此，中债资信在初始级别基础上增加反映上述因素的调整项，得到主体的个体级别。结合收费公路行业特征，此类调整因素主要考察公司治理与管理、流动性、偿债意愿、大数据调整因子等。最后，在个体级别基础上综合考虑外部支持（如有）后得到最终主体信用级别。

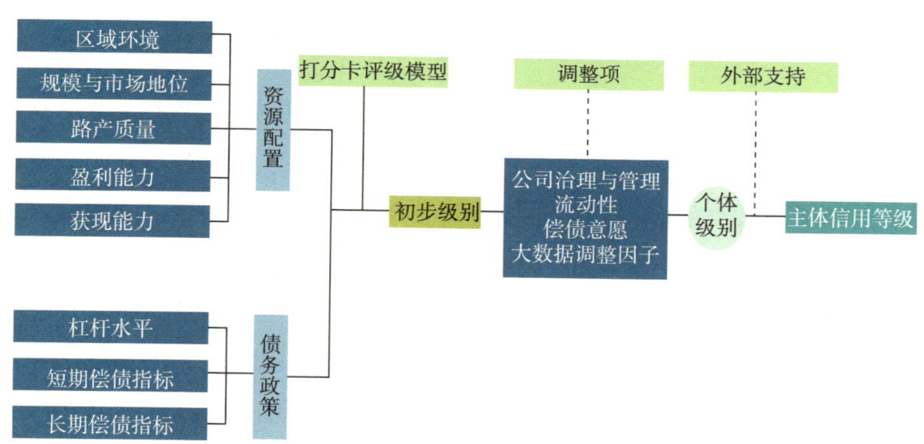

图7–46　中国收费公路（运营）企业主体评级思路

其中，打分卡评级模型的阈值、权重和初始级别映射矩阵设定原则说明如下：（1）阈值设定思路：根据收费公路行业自身特征、行业内企业表现、行业政策等要素，确定收费公路行业信用品质的评价结果，从而推导出收费公路行业信用风险的理想分布曲线，进而确定指标阈值划分标准，再结合专家经验调整后确定各指标阈值；（2）权重设定思路：采用网格划分方法结合专家经验得到约束条件下的分层级最优风险权重；（3）初始级别映射矩阵的设定反映了可变权重设置思想。

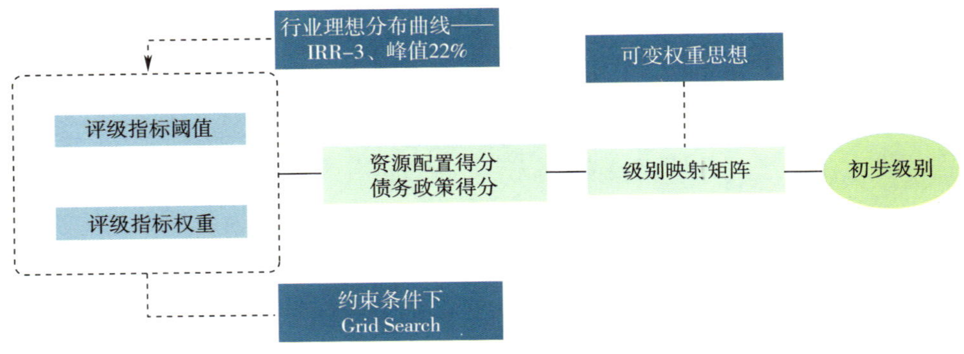

图7-47 中国收费公路（运营）企业打分卡模型构建思路

1. 确定中国收费公路（运营）企业资源配置和债务政策评价要素和指标

收费公路行业作为交通基础设施的重要组成部分，其运输需求与经济发展密切相关，其所经营服务的区域环境是影响企业经营效益的重要因素；市场地位越高的收费公路企业，其获取的路产资源越多，一般而言，拥有较大规模路网的企业具有更好的经营稳定性，因此规模与市场地位是衡量企业资源配置的重要指标；不同路产在所处区位、路况质量和运营期限等方面存在差异，路产质量是影响企业现金流和还贷能力的重要因素。最后，盈利与现金流是企业资源配置能力的直接体现。中债资信对于收费公路（运营）企业资源配置能力的评价主要考量区域环境、规模及市场地位、路产质量、盈利与现金流等因素。

在债务政策方面，收费公路（运营）企业与一般工商企业一样，主要考量受评企业的杠杆水平、短期偿债指标和长期偿债指标等（具体评级要素和指标选取参见本节第三部分）。需要说明的是，在评价收费公路（运营）企业各类指标表现时，既要考虑指标的历史表现又要考虑指标的未来预测值。

收费公路（运营）企业与收费公路（平台）企业同属于收费公路行业，基于行业特征相似度高，两者选取同样的评价要素和指标，但由于两

者在经营目标、外部支持等方面存在差异，因此两类企业在指标阈值及权重设置方面存在差异。

2. 根据收费公路（运营）行业理想分布曲线确定评级标准

（1）中国收费公路（运营）行业信用品质评价为“IRR-3”

中国收费公路（运营）行业周期性较弱，竞争程度较弱，投资回报期较长，债务负担较重，政策及政府的支持力度较强。综合以上分析，中债资信对中国收费公路（运营）行业的信用风险水平评价为“IRR-3”，对应的行业风险级别分布中枢为“AA-”（评价思路详见第九章第二节行业信用风险评价方法）。

（2）根据收费公路（运营）行业理想分布曲线确定评级标准

行业理想分布曲线是中债资信基于行业风险分布研究以及对行业间信用风险差异的分析，推导出行业信用风险的理想特征曲线，是各行业模型阈值确定和保证行业间级别可比的重要技术手段①。中债资信认为行业内企业的信用等级分布大体为接近正态分布的钟形曲线形态，而行业信用风险反映了行业内企业信用风险的平均水平（加权平均值），即级别分布中枢，因此我们可在得到行业内企业级别期望的基础上模拟行业风险理想分布曲线。收费公路（运营）行业信用品质的评级结果为“IRR-3”，对应级别分布中枢为“AA-”，根据历史和专家经验估算出收费公路（运营）行业的峰值水平约为22%，拟合出收费公路（运营）行业风险理想分布曲线结果如图7-48所示。根据收费公路（运营）行业理想分布曲线各等级占比，可得出行业内主体资源配置、债务政策各类要素的打分标准，结合专家经验调整后确定最终阈值。

① 行业理想分布曲线详细应用方法请见第六章主体评级模型。

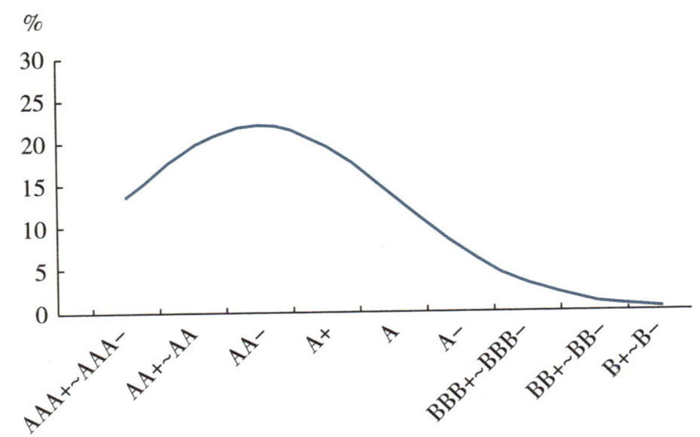

资料来源：中债资信整理。

图7—48 收费公路（运营）行业理想分布曲线

3. 确定资源配置能力和债务政策指标风险权重

中债资信以分析师对样本企业自身因素（不考虑模型外调整因素）得出的建议级别为基础，结合收费公路（运营）企业评级模型指标打分结果，以拟合误差最小为目标，采用量化分析结合专家经验进行权重设定[①]，具体步骤如下：

第一，采用统计方法确定模型的初始权重。初始权重拟合会很大程度上影响之后的模型计算量及准确率，因此在初始权重的确定上要充分保证拟合效果。中债资信选择带有边界约束条件的二次规划来确定模型的初始权重。

考虑如下的最小化问题：

$$\min \sum_{i} \left(Y_i - (\pi_1 X_{i1} + \pi_2 X_{i2} + \cdots + \pi_n X_{in}) \right)^2$$

$$\text{s.t.} \sum_{n} \pi_n = 1 \text{ 和 } \pi_n \geqslant 0$$

可以将其转化为一个标准的二次规划问题求解，即

① 详细权重设定方法请见第六章主体评级模型。

$$\min \frac{1}{2} x^T Q_X + c^T x$$

$$\text{s.t. } A_x \geqslant 0, \quad p_x = 1$$

其中对于带有线性等式约束的形式可以采用Lagrange乘子法来求解。可以从上式看出，求出的最优解为每个指标最终体现在模型中的总权重，还需将其转化为各级指标的权重。在具体的对应关系上，对于一个n层、每层指标数分别为a_1，a_2，…，a_n的结构来说，要保证每一子级中所有权重之和为1，因此其内部共存在$1+a_1+a_2+\cdots+a_{n-1}$个约束条件。系数矩阵的秩等于变量个数减去约束条件个数，即$r(A) = a_1+a_2+\cdots+a_n-(1+a_1+a_2+\cdots+a_{n-1}) = a_n-1$，而上一步求出来的变量数也为$a_n-1$①，方程存在唯一解，这个唯一解就是各级指标的权重。

第二，采用网格划分方法（Grid Search）对初始权重进行优化。在求出各级指标的初级权重后，考虑到资源配置、债务政策等要素与评级结果之间存在可变权重矩阵，该数值解不能直接对应模型解。因此，中债资信以收费公路（运营）样本（不考虑模型外调整因素）得出的建议级别和各指标的打分结果为基础，根据指标特征确定各指标权重最优迭代区间及步长，采用网格划分方法系统地遍历多种权重组合，根据行业特征对评级要素内各指标权重以及评级要素间的可变权重进行估计，得到有约束条件下的分层级最优解。

第三，根据专家经验对该最优解权重进行微调后确定资源配置能力及债务政策评级指标的最佳效果权重［收费公路（运营）行业评级要素和权重参见附表］。

4. 根据企业资源配置、债务政策得分确定初步级别

在确定评级要素和评级指标的基础上，应用前述指标阈值切分和权重设定标准，即将资源配置、债务政策要素各类指标得分进行加权计算得出资源配置和债务政策打分结果，再通过级别映射矩阵得出企业初步级别。

① 上一步中存在约束$\sum_n \pi_n = 1$，变量个数要减1。

级别映射矩阵的设置采用可变权重思想思路，具体体现在以下三个方面：第一，资源配置能力与债务政策的风险权重设定体现了资源配置能力对主体级别的重要性程度较高的思路。第二，在矩阵横向权重设置中，债务政策的权重会逐步递增。主体的债务政策得分越高，反映出其债务政策就越激进，对弱势因素给予更高的权重可以放大其对最终评级结果的影响程度，体现了短板效应对评级结果的影响更大。第三，在矩阵纵向权重设置中，根据资源配置能力的高低设置了资源配置先递减后递增的U形权重。当企业资源配置能力较好时，会更多关注信用主体的资源配置能力，弱化债务政策的影响。随着主体的资源配置能力降低，中债资信会逐渐加大对债务政策的考察力度，逐渐减少资源配置能力的权重。当资源配置能力由一般水平逐步降至较差水平时，资源配置能力所反映出的短板特征会较为明显，因此将逐渐提高资源配置能力的权重，体现资源配置较差状况下的短板效应对评级结果的影响。

5. 根据模型外调整因素进行最终级别调整

由于部分评级要素（包括但不限于公司治理与管理、流动性、母子公司、偿债意愿等）难以定量衡量，或是存在“短板效应”无法全面和动态反映受评主体信用风险，因此，中债资信在初始级别基础上增加反映上述因素的调整项，得到主体的个体级别。结合中国收费公路（运营）企业特征，模型外调整因素主要包括但不限于公司治理与管理、流动性、偿债意愿、大数据调整因子等，考虑此类要素后得出受评个体级别。最后，考虑外部支持（如有）对企业的增信作用后得出受评主体的最终信用级别（具体模型外调整因素参见本节第四部分）。

三、中国收费公路（运营）企业资源配置和债务政策要素和标准

1. 区域环境

（1）要素选取

中国收费公路行业的区域性特征显著，路产服务区域的经济发达和活跃程度是影响其交通量的最根本因素，区域经济越发达，活跃度越高，

人员和货物的流动性也越大，公路运输的车流量也就越大。对于受评企业而言，其控股路产因所处区域不同，所能产生的经济效益和面临的经营风险存在差异，进而影响企业的信用品质。因此，区域环境是评估收费公路（运营）企业信用品质的重要因素之一。

对收费公路企业所处区域环境的评价主要从影响车流量和路产收费的以下几个方面来考察：一是区域的经济规模及增速，经济规模影响地区交通运输需求总量，经济增速影响地区交通运输需求的增长。二是区域公路客货运量及增速，客货运量及增速是反映区域物流及人流最直接的指标。

（2）指标及评价标准

考虑到区域经济情况较公路客货运情况[①]能够更全面地反映企业所处的区域环境，因此，中债资信给予区域经济更高权重。

地区GDP规模及增速——由于区域经济表现是影响公路运输需求最重要的区域环境要素，经济规模代表地区交通运输量的存量需求，经济增速很大程度上决定了未来交通流量的增长。

地区单高速公里GDP——单高速公里GDP是指地区GDP/地区高速公路里程，意味着区域内单公里高速公路所支撑的地区经济需求，该指标越高说明高速公路面临的区域经济需求越大，区域环境越好。

发债企业多为单个省（市）域内的收费公路运营主体，因此中债资信选取企业所在省（市）的GDP规模及增速作为评价指标。

公路客运周转量及增速——公路客运周转量及增速是反映区域人员流动的直接指标，直接影响收费公路企业的通行费收入。

公路货运周转量及增速——公路货运周转量及增速是反映区域物流活跃程度的直接指标，直接影响收费公路企业的通行费收入。一般而言，货车的通行费对收费公路企业收入的贡献更高，因此中债资信给予货运周转

① 在统计方式上，地区的公路客货运情况主要以车牌所在地为准进行统计，与区域内实际承载的运量存在差异。

量及增速更高权重。

2. 规模及市场地位

（1）要素选取

如前文所述，收费公路属于服务于区域经济发展的重要交通基础设施，与其他市场竞争性的行业不同，其路网的建设、运营和收费均受到地方政府的严格管制，因此企业的规模与市场地位主要体现在两个方面：一方面体现在地方政府授予企业的定位；另一方面体现在路网的规模和等级。对于收费公路（运营）企业，其获取资源的能力更加依赖于路网规模和等级而非与政府的关系，路网规模与等级直接影响着企业路产规模、路产质量和市场占有率等情况，以及其未来业务拓展的关键因素。

（2）指标及评价标准设定

中债资信选取路网规模、企业竞争地位和区域高速公路里程占比来综合评价收费公路企业的规模与市场地位。考虑路网规模与企业的经营成果有更直接的关系，因此，中债资信给予路网规模更高权重。

控股高速公路里程——路产网络规模是收费公路企业综合实力的体现，通常来说拥有较大规模路网的企业具有更好的经营稳定性。在现行以里程计费为主的收费政策不变的情况下，企业所拥有和控制的路网越完善、收费里程越长，其获取通行费收入的潜力越大，同时抵御行业收费标准调整、局部地区车流量变化、部分路段竞争分流等方面经营风险的能力也越强。中债资信主要关注企业控股高速公路里程，主要是因为政府未来将逐步取消普通公路收费的政策导向已较为明确，未来收费公路将主要为高速公路，而参股路产的现金回流受分红政策影响通常存在较大不确定性，因此控股高速公路里程是企业相对稳定的收益来源。

通行费收入——通行费收入是收费公路企业规模效益的集中体现，由于收费标准及客货车流量占比等的不同，同等规模里程下企业所获取的通行费收入有所差异，因此将通行费收入作为规模指标的补充。

企业竞争地位——收费公路企业的区域垄断特征明显，企业竞争地

位反映区域内收费公路企业的竞争格局及在区域内的市场占有率及资源获取能力，中债资信根据企业的区域市场占有率和投融资模式，将国内的收费公路企业分为以下五类：垄断型省级交通投资平台；寡头型省级交通投资平台；市县级交通投资平台；经营性公路运营公司和单一项目公司。前者在优质项目获取、政策和资源支持、抵抗分流竞争影响等方面有一项或多项优于后者。考虑到运营类企业多为经营性公路运营公司或单一项目公司，其更加注重路产收益，因此中债资信给予收费公路（运营）企业竞争市场地位相对较低的权重。

区域高速里程占比——考虑收费公路区域竞争特质，同等定位但分处不同区域内的企业控股路产里程规模由于行业发展阶段、区域面积等不同因而存在差异，不能完全代表其在区域内的市场地位，区域高速里程占比可以代表企业区域内相对竞争实力。

表7–7　中国收费公路（运营）企业竞争地位指标划分标准

垄断型省级交通投资平台	由省内唯一的交通投资集团统一负责区域内大部分收费公路的投融资和运营任务，其所辖路产构成省内高速公路路网主骨干架和出省通道，区域内少部分路产是由民营企业、外资企业或者其他国有企业控制，但规模有限
寡头型省级交通投资平台	省内大部分收费公路由2~3个主体（省级交通投资平台或者交通厅公路局或高管局等）负责投融资和运营。主体之间所辖路产规模均较大，合计在省内市场占有率超过80%，但各自所辖路产彼此间可能有一定的分流影响
市县级交通投资平台	市县成立的交通投资平台，对其所辖地区周边收费公路以控股或参股形式进行投资，一般控股市县绕城高速和城市“放射线”道路，在市（县）地区市场占有率较高
经营性公路运营公司	控股多条优质经营性路产，一般运营较为成熟，路产收益很好，大部分为省级平台下属上市公司或者非上市控股子公司，或者其他以特许经营方式投资运营收费公路的企业
单一项目公司	仅运营一条或两条路产或大桥的公司，路产单一，抗风险能力较弱的公司

3. 路产质量

（1）要素选取

路产质量主要取决于路产收益能力和投资回收能力。路产收益取决于路产等级、所处区域经济环境、收费标准、路产区位等，这些决定因素存在相互交叉因子。路产投资回收能力取决于路产的造价成本与收益，路产造价成本主要取决于路产的技术等级、建造难度以及拆迁、人工及原材料成本等。

（2）指标及评价标准

中债资信选取路产区位重要性、路产效益和收费年限来衡量企业的路产质量。

路产区位重要性——主要衡量路产所处省份在路网区位的重要性，如果路产所处的省份属于很重要的交通枢纽省份，或者位于京港澳、京沪等重要的交通通道的沿线省份，其区域自身或者所连接的区域运输需求旺盛，则路产将承担更多的车流量。中债资信主要依据企业控股路产的区域分布进行定性打分。

路产效益——路产效益包含单公里通行费收入和路产回收期两个要素，它是路产质量的集中体现。在同等控股里程条件下，路产效益越好的收费公路企业，获得的通行费收入就越多，投资回收能力越强，盈利能力越好。单公里通行费收入为企业当年通行费收入总额与控股收费里程的比值，反映不考虑成本、费用条件下的路产效益；路产回收期主要为路产静态投资的回报期限，为企业已收费路产的总造价与每年获取的通行费收入的比值，由于单公里通行费收入未考虑路产造价的差异，因此将路产回收期作为路产效益的补充。

加权剩余收费年限——按照我国现行的《收费公路管理条例》，政府对收费公路规定了最长收费年限。虽然如本文引言所述，基于行业现存的问题，未来政府收费公路可能不再规定具体的收费年限，而特许经营高速公路的经营期也有可能突破30年的最长收费年限上限，但由于政策仍未落

地，而部分企业随着路产收费期限的到期确实停止了部分路产的收费，因此，虽然中债资信降低了该指标的权重，但其仍是我们考虑企业信用品质的重要因素之一。

案例解析：

收费公路统计数据自2013年实现常态化发布，2013—2016年，全国收费高速公路平均单公里通行费收入约为330万元/公里，路产回收期约16.63年，从区域来看，东部地区的高速公路单公里通行费收费收入高于中西部地区，且路产回收期较短，以宁波市杭州湾大桥发展有限公司为例，2017年其单公里通行费收入为4 218.72万元/公里，远高于全国平均水平，虽然大桥造价成本高昂，但其路产回收期约为9.77年，仍优于行业平均水平。

表7–8　中国收费公路（运营）企业路产区位重要性指标划分标准

指标	1	2	3	4
路产区位重要性	位于很重要的交通枢纽省份，主要为三大经济圈省份：北京、天津、河北、上海、江苏、浙江、广东	位于重要公路交通通道沿线（主要为京港澳高速、京沪高速沿线），或重要的交通枢纽省份。包括河南、湖北、湖南、山东、江西、安徽	位于较重要公路交通通道沿线（主要为南北沿海高速、青银高速、东北物流通道等、西南通道、沿长江通道等）或较重要的交通枢纽省份。包括辽宁、福建、陕西、山西、四川、重庆、云南、吉林、广西等	位于公路交通网络较边缘的省份，包括黑龙江、内蒙古、贵州、甘肃、新疆、西藏、宁夏、青海、海南

4. 盈利能力

（1）要素选取

收费公路（运营）企业的盈利状况是其规模和市场地位、路产质量等资源配置能力的综合反映，是企业竞争实力的最终体现，盈利能力强弱是衡量收费公路（运营）企业抵抗市场波动风险能力的重要要素之一。

（2）指标及评价标准设定

EBITDA利润率——根据收费公路（运营）行业特征，收费公路（运营）企业属于重资产行业，投资回收期长，其折旧及摊销成本在成本中的占比较高，但由于不同的收费公路（运营）企业的折旧政策差异较大，因此在对比不同企业的盈利能力时，应将折旧摊销导致的差异剔除，因此中债资信选取EBITDA利润率替代使用范围更普遍的EBIT利润率来反映企业的盈利能力。

案例解析：

对于不同性质的路产，企业往往采取不同的折旧（摊销）政策，较为普遍的做法是对经营性公路计提折旧（摊销），而对还贷性公路不计提折旧（摊销）。折旧（摊销）的方法一般为车流量法（工作量法）和直线法（年限平均法）。从利润表现来看，不计提折旧（摊销）的企业比计提的企业毛利率平均高20%~30%。为实现收费公路（运营）企业之间的可比性，以EBITDA来剔除折旧（摊销）政策差异的影响。

EBITDA/平均总资产——该指标主要由公路造价和公路收费能力等综合因素决定，能较好地反映企业资产的综合回报，EBITDA/平均总资产越高企业的盈利能力越强。

净资产收益率——该指标主要反映股东权益投资的回报率，作为判断收费公路（运营）企业自有资金的运营效率的重要指标。

5. 获现能力

（1）要素选取

经营获现能力是企业运营及还本付息的基础，由于收费公路即时收费的特点，其现金流相对稳定，经营获现能力较好。

（2）指标及评价标准

（经营活动净现金+取得投资收益收到的现金）/EBITDA——经营获现是企业通过自身经营活动获取资金的最主要方式之一，对于部分公路企业，其不仅以控股方式参与路产的建设及运营，还可能以参股形式参与收费公路的经营管理，通过分红的形式获得回报，取得投资收益收到的现金成为其重要的现金来源之一。因此中债资信选择（经营活动净现金+取得投资收益收到的现金）/EBITDA来作为更全面地反映企业真实获现的衡量指标。

现金收入比——企业运转及偿债资金的最根本来源是自身的经营活动，收费公路业务常具有较好的现金收入，但非公路业务（贸易、建筑）产生的应收账款等对公司资金形成占用。中债资信选择销售商品、提供劳务收到的现金/营业收入来作为衡量企业获现能力的补充。

6. 杠杆水平

（1）要素选取

财务杠杆是影响企业财务稳健性的关键因素，一般情况下，杠杆水平越低，资本结构越稳健，财务风险也越低，企业具有更高的财务弹性。收费公路（运营）企业具有投资规模大、回收期限长等特点，高杠杆经营特征明显，中债资信选取全部债务资本化比率以反映企业杠杠水平。

（2）指标及评价标准

全部债务资本化比率——指标体现的是企业刚性债务的偿还压力，新建收费公路的资金来源中，债务融资占比一般在70%左右，进入运营期后，企业将通过通行费收入对债务本金及利息进行偿还，因此运营良好的公路企业随着运营期的延长，其偿债压力将逐步减小，中债资信选择全部债务资本化比率作为衡量财务杠杆水平的重要指标。

7. 短期偿债指标

（1）要素选取

收费公路（运营）企业财务杠杆较高，因此保持较强的现金获取能力、较高的资产流动性是其保障到期债务偿付和持续经营的关键。企业资金流动性越强，偿债风险越低。

（2）指标及评价标准

经营活动流入量/短期债务——短期债务主要用于补充流动性，相较于流动负债，短期债务在偿付时具有较强的刚性及时间限度要求，从现金偿付角度来看，收费公路企业主要通过收取的通行费来偿还到期债务，企业经营现金流入量越大，则越容易获得金融机构等外部融资渠道提供的贷款额度用于资金周转和投资建设，从而降低资金周转风险。因而中债资信主要采用经营活动现金流入量/短期债务作为衡量短期偿债的指标。

现金类资产/短期债务——由于收费公路（运营）企业日常经营活动资金流入规模普遍较大，且考虑到其部分资金为政府注入的公路建设资本金，具有专款专用的特征，因此我们从流动性比较强的现金类资产角度考察企业对短期债务的即时偿付能力。

8. 长期偿债指标

（1）要素选取

由于主体信用评级是对被评主体中长期偿债能力和意愿的评价，因此长期偿债能力是主体信用的必要评级要素之一。从长期来看，收费公路（运营）企业全部债务的偿还以及利息的支付主要依赖于每年创造的收益。因此中债资信以EBITDA对全部债务覆盖程度和EBITDA对利息的保障倍数作为企业的长期偿债指标的要素。

（2）指标及评价标准

全部债务/EBITDA——EBITDA是收费公路（运营）企业偿债资金来源的长期体现，因此中债资信选取全部债务/EBITDA指标来评价收费公路企业的偿债能力。

EBITDA利息保障倍数——收费公路（运营）企业财务杠杠普遍较高，利息支出是企业最主要的刚性支出之一，EBITDA对利息的覆盖程度是企业长期偿债能力的重要体现。

四、中国收费公路（运营）企业模型外调整因素

对于收费公路（运营）企业而言，主体信用风险的调整因素包括但不限于以下几个方面。

1. 公司治理与管理

公司治理与管理水平主要从股权结构及股东行为、信息披露透明度与

质量、战略管理三个方面考察。由于公司治理与管理方面的缺陷很可能直接导致公司经营无法维系或外部融资环境收紧进而导致违约，对个体信用风险具有重大负面影响，因此中债资信对公司治理与管理存在或出现重大缺陷的主体，以对个体级别下调形式反映其负面影响，并根据其缺陷的严重程度，设置了不同程度的调整规则[①]。

收费公路（运营）企业社会资本参与度较高（如上市公司等），绝大部分企业在公司治理与管理方面无明显缺陷，但如果有充分的证据表明企业在公司治理结构、内部管理存在重大问题或者漏洞对公司信用风险产生重大影响的，中债资信会依据实际情况作出相应调整。发展战略方面，如前文所述，收费公路（运营）企业面临路产到期后停止收费的风险，因此业务扩张和多元化发展的意愿较为强烈，公司建设或收购路产进行扩张的行为可能增大其资金压力，同时需关注企业非主业多元化发展的风险，其战略规划是否激进以及是否与目前公司当前的经营发展相适应。

2. 流动性

债务政策中已经对影响主体流动性的因素进行了评价，由于我们认为流动性是影响主体的短板因素，即通过打分卡模型无法完全反映其对信用风险的影响，因此我们增加一个流动性评价的模型外调整因素，具体来说，当调整项——流动性评价结果非常差时，对个体级别进行一定下调。流动性评价涵盖内容包括内生流动性和外生流动性：内生流动性评价主要针对主体自身资产变现、持续经营活动和投资活动的流动性，具体评价时主要考察主体现金偿付能力、营运资金需求、营运资本、易变现资产情况及短期投资压力；外生流动性主要考察主体获取外部金融机构流动性资源的能力。此外，通过定性调整的方式考虑外部融资大环境变化对企业流动性压力的影响。流动性不足会导致主体无法及时获取资金履行各类付现契约义务，极端情况下会直接导致主体违约或破产，因此中债资信将以对个

① 具体考察要素和调整规则参见第九章专项评价方法。

体级别下调形式反映其负面影响[①]。

收费公路（运营）行业是典型的资金密集型行业，收费公路建设企业获得资金的难易程度和融资成本决定了其项目投资的可行性和运营期间的盈利情况，进而影响其流动性。收费公路（运营）行业投资回收期较长，与债务期限结构存在一定差异，对外部债务融资渠道依赖性较高，若外部融资渠道受阻，则收费公路（运营）企业将面临较高的流动性风险。

3. 偿债意愿

影响企业偿债意愿的因素主要包括两个：一是理性决策；二是偿债意识。主体偿债意愿的弱化会增加信用风险，尤其是在经济下行、违约增多背景下，主体偿债意愿可能出现阶段性弱化的特点，因此需要加强分析其偿债意愿，才能全面准确地判断企业债务违约风险。中债资信评价偿债意愿弱化程度，并根据评价结果，适度下调个体级别[②]。对于收费公路（运营）企业来说，需关注其在经营不善、较大债务周转压力下偿债意愿弱化的可能性。

4. 大数据调整因子

打分卡模型数据来自受评主体历史经营和财务等传统评级数据，所用数据可能存在无法全面和动态反映受评主体信用风险的问题，比如在年初4月份（上年年报尚未公布时）对受评主体进行评级，使用财务数据往往是上年度的第三季度报，财务数据时间滞后，无法反映企业最新财务状况。此外，市场对于企业部分信息的解读等或在企业经营财务未发生显著变化时对企业生存环境产生一定影响，而传统的评级方法对此反映较为有限。为弥补现有模型、方法的固有缺陷，中债资信使用大数据和人工智能技术，对受评主体以及与主体具有关联关系的企业和自然人的非经营、财务数据或信息（信息范围包括但不限于公告、工商税务信息、法院检察院

① 具体评价指标和调整标准参见第九章专项评价方法。

② 具体考察要素和调整规则参见第九章专项评价方法。

诉讼信息、新闻舆情等各类信息）进行实时跟踪和抓取，并根据获取信息的影响程度，形成受评主体大数据调整因子评分。当该评分结果很差，并对受评主体偿债能力产生重大不利影响时，中债资信以对个体级别调整形式反映其影响。

5. 外部支持

中债资信对外部支持的考量主要有政府的支持和股东的支持两个方面。对于收费公路（运营）企业来说，由于其主要遵循市场化运营，政府主要提供一般性支持，政府支持的增信作用不强，企业受到的外部支持主要体现为股东的支持。中债资信一方面考虑企业对股东的重要性，如资产、收入或者利润在股东中的占比，或者企业的战略地位重要性等；另一方面主要考虑企业与股东之间的关系紧密程度，如持股或表决权比例以及股东的历史支持力度等。

附表：中国收费公路（运营）企业评级要素权重

要素归类	评级要素	要素权重
资源配置	区域环境	15%
	规模与市场地位	30%
	路产质量	30%
	盈利能力	20%
	获现能力	5%
债务政策	杠杆水平	30%
	短期偿债指标	20%
	长期偿债指标	50%

附例：中国收费公路（运营）企业信用评级运用举例

对于一个待评级的中国收费公路（运营）企业，我们的评级思路如下：

首先，梳理出收费公路（运营）企业资源配置能力和债务政策评级要素和指标。

其次，根据行业信用品质评价方法和模型确定收费公路（运营）行业信用品质评价结果为“IRR–3”，从而确定指标阈值划分标准，经分析师调整后确定最终阈值。

再次，依照指标评价标准对该企业的各个指标进行评分，在得到各指标的分值后，按照各指标的权重根据评级模型计算出该企业的资源配置能力得分和债务政策得分。

最后，将企业资源配置能力得分和债务政策得分转换后通过初始级别映射矩阵得出企业初步级别，在此基础上考虑调整项和外部支持对级别的影响后得出最终主体信用级别。

以某收费公路（运营）企业×公司为例，对×公司的各项指标，我们均可以得出相应分值，其中对于资源配置能力和债务政策指标加权求和后的资源配置能力和债务政策评分分别为2.97和2.91，取整转换后再根据初始级别映射矩阵得出企业初步级别为A级。在模型给出的初步级别的基础上，中债资信对未纳入模型的调整项进行综合考虑，考虑外部支持的一定增信作用后，最终得出×公司的指示级别为A+级。

下表演示了对收费公路（运营）企业×公司评级的过程：

附例：×公司信用评级模型运用

要素归类	评级要素及权重		模型指标及权重	指标表现	指标分值	对应打分	初步级别
资源配置能力	区域环境（15%）	地区经济	地区GDP规模	47 251	2	2.968	A
			地区GDP增速	7.60	2		
			地区单高速公里GDP	11.69	2		
		地区公路客货运情况	公路客运周转量	465.77	3		
			公路客运周转量增速	–14.50	6		
			公路货运周转量	1 622.92	3		
			公路货运周转量增速	7.20	2		
	规模与市场地位（30%）	路网规模	控股高速公路里程	36.00	6		
			通行费收入	13.26	4		
		企业竞争地位（反序）	企业竞争地位（反序）	5	5		
		区域高速公路里程占比	区域高速公路里程占比	0.89	6		
	路产质量（30%）	路产区位重要性	所处省份路网区位重要性（反序）	1	1		
		路产效益	单公里通行费收入	3 683	1		
			路产回收期（反序）	9.77	2		
		收费年限	加权剩余收费年限	22.00	2		
	盈利能力（20%）	EBITDA利润率	EBITDA利润率	85.29	1		
		EBITDA/平均资产总额	EBITDA/平均资产总额	10.15	2		
		净资产收益率	净资产收益率	5.28	4		
	获现能力（5%）	（经营活动净现金+取得投资收益收到的现金）/EBITDA	（经营活动净现金+取得投资收益收到的现金）/EBITDA	0.96	2		
		现金收入比	现金收入比	100.75	1		
债务政策	杠杆水平（30%）		全部债务资本化比率（反序）	42.87	2	2.905	
	短期偿债指标（20%）		经营活动流入量/短期债务	0.91	5		
			现金类资产/短期债务	0.10	6		
	长期偿债指标（50%）		全部债务/EBITDA（反序）	4.65	2		
			EBITDA利息保障倍数	2.42	3		

第六节　人寿保险企业主体信用评级方法体系

保险行业在美国等发达国家发展历程完善，市场成熟，也经历过行业危机，研究各国保险公司发展历史可以帮助我们了解我国保险行业现状。下面主要讲述美国、日本和中国台湾保险行业危机的前因后果，从而归纳总结影响人寿保险行业信用品质的因素。

20世纪八九十年代，美国逐步开启利率市场化改革，保险市场竞争加剧，寿险公司为了提升产品的竞争力，向消费者提供保障收益，并承诺提前退保等优惠条件；利率市场化逐步落地之后，市场的基准利率快速下滑，投资产品的收益水平也随之下降，寿险公司为了支撑负债端的高成本，只好提高风险偏好，投资于垃圾债、不动产等高收益高风险品种。然而1990—1991年美国债券的违约率迅速飙升到10%以上，叠加80年代后期不动产价格下滑，寿险公司资产价格大幅缩水，盈利水平快速下滑，流动性也出现风险，最终出现偿付能力不足，图7–49展示了美国寿险市场近50年公司存续的数量，可以明显看到自1988年达到高峰之后，寿险行业风险暴露，公司数量迅速下滑。回看美国寿险行业的经历，当时寿险公司未经历过利率市场化，缺乏相关管理经验，在产品定价过于优惠，资产投放风险偏好太高，风险管理体系缺失，最终导致90年代爆发了全美寿险业危机。

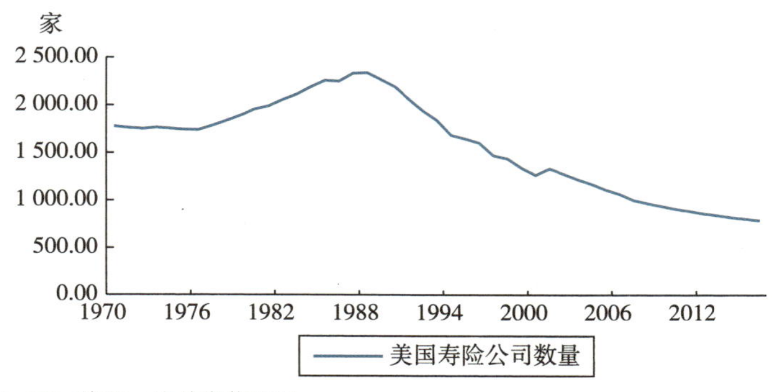

资料来源：Wind资讯，中债资信整理。

图7–49　美国寿险公司数量

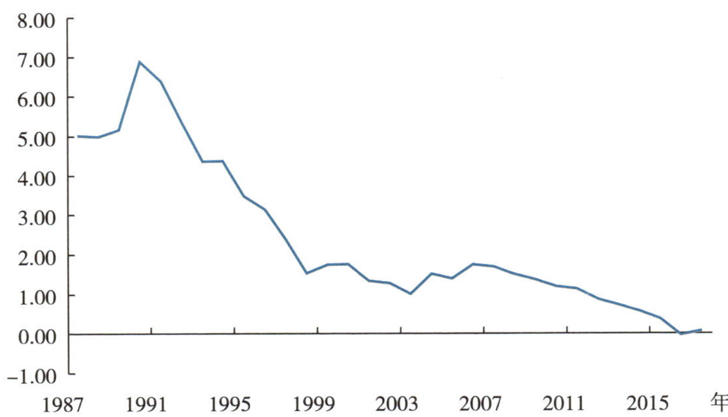

资料来源：Wind资讯，中债资信整理。

图7–50　日本10年期国债利率

再来看看日本寿险行业的发展历程。日本第二次世界大战后经济快速恢复，银行利率和国债利率也不断攀升，寿险公司也逐渐提高产品预定利率，承保了大量高预定利率、储蓄性较强的养老保险和个人年金，1990年日本经济崩溃后，基准利率快速下调（图7–50），由20世纪90年代的超过6%跌到1998年的1.5%左右，房地产和股市也进入持续下行通道。日本寿险公司在这个阶段出现利差损，部分公司选择布局海外投资，购买了大量国外债券，但是在1994年前后，日元继《广场协议》后再一次被迫大幅升值，导致海外投资的资产价格大幅下跌。1997—2000年，多家大型寿险公司资不抵债，相继宣告破产。日本寿险公司在经济泡沫破裂前，对资本市场和不动产趋势预判过于乐观，产品未能充分体现对风险定价，等到经济泡沫破裂，承受巨额利差损，纷纷面临破产压力。

把目光拉回国内，看看台湾地区21世纪初的寿险业危机，20世纪80年代，在税收优惠、对外开放等利好刺激下，台湾寿险业迎来黄金发展期，在市场的蓬勃发展下，各家公司为了抢占市场份额，用高预定利率的长期保单吸引客户，同时在资产端配置了房地产等高收益长期资产与负债端匹配。随后进入21世纪，台湾经济发展放缓，进入低息时代，新增保单的预

定利率也快速下滑，但寿险公司对于早期的有效保单仍要支付较高收益，经济放缓也带来投资资产价格的下滑，寿险公司承受利差损，资本金无法满足要求，面临很大资本金补充压力，多家外资寿险公司撤离台湾市场，损失巨大。

历史总是惊人的相似，美国、日本和中国台湾寿险行业经历的危机虽然各有特色，但是其模式和发展历程非常相似。首先是经济快速发展，寿险行业收入爆发式上升，市场竞争也越来越激烈，保险公司为了应对激烈的竞争，采取激进的定价策略，或给予客户高预定利率，或给予提前退保等优惠条件，降低了负债端的稳定性并提高成本，同时在资产端配置不动产等长久期资产，希望能带来高回报覆盖保单成本。然而数十年之后，当时预测的情况与实际结果千差万别，经济增长放缓后，资产端价格下滑和负债端居高不下的成本同时挤压寿险公司，长期的低息时代导致寿险公司承受巨额利差损，现有资本无法覆盖风险敞口，使得保险公司一次次陷入困境。

从上述国家和地区的经历中可以看出，产品定价和风险管控出现问题，将导致公司的盈利水平下滑，引发流动性问题，最终导致偿付能力不足；同样资产端管理出现问题、资产和负债无法匹配也是导致很多公司出现偿付能力问题的重要原因。承保端产品的成本、期限和稳定性决定公司未来的赔付、支出水平、现金流流出等；投资端风险偏好和资产配置的合理稳健程度决定了公司投资风险和投资收益等；两者共同作用决定公司盈利能力和流动性，进一步影响公司的偿付能力充足性。中债资信认为投资业务风险水平和保险业务质量水平对寿险公司信用品质具有重大影响，与其密切相关的盈利能力、流动性、偿付能力和市场地位均是重要考量因素，风险管理贯穿寿险公司资产和负债的经营，是公司长期稳健发展的根基，并将上述因素在寿险行业评级方法中体现。

一、人寿保险行业概况及特征

1. 人寿保险行业划分及界定

保险是指投保人根据合同约定，向保险人支付保险费，保险人对于合同约定可能发生的事故而造成的财产损失承担赔偿保险金责任，或者当被保险人死亡、伤残和达到合同约定的年龄、期限时承担给付保险金责任的行为。保险业是指将通过契约形式集中起来的资金，用于补偿被保险人的经济利益业务的行业。人身保险是以人的寿命和身体为保险标的保险。当人们遭受不幸事故或因疾病、年老以致丧失工作能力、伤残、死亡或年老退休时，根据保险合同的约定，保险人对被保险人或受益人给付保险金或年金，以解决其因病、残、老、死所造成的经济困难。人身保险可以分成三大类，包括人寿保险、人身意外伤害保险和健康保险。其中人寿保险包括普通寿险和新型寿险。其中，普通人寿保险又分四类：定期寿险、终身寿险、年金保险和两全保险，新型人寿保险又分为分红寿险、万能寿险、投资连结保险等。本方法适用于以人寿保险为主业的企业[①]。

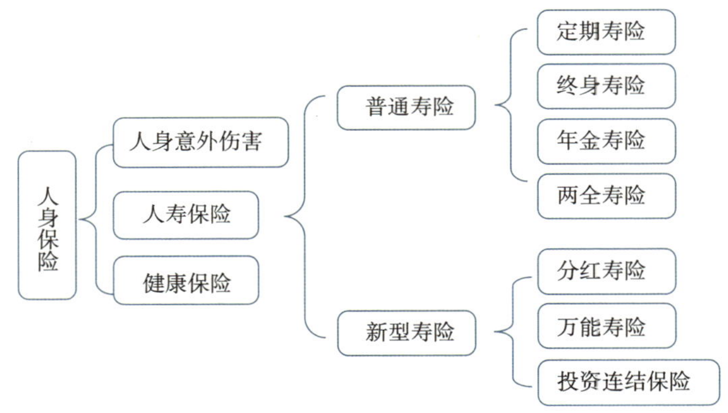

资料来源：公开资料，中债资信整理。

图7-51　中国人身保险行业分类

2. 人寿保险行业特征

（1）行业周期性较弱

一般情况下，社会对人寿保险的需求一方面是对自身健康保障的需

① 判断主业主要依据企业收入或利润占比，具体判断标准详见《中债资信行业分类标准》。

求，另一方面是储蓄投资需求。对于保障需求而言，其产品需求相对稳定，并不受经济周期性衰退阶段的影响。对于储蓄投资需求而言，在承保端，宏观经济通过利率波动对寿险需求产生影响，如市场利率上升时，寿险预定利率的吸引力下降，可能会引起寿险储蓄投资需求的下降。在投资端，利率频繁波动给寿险公司的资产匹配管理带来困难，从而威胁寿险公司的财务稳定性，如果期限匹配出现问题，当负债支出对资产提出变现要求时，就有可能造成资产损失。随着投资资产范围放开，寿险公司配置权益类资产占比有所上升，上市股权投资受到资本市场波动性影响较大。从成本的经济敏感性方面，保险行业固定成本占比小，在经济下行周期中成本固化程度较低，受冲击较小。对于主营传统寿险公司而言，行业整体周期性较弱，抗经济周期的能力较强。对于进入行业较晚、主要经营储蓄投资的公司而言，前期产品以万能险等类理财产品为主，传统保障型产品占比较低，保费持续性和稳定性较差，负债久期与传统寿险相比更短，而投资端出于资金成本压力，配置侧重于高风险产品，投资收益受实体经济周期以及资本市场周期波动的影响较大，此类寿险公司的行业周期性则明显增强，抗经济周期的能力相对较弱。

（2）寿险行业属于高度监管行业

由于保险具有极强的公众性和社会性，《保险法》中规定：经营有人寿保险业务的保险公司被依法撤销或者被依法宣告破产的，其持有的人寿保险合同及责任准备金，必须转让给其他经营有人寿保险业务的保险公司；不能同其他保险公司达成转让协议的，由国务院保险监督管理机构指定经营有人寿保险业务的保险公司接受转让。《保险法》规定保险公司应当缴纳保险保障基金，在保险公司被撤销或者被宣告破产时，向投保人、被保险人或者受益人提供救济和向依法接受其人寿保险合同的保险公司提供救济。监管部门在市场准入、公司治理、内部控制、偿付能力、承保、投资、再保险等方面对保险行业进行严格监管。例如在偿付能力充足率方面，2016年正式实施的“偿二代”标志着全面风险监管体系的建立，银保监会对保险公司偿付能力设定不同监管等级，对于不满足等级要求的公司最高则实施限制开设分支机构、停止新业务、接管等严格措施。保险行业属于高度监管行业，规范化、专业化、程序化的监管体系有利于监管部门了解企业资产质量和扩张速度，加强对行业系统安全性的日常监督和危机预防，降低行业整体信用风险。

（3）寿险行业竞争趋于激烈，产品同质化较强

由于保险行业进入门槛较高，且国家对保险牌照的发放有严格限制，因此从市场格局看，之前我国人寿保险行业保持寡头垄断特征。但随着资产驱动负债模式的兴起，部分保险公司通过理财型险种快速做大业务规模，短时间内市场份额排名迅速上升，对原有稳固的竞争格局形成一定冲击。截至2018年5月末，我国共有寿险公司87家。从原保费收入口径来看，前三大寿险公司合计市场占有率为46.76%，市场集中度较高；但随着寿险公司主体不断增加，市场竞争趋于激烈，最大单一主体市场集中度从2001年的65.34%降至2018年5月末的21.71%。寿险行业产品尚未有专利保护，新开发产品上市流通后模仿者众多，难以从产品设计方面形成独特优势，产品同质化较强，整体而言，寿险行业竞争趋于激烈，产品同质化较强。

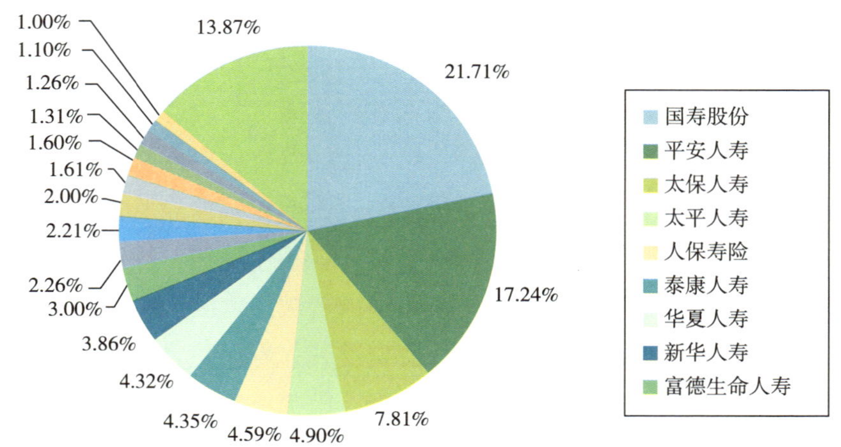

资料来源：Wind资讯，中债资信整理。

图7–52　人寿保险行业2018年5月原保费市场占有率

（4）行业增长前景良好

根据我国银保监会的统计数据，我国人寿保险公司的保费收入近年来总体上呈现出显著增长的趋势，原保险保费收入由2011年的9 560亿元增至2017年的13 230.80亿元。人寿险保险密度由2011年的711.26元/人增加到2016年的1 569.67元/人，人寿险保险深度由2011年的1.97%上升到2016年的2.91%。总体而言，老龄化伴随少子化趋势、居民保险意识不断增强、居民收入水平不断提高等因素利好保险需求，预计寿险行业增长前景良好。

（5）行业收益受资本市场波动的影响加大

寿险行业净收益主要来源是投资端收益与承保端成本之差。承保成本随着竞争的加剧和预定利率的放开，呈上升趋势。投资收益方面，2013年以来随着保险资金投资渠道的拓宽，保险公司在权益类投资、另类投资等方面的投资比重有所上升，凭借资本市场行情的好转，2013—2017年保险资金运用平均收益率分别为5.04%、6.30%、7.56%、5.66%和5.77%。收益率水平呈现一定波动，权益类资产对资本市场波动十分敏感，受市场波动影响加大，行业投资业绩的不确定性加大。

（6）行业总体杠杆水平在可控范围内

从绝对杠杆水平来看，保险是金融行业的子行业，遵循高负债经营的特点。从偿付能力水平来看，近年来大部分保险公司都很好地践行了监管层对偿付能力的要求。随着“偿二代”监管体系的逐步推进，我国资本监管由“偿一代”的规模导向转向风险导向，对于理财险增速较快的寿险公司而言，理财险种的规模上升对资本的侵蚀力度较大，资本面临一定的补充压力。在“偿二代”的监管标准下，2017年寿险公司中，2家公司偿付能力为负，最高核心偿付能力为1 521%，最低为-4 036%，主要集中在150%~250%；2018年第一季度末，行业偿付能力指标表现稳定，已披露信息的78家公司中，75家可满足监管要求，另有1家公司低于监管要求，2家公司偿付能力为负。总体而言，在监管政策的有效监督和管理下，行业总体杠杆水平处于可控范围内。

二、人寿保险主体评级思路

根据中债资信评级原理[①]，人寿保险主体评级思路为：首先，基于行业特征、行业内企业表现、行业政策及经济学意义确定影响人寿保险资源配置和债务政策的评价要素和指标；其次，采用打分卡模型形式构建企业信用评级模型，对人寿保险行业内企业资源配置、债务政策要素打分，并结合级别映射矩阵确定受评主体初步级别；再次，由于部分评级要素难以定量衡量或是存在“短板效应”，打分卡模型无法全面和动态反映此类因素的影响，因此，中债资信在初始级别基础上增加反映上述因素的调整项，得到主体的个体级别。结合人寿保险行业特征，此类调整因素主要考察公司治理和风险管理、偿债意愿、大数据调整因子等；最后，在个体级别基础上综合考虑外部支持（如有）后得到最终主体信用级别。

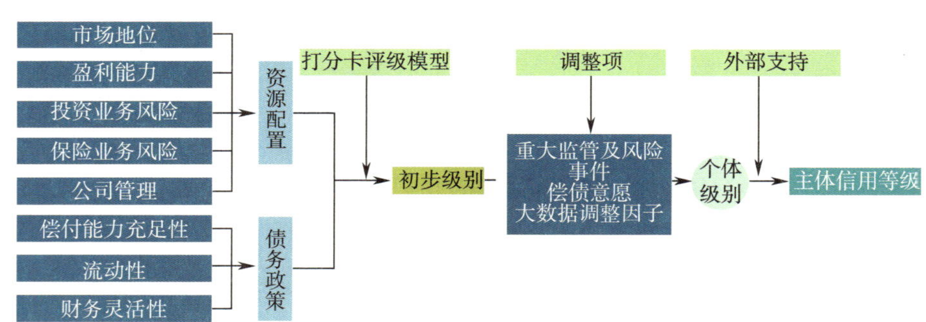

图7–53　人寿保险主体评级思路

其中，打分卡评级模型的阈值、权重和初始级别映射矩阵设定原则说明如下：（1）阈值设定思路：根据人寿保险行业自身特征、行业内企业表现、行业政策等要素，确定人寿保险行业信用品质的评价结果，从而

① 中债资信行业主体信用评级方法在评级原理指导下制定，具体评级思路请参见中篇评级方法总论。

推导出人寿保险行业信用风险的理想分布曲线，进而确定指标阈值划分标准，再结合专家经验调整后确定各指标阈值；（2）权重设定思路：采用网格划分方法结合专家经验得到约束条件下的分层级最优风险权重；（3）初始级别映射矩阵的设定反映了可变权重设置思想。

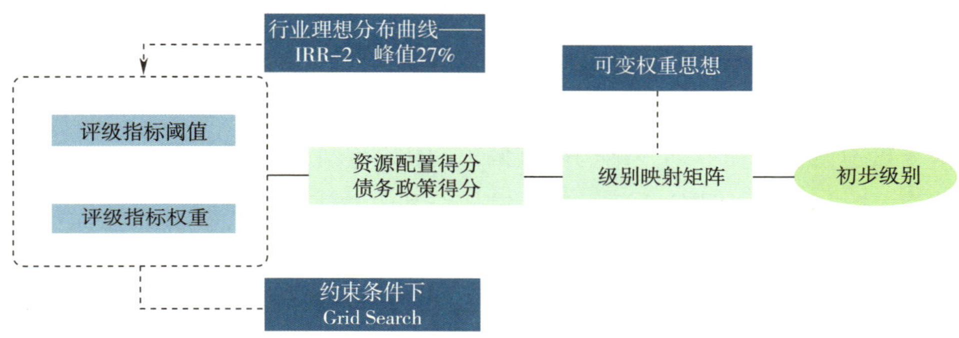

图7-54 人寿保险打分卡模型构建思路

1. 确定人寿保险资源配置和债务政策评价要素和指标

寿险作为周期性较弱的行业，现阶段行业竞争趋于激烈，规模经济特征明显决定了市场地位对于企业的重要性；同时，作为典型的金融业，我国保险市场产品同质化竞争激烈，承保业务对于人寿保险来说至关重要，主要体现在承保渠道、产品结构和保单品质；另外，投资端的资产投向要与承保相配合，所以投资业务风险对人寿保险经营有重大影响，主要关注大类资产配置和收益的波动，盈利能力是企业资源配置能力的直接体现，另外风险管理水平对于企业稳定发展至关重要，中债资信对于人寿保险资源配置能力的评价主要考量市场地位、承保业务、投资业务、盈利能力、风险管理水平等因素。

在债务政策方面，人寿保险与一般工业企业不同，由于扩张受到偿付能力制约，偿付能力充足性是寿险行业特有的考量因素；流动性是金融机构面临的主要风险之一，尤其资产负债错配严重的企业流动性压力较大；另外还会考虑公司的财务灵活性，主要考量现有杠杆水平和未来的发债融资空间。因此债务政策重点考虑偿付能力充足性、流动性和财务灵活性（具体评级要素和指标选取参见本节第三部分）。需要说明的是，在评价人寿保险各类指标表现时，既要考虑指标的历史表现又要考虑指标的未来预测值。

2. 根据人寿保险行业理想分布曲线确定评级标准

（1）人寿保险行业信用品质评价为“IRR–2”

人寿保险行业强周期性特点明显，竞争程度高，整体盈利能力较低，债务负担偏重，债务期限结构严重偏短期化，企业偿债风险较高。但是，人寿保险行业产业地位重要、产业链地位和收益实现质量尚可，这在很大程度上保障了业内企业的经营稳定性。综合以上分析，中债资信对人寿保险行业的信用风险水平评价为“IRR–2”，对应的行业风险级别分布中枢为“AA+~AA”（评价思路详见第九章第二节行业信用风险评价方法）。

（2）根据人寿保险行业理想分布曲线确定评级标准

行业理想分布曲线是中债资信基于行业风险分布研究以及对行业间信用风险差异的分析，推导出行业信用风险的理想特征曲线，是各行业模型阈值确定和保证行业间级别可比的重要技术手段[①]。中债资信认为行业内企业的信用等级分布大体为接近正态分布的钟形曲线形态，而行业信用风险反映了行业内企业信用风险的平均水平（加权平均值），即级别分布中枢，因此我们可在得到行业内企业级别期望的基础上模拟行业风险理想分布曲线。人寿保险行业信用品质的评级结果为“IRR–2”，对应级别分布中枢为“AA+~AA”，根据历史和专家经验估算出人寿保险行业的峰值水平约为27%，拟合出人寿保险行业风险理想分布曲线结果如图7–55所示。根据人寿保险行业理想分布曲线各等级占比，可得出行业内主体资源配置、债务政策各类要素的打分标准，结合专家经验调整后确定最终阈值。

① 行业理想分布曲线详细应用方法请见第六章主体评级模型。

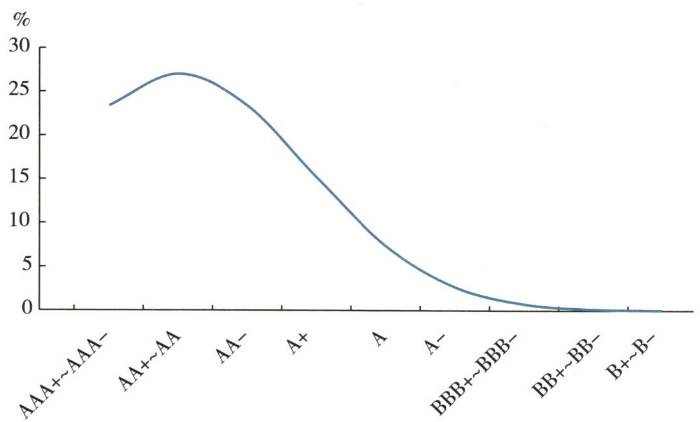

资料来源：中债资信整理。

图7-55　人寿保险行业理想分布曲线

3. 确定资源配置能力和债务政策指标风险权重

中债资信以分析师对样本企业自身因素（不考虑模型外调整因素）得出的建议级别为基础，结合人寿保险行业评级模型指标打分结果，以拟合误差最小为目标，采用量化分析结合专家经验进行权重设定[①]，具体步骤如下：

第一，采用统计方法确定模型的初始权重。初始权重拟合会很大程度上影响之后的模型计算量及准确率，因此在初始权重的确定上要充分保证拟合效果。中债资信选择带有边界约束条件的二次规划来确定模型的初始权重。

考虑如下的最小化问题：

$$\min \sum_{i} \left(Y_i - (\pi_1 X_{i1} + \pi_2 X_{i2} + \cdots + \pi_n X_{in})\right)^2$$

$$\text{s.t.} \sum_{n} \pi_n = 1 \text{ 和 } \pi_n \geqslant 0$$

可以将其转化为一个标准的二次规划问题求解，即

① 详细权重设定方法请见第六章主体评级模型。

$$\min \frac{1}{2}x^TQ_X + c^Tx$$

$$\text{s. t. } A_x \geqslant 0, \quad p_x = 1$$

其中对于带有线性等式约束的形式可以采用Lagrange乘子法来求解。可以从上式看出，求出的最优解为每个指标最终体现在模型中的总权重，还需将其转化为各级指标的权重。在具体的对应关系上，对于一个n层、每层指标数分别为a_1，a_2，…，a_n的结构来说，要保证每一子级中所有权重之和为1，因此其内部共存在$1+a_1+a_2+\cdots+a_{n-1}$个约束条件。系数矩阵的秩等于变量个数减去约束条件个数，即$r(A) = a_1+a_2+\cdots+a_n-(1+a_1+a_2+\cdots+a_{n-1}) = a_n-1$，而上一步求出来的变量数也为$a_n-1$①，方程存在唯一解，这个唯一解就是各级指标的权重。

第二，采用网格划分方法（Grid Search）对初始权重进行优化。在求出各级指标的初级权重后，考虑到资源配置、债务政策等要素与评级结果之间存在可变权重矩阵，该数值解不能直接对应模型解。因此，中债资信以人寿保险样本（不考虑模型外调整因素）得出的建议级别和各指标的打分结果为基础，根据指标特征确定各指标权重最优迭代区间及步长，采用网格划分方法系统地遍历多种权重组合，根据行业特征对评级要素内各指标权重以及评级要素间的可变权重进行估计，得到有约束条件下的分层级最优解。

第三，根据专家经验对该最优解权重进行微调后确定资源配置能力及债务政策评级指标的最佳效果权重（人寿保险行业评级要素和权重参见附表）。

4. 根据企业资源配置、债务政策得分确定初步级别

在确定评级要素和评级指标的基础上，应用前述指标阈值切分和权重设定标准，即将资源配置、债务政策要素各类指标得分进行加权计算得出

① 上一步中存在约束$\sum_n \pi_n = 1$，变量个数要减1。

资源配置和债务政策打分结果，再通过级别映射矩阵得出企业初步级别。级别映射矩阵的设置采用可变权重思想思路，具体体现在以下三个方面：第一，资源配置能力与债务政策的风险权重设定体现了资源配置能力对主体级别的重要性程度较高的思路。第二，在矩阵横向权重设置中，债务政策的权重会逐步递增。主体的债务政策得分越高，反映出其债务政策就越激进，对弱势因素给予更高的权重可以放大其对最终评级结果的影响程度，体现了短板效应对评级结果的影响更大。第三，在矩阵纵向权重设置中，根据资源配置能力的高低设置了资源配置先递减后递增的U形权重。当企业资源配置能力较好时，会更多关注信用主体的资源配置能力，弱化债务政策的影响。随着主体的资源配置能力降低，中债资信会逐渐加大对债务政策的考察力度，逐渐减少资源配置能力的权重。当资源配置能力由一般水平逐步降至较差水平时，资源配置能力所反映出的短板特征会较为明显，因此将逐渐提高资源配置能力的权重，体现资源配置较差状况下的短板效应对评级结果的影响。

5. 根据模型外调整因素进行最终级别调整

由于部分评级要素（包括但不限于公司治理与管理、流动性、母子公司、偿债意愿等）难以定量衡量，或是存在“短板效应”无法全面和动态反映受评主体信用风险，因此，中债资信在初始级别基础上增加反映上述因素的调整项，得到主体的个体级别。结合人寿保险特征，模型外调整因素主要包括但不限于公司治理和风险管理、偿债意愿、大数据调整因子等，考虑此类要素后得出受评个体级别。最后，考虑外部支持（如有）对企业的增信作用后得出受评主体的最终信用级别（具体模型外调整因素参见本节第四部分）。

三、人寿保险资源配置和债务政策要素和标准

基于行业周期性较弱、竞争趋于激烈产品同质化强、盈利水平受资本市场波动的影响加大等行业特征，中债资信认为现阶段中国寿险行业的核心竞争力集中体现在市场地位、投资业务风险水平、保险业务质量水平、

盈利能力和风险管理水平五个方面，因此将这五个方面的要素作为行业主体资源配置的评价要素。人寿保险资源配置和债务政策具体要素和指标分析如下：

1. 市场地位

（1）要素选取

人寿保险行业的规模和市场地位对其业务拓展能力和抗风险能力均存在重要的意义。一般而言，规模较大、市场地位较高的寿险公司品牌知名度高、容易获得客户，有健全的销售渠道和人员储备，竞争力较强；同时，人寿保险行业规模经济特征明显，规模较大的企业能够摊薄机构设置、人员等后援成本，从而有力提升其未来的盈利水平。因此信用评级中应关注市场地位要素。

（2）指标及评价标准设定

中债资信选取原保险保费收入市场份额和净资产来综合评价人寿保险的市场地位。

原保险保费收入市场份额——原保费收入市场份额是寿险公司的原保费收入在整体寿险行业原保费收入中的占比情况，也是体现寿险公司市场地位的重要指标。如果寿险公司具备较高的市场占有率则表明其具备较高的市场声誉且能够获得较好的市场发展前景，且保费收入规模的扩大也是寿险公司盈利增长的必要条件，有利于其可持续发展。

净资产规模——净资产规模是衡量寿险公司业务拓展能力和抗风险能力的核心指标，决定了寿险公司的业务拓展空间，是其业务规模增长的基础。寿险公司净资产规模是体现其资金实力的重要方面，由此会影响寿险公司的品牌声誉，品牌声誉高的公司更容易获得市场的信任，从而在竞争中取得更加突出的经营业绩。

2. 盈利能力

（1）要素选取

寿险公司的盈利能力是维持其长期持续稳定经营及保证其信用可靠

程度的关键因素，因为盈利是寿险公司履行其保单和债务偿还责任的根本保障，也是其不断积累资本以确保偿付能力充足及提取充足保险准备金的主要来源，从而有利于提高其偿付能力，因此将其作为经营风险评价要素之一。

（2）指标及评价标准

中债资信对于盈利能力要素设置综合定性打分指标。考虑到寿险公司投资收益率水平是决定利差的重要因素，净资产收益率体现股东投入的回报水平，因此中债资信主要通过分析投资收益率和净资产收益率设定评价标准。

投资收益率——综合投资收益率和财务投资收益率都是体现寿险公司投资能力的指标，财务投资收益率是寿险公司已实现投资收益与平均投资资产的比率，综合投资收益率的分子较财务投资收益率多了其他综合收益部分，体现的是考虑到浮盈/浮亏后的全口径投资收益。指标数值越大，证明投资收益以及投资水平的稳定性较好。

净资产收益率——净资产收益率为是净利润与平均股东权益的百分比，该指标反映股东权益的收益水平，用于衡量公司运用自有资本的效率。但需要注意的是，由于保险公司的盈利和其准备金的计提等存在一定联系，中债资信也会考虑准备金计提的充足性等因素，对盈利指标进行综合考虑。

3. 投资业务风险水平

（1）要素选取

对于寿险公司的投资业务风险水平而言，寿险公司所投资产品的风险程度（考虑信用风险及市场风险）是影响投资业务风险水平的重要因素，也是影响公司整体盈利、流动性和偿付能力的重要因素，对公司生存和发展至关重要。随着投资范围的拓宽，对于理财类保险发展较快的公司整体风险偏好较高，在资本市场通过加大权益性资产博取高收益，这一类公司的投资受市场波动影响较大，其投资收益持续性和稳定性较差，投资风险较高；对于传统险业务占比较高的寿险公司，投资风格则相对稳健，固定收益类产品配置相对较高，投资收益稳定性较好。

（2）指标及评价标准

中债资信选取大类资产配置、投资收益波动来综合评价人寿保险的产品结构。其中大类资产配置主要关注高风险投资占比、权益类投资占比。

①大类资产配置

高风险投资占比——高风险投资占比是指相对较高风险投资占全部投资资产的比例，其中高风险投资是指受市场影响波动明显的产品投资，目前用股票、基金、不动产以及信托产品等非存款和债券投资科目来衡量。高风险投资占比越高，企业的投资风险越大。

②投资收益分布

投资收益分布——投资收益分布，是指公司投资收益中，各类资产贡献的比例。实际操作中，根据一定期间内投资收益构成的变化来判断投资策略的稳定程度和投资资产收益率的波动情况。同时根据评级时点投资收益的构成，分析当前主要投资风险的来源，进而对该类资产进行深入分析。

4. 保险业务质量水平

对于寿险公司的保险业务质量水平而言，寿险公司的支出主要是来源于退保和保险产品的给付，以及包括保单成本和渠道成本在内的综合成本，因此需要衡量寿险公司保险业务结构、承保渠道、保单品质，评估相关支出对寿险公司的盈利和流动性产生的影响。

（1）要素选取

寿险公司最主要的负债构成为保单责任形成的准备金，各家公司销售产品的方式、策略、结构差异很大，也决定了公司在未来的赔付、退保、满期给付水平。因此承保业务结构、承保渠道、保单品质是分析的关键因素。

（2）指标及评价标准

①承保业务结构

原保费收入占规模保费比例——原保险业务结构主要通过保费收入占规模保费比例衡量，它是判断寿险公司发展传统险业务的规模和比例，也是体现寿险公司长久稳健经营的重要指标。随着监管对中短存续期产品的限制和规范，寿险公司以往依靠万能险扩充规模，提高市场规模的途径已经走不通，万能险产品占比高的寿险公司往往面临后期较大额满期给付和退保风险。

保险保障属性——不同时期寿险公司产品策略不同，监管政策的导向有差异，导致原保费收入占规模保费的比例不能完全体现出寿险公司承保业务结构，因此选取保险保障属性定性指标，从公司主打产品、期限结构、保障程度等多方面进行判断。保障属性越高的公司在当前“保险姓保”的监管环境下越有优势，转型压力越小，可持续发展能力越强。

②承保渠道

分销渠道控制力——分销渠道控制力是寿险公司持续稳定销售其保险产品的重要方面，同时对销售渠道控制力较强的寿险公司对相关销售渠道的溢价能力也较强，可以在一定程度上降低销售成本，有利于寿险公司盈利的增长。这里主要考察公司自有渠道的占比，依靠银保渠道扩张的公司面临更激烈的竞争和较高的手续费率，渠道稳定性较弱，银保渠道占比越高，渠道控制力相对越弱，但针对银行系保险公司会作综合考虑。

③保单品质

新单期缴保费占比、继续率、退保率、新业务价值率——保险业务质量和成本的衡量指标包括新单期缴占比、继续率、退保率、新业务价值率。新单期缴占比和继续率越高则保险公司预期未来现金流入越稳定。退保率是寿险公司十分关注的指标，退保带来现金流支出，意味着保单实际存续期限短，为了应对大规模退保，会发生资产变现或不断增加产品销售量弥补现金流，保单成本不易控制，或导致盈利能力下降，因此退保率是保险业务质量水平的重要体现。新业务价值率是新单价值与首年规模保费的比率，该指标反映了保险公司当年新业务的盈利能力，新业务价值率越高，当年新业务的实际盈利水平就越好。

5. 风险管理水平

（1）要素选取

风险管理水平是对公司经营战略和日常运营起到影响性作用的定性因素。风险管理能力是监管机构给予保险公司的综合分类。

（2）指标及评价标准

风险管理能力——依靠风险综合评级结果来衡量，公司治理现场评估工作是保险监管的重点，监管机构可获取更全面具体的信息，其评价结果是重要的参考指标。风险综合评级结果是“偿二代”下监管机构对评级公司的各项指标进行评定后的四个监管类别，不同级别体现了保险公司操作风险、战略风险、声誉风险和流动性风险的不同评价。

6. 偿付能力充足性

（1）要素选取

偿付能力充足性是影响寿险公司财务稳健性的关键因素，偿付能力是保险公司偿还债务的能力。保险公司应当具有与其风险和业务规模相适应的资本，确保偿付能力充足率不低于监管要求，是影响偿债能力和偿债意愿的关键要素。

（2）指标及评价标准

核心偿付能力充足率、综合偿付能力充足率——寿险公司偿付能力充足率及其变化趋势是反映其偿付能力充足性的核心指标，也是监管核心指标，偿付能力充足率越高表明寿险公司履行保单责任、投资损失等风险的能力越强。此处采用“偿二代”报告中的核心偿付能力充足率和综合偿付能力充足率。

7. 流动性

（1）要素选取

寿险公司所收取的保费等负债资金主要用于各类投资，而保持充足流

动性的基础是其对资产负债的管理，旨在达到资产负债期限相匹配以及预期资产产生现金流和预期负债对现金流的需求之间实现并维持整体平衡，资产负债管理能力越强，其越有利于寿险公司保持良好的流动性，即有助于提升寿险公司的信用状况。对于流动性的评价主要参考监管指标和企业资产负债久期管理情况。

（2）指标及评价标准

综合流动比率、流动性覆盖率——综合流动比率和流动性覆盖率为“偿二代”指标，主要是从短期流动性角度衡量寿险公司应对流动性风险的能力，确保寿险公司拥有足够的流动资产来应对短期流动风险。对综合流动比率的考察主要是考虑到寿险公司保单及其他债务的偿还义务的履行以现金形式进行偿付，综合流动比率反映保险公司各项资产和负债在未来期间现金流分布情况以及现金流入和现金流出的匹配情况。流动性覆盖率反映保险公司在压力情景下未来一个季度的流动性水平，是优质流动资产的期末账面价值与未来一个季度的净现金流的比值。

资产负债久期缺口——资产负债久期缺口是公司资产久期与负债久期的差额。资产久期主要衡量的是投资资产的加权平均到期时间。负债久期主要衡量的是保单的加权平均到期时间。资产与负债期限的错配将严重影响企业未来的流动性。寿险公司的负债久期一般较长，其中传统险为10年左右，短期险为3~5年。而投资资产方面，受可投资产品期限制约，目前资产久期一般小于6年。相比于财险公司，寿险公司受到的保单期限制约相对较少，资产久期可相对拉长，需注意资产与负债期限的匹配，资产久期长于负债久期的企业流动性风险较大，久期缺口的绝对值用资产久期减去负债久期的数值表示。

8. 财务灵活性

财务灵活性，或者说公司获取内部或外部资本来源的能力，是一项重要的评级因素。在经济繁荣时期，财务灵活性是获取资本以支持增长的能力，对于维持偿付能力充足率至关重要。在经济萧条时期，财务灵活性能够维持资本市场和债权人的信心，在避免公司陷入困境（如无法为即将到期的债务再融资）方面有举足轻重的作用。财务灵活性源自公司的整体资产质量和声誉，与公司的杠杆率、次级债务占比挂钩。

杠杆率——（保单债务+次级债务+普通债务）/所有者权益，用于衡量企业的杠杆率，杠杆率越高，风险越大。

次级债务占比——次级债务/所有者权益，由于次级债务的发行规模以所有者权益为限额，因此这个指标用于衡量次级债务的发行空间。

四、人寿保险模型外调整因素

对于人寿保险而言，主体信用风险的模型外调整因素包括但不限于以下几个方面。

1. 公司治理和风险管理

由于公司治理和风险管理方面的缺陷很可能直接导致公司经营无法维系或外部融资环境收紧进而导致违约，对个体信用风险具有重大影响，因此中债资信对公司治理和风险管理存在或出现重大缺陷的主体，以对个体级别下调形式反映其负面影响，并根据其缺陷的严重程度，设置了不同程度的调整规则[①]。

从行业整体来看，大部分寿险公司都以公司章程等相关文件的形式建立了相应的治理结构和规章制度，在通常情况下，中债资信不会依据公司治理的指标对企业的信用级别进行调整。然而考虑到行业内寿险公司实质的公司治理有效性在制度执行过程中仍存在一定差异，因此如果在资料支撑的背景下表明寿险公司的治理和管理存在重大问题或者漏洞，中债资信才会根据实际情况对模型初步级别进行调整。

寿险公司的风险管理定性因素主要是体现在风险管理制度体系完善程度、在实际业务中执行状况等定性因素出现缺陷所产生的风控漏洞。寿险公司的风险管理主要包括保险业务风险管理和投资业务风险管理两方面内

① 具体考察要素和调整规则参见第九章专项评价方法。

容，具体而言，需主要关注寿险公司保险和投资两个方面业务的风控制度安排、风控组织架构、风控流程以及风控人员专业水平等方面内容。

2. 偿债意愿

影响企业偿债意愿的因素主要包括两个：一是理性决策；二是偿债意识。主体偿债意愿的弱化会增加信用风险，尤其是在经济下行、违约增多背景下，主体偿债意愿可能出现阶段性弱化的特点，因此需要加强分析其偿债意愿，才能全面准确地判断企业债务违约风险。中债资信评价偿债意愿弱化程度，并根据评价结果，适度下调个体级别①。对于人寿保险来说，需关注其在经营不善、补充资本压力下偿债意愿弱化的可能性。

3. 大数据调整因子

打分卡模型数据来自受评主体历史经营和财务等传统评级数据，所用数据可能存在无法全面和动态反映受评主体信用风险的问题，比如在年初4月份（上年年报尚未公布时）对受评主体进行评级，使用财务数据往往是上年度的第三季度报，财务数据时间滞后，无法反映企业最新财务状况；再如，对于人寿保险而言，重大监管突发事件可能对企业正常的生产经营产生较大影响，但经营财务数据对企业经营变化的反应相对滞后。为弥补现有模型、方法的固有缺陷，中债资信使用大数据和人工智能技术，对受评主体以及与主体具有关联关系的企业和自然人的非经营、财务数据或信息（信息范围包括但不限于公告、工商税务信息、法院检察院诉讼信息、新闻舆情等各类信息）进行实时跟踪和抓取，并根据获取信息的影响程度，形成受评主体大数据调整因子评分。当该评分结果很差，并对受评主体偿债能力产生重大不利影响时，中债资信以对个体级别调整形式反映其影响。

4. 外部支持

中债资信引入联合违约分析思路考虑外部支持后主体信用风险的评

① 具体考察要素和调整规则参见第九章专项评价方法。

定，首先依据个体信用风险分析思路评定受评主体个体信用等级，其次考察支持方的支持能力和支持可能性，最后在联合违约理论指导下，根据受评主体的个体级别、支持方能力、支持方意愿以及两者相关程度，综合得出外部支持对受评个体的正面影响程度，确定考虑外部支持后的受评主体级别①。

对于寿险企业而言，由于其特有的公众性和社会性，对整体宏观经济、金融体系以及社会稳定性有一定影响，首先考虑公司能够获取政府支持的力度，需要关注政府对公司的支持能力和支持意愿。实务中需根据支持方的实力、支持意愿和过往支持、潜在支持计划等进行综合判断。值得说明的是，在判断支持意愿时，相对单一股东的股权结构，股东多元化可能造成各方利益难以协调，整体救助意愿或下降。

① 具体联合违约理论下的实务操作原则参见第八章债项评级方法。

附表：中国人寿保险企业评级要素权重

要素归类	评级要素	要素权重
资源配置	市场地位	40%
	盈利能力	20%
	投资业务风险水平	10%
	保险业务质量水平	20%
	风险管理水平	10%
债务政策	偿付能力充足性	40%
	流动性	40%
	财务灵活性	20%

附例：中国人寿保险企业信用评级运用举例

对于一个待评级的人寿保险公司，我们的评级思路如下：

首先，梳理出人寿保险资源配置能力和债务政策评级要素和指标。

其次，根据行业信用品质评价方法和模型确定人寿保险行业信用品质评价结果为“IRR–2”，从而确定指标阈值划分标准，经分析师调整后确定最终阈值。

再次，依照指标评价标准对该企业的各个指标进行评分，在得到各指标的分值后，按照各指标的权重根据评级模型计算出该企业的资源配置能力得分和债务政策得分。

最后，将企业资源配置能力得分和债务政策得分转换后通过初始级别映射矩阵得出企业初步级别，在此基础上考虑调整项和外部支持对级别的影响后得出最终主体信用级别。

以某人寿保险×公司为例，对×公司的各项指标，我们均可以得出相应分值，其中对于资源配置能力和债务政策指标加权求和后的资源配置能力和债务政策评分分别为1.41和1.52，取整转换后再根据初始级别映射矩阵得出企业初步级别为AAA级。在模型给出的初步级别的基础上，中债资信对未纳入模型的调整项进行综合考虑，考虑外部支持的一定增信作用后，最终得出×公司的指示级别为AAA级。

下表演示了对人寿保险×公司评级的过程：

附例：×公司信用评级模型运用

要素归类	评级要素及权重		模型指标及权重	指标表现	指标分值	对应打分	初步级别
资源配置能力	市场地位（40%）	市场份额	原保费收入市场份额	24.77	1.00	1.41	AAA
		所有者权益	所有者权益	2 047.29	1.00		
	盈利能力（20%）	投资收益情况	财务投资收益率	5.19	2.00		
			综合投资收益率	5.12	3.00		
		资本回报水平	净资产收益率	6.03	2.00		
	投资业务风险水平（10%）	大类资产配置	高风险投资占比	15.33	1.00		
		投资收益波动性	投资收益波动	2.00	2.00		
	保险业务质量水平（20%）	承保业务结构	原保费收入占规模保费比例	86.93	2.00		
			保险保障属性	1.00	1.00		
		承保渠道	分销渠道控制力	89.13	1.00		
			新单期缴占比	22.10	3.00		
		保单品质	继续率	90.90	2.00		
			退保率	4.13	2.00		
			新业务价值率	26.85	2.00		
	风险管理水平（10%）	风险管理能力	风险管理能力	1.00	1.00		
债务政策	偿付能力充足性（40%）		核心偿付能力充足率	277.61	1.00	1.52	
			综合偿付能力充足率	277.65	1.00		
	流动性（40%）	流动性指标	综合流动比率（1年内）	332.00	1.00		
			流动性覆盖率（情景1）	2 432.00	1.00		
		资产负债匹配程度	久期缺口绝对值	0.00	3.00		
	财务灵活性（20%）	杠杆水平	杠杆率	1 448.03	4.00		
		次级债务占比	次级债务权益占比	1.77	1.00		

第八章　债项评级方法

第一节　一般短期债项评级方法

一、短期主体及债项评级定义

根据中债资信评级定义，信用评级即资信评级，指由独立的信用评级机构对影响评级对象的诸多信用风险因素进行分析研究，就其偿还债务的能力及其偿债意愿进行综合评价，并且用简单明了的符号表示出来。按照评级对象的不同，信用评级可分为主体信用评级（以企业或经济主体为对象）和债券信用评级（以企业或经济主体发行的有价债券为对象）；按照评级覆盖期限长短的不同，信用评级分为长期评级和短期评级，长期评级覆盖期限为一年以上，短期评级覆盖期限为一年以内（含一年）。

中债资信短期主体信用评级是对评级主体在一年以内（含一年）如期偿还其全部到期债务本金及利息的能力和意愿的综合评价。短期主体评级通过信用等级的不同揭示了受评主体短期违约概率水平高低的相对排序，而不是对其违约概率的绝对度量。

中债资信短期债券信用评级是以受评主体发行的并约定在一定期限内（期限最长不超过一年）还本付息的有价证券为对象进行的信用评级。在评级实践中，投资人对于短期信用债券的投资更多是为了满足短期资金配置的需求，具有更强的风险敏感度，且对偿付及时性要求更高。基于此，中债资信对短期信用债券信用评级的核心是充分揭示发债主体对其发行的短期信用债券及时足额偿付的可能性，其重点是评价短期信用债券的违约概率。

二、短期主体（含债项）评级整体思路

中债资信认为，长期主体评级是对受评主体信用资信状况全面综合的

评价，短期主体评级应以长期主体评级结果为基础。此外，由于短期主体评级覆盖的时间期限较短，受评主体的流动性对其短期信用品质的影响将更为突出。因此，中债资信短期主体评级建立在受评主体长期主体评级的基础上，同时充分评价受评主体的流动性水平并最终形成受评主体短期信用风险的综合评估结果。评级实践中，一般而言，短期主体评级将以受评主体长期评级结果为基础，通过基准映射确定初步短期主体级别，并通过受评主体流动性水平的评价结果加以级别微调，从而确定受评主体的短期主体级别。

分主体而言，对于工商企业，短期主体评级适用于上述基准映射基础上流动性评价微调的方法。其中，流动性评价微调仅设置上调机制，即仅考察流动性较好对短期级别的提升作用。这主要是由于从违约率角度看，长期主体级别对应的累积违约概率是在短期主体级别对应的短期违约概率基础上累积的结果，即当短期主体信用风险较高时，长期主体信用风险更高。因此在工商企业长期主体评级中，中债资信已经充分考虑短期主体信用风险较高的短板影响，即设置了主体流动性专项评价并针对流动性评价结果差的情况采取了级别下调机制。但从短期主体评级角度考虑，受评主体的流动性水平很充分时，将有助于提升主体的短期偿债能力，即长期信用风险较高的情况下受评主体短期信用风险仍可能较低，因此短期主体评级中需补充考量流动性充足对短期级别的提升作用。

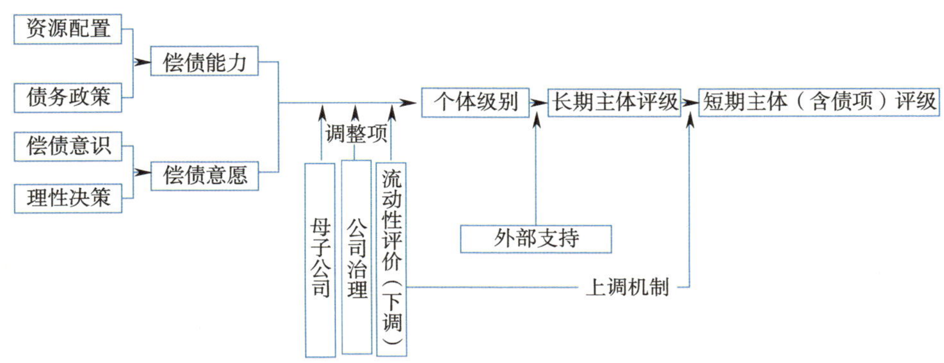

资料来源：中债资信绘制。

图8–1　中债资信工商企业短期主体（含债项）评级思路

对于金融机构和主权，短期主体评级仅适用基准映射关系，不适用流动性调整机制。其中，金融机构长期评级框架中，流动性评价为重要的评级要素，其正面及负面影响已充分体现在长期主体级别中；主权长期评级方法中，通过考量财政、外部流动性等因素已经充分考虑了主体的流动性水平。

短期债项评级方法方面，对于短期无增信债项，中债资信重点评价受评主体按期偿付到期债项的可能性即违约概率，因此短期无增信债项评级思路和级别可等同于短期主体评级；对于存在担保、抵（质）押等增信措施的短期债项，中债资信将酌情考虑此类增信措施对短期债项的增级效果，具体评价思路详见中债资信《抵质押债券信用评级方法》和《第三方担保债券评级方法》。

三、短期主体（含债项）评级要素

1. 主体长期信用评级

一般而言，发债企业的主体长期信用等级越高，其短期内债务的违约风险也就越低。长短期信用等级呈正相关关系主要是由于发行人长期信用状况的特征与短期信用状况特征有很多相似之处，长期信用等级高的发行人一般会有较高的信用水平，如较高的市场地位、较强的资金实力等，使其在短期内违约的可能性很低。因此发债企业的主体长期信用评级是决定其短期主体和债务信用等级的基础和核心要素。

根据主体长期信用评级方法，中债资信将综合衡量信用主体偿债能力和意愿作为评级核心思路。具体而言，在考察资源配置、债务政策和偿债意愿等核心评价要素的基础上，同时考察流动性、母子公司、公司治理、风险管理、突发事件、经济衰退等各类可能会对主体信用产生重大短板影响的调整因素，得到受评主体的个体级别，再考虑外部支持对受评主体的影响，得到受评主体的长期信用评级结果。

对于不同类型的受评主体，评级细分要素差异较大，主要依据其主体性质和特点相应制定，详细内容请参考中债资信主权、工商企业、金融机

构等各类主体信用评级方法。

2. 流动性评价

流动性水平分析对于短期主体和债项的评级结果具有非常重要的影响，主体长期信用状况相似的企业可能因为流动性存在的水平差异而获得不同的短期等级。

对于工商企业，中债资信建立了流动性评价专项方法及应用模型。具体来看，中债资信将主体流动性分为内生流动性（内源性资金）和外生流动性（外源性资金）。其中，内生流动性主要指主体自身资产变现、持续经营活动和投资活动获取资金的能力；外生流动性主要指再融资流动性，即主体依靠自身获取外部金融机构流动性资源的可能性及程度，需要说明的是，主体股东或政府支持方给予的外生流动性支持已包含并充分反映在主体长期信用评价框架中的外部支持板块，因此此处的主体流动性评价不包括此类外生支持。从评价要素看，内生流动性评价主要针对主体自身资产变现、持续经营活动和投资活动的流动性，从主体现金偿付能力、营运资金需求、营运资本、易变现资产情况及短期投资压力等方面加以考量；外生流动性即再融资能力主要考察主体获取外部金融机构流动性资源的能力，主要由主体的经营、财务表现决定，从负债水平、盈利能力、收现能力、付息能力、自担保能力五个方面加以考量；此外，考虑定量模型的局限性，中债资信流动性模型中设置定性调整机制，即在实务操作中，行业专家如果认为流动性评价结果与主体实际流动性水平存在较大差异，可适度对流动性评价结果进行定性调整，具体评价思路、指标、标准详见中债资信专项评价方法《流动性评价方法》。

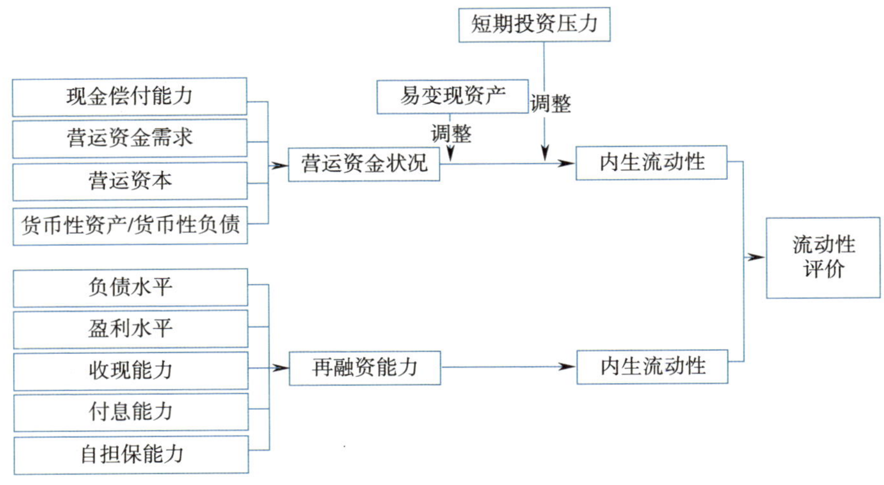

资料来源：中债资信绘制。

图 8–2　中债资信工商企业流动性评价逻辑

第二节　公司信贷资产支持证券评级方法

一、概念说明及评级适用范围

公司信贷资产证券化指金融机构作为发起机构，将对公信贷资产信托给受托机构，由受托机构以资产支持证券的形式发行证券，以基础资产所产生的现金支付资产支持证券本息的结构性融资活动。

本方法适用于我国境内能够实现破产风险隔离、基础资产为静态池的公司信贷资产支持证券的信用评级。本评级方法是基于目前相关法律环境和法律法规而制定，尚未考虑未来法律出现不可预见的变化所带来的影响。如果相关法律环境和法律法规发生重大变化，可能对受评证券信用等级带来影响。

本评级方法同时也适用于集中度较高（单个资产占比在0.1%以上），基础资产特征和产品交易结构与公司信贷资产支持证券类似的个人经营性

贷款证券化、工程机械抵押贷款证券化和债券组合资产证券化（CBO）等产品的评级。

二、公司信贷资产支持证券的特点

1. 从基础资产特征来看，入池贷款笔数一般在1 000笔以下，单笔贷款平均余额占比一般在0.1%以上，贷款利率一般较为接近基准利率，贷款担保方式多样化（涉及信用、保证、抵押、质押等），贷款的主要偿还来源是企业现金类资产和经营性现金流。

2. 通过资产组合以及各笔贷款在地区、行业等方面的分散性，可以在一定程度上化解非系统性风险，降低联合违约发生的可能性。

3. 真实出售和破产风险隔离是交易结构的核心，现金流支付机制灵活多样，且优先/次级结构作为主要信用增级措施是优先级证券获得较高信用等级的重要保证。

三、评级思路

中债资信对信贷资产支持证券信用等级的评定是对受评证券违约风险的评价，即在考虑基础资产损失分布的情况下，评估受评证券本金和利息获得及时、足额偿付的可能性。对受评证券违约可能性的评估是以基础资产整体组合信用风险水平为基础，并结合压力测试、交易结构分析来综合判定的。

首先，基础资产中单笔资产的信用质量、集中度、资产间的相关性以及回收率等，决定了基础资产整体组合信用风险水平。因此，一般需要先对单笔资产的信用质量进行评估，然后结合每笔资产的违约概率，构建组合信用风险模型，运用多阶段①蒙特卡罗模拟方法模拟违约事件，通过数十万次模拟输出基础资产违约分布和损失分布，参照累积违约率表，得到

① 多阶段蒙特卡罗模拟是通过在基础资产存续期内，逐年进行模拟而实现的。

不同信用等级下证券所需承受的资产池目标违约比率和目标损失比率[①]，由于组合信用风险分析过程中没有考虑超额利差、流动性支持、信用触发事件等交易结构特点，以及压力情景下基础资产产生的现金流在各时点对受评证券本金和利息的覆盖程度，因此需根据交易约定的交易结构和特定压力条件进行现金流分析及压力测试，基于各优先档证券临界违约率大于目标违约比率的评级标准，得到由组合模型和现金流压力测试决定的受评证券信用等级上限。

其次，如果入池资产存在集中违约风险，可能少数几笔贷款信用表现恶化就会对整个资产池产生较大的负面影响，所以还需要构建大额借款人违约压力测试模型。受评证券获得的信用增级量必须能够覆盖资产池中低于该目标等级的特定大额资产组合违约所带来的损失，由此得到由大额借款人违约压力测试决定的受评证券信用等级上限。

取上述两个指示级别上限中最严格的一个为由量化模型决定的指示信用级别。除了量化分析外，中债资信会结合交易结构风险、主要参与机构尽职能力、法律风险等评级要素的定性分析对量化模型决定的指示信用级别进行调整。公司信用评审委员将依据各评级要素的分析结果、模型参数的设置以及模型运算结果，并考虑其他定性因素，综合考量受评资产支持证券违约风险的高低，最终确定受评证券的信用等级。

---

① 此处违约比率和损失比率是指资产池违约额和损失额在资产池未偿本金余额中的占比。

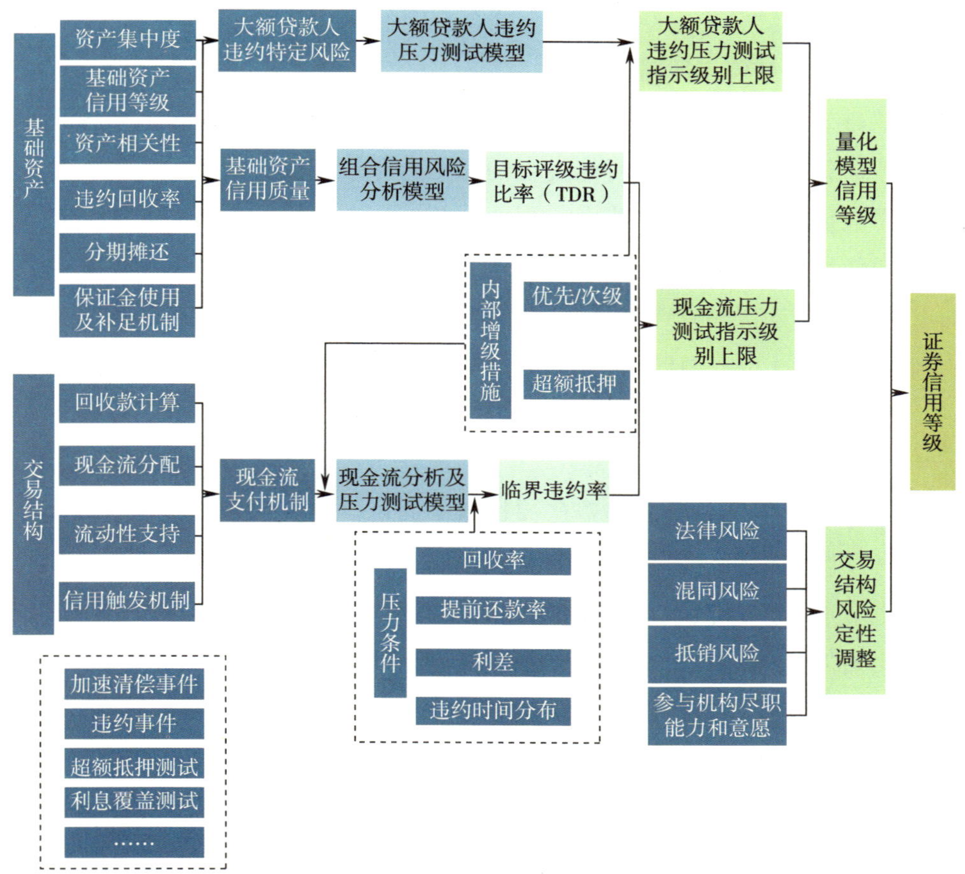

图8–3　公司信贷资产支持证券信用评级思路

评级过程中的定量分析模型主要包括组合信用风险分析模型、现金流分析及压力测试模型和大额借款人违约压力测试模型，主要用于考察基础资产组合信用风险、若干笔贷款同时违约产生的信用风险和压力情景下基础资产产生的现金流能否足额偿付证券投资者利息和本金，从而通过量化分析确定受评证券信用等级。

四、评级要素

对资产支持证券违约可能性的评估是以基础资产整体组合信用风险水

平为基础，并结合交易结构分析来综合判定的。

1. 基础资产信用质量

基础资产产生的现金流是公司信贷资产支持证券本息的主要偿还来源。若借款人未能按时履行信贷合约，则会导致基础资产现金流量不足，进而影响证券还本付息的能力。因此，基础资产信用质量的分析是资产支持证券信用评级的起点。

信贷资产组合的信用风险评估需要确定每个基础资产的信用级别后，基于每笔贷款已有的特征，并结合每笔贷款的违约率假设、回收率假设和违约相关性假设进行信用风险建模。

①单个基础资产违约概率

一般情况下，单笔基础资产违约概率通过借款人信用级别和贷款到期期限，结合中债资信信用等级与累积违约率对应表得出。中债资信首先判断基础资产所涉及借款人和保证人是否为中债资信已评主体以及已评级别是否仍有效，如满足以上条件则直接采用；如不满足以上条件，则采用特定方法来评定受评主体的信用级别。中债资信一般根据基础资产尽职调查资料完备情况、信用基础（即偿还来源）、基础资产特征（如贷款类型、资产池中涉及受评主体的数量、单笔贷款集中度等），来综合考虑选择评估基础资产信用级别的方法。目前中债资信确定基础资产信用级别的方法包括但不限于采用逐一评估、抽样建模和级别中枢微调等方法。对于资产池中包含的贷款笔数较少的资产证券化项目，中债资信一般根据发起机构提供的入池贷款信贷档案，然后依据分行业评级方法、评级标准和评级模型对每笔入池贷款的信用风险逐一进行评估；对于资产池中包含的借款人数量较多且难以实现逐一评估的情况，中债资信一般采用抽样建模模式得到借款人、担保人的影子级别；对于集中度较低的小微企业或个人经营类贷款，受评主体一般无翔实的经营数据与财务数据，可采用级别中枢微调法。

②基础资产相关性

基础资产之间的相关性对资产池整体的违约风险有着重要影响，如果资产分散性好，违约相关性低，贷款大规模违约的可能性就较低，那么优先档证券本息受到基础资产大规模违约冲击的可能性就较低，相对较少金额的次级证券就可以支撑优先级证券获得较高的信用等级。相关性水平高，非系统性风险难以分散，信用保护结构的有效性降低，会提高证券违约风险。

资产相关性的主要影响因素包括地区、行业、产权从属关系以及业务往来关系等。我国作为发展中国家，各行业企业的发展受宏观经济影响较大，企业的运营与国家政策紧密相连。我国各行业普遍存在较高的对外依存度，并且各行业对投资的依存度也普遍较高，这在一定程度上也影响着企业间相关系数水平的确定。同行业企业往往受相同的市场需求和原材料价格波动影响具有较高的相关度，同一地区的企业也较易受到相同经济因素影响而发生资产价值的同向波动。某些上游产业也会受下游产业经营形势低迷、产品需求的降低而发生负面变化，下游产业也会受到上游产业原材料供给不足或价格上涨，而发生负面变化。属于母子公司关系或兄弟关系的企业往往被看作是关联体，对于关联体中的企业，可将企业间的相关系数调高，来体现联合违约的可能性。

资产相关性由相关系数矩阵加以体现，该矩阵及其因子分解矩阵为组合信用风险分析过程中的输入参数，构成了推断资产池整体信用状况的关键。资产相关性将直接影响违约模拟结果，进而影响受评证券违约风险。

③违约回收率

中债资信以贷款历史违约回收率数据作为确定违约资产回收率假设的依据。贷款违约回收率假设主要考虑因素为借款人所属行业、借款人偿债意愿和能力、担保方式（保证/抵押/质押）及债权优先性、回收时间、贷款服务机构尽职能力等。

在借款人自身回收率确定方面，企业所属行业的不同导致其资产负债率水平不同和拥有资产的类型不同，使得违约后其资产的变现价值和变现能力出现差异，导致资产变现价值对债务的覆盖程度有所区别。据此，中债资信结合借款人所属行业来初步确定借款人自身回收率。历史数据表明，借款人回收率一般随信用等级的提升而减少，因此，还需按照借款人的级别在行业确定的自身回收率的基础上再进行调整。

在贷款回收率确定方面，优先顺位担保贷款的回收率依次高于优先顺位无担保贷款和次顺位贷款。贷款服务机构也是影响回收率的一个重要因素，贷款服务机构对回收率的影响，主要取决于贷款服务机构的尽职能力和尽职意愿，当贷款服务机构的贷款管理经验、尽职能力和意愿低于预设水平时，中债资信将根据标准降低回收率。

在保证类贷款回收率的确定方面，保证人对贷款损失降低的程度取决于保证人的担保力度、借款人和保证人各自的信用风险、借款人和保证人的关联程度等。其中，担保力度取决于担保性质、担保金额、担保期限、保证人的信用水平、保证人履约意愿和能力等。保证人的信用水平越高，说明其自身的担保能力和偿债意愿越强。借款人和保证人的之间的关联程度越低，同时各自违约的概率越低，则保证人对贷款损失程度降低的效果越明显。

在抵质押贷款回收率的确定方面，其回收率主要取决于借款人信用水平、抵质押物有效性、抵质押物清收价值对贷款本息和的覆盖程度、回收时间等。其中影响抵质押物覆盖倍数的因素主要包括有效抵质押物评估价值、抵质押物类型、抵质押物交易对手信用等级、贷款服务机构尽职能力以及贷款本息余额。另外，回收时间也是影响违约回收率的一个因素，回收时间主要受抵质押物的种类、法律环境、违约后处置策略等因素的影响。从抵质押物种类来看，流动性较好的资产，回收时间较短；从法律环境来看，在一个法制完备且高效的环境里，债权人的利益更容易得到保障，债权的回收时间也更短；从债权人的处置策略来看，如果债权人愿意接受较低的回收金额，往往处置速度较快。如果合约限定了违约资产要在

短期内清偿，则回收率应该予以调降，以反映加速清偿导致回收额减少的情况。

④集中度

如果少数贷款金额占比较高，以及单一行业、单一地区的入池贷款发生集中违约，资产池的整体损失可能导致优先级证券违约。

中债资信在组合信用风险分析时，通过调整集中度较高借款人的违约概率、集中度较高的行业和地区内借款人的违约概率来考虑集中违约风险；此外，中债资信还通过大额借款人违约测试模型来考察集中风险给优先级证券信用水平带来的不利影响。

2. 交易结构

（1）交易结构安排

交易结构安排是资产证券化重要环节，信用触发机制和流动性安排等都会影响到证券的信用评级结果。中债资信一般在现金流模型中将交易结构特征加以考虑，并且检验交易结构的稳健性。

①信用触发机制

一般CLO交易结构中会设置信用触发机制，其设置原则是通过改变资产池的现金流支付顺序，来保证优先级证券优先获付利息或本金，从而对风险因素快速做出反应，减少投资者损失。

与重要参与机构相关的触发条件包括：发行人丧失清偿能力、贷款服务机构解任、贷款服务机构未能根据交易文件规定按时付款或划转资金、后备贷款服务机构缺位、参与机构在交易文件中提供的陈述发现有重大不实或误导成分。与交易相关的触发条件主要包括：交易文件部分或全部被终止；高优先级证券利息延期支付、法定到期日后证券本金尚未清偿。与基础资产相关的触发条件主要包括累积违约率、基础资产数量不足等。

触发机制主要包括加速清偿事件与违约事件。累积违约率是目前普遍使用的一条加速清偿事件触发机制，其他的还有如后备服务机构限定期限内缺位或参与机构不履行其义务等。一般来讲，触发加速清偿事件后，交易停止支付次级证券的期间收益，将各收款期间的剩余收益、违约超额回收款等用来加速偿还高优先级证券本息；违约事件触发后，停止支付除最高优先级证券以外的证券的利息及本金，将各收款期间产生的所有现金净收入用来偿还高优先级证券本息，其他各档证券利息和本金劣后受偿。总体来看，违约事件比加速清偿事件更加严格。

因信用触发机制能改变超额利差信用增级作用的大小，中债资信主要关注：信用触发条件的设置、触发信用事件后现金流支付顺序的变化等，并在现金流模型中对触发机制的设置加以考虑，从而评价触发机制对现金流及信用增级水平的影响。

②流动性支持

流动性支持是指为保障交易按时偿付投资者本息和费用而设置的内外部资金来源方面的支持。受借款人提前还款、证券前期偿付压力重等因素影响，信贷资产在某一收款期间的利息收入，可能无法覆盖证券利息和优先费用支出，造成基础资产现金流流入量与证券各项支出在时点上的错配。导致流动性风险的原因还包括不同的付息周期、频率、利率调整方法等，这给投资带来了潜在的无法按时获付本息的风险。因此，流动性支持是确保证券的按时偿付的重要保障，也是评级过程中重点分析要素。

内部流动性支持资金来源于资产池现金流，即在首个回收期现金流中截取部分资金用来做流动性准备金，并设置流动性准备金账户，该准备金账户额度一般限定为税费、报酬和优先档证券利息等优先支出的1~2倍，账户内资金用于补足后续期间优先费用和优先利息支出的差额部分。

外部流动性准备金账户指由发起机构或其他机构出资设立的为证券的正常偿付提供流动性支持的独立信托账户。大部分证券设置外部流动性准备金金额至少为首个支付日所需支付利息及优先费用的1倍，并且由发起机构在证券设立时一次性划入。

流动性准备金账户的设置有效缓解了资产池现金流入与证券支付在时间和金额发生错配的问题，有助于保证证券利息及时、全额偿付。中债资

信主要关注流动性准备金资金来源、准备金计提规模、准备金启用条件、启用后现金流支付顺序的变化、准备金回补机制、流动性准备金账户监管完备性等。中债资信主要通过现金流模型来考察特定流动性支持机制下，资产池现金流对受评证券本金和利息的保障程度。

（2）交易结构风险

①抵销风险

抵销风险是指借款人在发起机构既有贷款又有存款，若发起机构破产或丧失清偿能力，则借款人依据法律法规行使抵销权[①]，用其存款本息抵销发起机构对其的贷款本息，且被抵销贷款属于证券化基础资产，从而使资产支持证券持有人的权益以及本息的受偿可能受到借款人行使抵销权的影响。

如果借款人/保证人已经放弃行使抵销权或者借款合同有抵销弃权条款，中债资信将结合相关法律意见书，考察抵销弃权条款的有效性，以及发起机构丧失清偿能力情况下抵销弃权条款的可执行性。如果借款人/保证人没有放弃行使抵销权，则中债资信主要关注交易结构中是否设置特定机制来有效规避抵销风险。如果交易约定，在借款人对其债务本金行使抵销权后，发起机构承诺无时滞地将相当于被抵销款项支付至信托账户，将抵销风险转化为发起机构的违约风险，这样的安排下中债资信将通过对违约风险的判断来判断抵销风险。如果发起人违约风险较高，即使发起人承诺无时滞地将相当于被抵销款项支付至信托账户，为防范抵销风险，应设置抵销风险准备金；如果证券未设置相应的抵销风险缓释措施，中债资信将酌情调整证券的信用等级。

②混同风险

混同风险是指交易参与机构在交易管理过程中，将基础资产回收款账

① 根据《合同法》第八十三条规定，债务人接到债权转让通知时，债务人对让与人享有债权，并且债务人的债权先于转让的债权到期或者同时到期的，债务人可以向受让人主张抵销。

户的资金与其持有的其他资金混同在一起，若交易参与机构发生信用危机或破产清算，被混用的资金权属难以区分，可能导致证券持有人本息发生损失的风险。理想情况下，基础资产产生的现金流应与交易参与机构其他资金分离，并快速转入受托机构在资金保管机构开立的账户。但在国内大部分实践中，债务人的还款直接划入贷款服务机构的账户，在回收款转付日贷款服务机构将款项划至信托账户。若混同风险只是暂时性的，这将引致证券的流动性问题，其可通过启用流动性准备金来缓解；若混同是长期性的，则回收款账户中的资金有可能发生损失，这将影响资产支持证券持有人本息的获付。

混同风险可通过缩短回收资金在贷款服务机构账户上的停留时间[①]，从而快速将资金从贷款服务机构账户划转至信托账户来加以缓解。也可以通过交易参与机构信用触发机制（如主体信用等级降低到某一水平）来缓解，这一触发将引致个别通知借款人将偿还贷款的款项直接划入专项账户。最后，混同风险暴露可以被加以计算且经由准备金账户的储备金抵补。中债资信将考察混同风险准备金账户的设置和既定条件下资金来源情况。

对于不同信用等级的证券，中债资信对混同风险缓释措施的设置要求有所区别，优先级证券的信用水平越高，在相同的回收款转付频率或混同风险缓释措施下，对贷款服务机构信用等级的要求越高。如果缓释措施或贷款服务机构的信用等级不能达到必备要求，则酌情降低受评证券的信用等级。

③后备贷款服务机构缺位风险

后备贷款服务机构缺位风险是指原贷款服务机构解任，同时又无法在规定期限内寻找到合适的后备贷款服务机构，或者证券持有人大会决议更换贷款服务机构，但并未预先指定替代的贷款服务机构或无法在规定时间

---

① 资产服务机构信用等级越低，则交易应规定将回收款划付至信托账户的时间间隔越短。

内找到合格的后备贷款服务机构，造成贷款服务机构缺位使基础资产现金回收工作难以为继所引发的风险。

首先，中债资信根据贷款服务机构主体信用等级、资产服务历史经验、服务机构尽职意愿和尽职能力等来判断发生贷款服务机构解任的可能性。其次，考虑交易结构中是否预先设置后备服务机构、可选择后备服务机构数量、后备贷款服务机构的信用等级、后备服务机构与贷款服务机构是否具有关联关系等。再次，证券化产品交易结构复杂程度、资产证券化市场成熟度等因素也关系到在发生贷款服务解任事件后，能否迅速找到继任的合格服务机构，根据这些因素判断是否会出现贷款服务机构缺位的情况及其后备贷款服务机构能否缓释或消除原贷款服务机构解任后所带来的风险。最后，关注交易文件中关于贷款服务机构解任事件的触发条件[①]、在贷款服务机构更替阶段是否制定完备的交接机制，贷款服务机构被解任后是否触发个别通知事件[②]等信用触发事件来缓释缺位风险，是否设置缺位准备金设置等，最终得出贷款服务机构缺位风险的结论。如果中债资信认为存在较高的贷款服务机构缺位风险，则酌情降低受评证券的信用等级。

（3）信用增级措施

信用增级措施可以降低受评证券的违约风险，提升优先级证券信用水平。主要增级方式包括内部信用增级和外部信用增级，证券也可同时采用多种增级方式。

内部信用增级措施所需资金来源于基础资产组合，包括超额抵押、优

① 例如，交易文件规定，发生以下任一事件则认为发生解任事件，资产服务机构未能于回收款转付日按时付款，资产服务机构停止经营其全部或主要的贷款业务，资产服务机构未能履行实质性义务所需的资格、许可等。如果资产服务机构的主体信用等级降低至A-级以下，受托机构应在90日内按约定召集资产支持证券持有人大会，选任后备资产服务机构。

② 个别通知事件往往指发起机构以挂号信的方式向每一个借款人和保证人发出权利完善通知，即通知相关贷款已经设立信托的事实并要求每一借款人将贷款的本息及相关款项直接支付至信托账户。

先级/次级结构等；外部信用增级措施由独立的第三方提供，可以采取保证人担保和外部现金储备账户等形式。资产池损失额超过信用增级量的概率直接影响受评证券的违约风险，进而影响受评证券信用等级。

①超额抵押

超额抵押是指将资产池价值超过资产支持证券票面价值的差额作为信用保护的一种内部信用增级措施，该差额用于弥补信贷资产证券化业务活动中可能会产生的损失，从而对证券具有一定的信用增级效果。初始超额抵押信用增级量主要通过在资产池封包时，资产池价值高于证券票面价值的部分来实现；另外，某些证券会设置在证券存续期将各收款期间利差在支付完所有费用后的金额，用来加速偿付优先级证券本金，使得证券本金的下降速度超过资产池本金，超额利差累积产生超额抵押，由此产生的超额抵押也可以用于覆盖后续无法被超额利差吸收的损失。超额抵押提供的信用增级量先于劣后档证券吸收资产池发生的损失，为优先级证券建立了风险缓冲，从而达到对优先级证券的信用支持效果。

评级过程中主要关注超额抵押形成方式、超额抵押的信用增级量等，并在现金流模型中加以体现，考察超额抵押对受评证券的信用支持程度。

②优先级/次级结构

优先级/次级结构是结构性融资产品中最常见的信用增级方式，是指将证券化产品做结构性安排，按照顺序将基础资产组合所产生的利息和本金现金流分配给不同优先级别的证券，优先偿付高等级证券。劣后受偿证券先行承担风险，为优先档证券提供信用增级，降低了优先档证券的信用风险。

评级过程中主要关注交易的分层结构设置，即各劣后受偿证券在资产池总额中的占比、各层级证券本息获付顺序等，并在现金流模型中加以体现，考察优先级/次级结构对受评证券的信用支持程度。

③外部保证人担保

外部保证人担保信用增级措施是指保证人向证券持有人支付基础资产

产生现金流与应支付证券本息的差额部分。中债资信主要分析担保合同的效力和条款内容，结合第三方担保机构的主体信用风险及其代偿意愿，在模型测算结果的基础上调整证券级别。

④外部储备金账户

外部储备金账户是由发起机构在信托设立日向账户内支付一定金额资金，在特定条件下用于吸收资产池损失，例如当资产池内某笔贷款出现逾期时，该账户项下资金将用于补足该笔逾期贷款本息，直至优先级证券本金全部清偿。通过这种方式，为优先级证券的本金偿付提供风险缓冲，形成外部信用支持。

中债资信将按照交易文件的规定，在组合信用风险模型和现金流分析及压力测试模型中将该信用增级措施加以考虑，从而体现该信用增级措施对优先级证券的信用增级效果。

（4）主要参与机构尽职能力

①贷款服务机构尽职能力

贷款服务机构通常由发起机构或者相关的附属机构担当，负责管理基础资产组合的日常运作，并向受托机构和投资者定期提供资产服务管理报告，审核资产运营状况和相关协议是否一致，负责收取本金和利息，追收拖欠资金。

贷款服务机构尽职能力直接影响着资产信用表现和回收情况，进而对基础资产的现金流水平和证券的信用等级产生影响。证券化基础资产的管理应该是标准化的管理，如果贷款服务机构缺乏制度化的管理模式，尽职能力较差，易造成借款人违约频发或违约贷款损失程度高而使投资者权益受到损害。

对于贷款服务机构尽职能力需考察其经营状况、财务状况、风险控制水平、违约贷款管理能力等。

对贷款服务机构经营状况分析包括运营环境、从业经验、公司治理和信贷业务的发展与管理等方面。贷款服务机构的财务状况是其现阶段经营水平、盈利能力、风险水平等方面的直观反映。中债资信将从资产质量、资本结构、流动性与偿债能力等方面，对贷款服务机构的财务状况进行分析。贷款服务机构的风险控制能力分析可以细分为信用风险管理、操作风险管理、市场风险管理和流动性风险管理等。信用风险管理主要表现在信贷政策、信贷业务流程管理制度、内部信用评级制度、信贷决策程序和制度、信用风险控制措施与标准等方面，信用风险管理水平越高，基础资产质量越好。操作风险管理主要表现为是否具备标准化的信贷业务管理流程、内部流程的严谨性和信息科技系统的完备性等方面，操作风险管理和信用风险管理一样，是直接影响基础资产质量的因素。市场风险管理和流动性风险管理是影响贷款服务机构日常经营和盈利能力的重要因素。贷款服务机构对违约贷款的管理能力和管理意愿对基础资产回收率有着巨大影响。是否具备完善的逾期贷款的管理和催收方法、是否具备完善的逾期贷款处理程序和催收/追偿机制及丰富的经验等是影响贷款服务机构违约贷款管理能力的主要因素。

中债资信会依据对贷款服务机构尽职能力的评价，对评级模型中单个资产违约概率、回收率参数进行设置和调整，并酌情定性调整证券级别。

②其他参与机构尽职能力

其他参与机构包括受托机构、资金保管机构、支付代理机构、登记托管机构等。受托机构一般是金融机构，代表投资者对于资产实施监督、管理，设立专门账户，将账户内的现金流入定期支付给投资者。受托机构依照信托合同约定负责管理信托财产，持续披露信托财产和资产支持证券信息，依照信托合同约定分配信托利益等。资金保管机构负责安全保管信托财产资金，依照资金保管合同约定方式，向资产支持证券持有人支付投资收益，管理特定目的信托账户资金，定期向受托机构提供资金保管报告，报告资金管理情况和资产支持证券收益支付情况。

中债资信主要关注这些参与机构尽职能力，具体包括法人治理机构、部门及下属机构设置情况、管理体制及基本管理制度、主要资产管理业务

制度、风险控制制度及实施情况、操作流程的合规性、内部管理水平、经营稳健性、财务风险等，从而考察资产支持证券各现金流转环节的正常运营情况。

（5）法律风险要素[①]

完善的法律制度是信贷资产证券化发展的必然前提，我国目前还没有形成资产证券化的统一法律法规，法律制度尚不健全，交易过程可能存在法律风险，进而影响投资者的权益。评级过程中主要需要关注的法律风险要素包括三个方面：破产风险隔离；债权转让通知效力；基础资产从权利的有效性。

①破产风险隔离

破产风险隔离是整个资产证券化交易结构设计中的核心问题。发起机构将资产真实出售给特殊目的载体（SPV[②]），意味着发起机构及其债权人不再对这部分资产拥有追索权，将资产的信用风险和发起机构自身的信用水平分离开，强调了入池资产的独立性，从而也实现了破产风险隔离。对于未能完全实现破产风险隔离的交易，一旦发起人资不抵债导致破产，证券化基础资产将有可能作为破产清算财产进行清算，令投资者本息受到损失。实现破产风险隔离的目的是使证券的信用风险主要来自资产池本身，而与发起人的信用风险无关。

评级过程中，主要关注基础资产是否实现了破产风险隔离。针对未实现完全破产风险隔离的交易，我们将结合发起机构的主体信用水平，综合考量因发起机构破产导致基础资产发生损失的可能性。通常情况下，对未实现破产风险隔离的交易，其证券级别应当受到发起机构主体级别的

---

① 法律风险是指因外部金融法规不完备或当事方对法律条文的误解、执行不力、或条文规定不细等原因导致无法执行双边合约，以及由于诉讼、不利判决和法律文件缺失、不完备而可能使当事方遭受损失的各类风险。

② SPV通常是因为某个特殊的目的建立，即为了发行资产支持证券，实现发起人的破产风险隔离。国际上SPV主要有三种形式：特殊目的信托（SPT）、特殊目的公司（SPC）、特殊目的合伙（SPP）。我国信贷资产证券化产品主要采用SPT的模式。

限制。

②债权转让通知效力

对于通知债务人信贷资产转让的问题，根据《合同法》第八十条[①]规定，若不通知债务人债权已转让，贷款转让不对债务人发生法律效力，另外，债务人不知晓该贷款已经转让的情况下，债务人仍会将偿还资金划入发起机构，如果发起机构发生信用危机，基础资产的现金流可能受到影响，从而影响投资者利益。信贷资产证券化基础资产的债务人通常较多，逐一通知债务人有一定难度。实践中多采用在媒体上发布“债权转让公告”的方式通知债务人[②]。

在评级过程中，可考察发起机构与受托机构是否签订保障条款，规定发起机构有义务就信贷资产已经设立为信托财产的相关事宜另行单独通知债务人/保证人。另外，若发生债务人未收到通知而向发起人还款的情形，发起人须及时足额将现金交予受托机构。此外，考察交易是否设立风险缓释条款，以规避债权转让通知效力相关问题，如当发起人的信用水平降到某一信用等级以下、财务指标恶化、出现违约、破产时，触发个别通知事件，要求发起机构向债务人发送“权利完善通知”。

③基础资产的从权利问题

基础资产所涉及从权利实现方面如果存在瑕疵，一旦基础资产违约，受托机构将无法顺利地依法处置抵质押物，从而导致投资者受到损失。《合同法》《物权法》均规定了“从权利随同主权利同时转让”的原则，由此可得，基础资产中各债权上的抵押权或质权也属于基础资产的一部分，受让人在取得基础资产的同时，应取得基础资产上的抵押权或质押权。抵押权转

---

①《合同法》第八十条：“债权人转让权利的，应当通知债务人。未经通知，该转让对债务人不发生效力。”

②《信贷资产证券化试点管理办法》第十二条规定：“发起机构应在全国性媒体上发布公告，将通过设立特定目的的信托转让信贷资产的事项，告知相关权利人。”

让时，应当签订抵押权转让合同，并办理抵押权变更登记[①]。鉴于受让人当然取得从权利，办理变更登记仅为对抗善意第三人或行使该担保权利时才需要。较为谨慎的做法是在转让基础资产之时能够同时办理变更登记手续。评级过程中，主要重点关注法律意见书对基础资产债权转让的同时从权利的认定。

① 建设部2001年新修正的《城市房地产抵押管理办法》第三十七条。

第九章 专项评价方法

第一节 偿债意愿评价方法

一、偿债意愿的内涵

从理论上看，个体在经济活动中的理性选择行为，根源于收益和风险的比较。在现实经济中，个体在处理每一项交易时，风险和收益会促使其进行认真的理性思考，其要对市场的信息和环境的不确定性进行调查和分析，面临投资选择时，还需要了解市场供求和竞争对手的情况，要考虑是否以契约、合同的形式与他人或机构缔结伙伴关系，要从成本核算的角度对交易价格进行评估以决定是否成交。但是，信用活动的主体是人，它必然受到人性的影响，市场的不确定性常常会干扰个体的理性选择，当个体受不确定性因素影响而无法对风险和收益做出清晰的判断时，就有可能放弃理性思考而在感情机制的作用下做出选择。这里所说的感情机制，是外部环境诱导、直觉判断、历史经验、从众心理等的综合体。

偿债意愿反映主体偿还债务的主观意愿，但主体作为法人组织，主观意愿来源于主体决策层或实际控制人。因此，中债资信将偿债意愿分为理性决策和偿债意识两部分。理性决策是主体决策层或实际控制人在面对是否履行债务约定这一决策时进行的成本收益分析，可能会综合考虑偿还债务及不偿还债务的成本收益，最终选择使自己利益最大化的结果。偿债意识评价的是信用传统文化和价值观等非理性意识，反映的是主体决策层或实际控制人在进行是否偿还债务的决策中，受自身的教育情况、价值观及行为风格等因素影响所表现出的非理性部分。

二、偿债意愿的评价思路

中债资信认为对信用主体的信用风险判断主要基于偿债能力和偿债意愿两个方面，偿债意愿反映主体偿还债务的主观意愿。偿债意愿的弱化会增加信用风险，加强分析偿债意愿才能全面准确地判断企业信用风险。因此，中债资信将偿债意愿列入主体信用风险评价框架，分析偿债意愿对主体信用风险的重要影响。需要说明的是，本篇仅评价个体偿债意愿，外部支持意愿在外部支持专项方法中探讨。

根据理论研究及相关风险事件总结，中债资信认为影响企业偿债意愿的因素主要包括两个方面：一是理性决策，即主体面对是否履行债务约定这一决策时进行的成本收益分析；二是偿债意识，即在信用传统文化和价值观等影响下，主体表现出的是否遵守契约的行为取向。由于偿债意愿评价较为定性，不适宜通过量化打分卡模型反映其影响程度，因此中债资信在模型外设置偿债意愿调整项。本方法重点考察偿债意愿弱化对主体信用风险的负面影响，通过理性决策和偿债意识评价偿债意愿的弱化程度，并适当下调个体级别。

在偿债能力很强的情况下，由于债务违约直接影响企业的信用声誉，进而影响其后续融资和生产经营，因此由偿债意愿不足引发债务违约可能性较小。在偿债能力很差的情况下，偿债意愿对主体债务是否违约的影响有限，无须单独分析。在企业自身面临较大偿债压力、偿债能力一般的情况下，偿债意愿弱化才可能对主体的信用风险产生负面影响，需要结合影响程度下调个体级别。在此情况下，如果企业通过公开渠道明确表示逃废债务，则直接反映了企业偿债意愿出现弱化，可能直接触发违约风险，需要评价偿债意愿对信用风险的负面影响程度并适度下调个体级别。

三、偿债意愿的评价要素

1. 评价要素

（1）理性决策

理性决策建立在主体对于违约的成本和收益进行对比的基础上。违约

成本主要包括信用主体违约时所要承担的各种经济损失和非经济损失，例如抵质押物的损失、违约罚息、信誉损失、担保人担保损失以及受到法律制裁、社会评价的降低等所造成的名声损失。如果主体的违约行为受处罚的力度很大，则表明违约成本较高。若信用主体发生违约后受到惩处和追究的可能性很小，则主体选择违约的概率就较大，这是由理性主体趋利避害的本能决定的。因此，从违约成本和违约率的关系来看，在偿债能力既定情况下，信用主体面临的违约成本越高，未来违约的可能性越小。违约收益主要包含信用主体通过违约行为不履行偿债义务，不按时偿还债务本金及利息，带来债务减免金额。信用主体违约收益的大小通常取决于未归还债务本金和利息的相关规模。

如果信用主体通过理性分析，违约收益大于违约成本，则可能受到违约利益诱惑而实施违约行为。如果违约成本高于违约收益，则主体在面临违约时可能不存在恶意逃废债务导致违约的行为。中债资信认为可从企业前景及价值、违约带来声誉影响或处罚两个方面进行评价。

①企业经营前景及价值

企业前景及价值衡量的是企业违约的经济损失。如果企业债务负担较重，偿还债务需额外投入大量资源，主体可能会综合企业发展前景，考虑继续艰难维持还是通过破产清算逃脱债务。若企业地位较低且发展前景较差，则其在面临较大债务压力时可能倾向于选择违约。如果企业实际控制人已经把核心资产通过关联交易等途径转移至其他经营实体，导致企业自身资产质量很差，违约成本较低，则企业更倾向于选择债券违约。关注风险：企业产业发展前景较差，产业链地位低且丧失核心竞争力，难以走出经营困境；企业在实际控制人下属产业中地位较低，该部分业务经营萎缩或停止对整体业务的影响有限；实际控制人其他经营实体对企业存在大量关联方占款，账龄较长且回收风险较大，留存资产质量较差。

需要说明的是，关联方占款这一因素，在中债资信公司治理专项评级方法中已有体现，并根据事件进展设置了详细的调整规则。理性决策中

强调的是关联方占款已经导致企业的留存质量较差，在进行成本收益分析时，由于资产质量较差，违约成本明显降低。

②违约带来声誉影响或处罚

违约带来声誉影响或处罚衡量的是企业违约的非经济损失。企业不仅可以通过公开市场债务发行，同时还可以通过银行贷款、信托、融资租赁等渠道获取资金，不同渠道抵质押条件、监管差异、后续融资便利性以及违约后果等方面的差异，使企业在短期债务周转压力较大的情况下可能根据其债务特征做出选择性违约。一般而言，公开渠道融资违约面临的声誉等成本较高，银行贷款、私募或非标等违约后面临的外部声誉影响较小，因此在同等条件下，主体可能宁愿选择先违约非公开渠道融资债务。关注风险：企业违约的声誉影响范围较小，不会对外部再融资造成重大不利影响；不同市场债券监管措施和惩戒机制不同，企业部分债务违约，受到的处罚相对较小。

（2）偿债意识

偿债意识是信用主体决策层或实际控制人主观上的非理性意识，往往难以衡量，实务中可以借助于企业对债务问题的公开态度、违约对实际控制人或管理层的影响以及实际控制人和管理层的信用行为风格等进行判断。另外，主体的历史信用表现能够在一定程度上反映决策层或实际控制人处理信用事件的行为惯性，从侧面反映其契约意识。中债资信认为可从企业对债务问题的公开态度、违约对实际控制人或管理层的影响、企业主体及关联企业的信用表现三个方面进行评价。

①企业对债务偿还安排的态度

偿债意识作为一种主观决策通常较难判断，但企业对债务问题的公开态度可以直接反映企业的偿债意识。如果主体通过公开渠道明确表示希望要逃废债务，说明企业不愿意及时全额偿还到期债务的本息，直接反映了主体偿债意识较弱。这种情况下，偿债意愿的弱化可能直接导致违约。对于某些国家出台的政策法规，部分企业可能会恶意加以利用，并对债务偿还产生不利影响。以债转股为例，债务转为资本能够大幅减轻企业的债务负担，帮助企业度过暂时性的困难，同时降低坏账对银行的冲击，提升银行资产质量，促进国民经济的长期健康发展。但是，部分不符合国家政策导向的企业可能恶意利用国家政策，在争取成为债转股对象中不遗余力，濒临破产不破产。关注风险：主体在实际控制人或管理层授意下，通过公开渠道明确表示要恶意逃废债务；企业恶意利用国家政策，已经启动债务处置相关事项，可能影响债务偿还。

②实际控制人通过关联方转移主体资产

实际控制人拥有其他经营实体，并把企业核心资产通过关联交易等途径转移至其他经营实体。在此情形下，说明企业已经表现出明显的偿债意愿下降。重点考察方面：实际控制人转移企业核心经营资产；实际控制人擅自处置重要子公司股权等其他优质资产。

③违约后对实际控制人或决策层的影响

实际控制人或决策层自身与企业的紧密性也是影响其决策的重要方面。民营企业核心决策层为实际控制者本人，实际控制人与企业相关度很高，企业违约对实际控制人本身的负面影响直接且重大，因此偿债意愿较强。但国有企业实际控制人为地方或者中央政府，企业违约后对于企业的决策层或高管等影响有限，甚至有的高管仅调换企业继续做高管，由此企业的决策层可能出现偿债意愿不足的情况。关注风险：企业违约后，高管面临的处罚不严重或根本没有处罚；地方政府在国有企业违约后，对于企业管理层没有处罚措施或采取容忍态度；企业不存在绝对控股股东，或面临恶意收购、控制权争夺，没有人需要对企业违约负责。

④企业主体及关联企业的历史信用表现

若企业主体、子公司或其他关联企业存在失信行为，说明所有者或实际控制人对违约的容忍程度较高，则企业在面临债务危机时可能会采取失信行为。在企业债务压力较大的情况下，管理层可能通过拖欠工资、贷款逾期的方式保障流动性。若历史上存在此种情况，则企业管理层可能继续

采取同样的策略，主动偿债的意愿不足。如果企业前期在财务困难的情况下，通过逃废债务减轻偿债压力，获取较大收益，则后续同样面临较大债务压力的情况下，企业可能倾向于继续实施逃废债务策略。关注风险：企业自身、下属子公司或实际控制人其他下属企业存在失信行为，如曾经出现拖欠工资、贷款逾期、逃废债务、不履行担保义务等情况；企业自身、下属子公司或实际控制人其他下属企业被列入失信人名单，或面临较多法律诉讼。

2. 评价标准

中债资信主要关注偿债意愿减弱对主体信用风险的影响，将偿债意愿分为很弱、弱、偏弱三类。偿债意愿的评价要素包括两个一级要素、六个二级要素，每个二级要素对应具体评价标准，具体标准见表9–1。如果主体情况符合“重点关注风险”表述，则直接可以判断企业偿债意愿很弱。如果主体情况符合“一般关注风险”中任意一项表述，则该项二级要素得“1分”。如果主体情况不符合二级要素评价标准的任意一项表述，则该项二级要素得“0分”。将全部二级要素的得分加总，并结合表9–2判断主体的偿债意愿弱化程度。

表 9–1　偿债意愿评价标准

一级要素	二级要素	评价标准	风险类别
理性决策	1.企业经营前景及价值	①企业产业发展前景较差，产业链地位低且丧失核心竞争力，难以走出经营困境	一般关注风险
		②企业在实际控制人下属产业中的地位较低，该部分业务经营萎缩或停止对整体业务的影响有限	一般关注风险
		③实际控制人其他经营实体对企业存在大量关联方占款，账龄较长且回收风险较大，留存资产质量较差	一般关注风险
	2.企业债务渠道结构	①企业违约的声誉影响范围较小，不会对外部再融资造成重大不利影响	一般关注风险
		②不同市场债券监管措施和惩戒机制不同，企业部分债务违约，受到的处罚相对较小	一般关注风险

续表

一级要素	二级要素	评价标准	风险类别
偿债意识	1.企业对债务偿还安排的态度	①主体在实际控制人或管理层授意下，通过公开渠道明确表示要恶意逃废债务	重点关注风险
		②企业恶意利用国家政策，已经启动债务处置相关事项，可能影响债务偿还	重点关注风险
	2.实际控制人通过关联方转移资产	①实际控制人转移企业核心经营资产	一般关注风险
		②实际控制人擅自处置重要子公司股权等其他优质资产	一般关注风险
	3.违约后对实际控制人或决策层的影响	①企业违约后，高管面临的处罚不严重或根本没有处罚	一般关注风险
		②地方政府在国有企业违约后，对于企业管理层没有处罚措施或采取容忍态度	一般关注风险
		③企业不存在绝对控股股东，或面临恶意收购、控制权争夺，没有人需要对企业违约负责	一般关注风险
	4. 企业主体及关联企业的信用表现	①企业自身、下属子公司或实际控制人其他下属企业历史上曾经出现拖欠工资行为	一般关注风险
		②企业自身、下属子公司或实际控制人其他下属企业历史上曾经出现贷款逾期行为	一般关注风险
		③企业自身、下属子公司或实际控制人其他下属企业历史上曾经出现逃废债务行为	一般关注风险
		④企业自身、下属子公司或实际控制人其他下属企业历史上曾经出现不履行担保义务行为	一般关注风险
		⑤企业自身、下属子公司或实际控制人其他下属企业被列入失信人名单，或面临较多法律诉讼	一般关注风险

偿债意愿很弱指企业已经出现事实上逃废债务的迹象和行为，表现出偿债意愿明显不足；偿债意愿弱指企业尚未出现逃废债务的迹象，但存在明显的内在动机和行为倾向；偿债意愿偏弱表明企业存在对偿债意愿产生不利影响的潜在因素，但其作用程度尚待后续观察。

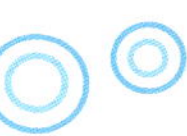

表9–2　偿债意愿分类标准

类型	得分	意义
偿债意愿很弱	存在重点关注风险或5分及以上	企业已经出现事实上逃废债务的迹象和行为，表现出偿债意愿明显不足
偿债意愿弱	3~4分	企业尚未出现逃废债务的迹象，但存在明显的内在动机和行为倾向
偿债意愿偏弱	1~2分	企业存在对偿债意愿产生不利影响的潜在因素，但其作用程度尚待后续观察

第二节　行业信用风险评价方法

一、行业信用风险的内涵

行业信用风险是指由于行业特征以及一些不确定因素的存在，所导致的行业需求变化以及由此带来的生产、经营和盈利前景的波动，进而使得各个行业偿债风险存在的差异。在信用评级领域关注行业信用风险，目的是通过分析影响行业信用风险特征以及行业内企业主体债务偿付能力的共同因素，揭示行业间偿债风险的差异。中债资信行业信用风险既包括行业风险中周期性、竞争力等行业特征的差异，也包括在行业特征影响下的行业内企业表现的差异。中债资信行业信用风险分析定位于以服务中国债券市场投资者为主，因此在评价行业信用风险表现时，侧重于评价行业内已发行债券的和潜在符合发债条件的规模以上企业的表现。中债资信行业信用风险定义如下：

中债资信行业信用风险是指反映行业风险特征差异和行业内企业表现差异，所带来不同行业信用风险的高低水平。行业信用风险通过风险等级的不同揭示了受评行业信用风险水平高低的相对排序，而不是对其违约概率的绝对度量。

二、行业信用风险评价目的和意义

行业信用风险评价作为对行业整体信用风险水平的测度，是对不同行业间以及行业内规模以上企业基本信用状况评估中的重要评价要素。由于不同行业特征因素具有显著差异，行业内企业的信用风险水平也具有先天差异。同时，受宏观经济、政策及行业自身基本面变化的影响，行业特征及行业内主体表现也会随之发生改变，进而影响行业整体的风险水平。因此，在其他条件给定的情况下，行业信用风险水平越低，则行业内企业主体的偿债能力相对越强，反之亦然。因此，对行业信用风险的研究和判断，一方面有助于更加准确和差异性地设定行业内主体评级要素的评价标准，提高行业间主体评级的可比性。另一方面，行业信用风险的变化也反映了行业基本面波动和发展前景，有助于判断行业内企业未来信用风险的变化趋势，提高评级结果的前瞻性。

三、行业信用风险的总体评价思路

行业的风险主要由其特征决定，行业特征是行业内主体市场生存环境好坏的决定性因素，也是行业风险产生的主要原因。行业内主体受到行业特征影响，其行业表现即反映了行业特征的影响结果。为了更好地评价行业的信用风险水平，行业信用风险将从行业特征和行业表现两个方面进行综合分析。其中，行业特征分析主要包括行业周期性、竞争格局、进入壁垒、产业链地位、替代品风险、生命周期6大特征因素；行业表现则是指在行业特征的影响下，行业内规模以上企业的实际生产经营结果和与之相对应的信用风险。评价行业表现将主要考察行业盈利水平、行业收益质量、行业资本结构、行业偿债能力等因素的影响。此外，在中国经济运行过程中，政府的政策调控具有重大影响力，且政府通过行业政策等手段参与微观经济运行的经济发展模式仍将持续，行业政策因素会全面影响行业特征和行业内主体的表现。

因此，中债资信对行业信用风险的评级思路为：在综合评价受评行业特征和行业表现的基础上，再考虑行业政策对受评行业的整体影响，最终得出行业信用风险等级。中债资信行业信用风险的具体评价方法如下：

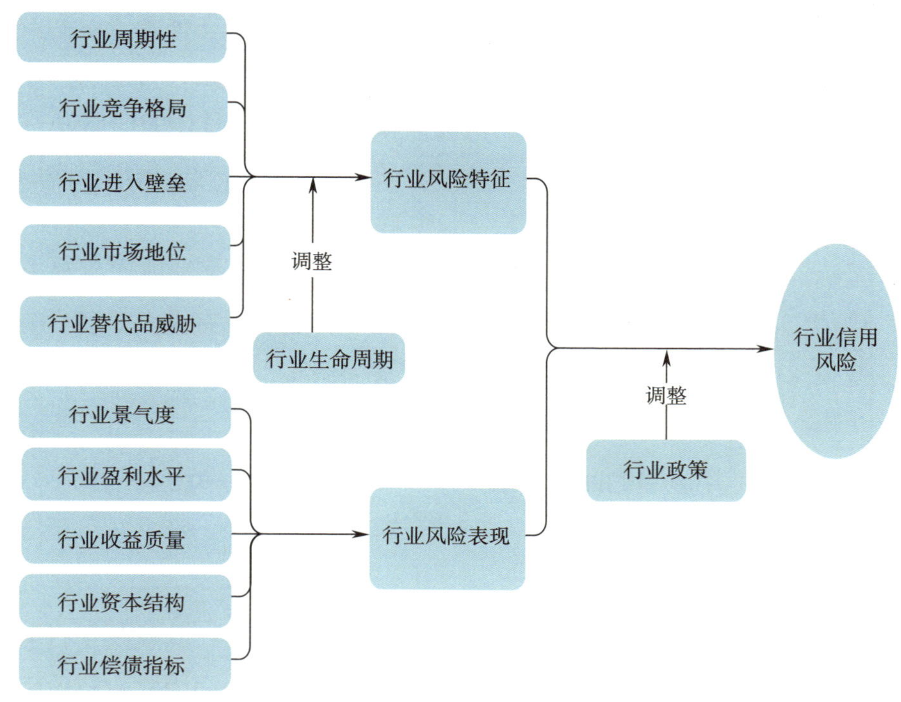

图9–1　行业信用风险评价思路

首先，中债资信围绕着行业周期性、竞争格局、进入壁垒、产业链地位、替代品风险、生命周期等要素对行业风险特征进行分析，综合反映行业特征所导致的信用风险差异。整体来看，行业风险特征要素体现了行业风险中的长期趋势。对于生命周期因素，其对行业周期性、竞争格局、进入壁垒等各个风险特征因素均产生影响，因此我们将结合各个行业所处生命周期阶段，对行业风险特征的评价结果进行定性调整。

其次，中债资信重点从行业景气度、行业盈利水平、行业收益质量、行业资本结构、行业偿债指标等要素出发评价行业风险表现情况。其中，行业景气度是对行业需求量、营业收入、营业利润增长等因素进行判断；行业盈利水平反映了行业内企业的盈利情况及对未来行业盈利趋势的判断；行业收益质量反映了行业内企业收益信息所传递的行业平均盈利水平和现金流状况的优劣；行业资本结构反映了行业内企业在债务资本和权益资本的内部结构上及其组合关系方面所体现出的类似特点；行业偿债指标结合了行业的盈利情况和债务负担情况，综合得到行业整体的偿债能力。

再次，综合行业特征和行业表现的评价结果，得出行业信用风险的初始结果。

最后，考虑到国家产业政策的制定与变动会对行业发展产生显著影响，中债资信会结合特定行业中对行业特征和行业表现有重大显著影响的行业政策来对行业信用风险评价结果进行适当调整，得到行业信用风险的最终结果。

四、行业信用风险的评价要素

1. 行业风险特征评价要素

（1）行业周期性

行业周期性反映了行业与宏观经济联系的紧密程度，其反映了行业在不利经济环境下盈利波动情况以及经营管理的难度两方面因素对行业信用风险产生的影响。由于行业经营模式和业务差异使得各个行业受到经济波动影响程度的差异较大。整体而言，行业周期性受两方面特征影响。一方面，收入弹性较高的产品（如耐用消费品）的需求会随收入变化而激增或推迟，而收入弹性较低的产品（例如生活必需品）的需求随收入变化波动较为有限，因而产生的行业波动幅度具有明显差异。另一方面，固定成本在总成本中比重越高的行业，经营杠杆越高，行业利润对产量的变动就越敏感，且在周期下行阶段其产能退出的滞后性越明显，行业利润变动随经济周期变动的幅度就越显著，形成明显的行业景气度变化。

具体分析时，中债资信主要利用行业收入、盈利、产销量等指标编制中债景气指数，利用中债景气指数的变异系数来评价行业在经济周期变化中的波动情况，判断行业的周期性特征，再根据行业产品收入弹性、固定成本占比等因素进行定性判断，对行业周期性进行预期调整，得到行业周期性风险等级。

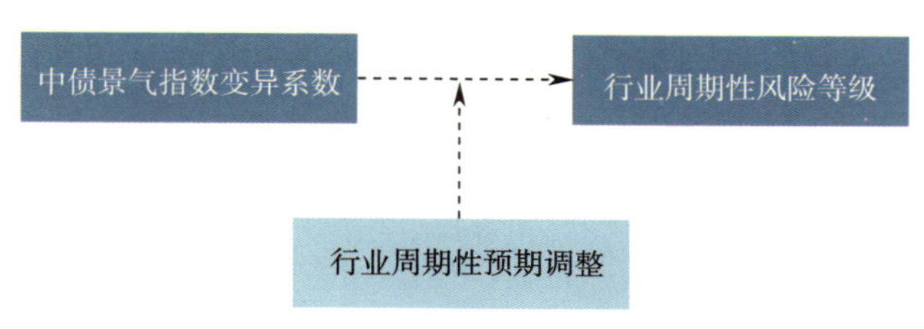

图9–2　行业周期性评价

（2）竞争格局

在同一行业中，企业相互之间的经营利益往往紧密联系在一起。为了获得相对于竞争对手更多的利润，行业内企业之间必然会进行博弈与角逐，而这一博弈与角逐过程则促使行业最终形成一定的竞争格局。行业竞争格局反映了行业内企业竞争的激烈程度，即使不存在新进入者，这种激烈程度也会对行业利润水平的稳定性和持续性产生直接影响，进而影响行业整体信用风险。

依据行业内企业竞争激烈程度的不同，行业竞争格局大体可以分为三种类型。一是完全垄断或寡头垄断型，在这种竞争格局下，一家或少数几家企业几乎控制整个行业所有产品的生产和销售，占据市场绝大多数份额，能够有效地控制产品价格及自身利润水平，从而使得行业基本不存在因企业竞争而导致行业利润水平发生大幅波动的问题；二是垄断竞争型，主要表现为行业内企业数量较多，市场整体集中度偏低，不过行业内产品或服务的差异化或区域化特征明显，可以显著缓解行业内企业竞争的激烈程度，保证行业利润水平不被过分挤压；三是接近于完全竞争型，虽然现实中并不存在完全竞争市场，但部分行业可能表现出企业数量众多、市场集中度很低，且行业内产品或服务的标准化程度较高的特征，在这种情况下，行业接近于完全竞争状态，行业内企业竞争非常激烈，由此将拉低行业整体利润水平。

在具体评价方面，中债资信主要考虑具体行业的适用性，应用定性及定量的方式判断行业竞争格局，分别利用行业集中度指数（CR4）及定性打分方式判断行业的竞争格局。定量指标可以从数量上判断行业的集中度情况；定性打分可以多维度、差异化地评价行业的竞争情况。

（3）进入壁垒

除了行业内现有企业之间的竞争外，行业外潜在的新进入者也会对行业内部竞争环境产生负面影响。潜在进入者数量越多，未来行业竞争程度可能越激烈，相应可能导致行业利润水平的较大波动，加剧行业信用风险。不过，对于潜在新进入者而言，行业进入壁垒是其企图成为现实进入者时必须首先克服的困难。进入壁垒的高低，不仅反映了市场内已有企业优势的大小，也反映了新进入企业所遇障碍的大小和可能付出的成本高低。行业的进入壁垒主要包括以下几个方面：

行政准入管制：为促进特定行业发展或保证资源有效配置，包括中央和地方政府及相关职能部门会制定一系列行政措施和指令，包括行业或项目投资许可、生产经营活动审批、资质资格许可与认定等。这类行政干预手段具有强制性特点，潜在新进入者只能被动接受并服从，从而可以直接起到排斥、限制或阻碍新进入者参与行业竞争的作用。

资本密集程度：对于一些资本密集型行业而言，其具有前期投入资本规模大、资金周转相对慢、回报周期长等特点。这使得潜在的新进入者在进入该行业时不仅需要投入该行业所要求的最低限度的资本数量，且在前期经营时能够保证有足够的资金维持正常运营。而行业资本密集程度越高，对于潜在新进入者的行业起始资本量要求也越高，其进入该行业并实现稳定经营的难度也就越大。

技术研发要求：某些具有技术密集型特征的行业对于企业的技术掌握或研发能力要求十分严格，行业内企业已普遍掌握某些关键技术或在专项技术研究方面具有核心优势，而这些技术及研发能力可能是潜在进入者短期内无法获取的，从而阻碍其参与该行业竞争或对其竞争能力构成限制。

品牌认知度：在部分行业中，行业内的一些企业已在过去的长期经营中建立了良好的具有影响力的品牌或声誉。与此同时，行业现有客户或消

费者可能存在显著的转换成本，由此使得潜在进入者在进入行业初期必须在品牌建立方面付出较高成本，以克服因客户对已有品牌具有较高忠诚度所带来的不利影响。

供应与销售渠道：拥有稳定的原材料、设备等企业经营必需的资源供应，获取可靠的产品或服务的销售渠道是潜在进入者在特定行业中顺利进行生产经营活动的必要前提之一。如果行业中的主要生产资源或产品销售渠道已被行业内企业所掌控甚至垄断，那么潜在进入者需要面对显著的成本劣势，难以与行业内已有企业争夺现有市场。

中债资信对于行业进入壁垒的考察，主要关注特定行业准入要求是否完全将潜在进入者排除在行业之外，以及潜在进入者进入特定行业后是否需付出显著的进入成本，在此基础上，再对未来行业内企业数量的变化，以及行业内现有企业可能面临的竞争压力进行分析。

具体评价时，中债资信主要通过定性打分对上述因素进行判断，得到行业进入壁垒的评价结果。

（4）产业链地位

产业链是行业间基于一定的技术经济关联，并依据特定的逻辑关系和时空布局关系客观形成的链条式关联关系形态，这种关系形态的实质就是不同行业的企业之间的关联，而这种产业关联形成的上下游关系则是各产业中的企业之间的供给与需求的关系。不同行业在产业链中的地位各有不同，从而导致行业之间对于上下游的议价能力存在较大差异。其中，在产业链中处于核心地位的行业，往往具有较强的议价能力，能够对上下游行业或市场施加有效影响，原材料和产品的定价能力较强，从而使其能够保持一个较高的盈利水平，且即使自身出现短期资金周转困难，也可以通过进一步占用上下游资金满足短期资金周转的需要。由于行业在产业链中所处地位的强弱主要取决于行业对于上下游行业或消费者的依赖程度及其之间的供需结构，因此，中债资信在评价时，主要关注上下游行业间的竞争激烈程度、行业对上游资源及技术的依赖程度、行业对下游行业销售渠道

或需求群体的依赖程度、行业向上下游行业拓展的难度等方面，最终综合判断行业在产业链中的位置及其影响。

在具体评价方面，中债资信主要应用定性加定量相结合的方式判断行业产业链地位，分别利用应收应付账款周转率以及定性打分方式判断行业的产业链地位。

（5）产品替代威胁

受技术进步、技术创新、技术模仿等活动的影响，不同行业之间可能由于生产的产品互为替代品而产生竞争关系，在这种竞争关系下，行业盈利能力将受制于替代品行业的生产能力、销售与盈利扩张情况。特定行业产品替代风险的高低主要受三方面影响：一是产品的重叠程度，即两个行业之间在所使用的技术、产品或服务特性、针对的需求群体等方面的相似性，这是判断其他行业产品或服务是否将对该行业形成替代的前提；二是替代产品的竞争力，主要表现为替代产品或服务在价格、品质性能、对客户的需求满足程度等方面所展现出来的优势；三是转换成本的高低，客户对于任何产品或服务的置换都存在一定的转换成本，如果这种转换成本较高，则即使其他行业存在类似的替代品，现有客户转向使用替代品的可能性也相对较小；四是行业内的技术变革速度，如果行业技术变革较快，行业内主体投资研发投入即将较大，同时面临较大的技术落后风险。

具体评价时，考虑到影响行业产品替代风险的以上因素，中债资信在具体分析时将主要考察行业自身的技术更新速度，与其他行业提供产品或服务的相似度、替代品行业的竞争能力、替代品行业的生产能力与盈利扩张情况、购买客户的转换成本等，并以定性打分方式对行业所面临的产品替代威胁进行评价。

（6）行业生命周期

中债资信将行业生命周期划分成初创期、成长期、成熟期和衰退期。处于不同生命周期阶段的行业会呈现出不同的特征，总结起来可以概括为市场需求、盈利增速、产品品类、技术变革等六大特征指标。在信用风险

评估中，行业所处的生命周期阶段通过影响行业周期性、行业竞争环境对行业自身长期信用风险水平产生影响。

在初创期阶段，由于需求端未被充分唤起，供给端提供的产品品类也比较单一，技术水平也不成熟，且企业在这一阶段要支付大量的创业成本，因此行业整体的市场规模较小、成长性低，而且只有少数创业公司进入这个新兴行业；在成长期阶段，经过一段时间的市场开拓，新产品逐渐获得消费者认同，市场需求迅速增长，与市场需求变化相适应，供给端也出现了一系列变化：产品品类逐渐多样化，技术水平不断提高，因此行业整体规模出现了快速增长，同时，大批生产厂商争先进入该行业，竞争者数量也出现快速增长；在成熟期阶段，市场需求稳定，技术成熟且标准化程度高，产品品类趋于同质化，因此该阶段的市场趋于稳定；在衰退期阶段，市场涌现出大量替代品，使得消费者对原行业产品或服务的需求大幅下降，行业中的产品品类逐渐减少，基本不再出现新的技术变革，行业的市场规模和盈利空间逐渐萎缩。另外，一些厂商开始主动或被动地退出该市场，转而寻求其他的投资机会。

表9–3　行业生命周期不同阶段基本特点

	初创期	成长期	成熟期	衰退期
市场需求	小	迅速增长	稳定	萎缩
盈利增速	较低	高	稳定	盈利恶化
产品品类	单一	多样化，更新速度快	无差异化	品种减少
技术变革	技术探索阶段	技术变革快，能有效激发市场需求	技术变革慢，生产技术成熟稳定	无技术变革
行业壁垒	行业壁垒低	行业壁垒低	行业进入和退出壁垒高	行业壁垒低
行业集中度	集中度高（竞争者数量少）	集中度低	集中度高	集中度高

具体评价时，中债资信主要根据表中所描述的行业特征，通过定性判断确定行业所处的生命周期阶段，进而对行业特征评价结果进行适当调整。

2. 行业风险表现评价要素

（1）行业景气度

行业景气度是对行业随经济周期波动而自身涨跌起落的描述，行业景气度高涨是指行业处于上升阶段，需求增速较高，价格维持较高水平，行业内企业的营业收入和利润快速增长，行业景气度低迷是指行业处于下滑阶段，需求增长缓慢或出现负增长，价格下降，行业内企业的营业收入和营业利润增速较低，甚至行业内企业出现大规模亏损。行业的景气度反映了行业需求、价格和利润等受到宏观经济影响产生的波动，密切关注行业景气度的变化有助于判断行业未来的走势，并能进一步分析行业内企业的信用风险变动情况。

具体评价时，中债资信使用行业的需求量增长率、营业收入增长率、营业利润增长率来衡量行业景气度的变化情况。上述三个指标既包含了需求量的变动，也包含了价格和成本的变动，能够较好地反映行业整体的起落趋势。

（2）行业盈利水平

盈利是主体生存发展及偿还债务的根本。因此，行业整体的盈利情况是评价行业表现的重要因素。行业盈利水平包括两个方面，一是目前行业已经表现出来的盈利结果及近期的增长情况；二是未来行业外部供需环境及价格变化将对行业盈利增长趋势产生的影响。目前行业的盈利情况可以从收入和资产产生利润情况来衡量，同时可考察近期行业收入和利润的增长情况，盈利状况直接决定行业的偿债资源。未来行业盈利增长趋势方面，在既定的宏观经济环境中，行业的外部供需市场变化及价格变化将对行业利润水平及利润增速产生显著影响。从传导机制看，外部市场环境将通过生产要素供需和销售收入两方面影响行业未来的盈利趋势。在生产要

素供给端，一方面，主要生产要素价格是决定行业成本的核心要素，如果上游行业对生产要素的供给量增加或生产要素的整体需求下降，则行业未来成本压力将得以有效缓解；另一方面，生产要素供给量的充裕程度也决定了企业生产规模的大小。在产品销售端，行业产品供求处于不断变化的过程之中，行业内企业项目投产情况和退出情况会影响未来行业产品供给量的变化，而产品需求的增长则会带动整个行业的市场规模扩容。在供给与需求的相对变化下，未来产品价格也会发生变化，进而对行业盈利增长趋势产生进一步影响。

具体评价时，中债资信对于行业盈利水平的评价是在参考行业历史盈利水平及盈利增长情况基础上对行业未来盈利增长趋势的前瞻性判断。一方面，中债资信主要使用EBIT利润率和总资产报酬率反映行业的盈利表现，这两个指标分别从收入角度和资产角度衡量盈利情况；使用营业利润增长率指标衡量行业盈利近期的增长情况。此外，在实际分析时，如果行业自身有一定的特殊性，不适用上述指标，则可以使用销售毛利率、总资产收益率、净资产收益率或其他指标进行替换。

（3）行业收益质量

行业收益质量指行业收益信息本身所传递出的盈利状况的优劣，反映了行业内企业的平均收益质量水平。从行业信用风险评价角度来看，其更加关注现金流和收益稳定性等，因此行业收益质量主要通过决定行业收益的变现能力、行业收益稳定程度、行业收益安全性来对行业信用风险产生影响。首先，行业收益变现性对行业信用风险存在负向影响。行业收益的变现能力越强，则会计收益增加伴随的现金流入越多，收益未来不确定性越小，行业收益质量越好，行业信用风险越低。其次，行业收益稳定性对行业信用风险构成负向影响。行业收益构成中稳定性收益比重越大，表明行业的主营业务突出、发展态势良好，在较为平稳的宏观经济运行环境下，行业收益将平稳增长，现金流入较为稳定，债务偿付得到充分保障，行业信用风险较小。最后，行业收益安全性与行业信用风险呈负相关关系。如果行业固定成本比重较大，行业经营杠杆较高，行业经营活动水平变动引起的收益变动较大，特别是外部经营环境恶化下行业经营活动的收缩将导致更大幅度的收益和现金流入下降，行业收益抵御外部风险的能力较弱，行业收益安全性较低，行业信用风险较高。

在评价指标方面，中债资信选取现金收入比率、全部资产现金回收率作为行业收益变现性的衡量指标。对于大多数工商企业而言，现金流入主要来源于经营活动，而经营活动中的现金流入主要来源于销售商品、提供劳务收到的现金，因而采用现金收入比率来衡量收益变现性。另外，全部资产现金回收率表示每单位资产所能获得的经营现金净流量，该比值越高，企业资产的利用效率越高，日常经营获取现金收益的能力越强，行业收益质量越高，行业信用风险越小。中债资信选取经营性业务利润占比来衡量行业收益持续性。利润总额既包含了经营活动净收益，也包含了非经营活动净收益，经营活动净收益是行业内企业经营活动产生的收益，属于稳定性收益，而非经营活动净收益主要通过证券交易、资产处置等取得，基本上属于非稳定性收益。一般而言，该指标越高，说明行业收益构成中稳定性收益比重越大，行业的主营业务比较稳健，可以在未来较长时间为行业创收，行业收益质量较好，行业信用风险较小。中债资信选取边际利润率来衡量行业收益安全性。边际利润率越高，边际利润空间越大，行业收益安全性越高。在价格和销售量相同的前提下，面对行业原材料价格、人工价格等变动成本的大幅上升，边际利润率较高行业的边际利润下降相对较少，在覆盖固定成本后，行业发生亏损的可能性较小，行业抵御外部风险的能力较强。如果行业自身有一定的特殊性，不适用上述指标，则可以使用其他收益质量指标进行替换。

（4）行业资本结构

行业资本结构指行业债务资本和权益资本的内部结构及其组合关系，反映了市场经济条件下企业的金融关系。行业资本结构作为行业整体的财务表现衡量指标是影响行业信用风险的评价因素之一，其主要通过决定行

业偿债风险、再融资需求风险和利率风险、资金来源的持续性和稳定性对行业信用风险产生影响。行业权益和债务资本比例与行业信用风险呈反向变动关系。具体而言，如果行业权益资本比例较高，由于权益资本无须承担还本付息压力，且所筹资金可以用于长期投资来增强企业未来的盈利能力，行业信用风险较小。相反，行业债务资本比例过高，行业债务还本付息压力较大，叠加行业经营环境恶化状况下息税前整体利润下降的影响，行业债务偿付压力将快速上升，行业信用风险较高。

因此，中债资信在行业资本结构部分考虑行业权益和债务资本比例，使用资产负债率、全部债务资本化比率衡量行业权益和债务资本比例，部分行业可以使用调整后的资产负债率、资本充足率、综合偿付能力充足率或其他指标衡量资本结构。资产负债率反映在总资产中有多大比例是通过借债进行筹资，可以衡量主体清算时保护债权人利益的程度，且该指标普适性较强。全部债务资本化比率剔除了商业信用等无息负债，反映了行业的刚性债务水平，更加准确地衡量了行业的债务偿付压力和信用风险水平。

（5）行业偿债指标

偿债指标是指主体在使用资产和经营过程中创造的收益用于偿还债务的能力，是主体能否健康生存和发展的关键，包括偿还短期债务和长期债务的能力。短期偿债能力是指偿付日常短期到期债务的能力，是衡量当前财务能力，特别是流动资产变现能力的重要指标。长期偿债能力是指偿还长期负债的能力，长期负债主要有长期借款、应付债券。因此，中债资信从短期偿债指标和长期偿债指标两个方面对行业偿债能力进行评价。

短期偿债来源主要是流动资产，流动资产中的货币资金由经营产生的现金流转化而成，因此可以使用流动比率、速动比率、经营现金流入量/流动负债、经营活动净现金/流动负债、现金类资产/短期债务、经营活动现金流入/短期债务、经营活动净现金/短期债务、流动性比例、综合流动比率（1年内）等指标衡量短期偿债能力，部分行业可以对指标进行适当调整。长期偿债来源则主要包括可用于归还债务的利润、固定资产折旧、无形资产及其他资产摊销费和其他还款资金，因此可以使用全部债务/EBITDA、EBITDA利息保障倍数等指标衡量长期偿债能力，部分行业可以结合自身特点对指标进行适当调整。

3. 行业政策

行业政策即由政府根据行业发展规律的客观要求，综合运用经济手段、法律手段以及行政手段，制定的用于干预和调整行业市场结构和市场行为，调整产业布局、行业内企业间关系等内容的政策。与政府的宏观调整政策相比，行业政策作用于不同行业，对具体行业调整的直接成分较高，并且是一种短期内难以改变的中长期政策。现阶段中国市场经济发展仍不充分、不成熟，仍在经历着经济体制的变革和市场化改革的深化。市场仍需继续培育和完善、法律体系和产权制度需要进一步健全、私人资本需要进一步引导。因此，中国经济运行过程中，政府的政策调控具有重大影响，也切实发挥着重要作用。政府主导并通过发展计划、行业政策、行政指导等措施参与微观运行的经济发展模式仍将持续一段时间。基于上述分析，中国的行业政策在具体行业的发展过程中，仍会起到至关重要的作用，需要重点关注。行业政策的实施则从多方面影响行业的偿债来源。一方面，产业组织政策、产品规制政策的实施将改变或稳定行业的市场结构，使竞争状况受到影响。另一方面，受到政策鼓励的行业将提升其在国民经济中的地位，不但可以通过财政补贴、税收优惠等方面获得利润的提升，其再融资能力也会相应提高，进一步保障企业的偿债来源。

目前行业政策可分为产业组织政策、产业结构政策、产业技术政策、产业布局政策以及产业规制政策等，分别对行业的竞争与垄断情况、战略行业的扶持与衰退行业的撤让、行业内企业技术进步、行业的空间分布、行业的进入壁垒造成影响。根据不同行业政策的实施情况，国民经济中的所有行业大致可分为政策鼓励类行业、政策不干预类行业和政策限制淘汰

类行业三类。一般而言，鼓励类行业的发展环境相对良好，并通常能够受到财政补贴、税收优惠等方面的政策支持，能够保证行业利润在一定水平之上，并间接提升了行业的产业链地位；一般类行业则基本属于纯市场化运作行业，国家基本不会对其行业运行和发展进行过多干预；淘汰限制类行业则属于国家在产业结构调整中拟限制其行业整体规模或需要调整其发展、运营模式的行业，从而导致其融资环境及生存环境较差，发展前景很不乐观。

由此可见，行业政策可以全面影响行业特征和行业表现，而且行业政策对行业信用风险结果具有重大影响。行业政策的实施可能会直接导致行业内主体的信用风险发生重大变化，一方面这种影响在行业特征和行业表现评价中不能完全体现；另一方面行业政策的影响在行业特征及行业表现评价中的体现具有一定的时滞性，行业特征及行业表现要素不能及时反映政策影响。因此，中债资信将行业政策作为调整项，对行业信用风险评价结果进行适当调整。

五、行业信用风险评价模型和指标

1. 行业信用风险评价模型

由于行业信用风险采用了定性与定量分析相结合的方式，中债资信建立了打分卡模型作为行业信用风险的主要分析模型。结合行业信用风险评价思路，中债资信首先根据行业周期性、竞争格局、进入壁垒、产业链地位、替代品威胁要素指标进行打分，加权得到行业特征初始打分结果，再根据行业生命周期调整后得到行业特征的最终打分结果；其次，根据行业景气度、行业盈利水平、行业收益质量、行业资本结构、行业偿债能力指标进行打分，加权得到行业表现的打分结果；最后，加权计算行业特征和行业表现的打分结果，再根据行业政策进行微调后，得到行业信用风险的最终评价结果。中债资信根据模型将行业信用风险的评级结果分为9档，打分卡模型的指标和权重设置如下：

表9-4 行业信用风险模型指标和权重

<table>
<tr><th>一级指标</th><th>比重</th><th>二级指标</th><th>三级指标</th></tr>
<tr><td rowspan="6">行业特征</td><td rowspan="6">65%</td><td>行业周期性</td><td>景气度指数变异系数
行业实际特征情况定性判断</td></tr>
<tr><td>行业竞争格局</td><td>行业集中度CR4
竞争格局评价</td></tr>
<tr><td>行业进入壁垒</td><td>行政准入管制、资本密集程度、
技术研发要求、品牌认知度、
供应与销售渠道</td></tr>
<tr><td>行业产业链地位</td><td>产业链地位评价
应收应付账款周转率</td></tr>
<tr><td>行业替代品威胁</td><td>替代品竞争力及转换成本</td></tr>
<tr><td>行业生命周期</td><td>市场需求
盈利增速、产品品类
技术变革、行业壁垒
行业集中度、产能利用情况</td></tr>
<tr><td rowspan="5">行业表现</td><td rowspan="5">35%</td><td>行业景气度</td><td>需求量增长率
营业收入增长率
营业利润增长率</td></tr>
<tr><td>行业盈利水平</td><td>EBIT利润率或总资产报酬率
或销售毛利率或其他盈利指标</td></tr>
<tr><td>行业收益质量</td><td>现金收入比率
资产现金回收率
经营性业务利润占比
边际利润率</td></tr>
<tr><td>行业资本结构</td><td>资产负债率
或全部债务资本化比率
或其他资本结构指标</td></tr>
<tr><td>行业偿债能力</td><td>流动比率或速动比率
或经营现金流入量/流动负债
或经营活动净现金/流动负债
或现金类资产/短期债务
或经营活动现金流入/短期债务
或经营活动净现金/短期债务
或其他短期偿债指标
全部债务/EBITDA或
EBITDA利息保障倍数或
其他长期偿债指标</td></tr>
<tr><td>行业政策</td><td>调整</td><td>—</td><td>—</td></tr>
</table>

2. 行业风险特征评价指标和标准

（1）行业周期性评价方法和标准

①根据行业景气指数测算行业周期性

行业的周期性波动是通过一系列行业内经济活动来传递和扩散的。任何一个行业指标本身的波动都不足以代表整个行业的宏观整体波动，要反映较长时间内的行业宏观整体波动过程必须综合考虑行业内多个关键变量的波动。为了能够更为精准且客观地度量行业周期性，中债资信编制了中债行业景气指数，该指数采用营业收入、营业利润、产销量等多个指标的同比增长率数据进行合成，通过季节调整等统计方法处理并剔除影响后计算得到。在中债资信景气指数的基础上，进一步计算得到各行业景气指数的变异系数，用于反映各行业的周期性。中债资信将行业周期性分为5档，具体标准如下：

表9–5　行业周期性评价标准

风险等级	评价标准
1	中债景气指数变异系数低于7%
2	中债景气指数变异系数在7%至10%
3	中债景气指数变异系数在10%至15%
4	中债景气指数变异系数在15%至20%
5	中债景气指数变异系数大于20%

②行业经济周期性预期调整规则

由于经济周期性主要采用景气指数进行判断，部分行业可能会由于历史数据异常，或历史数据无法反映出行业未来一段时间内受经济周期的实际影响情况，对于此类行业应进行调整。行业经济周期性预期调整主要以定性判断为主，根据分析师的经验，对行业产品需求弹性、固定成本占比以及未来可能影响行业经济周期性的评价要素进行前瞻性判断，确定调整幅度。调整规则如下：

表9-6 行业周期性调整规则

调整幅度	评价标准
上调1分	经验或分析表明行业的经济周期性实际表现将明显优于行业历史数据表现，或在可预见的未来，行业由于重大变化将导致周期性出现明显改善
不做调整	行业历史数据可以反映出行业实际的周期性表现
下调1分	经验或分析表明的行业的周期性的实际表现将明显劣于行业历史数据表现，或在可预见的未来，行业由于重大变化将导致行业周期性出现明显的恶化

（2）行业竞争格局评价方法和标准

行业竞争格局可以采用定量加定性的方式进行评价，对于适用CR4的行业使用CR4指标加定性打分进行评价，对于不适用CR4的行业直接采用定性打分的方式进行评价。

①根据行业集中率测算竞争激烈程度

鉴于行业内企业数量和行业内所有企业的市场份额是反映行业内竞争激烈程度的重要指标，中债资信利用目前测算行业市场集中度最为常用的行业集中率——CR4[①]指数对样本行业进行测算，参考贝恩分类[②]并应用K均值聚类算法作为辅助判断手段将市场集中度对应到5个风险等级，再依据该标准对行业竞争格局进行打分。

表9-7 行业集中率评价标准

评价指标	1	2	3	4	5
CR4指数	CR4≥75%	40%≤CR4<75%	30%≤CR4<40%	20%≤CR4<30%	CR4<20%

②竞争格局定性打分

考虑到行业样本测算结果可能与实际竞争情况之间存在偏差，或行业

① CR4是指某行业的相关市场内前4家最大的企业所占市场份额（产值、产量、销售额、销售量、职工人数、资产总额等）的总和，是对整个行业的市场结构集中程度的测量指标，是市场势力的重要量化指标。

② 根据美国经济学家贝恩分类，如果行业集中度CR4<20%，则该行业为竞争型；如果CR4≥70%为极高寡头垄断型。

内部竞争因行业产品或区域差异而存有显著分化，中债资信还会依据行业内部实际竞争格局对其进行打分。其中，中债资信对于行业内部实际竞争格局的评价主要关注行业整体实际竞争激烈程度、行业内产品的差异化程度、子行业及区域市场竞争特点等方面。另外，对于不适用CR4测算的行业，如区域垄断型的行业，将直接采用定性打分的方式评价竞争格局。具体评价标准如下：

表9–8 竞争格局要素评价标准

评价要素	1	2	3	4	5
竞争格局	行业内绝大多数市场份额被少数几家企业占有，市场集中度非常高，呈现出稳定的垄断或寡头垄断格局	行业在一定区域内绝大多数市场份额被少数几家企业占有，市场集中度较高，呈现出区域垄断或寡头垄断格局	行业具有一定的市场集中度，且较为稳定；或产品或服务差异化或区域化特征显著，子行业或区域中的竞争格局相对稳定	行业的市场集中度较低，企业之间竞争较为激烈，但行业竞争格局开始有趋于稳定的迹象	行业的市场集中度很低，产品或服务标准化程度较高，企业之间竞争十分激烈，行业竞争格局很不稳定

（3）进入壁垒评价方法和标准

在进入壁垒评价方面，中债资信主要围绕着行业准入管制、资本密集程度、技术研发要求、品牌认知度、供应与销售渠道等因素判断行业的进入壁垒，并将结果分为3个风险等级。评价中，中债资信重点关注两点：一是是否有一项或多项进入要求能有效阻止潜在进入者；二是是否有一项或多项进入要求能显著提升潜在进入者的进入成本。

表9–9 进入壁垒要素评价标准

评价要素	低风险（1）	中等风险（2）	高风险（3）
进入壁垒	因一项或多项进入要求导致行业的进入壁垒很高，能够有效阻止潜在进入者进入该行业参与竞争	行业进入壁垒无法阻止潜在进入者进入该行业，但是其中的一项或多项进入要求能够显著提升潜在进入者的进入成本	行业基本不存在进入壁垒，潜在进入者进入该行业的成本很低

（4）行业产业链地位评价方法和标准

①根据应收应付账款周转率测算行业上下游占款情况

由于行业对上下游行业的占资情况从侧面反映了行业的议价能力及产业链地位，而行业整体的应收账款周转率和应付账款周转率则是行业上下游占资情况的直观表现，中债资信对样本行业近三年整体平均应收账款周转率和应付账款周转率进行测算，并利用自然对数分别将应收应付周转率的异方差序列转换为同方差序列，在此基础上，同样利用K均值聚类分析方法作为辅助手段将应收应付周转率对数的差值对应到5个风险等级上。

表9–10　应收应付账款周转率评价标准

评价指标	低风险（1）	较低风险（2）	中等风险（3）	较高风险（4）	高风险（5）
ln（A）–ln（B）	X≥1	0.5≤X<1	0.3≤X<0.5	0≤X<0.3	—

②产业链地位定性打分

中债资信综合分析影响行业产业链地位的其他因素以及行业附加值情况，依据定性调整规则得到产业链地位定性打分结果。

表9–11　产业链地位评价标准

评价要素	低风险（1）	较低风险（2）	中等风险（3）	较高风险（4）	高风险（5）
产业链地位	上下游行业对该行业的依赖程度较高，行业整体议价能力很强，行业附加值高	行业对上游或下游有一定的依赖程度，能够使行业整体具备较强的议价能力，行业附加值较高	行业对上游或下游的依赖程度较高，议价能力一般，行业附加值一般	行业议价能力很低，对上游或下游的依赖程度很高，行业附加值较低	行业不仅对上下游的依赖程度很高，而且行业附加值低

（5）替代品威胁评价方法和标准

在产品替代风险方面，中债资信采用定性评价方法，依据评价标准围绕行业是否有替代产品出现、行业内技术变革速度，替代产品竞争力及转换成本等方面对其进行判断，并将风险评价结果由低至高分为3个等级。

表9-12　产品替代风险要素评价标准

评价要素	1	2	3
产品替代风险	行业技术更新不频繁；未来其他行业基本没有替代品出现；或其他行业有类似替代品，但替代产品不大可能构成竞争威胁；产品使用群体的转换成本很高	行业技术更新速度一般；未来有可能出现或已出现类似替代品，不过行业产品具有一定的竞争优势；产品之间有一定的转换成本存在	行业技术更新十分频繁；其他行业已出现类似的具有竞争力的替代品；产品之间的转换成本很低

（6）行业生命周期调整规则

行业所处生命周期阶段分别对行业周期性、进入壁垒、替代品等特征因素造成影响，因此将其作为调整项对行业特征进行调整。具体评价时，根据行业所处生命周期阶段的评价结果，如果当行业的生命周期阶段处于成长期时，将对行业信用风险初始级别进行1个级别的上调；当行业的生命周期阶段处于衰退期或初创期时，将对行业信用风险级别进行1个级别的下调，具体规则如下。

表9-13　生命周期调整规则

调整幅度	评价标准
上调1分	行业生命周期阶段处于成长期
不做调整	行业生命周期阶段处于成熟期
下调1分	行业生命周期阶段处于衰退期或初创期

3. 行业表现评价指标和标准

行业表现方面中债资信主要选取财务指标作为评价指标，财务指标原则上需要结合行业自身的历史表现，对未来一年进行合理预期，计算得出预测数值①。中债资信把行业表现得分划分为九个等级，风险等级由1到9。在衡量指标的评价标准设定过程中，中债资信应用K均值聚类算法作为辅助手段，对衡量指标测度的行业信用风险进行聚类分析，以此为参考确

① 如果预测难度较大，可以采用（上一年数据×30%+未来一年数据×70%）的方法进行预测。

定衡量指标的评价标准，根据评价标准对要素进行打分。具体评级时，中债资信主要选取各行业样本企业最近一期的年报数据，并使用行业中位数作为行业的衡量标准。根据指标表现结果，通过加权平均的方式计算行业表现得分：

（1）行业景气度评价标准

表9–14　行业景气度评价标准

单位：%

阈值范围	行业景气度评价								
	1	2	3	4	5	6	7	8	9
需求量增长率（>）	20.00	12.00	8.00	5.00	3.50	2.50	1.50	0.00	<0.00
营业收入增长率（>）	15.00	10.00	8.00	7.00	6.00	4.50	2.00	0.00	<0.00
营业利润增长率（>）	18.00	12.00	10.00	8.00	5.00	0.00	（10.00）	（50.00）	<（50）

（2）行业盈利水平评价标准①

表9–15　行业盈利水平评价标准

单位：%

阈值范围	行业盈利水平评价								
	1	2	3	4	5	6	7	8	9
EBIT利润率（>）	20.00	15.00	10.00	8.00	7.00	6.00	5.00	4.00	<4.00
总资产报酬率（>）	6.50	5.00	4.00	3.50	3.00	2.50	2.00	1.50	<1.50

（3）行业收益质量评价标准

表9–16　行业收益质量评价标准

单位：%

阈值范围	行业收益质量评价								
	1	2	3	4	5	6	7	8	9
现金收入比率（>）	110.00	108.00	105.00	102.00	100.00	98.00	95.00	90.00	<90.00
资产现金回收率（>）	9.00	8.00	7.00	6.00	5.00	4.00	3.00	1.50	<1.50

---

① EBIT利润率与总资产报酬率之间是替代关系，可以结合行业选择合适的评价指标。

续表

阈值范围	行业收益质量评价								
	1	2	3	4	5	6	7	8	9
经营性业务利润占比（>）	90.00	85.00	80.00	70.00	60.00	50.00	40.00	30.00	<40.00
边际利润率（>）	30.00	25.00	20.00	15.00	12.00	10.00	8.00	5.00	<5.00

（4）行业资本结构评价标准①

表9–17　行业资本结构评价标准

单位：%

阈值范围	行业资本结构评价								
	1	2	3	4	5	6	7	8	9
资产负债率（<）	40.00	45.00	50.00	55.00	60.00	65.00	70.00	75.00	>75.00
全部债务资本化比率（<）	—	—	—	—	—	—	—	—	—

（5）行业偿债能力评价标准②

表9–18　行业偿债能力评价标准

单位：倍

阈值范围	行业偿债能力评价								
	1	2	3	4	5	6	7	8	9
流动比率（>）	2.00	1.80	1.50	1.30	1.10	1.00	0.80	0.50	<0.50
速动比率	—	—	—	—	—	—	—	—	—
经营现金流入量/流动负债（>）	2.50	2.20	2.00	1.80	1.40	1.20	1.00	0.80	<0.80
经营活动净现金/流动负债	—	—	—	—	—	—	—	—	—
现金类资产/短期债务（>）	3.00	1.70	1.40	1.20	1.00	0.70	0.50	0.30	<0.30
经营活动现金流入/短期债务（>）	10.00	5.00	4.00	3.50	3.00	2.50	2.00	1.00	<1.00
经营活动净现金/短期债务	—	—	—	—	—	—	—	—	—
全部债务/EBITDA（<）	1.50	2.50	3.50	4.50	5.50	6.50	7.00	8.00	>8.00
EBITDA利息保障倍数	—	—	—	—	—	—	—	—	—

① 资产负债率与全部债务资本化比率之间是替代关系，可以结合行业选择合适的评价指标。

② 流动比率、速动比率、经营现金流入量/流动负债、经营活动净现金/流动负债、现金类资产/短期债务、经营活动现金流入/短期债务、经营活动净现金/短期债务等指标之间是替代关系，可以结合行业选择合适的评价指标。全部债务/EBITDA和EBITDA利息保障倍数之间是替代关系，可以结合行业选择合适的评价指标。

4. 行业政策调整标准

在具体评价时，首先，可以定性判断行业是属于鼓励类行业、不干预类行业还是淘汰限制类行业，分析行业在整个国民经济中的重要性；其次，分析具体行业政策的推出和实施情况，考察行业政策是否对行业的整体发展构成了全面重大影响；最后，结合行业重要性和行业政策对行业信用风险评价结果进行调整。需要注意的是，行业政策调整针对的是对行业整体运营发展构成重大影响的重要政策，一般性的行业政策不在此调整范围内，不能随意使用行业政策对行业信用风险调整。例如，2017年1月1日起，中国食盐业体制改革全面铺开，食盐价格全面放开，食盐定点生产企业允许跨区域经营。盐业体制改革将行业垄断全面打破，行业竞争格局发生剧烈变化，竞争主体增加，部分主体的盈利水平显著下降。此项行业政策对行业信用风险具有重大影响，仅通过行业特征和行业表现的评价无法反映其影响，因此应该应用行业政策调整，将行业信用风险适当向下调整。

表9—19　行业政策调整规则

调整幅度	评价标准
上调1~2分	行业实施鼓励类政策，行业发展环境良好，并通常能够受到财政补贴、税收优惠等方面的政策支持；或行业实施保护类政策，在政策保护下行业内企业能够获取超额利润，行业政策对整个行业的信用风险有重大提升作用
不做调整	行业实施一般类政策，基本属于纯市场化运作行业，国家基本不会对其行业运行和发展进行过多干预
下调1~2分	行业实施限制淘汰类政策，国家在产业结构调整中拟限制其行业整体规模或需要调整其发展或运营模式的行业，从而导致其融资环境及生存环境较差，发展前景很不乐观；或行业原有保护类政策打破，行业竞争格局变差，无法继续获取超额利润，行业政策对整个行业的信用风险有重大负面影响

附表：行业信用风险符号和定义

中债资信行业信用风险是对行业内主体信用风险的综合评价，反映了不同行业由于行业特征差异所反映的信用风险水平差异。由于受评行业的信用风险有一定的预测性，因此行业信用风险通过品质等级的不同揭示了受评行业信用风险水平高低的相对排序，而不是对其违约概率的绝对度量。中债资信将行业信用风险分为9档，各级别定义如下：

级别符号	等级含义
IRR-1	外部环境对行业内主体偿债能力的负面影响极小，行业内主体整体信用风险处于极低水平
IRR-2	外部环境对行业内主体偿债能力的负面影响很小，行业内主体整体信用风险处于很低水平
IRR-3	外部环境对行业内主体偿债能力的负面影响小，行业内主体整体信用风险处于低水平
IRR-4	外部环境对行业内主体偿债能力产生的负面影响较小，行业内主体整体信用风险处于较低水平
IRR-5	外部环境对行业内主体偿债能力产生的负面影响一般，行业内主体整体信用风险处于中等/一般水平
IRR-6	外部环境对行业内主体偿债能力产生的负面影响较大，行业内主体整体信用风险处于较高水平
IRR-7	外部环境对行业内主体偿债能力产生的负面影响大，行业内主体整体信用风险处于高水平
IRR-8	外部环境对行业内主体偿债能力产生的负面影响较大，行业内主体整体信用风险处于很高水平
IRR-9	外部环境对行业内主体偿债能力产生的负面影响较大，行业内主体整体信用风险处于极高水平

第三节 公司治理与管理评价方法

一、公司治理与管理的内涵

公司治理[①]主要考察各相关利益主体之间的责权划分，以及采取何种手段实现相互制衡，是企业偿债来源的基础和保障。公司管理则是在既定治理模式下，管理者为实现企业目标、获取偿债来源而采取的行动。从系统角度看，公司治理是一个相对开放的系统，是内部治理与外部治理的统一。内部治理以公司法人治理结构提供的相互制衡的组织机构为前提，依靠内部激励、监督、决策机制解决治理问题，促使经营者努力工作、降低代理成本、避免道德风险。外部治理则依赖资本市场、经理人市场等来进行约束。同时公司治理在很大程度上受到国家政策、法律法规等外部环境的影响。而公司管理则是一个相对封闭的系统，主要任务是对公司内部的人、财、物及相关信息进行计划、组织、指挥、协调和控制，外部环境对其影响作用有限。

基于理论回顾与实践总结，中债资信认为公司治理指通过治理结构和治理机制的制度性安排，协调股东、董事会、管理层之间的关系，保障公司决策、经营、管理的科学有效，同时维护其他利益相关者（债权人等）的权益。公司管理为公司经营权层面的问题，即在既有公司治理结构和机制下，公司管理层对企业人、财、物及相关信息资源的计划、组织、控制、协调能力。

二、公司治理与管理的评价思路

中债资信评级原理以综合衡量信用主体偿债能力和意愿为核心思路，偿债能力则取决于主体资源配置能力和债务政策。公司治理和管理为治理

① 公司治理与管理评价方法主要适用于工商企业、金融机构等非政府类主体。

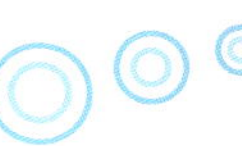

结构机制的安排和经营层面的管理层行为，对主体资源配置能力产生重要影响，进而影响主体信用风险水平。具体来看，主体的治理和管理水平对于其配置能力和配置效率、生产效率具有重要影响，主体通过提升其治理和管理水平，可以丰富资源总量，构建资源组合，调整资源结构，提高置换及配置资源的数量和质量，增强组织结构的合理性。因此，基于前述信用风险影响机制，公司治理和管理应作为主体信用风险评价框架中资源配置能力的考察因素之一。同时，在资源配置能力的各类影响要素中，较之经营业绩等短期结果性要素，公司治理与管理为影响资源配置能力的根本性、原因性、中长期要素，因此评级过程中应充分重视其对主体资源配置和信用风险的影响。

评级实务中，公司治理与管理包含范畴较广，中债资信在本节第三、第四部分详细分析了公司治理和公司管理应考察的子要素，其中公司治理包括股权结构和股东行为、管理层激励约束机制和管理层行为、董事会及监事会的独立性和有效性、信息披露透明度与质量，公司管理包括战略管理和日常经营管理。根据公司治理与管理六个子要素对信用风险影响机制的差异，中债资信将其分为两大类要素，并区别设置了不同的评价思路和评级实务操作方式。

第一类要素包括管理层激励约束机制及管理层行为、董监事会独立性和有效性、日常经营管理，直接影响受评主体的整体资源配置效率。对于此类要素，原则上可直接放到评级模型内，作为一项评级要素和评级指标进行评价，但考虑到：首先，此类要素通常已在资源配置中的经营业绩等结果性要素中有所反映；其次，实务中此类要素的专家经验判断较为困难，打分结果区分度不足；最后，此类要素对受评主体的影响存在较大行业差异，竞争激烈行业和风险经营行业（如银行保险）中，此类要素对信用风险影响较大，但垄断公共行业中此类要素对信用风险影响较小。因此，对于此类评级要素也可以在评级模型中不作为单独一类指标评价，而是通过反映公司治理和管理结果的盈利能力等要素进行评价。中债资信对此类要素评价方式由行业专家根据行业特性和实务可行性决定采取上述哪种形式。本方法对评价方式和标准不作统一阐述，仅列示上述要素的评价关注点。

第二类要素包括股权结构和股东行为、信息披露透明度和质量、战略管理三个因素，根据实务中违约案例，发现此类因素的缺陷很可能直接导致公司经营无法维系或外部融资环境收紧导致违约，对个体信用风险具有重大负面影响。如将此类要素评级模型中要素之一进行评价，则不足以反映其对主体违约风险的影响程度，因此中债资信建议将此类要素通过评级模型外调整因素来充分体现其短板效应。

三、公司治理的评价要素

信用评级视角下的公司治理界定为通过治理结构和治理机制的制度性安排，协调股东、董事会、管理层之间的关系，保障公司决策、经营、管理的科学有效，同时维护其他利益相关者（债权人等）的权益。在信用评级过程中，评价公司治理时应重点关注公司治理结构、治理机制的设置对公司债权人权益的保障情况，具体而言主要从股权结构及股东行为、管理层激励约束机制和管理层行为、董事会及监事会的独立性和有效性、信息披露透明度与质量四个方面评价公司治理。

1. 股权结构及股东行为

股权结构是公司治理的基础，一般而言，由于公司面临的法律环境、行业特点、管理层素质存在差异，所以并不存在唯一最适度或最优的股权结构。不同股权结构下的企业，股东行为可能存在差异，公司治理的侧重点也有所不同。股权较为分散的情况下，股东与管理层通常分离度较高，此时公司治理的核心为股东与管理层的委托代理冲突。典型表现如股权过于分散情况下，股东、管理层、外部机构三方易发生控制权争斗行为，导致控制权不稳定甚至发生实质变更。股权较为集中情况下，大股东或控股股东对企业的控制能力强，此时管理层一般由控股股东指派，此时公司治理的核心是内部人（由于控股股东和管理层之间利益一致，因此看成一个

整体）与外部人（小股东、债权人等）之间的利益冲突。典型表现如股权过于集中情况下大股东恶意掏空企业的股东行为。

中债资信在分析股权结构及股东行为时，主要考虑不同股权结构及股东行为可能对债权人利益产生的不利影响。从股权结构及股东行为对信用风险影响的路径看，通常可表现为两个方面：一方面是股权结构安排本身存在缺陷或者不同股权结构下股东、管理层主动或被动行为引发的重大事件，导致企业实际控制权不稳定，使得企业生产经营受到重大不利影响，诱发内外部流动性危机；另一方面是不健全的治理结构下，股东恶意掏空企业的行为对企业信用资质产生重大不利影响。

（1）股权结构重大事项的不利影响

股权结构重大事项的不利影响有两种情况，一种是股权结构安排自身存在缺陷而导致企业控制权不稳定，造成的常态化不利影响，可能的情况包括股权托管、实际控制人认定不清、股权结构过于分散、公司第一大股东与第二大股东持股比例接近等；另一种是实际控制人或股东的主动或被动行为引发重大事件，导致实际控制权不稳定，这种情况从实务案例看主要表现为如下两类情景：

①股权过度集中情况下，企业关键人物出现重大负面信息

在公司经营决策、外部融资高度依赖关键人物（如实际控制人）情况下，如果关键人物出现重大负面信息，无法直接参与公司日常经营，易对公司经营稳定性和外部流动性支持产生不利影响，进而直接导致公司信用风险上升。例如，南京雨润集团发生实质违约的直接导火索为实际控制人被检查机关实施居所监视，关键人物重大事件导致公司外部流动性支持缩紧、融资渠道受阻，信用风险大幅上升。

②公司股权结构分散背景下股东实际控制权争斗或套现退出导致实际控制权不稳定

公司股权结构分散背景下，股东、管理层、外部机构易发生实际控制权争斗，或股东持有股权目的为投机而非战略投入，均在一定程度上导

致公司实际控制权不稳定。例如，发生实质违约的山水水泥，股权结构分散，竞争对手天瑞水泥通过收购上市公司股份成为其第一大股东，进而争夺实际控制权。实际控制权后续变更导致企业陆续遭遇股票停牌、融资渠道收窄、触发附有限制条件债券的提前赎回等，最终导致企业在经营基本面未出现重大问题的情况下，外部融资中断发生实质违约。又如，发生实质违约的珠海中富实业，作为民营上市公司，控股股东为财务投资人，控股股东持有公司股票仅为获取短期投资收益，2014年控股股东提出减持股票触发银团贷款限制性条款，导致公司外部流动性支持紧缩，出现债务偿付危机。

（2）股东恶意掏空企业行为

股权集中情况下，股东通过资产转移且未支付合理对价、占用关联资金等行为恶意掏空企业，会对企业信用资质产生重大不利影响。中国家族民营企业股权较为集中，控股股东、董事会、管理层之间利益一致，较易发生此类行为。但实务案例表明股权结构集中下侵害债权人利益行为也可能发生在国有企业中。国有企业股权相对集中，特有的董事、高管任命机制使得国企董事会和管理层可能在下属子公司出现经营不善时，在控股股东授意下，通过核心资产划转等方式侵害债权人利益。例如，发生实质违约的天威集团在自身经营、财务风险逐年上升，依靠自身已无力偿还债务的同时，控股股东兵装集团自2013年起开始将公司下属核心上市公司天威保变亏损严重的新能源业务陆续剥离至公司，并剥夺了公司对上市优质资产天威保变的实质控制权，较大程度地损害了债权人利益。又如，天威英利被关联方占款高达总资产80%，资金独立性很差，最终导致其实质违约的发生。从信用评级的角度看，在评价公司治理中的股权结构和股东行为时，应重点关注企业控制权的稳定性及是否存在股东恶意掏空企业的行为。具体包括以下问题：①公司股权结构及大股东、控股股东的性质和持有股权的目的；②公司经营管理决策是否对自然人股东或代表股东的关键人物依赖程度很高且未形成较为完善成熟的继任计划；③大股东或控股股

东是否对公司进行重大不利资产划转、转移；④大股东或控股股东进行持续关联交易对公司形成大额关联资金占用。而实务操作中为充分体现股权结构和股东行为要素的短板效应影响，中债资信将在本章第五节设置统一的调整规则。

2. 管理层激励、约束机制和管理层行为

（1）管理层激励、约束机制

除内部监督外，对管理层的适度激励、约束机制也是解决股东与管理层之间委托代理冲突、维护股东及债权人利益的途径之一。对于管理层的激励机制主要为薪酬激励，如果公司对管理层的薪酬采用短期、固定、单一的激励机制，不与公司业绩增长挂钩，则容易产生管理层侵害公司利益的道德风险，如增加在职消费、通过关联交易设立“小金库”进行贪污腐败，并直接侵害公司股东及外部债权人的利益。为克服管理层利己行为，现代治理结构下，公司通常采用长期、多元的薪酬激励机制，将管理层薪酬与公司长期增长的经营业绩挂钩，使管理层的利益与公司长期发展相结合，在经营管理中采取更为稳健的经营、财务战略，更好地服务公司发展，保障公司偿债来源，从而保护债权人利益。约束机制方面，除公司及股东设计的与激励机制相对应的约束机制以外，债权人作为外部人，为保护自身利益，也可以在相关的债务文件中列明相应的管理层约束机制，防止管理层过度投资、激进举债、侵蚀偿债资金。例如，明确要求在公司进行大额投资时需经债权人同意通过，设定融资上限防止管理层过度举债等。债权人设立管理层约束机制可适当约束管理层行为，保障自身利益。

从信用评级的角度看，管理层激励、约束机制方面主要关注公司的管理层薪酬激励是否与公司长期经营增长挂钩，债权人是否设立有效的约束机制防止管理层过度投资、激进举债。具体包括以下几点：①管理层薪酬在同业内水平；②管理层薪酬同公司长期业绩增长之间的关系；③管理层薪酬与公司财务指标长期表现以及稳定性间的关系；④管理层薪酬的持股比例以及和股权挂钩的相关收益；⑤权益工具的特征，尤其是限制股权流动性、持有期的相关机制；⑤债权人是否在债务文件中设立条款，约束管理层过度投资、激进举债。

（2）管理层行为

从信用评级的角度看，除管理层激励、约束机制以外，还需关注在管理层激励、约束机制下管理层的行为，这包括管理层的“内部人控制问题”、风险控制意识和责任意识。从债权人利益角度看，首先，股权结构分散的情况下，管理层掌握公司控制权，可能出现过分在职消费；信息披露不规范且不及时；过度投资和耗用资产；工资、奖金等收入增长过快，侵占利润；置小股东利益和声誉于不顾；大量拖欠债务，甚至严重亏损等行为，即所谓的“内部人控制问题”，上述问题会直接损害债权人利益。其次，如果管理层在业绩增长压力下缺乏风险控制，采取短期化行为，如进行激进投资、并购等短期财务不稳健策略，则不利于债权人利益。最后，管理层更替时，可能出现现任管理层对上任管理层经营、融资全盘否定的情况，甚至产生“赖账”等缺乏责任意识的行为。

在评价管理层的行为时，需要关注在公司的管理层激励、约束机制下，管理层是否出现“内部人控制”问题、是否过度投资和举债、是否缺乏责任意识，对企业前任管理层的融资存在偿债意愿的降低。

3. 董事会及监事会的独立性和有效性

代理型公司治理模式下，对于管理层的监督和激励成为解决股东（以及外部债权人等利益相关者）与管理层之间委托代理冲突的主要途径，其中对于管理层的监督主要通过引入董事会、监事会制度实现。注重提升股东和公司长期利益并对管理层实施有效监督的董事会，同样也有助于缓解债权人所面临的风险。相反，从债权人的角度来看，董事会如果在关键领域（如利益冲突、管理层继任、风险管理、内部控制、财务报告、公司战略等）缺乏必要监督，可能会增加公司固有的信用风险。

从具体监督结构和机制看，中国公司结构与日本相似，董事会和监事会并存，并参照英美国家形成了独立董事制度。股东大会选举产生董事

会（包括独立董事）和监事会，董事会选拔任免经理层，监事会负责监督董事会和经理层。中国企业董事会（包括独立董事）、监事会的独立性和有效性存在较大缺陷，这体现在：①董事与经理层仍存在一定的交叉任职现象，董事会无法独立对管理层实施强有力的监督，并易导致董事与管理层合谋，侵犯股东利益，可能产生“内部人控制”问题；②独立董事和监事会成员的聘任及薪酬待遇主要由股东决定，这导致独立董事和监事会成员在一定程度上受制于股东，很难对公司经营活动发表客观公正的独立意见；③背景和专业性方面，大多数独立董事来自高等院校、研究机构或政府部门，监事会中也存在大量职工代表成员，往往缺乏公司运营的实际经验，很难对公司经营活动起科学决策和监督作用，无法有效对公司实际运营起到应尽的监督职责。

在评价公司内部监督时，需重点考虑董事会（包括独立董事）、监事会的独立性和有效性，考察董事会（包括独立董事）、监事会能否有效阻止管理层的不当行为、保护债权人利益。具体来看，需重点关注以下几个方面：①董事会（包括独立董事）及监事会成员的独立性，包括但不限于公司董事与经理层是否交叉任职、董事长总经理是否为同一人、独立董事人数占比、董事是否在多个董事会兼职、监事会成员中职工代表占比等；②董事会成员的背景和专业性，是否能够理解公司的经营、财务情况；③董事会成员在其职责上投入的精力（如定期出席情况等）；④董事会（包括独立董事）和管理层间的信息沟通，能够有效监督并阻止管理层的不当行为。

4. 信息披露透明度与质量

及时、透明的信息披露是公司治理稳健的标志，不及时发布信息报告往往标志着企业治理机制存在一定缺陷。同时，在中国企业主观存在粉饰财务数据动机、客观外部监督不力背景下，部分企业尤其是民营企业财务信息质量问题较为严重，因此在评价民营企业公司治理时，更需关注财务信息的真实性。实务中，多家发生实质违约企业均不同程度存在延期披露年度审计报告甚至存在严重财务造假问题。

在评价信息披露透明度及质量时，需重点关注公司是否及时准确地披露监管处罚等重大不利信息、是否延期披露定期报告、是否经常进行重大会计差错调整、是否频繁更换审计机构、是否被出具非标准无保留审计意见、财务数据的真实性等。具体而言，包括以下几个方面：①公司没有及时、准确地披露监管处罚等重大不利信息；②公司多次延迟定期报告披露；③公司多次进行重大会计差错调整；④公司频繁变更审计机构；⑤审计机构出具非标准无保留意见审计报告；⑥审计机构同时向公司提供其他咨询服务，可能影响审计结论的独立性和有效性；⑦有迹象表明，公司的财务数据真实性存在问题。实务操作中为充分体现信息披露透明度与质量的短板效应影响，中债资信将在本章第五节设置统一的调整规则。

四、公司管理的评价要素

公司管理包括计划、组织、领导、控制等功能，并通过上述功能影响企业的信用风险。中债资信对公司管理的评价包括战略管理、日常经营管理两个方面。

1. 战略管理

战略管理对企业的未来发展具有决定性影响。一般情况下，企业的发展方向越清晰，战略规划越适合行业发展的方向和企业的实际状况，企业实现战略的条件越充足，企业实现战略目标的可能性越大，对企业未来发展越有利。反之，不符合企业实际的战略，可能导致企业投资决策的失败和重大的资本损失，可能会严重影响企业现有业务的正常经营。具体来看，可以从战略的可行性和战略的有效性两个要素来评价战略管理对企业信用风险的影响。从战略管理对企业信用风险的作用机制看，战略管理决定了未来公司经营业绩的增长空间进而决定偿债来源；战略管理决定了公司未来财务政策的倾向性（保守、激进等）进而决定债务负担，并最终综合影响公司的信用风险变化趋势。

（1）战略的可行性

战略规划可能和主营业务相关，包括产能或业务扩张、产业链延伸、

产品多样化、区域多元化等；也可能和主营业务不相关，在其他行业领域拓展业务。战略规划的表现形式包括项目投资、收购、资产重组、资产剥离等。无论战略规划与主营业务是否相关、以何种形式体现，都需要评价战略与企业自身实力及外部环境是否匹配。因此，战略的可行性可以通过战略与自身实力的一致性和战略与外部环境的一致性两部分进行分析。

战略与自身实力的一致性，首先需要考察企业是否有足够的资源开展战略规划业务，这种资源包括但不限于业务开展的资质、渠道等；其次需要考察企业自身的组织能力、经营管理能力能否适应战略规划业务的需求；最后需要考察实施战略的投资规模、资金来源及安排，过于激进的战略规划可能加重企业的债务负担，严重影响企业的流动性，导致企业信用风险升高。

战略与外部环境的一致性，需要考察企业战略规划方向是否符合外部政策要求、宏观经济环境、行业发展趋势等。考察这一要素时，应该将企业拟投建项目的收益预测与同行业企业预测相比较，过于激进乐观的预测可能表明企业内部规划能力不足，缺乏风险识别能力。与外部环境不一致的战略规划会损害企业的盈利及现金流，影响企业的偿债来源。

（2）战略的有效性

战略执行的有效性是对企业的一种前瞻性评估，侧重于分析企业的战略是否可以转换为实际的建设行动，成功提升经营业绩，实现财务目标。战略执行的有效性，首先要考察企业执行战略的决心，管理层是否稳定，并能够一贯地执行已经制定的战略规划；其次要考察企业执行战略的能力，是否合理安排投资资金，保障战略规划的执行。在评价战略执行的有效性这一要素时，可以参考企业历史上对战略规划的执行情况。频繁变更战略一般表明企业不能有效执行战略规划，这种情况下，由于企业的战略规划不能有效执行，因此战略规划可能不会对企业的债务负担和偿债资金造成较大影响，可以适当弱化对企业战略规划的考虑。如果有迹象表明，公司的战略规划能够有效执行，则需要考虑战略规划的有效执行对公司资源配置能力及债务政策的影响，分析公司财务未来的可持续性。

中国企业的发展历史不长，很多企业仍没有建立规范的战略规划制定流程，甚至没有明确的战略规划。即使确定了战略规划，由于管理层不稳定、企业自身的执行能力不佳或者外部环境变化，真正落实的战略规划相对有限。因此，在评价企业的战略管理时，不仅需要考察企业战略规划的合理性、可行性，更要重视企业战略规划的有效性，挖掘真正能够影响企业信用风险的战略规划。

在评价公司的战略管理时，需要关注公司战略的可行性和有效性。如果战略可行性强且能够有效执行，可能会对企业的信用风险产生正面影响；如果战略可行性强但不能有效执行，不会对企业的信用风险产生影响。如果战略不可行同时不能有效执行，不会对企业的信用风险产生不利影响；如果战略不可行但得到了有效执行，或有迹象表明不可行的战略很可能会有效执行，那么会对企业的信用风险产生不利影响。实务操作中为充分体现信息披露透明度与质量的短板效应影响，中债资信将在本章第五节设置统一的调整规则。

2. 日常经营管理

企业经营效率的高低主要取决于日常经营管理水平。一般情况下，管理方式越科学，内部制度越完善，管理层专业知识和经验越丰富，公司的组织效率越高，经营风险越低。日常经营管理可以从日常管理要素、管理层的专业知识及经验两方面分析。日常经营管理主要影响公司业务运营的稳定性和成长性，进而影响公司利润、现金流等偿债来源，最终影响公司的信用风险。

（1）日常管理要素

不同企业的日常经营管理重点不同，对于一般企业而言，日常管理要素主要包括生产管理、采购管理、销售管理、风险管理、人力资源管理等方面。

①生产管理，现代化企业大多进行批量生产，部分具有劳动密集特

征，对生产经营过程中人工费用的管理和控制显得尤为重要。对于特殊产品和设备，因其生产过程具有持久性、复杂性、专用性，应着重关注其生产过程中对质量的管理和对客户要求的遵守情况。

②采购管理，企业采购管理关系到供应商稳定性，关系到企业能否保持在供应商中的优势地位，采购管理也是企业成本管理的主要因素。对价格波动较大的钢铁、铁矿石、煤炭、石油、有色金属等原材料采购时点及存货管理方式也需要适当关注。

③销售管理，包括计划、执行和控制企业的销售活动，关系到企业能否实现销售目标，进而保障偿债来源，因此需重点关注企业对销售客户的依赖性及维持情况，分析销售客户的集中度和分布情况。

④风险管理，企业作为市场经济的主体，在宏观经济复杂多变、市场竞争日益激烈的外部环境中，风险无处不在。风险对于企业的生存和发展起到至关重要的作用，因此风险管理也成为企业管理的重要组成部分。风险管理是各种风险管理活动的总称，包括风险识别、风险评估、风险控制等流程。风险管理涵盖了企业在生产经营过程中各种不确定性导致的风险，包括来自外部环境的政治风险、宏观经济风险、政策风险、市场风险等，来自内部管理的决策风险、运营风险、技术创新风险、人力资源风险、安全与环保风险等。

⑤人力资源管理，公司管理层频繁变动，会对日常经营和内部控制的有效实施产生十分不利的影响；业务人员往往掌握客户资源，因此业务人员的高流动性可能对企业经营产生重大影响；另外，部分行业的技术性较强，对员工（特别是技术研发人员）的稳定性要求较高。因此，企业人力资源管理情况对企业的信用风险具有重要影响。

（2）管理层的专业知识和经验

高素质的管理团队和良好的管理体制可以使企业运作效率提高、财务政策合理；反之，管理团队能力不足、管理体制存在缺陷则容易导致企业管理制度得不到有力执行、企业日常运营出现混乱，严重地影响企业持续经营。对管理层专业知识和经验的评估，可以从其应对市场风险、财务风险和竞争挑战的能力入手。如果企业在运营时可以根据自身能力去识别、评估并成功应对不断变化的市场环境（具体反映在企业业绩与同行业比较中），则可以证明管理层具有专业知识和经验。如果管理层缺乏专业知识和经验，则企业往往不能准确识别可能显著影响现金流和收益的风险，在外部环境发生变化时，业绩会显著低于同行业平均水平。可以结合管理层的学历背景、工作经验及企业的历史表现分析管理层的专业知识和经验。

在评价企业的日常经营管理时，需要关注企业是否建立了完善的日常管理规章制度、日常管理规则是否得到了有效的执行、管理层的专业知识和经验是否能够胜任等。

第四节　流动性评价方法

一、流动性的内涵

1. 流动性的含义

在现代财务理论中，流动性是一个极为重要的概念，缺乏流动性是短期偿债能力弱的重要标志。凯恩斯在《就业、利息和货币通论》中，最早针对流动性进行了解释。他认为流动性是指一项资产转换为偿付手段的难易度，或者说是该资产迅速转变为偿付手段的能力。对于企业流动性的定义，学术界主要观点有：萨托理斯和希尔（1994）指出，“如果一种资产可以很快地以最低的交易成本或者最小的价值损失转化成现金，则该资产具有流动性。如若一个企业能够及时偿还到期债务，则该企业具有流动性”，即企业流动性体现了企业获得现金及随时偿付现金的能力。张俊瑞（1999）认为，流动性包含资产流动性和企业流动性两层含义。前者通常仅仅是指资产转变为现金的能力，而后者是指各个单项资产的流动性之和。通常在持续经营情况下，企业流动性能够真实地检验其偿还到期债务的能力。

从信用评价角度看，中债资信认为流动性是指主体及时获得充足资金以随时满足当期现金偿付的能力，反映了主体短期、时点债务的偿还能力。当主体流动性不足时，表现为无法及时获取资金用于履行各类付现契约义务，极端情况下的流动性紧张会直接导致主体违约或破产，对主体的信用风险产生重要影响。

2. 流动性的类型

流动性实际上是指获取现金或者现金等价物的能力，反映了主体资产变现能力和债务筹资能力的大小。其中，资产的流动性主要强调的是变现能力，指资产在基本不发生损失或很少损失以合理的价格迅速变现的能力。筹资流动性则着重强调获得债务的可能性，即从资本市场在较短时间内以较低的风险和较少的成本筹借到资金的能力。作为主体的生命力所在，充足的流动性能够确保主体顺利应对突如其来的债务，从而保证其日常经营活动正常运行。相反，流动性短缺可能会影响到主体的活力，甚至导致其陷入严重的债务危机。

因此，中债资信将主体流动性分为内生流动性（内源性资金）和外生流动性（外源性资金）。其中，内生流动性主要指主体自身资产变现、持续经营活动和投资活动获取资金的能力；外生流动性包括再融资流动性，再融资流动性指主体获取外部金融机构流动性资源的可能性及程度。

二、流动性评价思路

主体偿债能力可分为中长期偿债能力和短期偿债能力，中长期偿债能力主要取决于企业的盈利能力和全部债务负担，侧重于分析中长期内主体盈利能否覆盖未来本息支出，短期偿债能力主要取决于企业的现金流和短期债务，侧重于分析主体经营、筹资方面的短期周转能力即流动性。实务中多个违约案例已充分说明即使主体中长期信用资质尚可，但流动性表现较弱的情况下，一旦整体融资环境趋紧，则其面临更为紧张的流动性压力，更易触发资金链断裂和债务违约。因此，中债资信认为尽管信用评级主要反映主体中长期的信用品质，但基于流动性对于主体违约的特殊作用机制，信用评级过程中仍应高度重视流动性对主体信用品质的影响。

中债资信在既有信用分析框架中，对于流动性[①]的考察主要体现在债务政策部分，以打分卡形式对流动性的结果性指标（包括但不限于流动比率、速动比率、现金类资产/短期债务、经营活动现金流入量/流动负债等）进行评价，但采用此种方式存在一定局限性，表现为：首先流动性指标表现为打分卡结果最差一档时，不同水平的指标评价结果一致，未能充分揭示当流动性指标表现很差时，不同流动性水平对主体违约影响的差异，更无法揭示出极端情况下流动性缺陷对主体信用水平的破坏性影响；其次现有打分卡指标主要评价内生流动性，未有考察再融资流动性。因此，基于前述信用风险影响机制分析，中债资信在既有信用风险分析框架对流动性分析的基础上，本方法补充设置了流动性评价要素及评价标准。从评价要素看，流动性评价涵盖内容包括内生流动性和外生流动性；从评价方式和标准看，中债资信采用打分卡和映射矩阵相结合的方式反映各项要素的综合评价结果。中债资信应用流动性评价结果对个体信用评级结果进行调整，评级框架的债务政策要素中对流动性的常规考量难以完全体现很差的流动性对信用风险的显著负面影响，因此调整方向设置为下调，即当流动性评价结果很差时，对个体信用评级结果向下调整。

三、流动性评价要素

中债资信流动性评价要素主要包括两个方面内容：一是个体内生流动性，二是个体外生流动性中的主体再融资能力。

1. 内生流动性评价要素

内生流动性评价主要针对主体自身资产变现、持续经营活动和投资活动的流动性。依据定义，中债资信在评价主体内生流动性时，主要考察主体现金偿付能力、营运资金需求、营运资本、易变现资产情况及短期投资压力。

① 本方法中的流动性评价思路和要素仅适用于工商企业，不适用于金融机构。

（1）现金偿付能力

现金偿付能力是对流动资产中可立即变现的金融资产归还短期金融负债的能力[①]的衡量，以货币性资产（又称短期金融性资产）与货币性负债（短期金融性负债）的差额或货币性资产与货币性负债的比值体现。当货币性资产≥货币性负债时，现金偿付能力≥0，说明主体账面短期金融资产正好可以偿付短期金融负债或在归还短期金融负债后尚有资金结余，现金偿付能力强；当货币性资产＜货币性负债时，现金偿付能力＜0，说明主体账面金融资产无法满足短期负债资金的偿还，现金偿付能力弱，这种情况下可以使用货币性资产/货币性负债这一指标进一步评价现金偿付能力具体弱化的程度。中债资信认为一般情况下，现金偿付能力越强，则主体内生流动性评价结果越好。

（2）营运资金需求

营运资金需求是指主体经营性流动资产与经营性流动负债的差额，其中经营性流动资产包括应收预付款项、存货等经营活动中占用的非金融流动资产，经营性流动负债包括应付账款等各类非金融性流动负债，其具有不断继起、滚动存在的长期性，因此被视为一项长期资金来源。营运资金需求反映了主体在生产经营过程中保证连续性、周期性生产所必需的经营性资金[②]。当经营性营运资本小于零时，说明主体经营性资金占用能力很强，无须为经营性资产额外筹措资金，无营运资金缺口；当经营性营运资本大于零时，说明主体经营性占用资金能力偏弱，存在较大的营运资金缺口，营运资金的额外筹措压力较大。中债资信认为一般情况下营运资金需求越大，则经营性资金周转压力越大，内生流动性评价结果越差。

---

① 现金偿付能力=货币性资产–货币性负债=（货币资金+交易性金融资产+应收票据）–（短期借款+交易性金融负债+应付票据+一年内到期的非流动负债+应付短期债券）。

② 营运资金需求=经营性流动资产–经营性流动负债=（应收、预付款项+存货+待摊费用…）–（应付、预收款项+未交、未付税利+预提费用…）=（流动资产–货币性资产）–（流动负债–货币性负债）。

（3）营运资本

营运资本[①]是指流动资产超过流动负债的部分，可以用于衡量短期偿债能力。当流动资产大于流动负债时，营运资本为正数，表明长期资本的金额大于长期资产，超出部分被用于流动资产。营运资本的数额越大，财务状况越稳定。当流动资产小于流动负债时，营运资本为负数，表明长期资本小于长期资产，有部分长期资产由流动负债提供资金来源。由于流动负债在一年内需要偿还，而长期资产在一年内不能变现，因此可能需要另外筹集资金，财务状况不稳定。

（4）易变现资产

易变现资产覆盖的范畴相对于货币性资产更大，是指除变现能力强的货币性资产外，主体所拥有的其他变现能力较强的金融及股权资产，例如可供出售金融资产、持有至到期投资以及持有的上市公司股权等，若主体能够通过较低成本及时地变现上述资产补充流动性，那么可以认为其对主体的流动性水平实现有效的补充，因此，相对于主体的货币性负债，易变现资产的规模越大，对主体的流动性补充保障程度越高。

（5）短期投资压力

考察主体内生流动性时，除经营性资金周转外，也需考虑短期投资形成的资金占用压力。中债资信使用“EBITDA/未来一年投资性支出”评价短期投资压力，其中未来一年投资性支出用财务报表中“投资活动产生的现金流出量”替代，如果主体的实际情况与投资活动现金流差异较大，则可以使用主体提供的数据。中债资信认为短期投资压力越大，则主体经营产生的现金盈余对投资性需求的保障程度越低，未来内生流动性表现趋于弱化的可能性越大。

2. 再融资能力评价要素

再融资能力主要考察主体获取外部金融机构流动性资源的能力。主体

① 营运资本=流动资产−流动负债=长期资本−长期资产。

可以选择的再融资渠道包括信贷、债券、信托、租赁、股票等。上述再融资渠道除受货币政策、监管等外部宏观环境影响外，主要由主体的经营、财务表现决定。此外，如果主体拥有良好的抵质押资源，则其对再融资能力也具有一定的提升作用。因此，中债资信从负债水平、盈利能力、收现能力、付息能力、自担保能力五个方面评价主体的再融资能力，其中负债水平关注资产负债率，盈利能力关注总资产报酬率，收现能力关注经营活动现金流入量/营业收入，付息能力关注EBITDA对利息的保障能力，自担保能力则按照非流通行业和流通行业[①]的特征区分设置指标，对于重资产非流通行业，采用可抵押资产评价自担保能力，而流通类行业则采用经营活动流入量评价自担保能力。

表 9–20　再融资能力评价要素及指标

评价要素	评价指标
负债水平	资产负债率
盈利能力	总资产报酬率
收现能力	销售商品、提供劳务收到的现金/营业收入
付息能力	EBITDA/分配股利、利润或偿付利息偿付的现金
自担保能力（二选一）	可抵质押资产[②]/全部有息债务（非流通类行业）
	销售商品、提供劳务收到的现金/流动负债（流通类行业）

四、流动性评价逻辑

基于流动性评价要素与指标，各类要素的评价逻辑与标准如下：

首先，以打分卡形式（1~9分）定量综合评价现金偿付能力、营运资金需求和营运资本，初步评价主体的流动性，同时辅以易变现资产的微调

① 流通类行业包括贸易、零售、建筑、医药流通、服装、酒类等。

② 可抵质押资产=货币性资产+存货+应收账款+可供出售金融资产+持有至到期资产+投资性房地产+长期股权投资+固定资产+在建工程。

得到初步打分结果，分值越高，代表评价结果越差[①]。

其次，以打分卡形式（1~5分）定量评价短期投资压力，分值越高，代表短期投资压力越大。在流动性初步评价结果基础上，结合短期投资压力水平，通过映射矩阵得出内生流动性调整后评价结果。中债资信认为现金偿付能力和营运资金需求是评价内生流动性的根本性要素，而短期投资压力在内生流动性的评价过程中更多以调整项形式体现其影响作用，由于短期投资压力对流动性的影响主要是负面压力作用，即若主体投资较激进，未来短期投资压力较大，将直接对其自身流动性产生压力，因此短期投资压力的调整仅为负面下调影响。

最后，以打分卡形式（1~4分）定量评价主体的再融资能力，分值越高，代表再融资能力越弱。在内生流动性评价基础上，结合再融资能力，通过映射矩阵得出流动性综合评价结果。

通常情况下，除非主体经营财务表现、抵质押资源极好或者极差，否则银行等金融机构在提供融资时不会基于此项要素给予差别对待。因此，中债资信认为在内生流动性评价基础上，再融资能力在流动性评价过程中更多以调整项形式体现其影响作用。

需要说明的是，流动性评价思路及标准采用定量模型评价形式，可能存在以下局限性：（1）数据多数来源于主体财务报表，报表数据的真实性可能影响了最终评价结果的准确性；（2）定量模型无法全面反映所有影响流动性的因素。因此在实务操作时，行业专家如果认为流动性评价结果与主体实际流动性水平存在较大差异，可适度对流动性评价结果进行定性调整，但需说明调整依据。

---

① 在本方法中，所用时点数据均为评价基准期报表数据，所用时期数据均采用相近两个整年度数据的均值。

第五节　外部支持评价方法

一、外部支持的内涵

明确外部支持的内涵是评价外部支持的首要前提，中债资信在梳理外部支持相关理论的基础上，从评级视角出发对外部支持的内涵和分类进行如下界定。

1. 外部支持理论回顾

国内外关于外部支持的理论多集中于政府支持和股东支持两个方面。政府支持方面，国民经济管理学理论认为，政府和市场在国民经济管理中均发挥着必不可少的作用，由于市场机制存在信息不对称、外部效应、低效或无效提供公共产品、盲目性引发经济运行不稳定等不可避免的缺陷，政府对市场的干预成为现代市场经济一个不可或缺的有机组成部分。政府为发挥稳定宏观经济、促进经济增长等目标，不可避免会对实体经济的组成部分即微观实体进行一定的干预和支持，由此也就形成了政府相关主体的信用品质与政府的外部支持或干预具有紧密的联系。政府相关主体在国内外普遍存在，一般认为广义的政府相关实体既包括政府部分或全部控制的主体，也包括在区域、行业经济中具有重大影响的非政府控制的主体，这些主体因承担一定的政府职能而能获得政府不同程度的支持或干预。股东支持则可分为两个完全不同的方面，即支持和掏空。支持是指大股东为获取长期的投资收益和控制权的私人收益，利用私有资源支持陷入困境的子公司，从而帮助其解决困难的行为。掏空是指控制性股东转移公司财产和利润或是通过关联交易侵害小股东利益的行为。当子公司的投资回报率低于一定水平时，由于债务的存在，大股东可能通过减少自己的侵占行为而提高子公司的偿债能力，甚至会动用自身的资源进行支持，防止子公司破产；而当子公司的投资回报率大幅低于大股东的预期水平，并且预期子公司无法继续生存下去时，大股东会以子公司外部股东和债权人的利益为代价而对子公司进行掠夺。

2. 评级视角下外部支持的内涵

基于理论回顾与总结，中债资信认为信用评级视角下的外部支持指受评主体在陷入困境时，独立于债务人和债权人的第三方对受评主体提供的具有正面影响的临时性特殊支持，以使主体避免违约或帮助其度过困境状态。需要说明的是，首先第三方向受评主体提供的一般性支持[①]已在主体自身信用品质中体现，因此本方法下的外部支持仅体现第三方在受评主体面临困境时提供的临时性特殊支持[②]。其次本方法下的外部支持仅评价第三方对受评主体的正面支持，第三方对受评主体的负面掏空影响将在《公司治理与管理评价方法》中体现。最后，主权政府通常不存在外部支持，本方法主要适用于工商企业、金融机构等非政府类主体。

具体而言，根据受评主体获取外部支持的来源方不同，中债资信将外部支持分为政府支持和股东支持两大类。政府支持是指政府（中央政府、地方政府和政府相关部门[③]）对各类受评主体的支持，根据政府与受评主体是否存在直接股权关联[④]，政府支持可进一步分为两类：第一类为图9–3第一象限，即政府间接持股受评主体或政府与受评主体间无任何股权关系，包括政府间接持股的国有企业和大型民营企业；第二类为图9–3第二象限，即政府直接持股受评主体，即中央政府和地方政府直接持股的国有企业。股东支持是指受评主体股东给予的支持，包括股东为国有企业和民营企业或自然人的情况，即图9–3中第三象限。除政府支持和股东支持外，可能还存在非股东非政府向受评主体提供外部支持的情况，包括国际组织的支持、家族关联企业的支持等，即图9–3中第四象限，此类支持可参考政府支持或股东支持的评价思路进行分析。

---

① 包括固定的经营补贴、资本补贴、日常流动性支持、政策扶持、担保等。

② 包括面临困境时的流动性支持、贷款、救助计划等。

③ 包括中央政府和地方政府下设各类部门，如国资委、财政部/局、交通部/厅、矿务局等。

④ 股权关联包括控股和参股两种持股形式，下同。

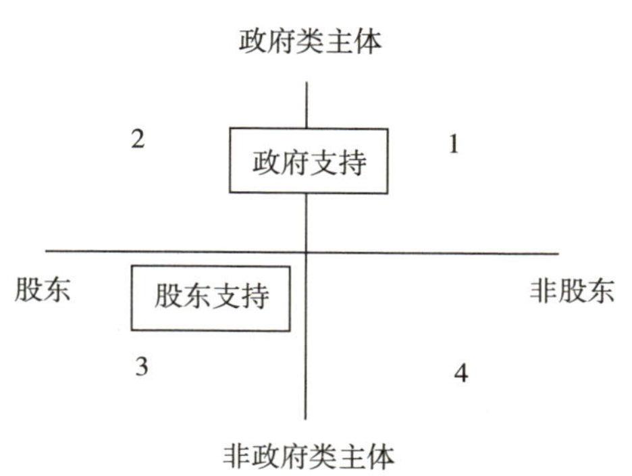

图9–3　外部支持情况分类

二、外部支持的评价思路及实务操作方法

1. 整体评价思路

外部支持评价思路可分为自上而下和自下而上两类，自下而上法从受评对象的个体评级出发，在评估财务状况和经营状况的基础上，考虑外部支持的正面因素酌情进行级别调整，得到受评对象的信用等级；自上而下方法以股东（母公司或集团公司）或其他支持方（如政府）的信用级别为基础，根据支持能力和提供支持的可能性进行级别调整得出受评对象的级别。中债资信根据受评主体和受评对象的关联紧密程度，将外部支持的评价思路也分为自上而下和自下而上两类，分别设定不同的调整方式。

自上而下调整方式主要适用于与股东的经营和财务关联极度紧密的主体，体现为与股东经营一体化程度极高且财务独立性极弱的受评主体。与股东经营一体化程度极高表现为股东对于受评主体的生产原料采购、产品产量及规格、产品定价及分销渠道等均有明确的规定，即受评主体的研究开发、采购管理以及生产销售等均由母公司统一决策，受评主体虽然为独立的法人实体，但实际运作上更接近于集团内部的某一部门或集团某一职能的延伸（如融资中心等）；受评主体的财务独立性极弱表现为股东设置了高度集权的资金归集制度，且受评主体为非上市公司，受评主体的资金来源、投融资政策等均由控股股东决定，子公司基本无财务决策权。在以上两个条件均满足时，中债资信认为受评主体符合经营一体化程度极高、自身财务独立性极弱的判定条件，进而可适用自上而下的调整规则。对于向下调整幅度的标准，考虑到以上两个判定条件很大程度上是由集团的经营管理决策模式所决定的，所以对于某一集团或母公司，可能下属不止一个子公司均符合以上两个判定条件，对于此类子公司级别下调幅度会因自身信用资质的差异而存在一定差异，因此，本方法对符合这类自上而下调整方式的子公司不设置具体的下调幅度标准，可由行业专家根据具体情况进行判定。

除上述与股东的经营和财务关联极度紧密的主体外，其他非政府类主体均采取自下而上调整方式。对于自下而上调整方式中考虑外部支持后主体信用风险的评定，中债资信引入联合违约分析思路，首先依据个体信用风险分析思路评定受评主体个体信用等级，其次考察支持方的支持能力和支持可能性，最后在联合违约理论指导下，根据受评主体的个体级别、支持方能力、支持方意愿以及两者相关程度，综合得出外部支持对受评个体的影响程度，确定受评主体级别。

2. 外部支持自下而上调整方式中的联合违约逻辑及实务操作方法

（1）自下而上调整方式中的联合违约逻辑

联合违约理论下，考虑外部支持后的受评主体违约可能性由单一受评主体的违约可能性转变为受评主体和支持方联合违约的可能性，联合违约的可能性取决于受评主体的违约可能、支持方的违约可能、支持方的支持可能性、受评主体与支持方的违约相关程度。中债资信将违约可能性用违约概率表示，假设情景如下：

①受评主体的违约概率为$P(A)$；

②受评主体发生违约后，获得外部支持的概率为s，没有获得外部支持的概率为$1-s$，s为外生性变量，与受评主体和支持主体的违约事件无关；

③支持主体自身的违约概率（或没有能力支持的概率）为$P(B)$；

④受评主体与外部支持均发生违约的联合违约概率记为$P(A, B)$。

根据上述情景可以看出，在没有获得外部支持的情况下，受评主体在自身违约时将形成最终违约，在获得外部支持的情况下，仅有受评主体与外部支持均发生违约才形成最终违约。因此，受评主体的最终违约概率为：

$$P(A)\times(1-s)+P(A,B)\times s \tag{1}$$

其中，受评主体与外部主体均违约的联合概率可写为包含条件概率[①]的形式：

$$P(A,B)=P(A|B)P(B) \tag{2}$$

由于受评主体与外部主体之间存在错综复杂的关系，难以通过公式推导直接给出条件概率$P(A|B)$的表达式，因此将受评主体与外部主体之间的关系简化为两类场景：

①α情景下，受评主体违约与外部主体违约完全相关；

②β情景下，受评主体违约与外部主体违约完全无关。

两类情景与受评主体违约事件以及外部主体违约事件完全无关。因此，$P(A|\alpha)=P(A)$，$P(A|\beta)=P(A)$，$P(B|\alpha)=P(B)$，$P(B|\beta)=P(B)$。假设在所有考虑外部支持的情景中，α情景出现概率为W，β情景出现概率为$(1-W)$。

在α情景下，条件概率写为：

$P(A|B\alpha)=1$

$$P(A,B|\alpha)=P(A|B,\alpha)\times P(B|\alpha)=P(B|\alpha) \tag{3}$$

在β情景下，条件概率写为：

① 由于一般的联合概率形式$P(X=x, Y=y)$表示X与Y同时发生的概率，不适用于受评主体与外部支持存在条件关系的场景，因此不能直接应用$P(AB)=\rho_{AB}\sqrt{P(A)[1-P(A)]P(B)[1-P(B)]}+P(A)P(B)$的公式计算联合概率，否则会高估二者的联合违约概率。在外部支持场景下，联合违约概率应解读为在外部支持违约的条件下，受评主体发生违约的事件，以及外部支持发生违约的事件共同发生的概率。

$$P(A,B|\beta)=P(A|B,\beta)\times P(B|\beta)=P(A|\beta)\times P(B|\beta) \tag{4}$$

将两类情景看作一个整体，则受评主体的联合违约概率可以写为加权形式：

$$\begin{aligned} P(A,B) &= W\times P(A,B|\alpha)+(1-W)\times P(A,B|\beta) \\ &= W\times P(B|\alpha)+(1-W)\times P(A|\beta)\times P(B|\beta) \\ &= W\times P(B)+(1-W)\times P(A)\times P(B) \end{aligned} \tag{5}$$

将式（5）代入式（1）可得，受评主体最终的联合违约概率为：

$$P(A)\times(1-s)+[W\times P(B)+(1-W)\times P(A)\times P(B)]\times s \tag{6}$$

（2）联合违约理论下的实务操作方法

根据联合违约逻辑，实务操作中，首先中债资信根据个体信用风险评价方法得出受评主体的个体级别，并通过理想违约率表映射违约率$P(A)$。其次评价外部支持方的支持能力和支持可能性。支持能力方面，中债资信采用支持方的主体信用级别反映支持方提供救助的能力，并通过理想违约率表映射违约率$P(B)$。需要说明的是，政府支持主体包括中央、地方政府及下属各类部门，虽然各级政府下属部门拥有的救助资源弱于各级政府，但考虑到其救助最终仍来源于政府授权，因此实务中我们仍将此类部门救助能力等同于政府。支持可能性方面，由于影响政府支持和股东支持可能性的因素存在差异，因此中债资信区分考察两类支持可能性的评价要素，对各类要素采取1~4分的打分卡评价方法，设定受评主体和支持方违约完全相关的概率为W。最后，基于前述受评主体联合违约概率测算公式，构建考虑外部支持后的受评主体级别模型，得出受评主体联合违约概率和模型映射级别。

三、自下而上评价思路下外部支持可能性评价要素及标准

1. 政府支持可能性评价要素

一般情况下，受评主体与政府关联程度越紧密，对地区重要性程度越高，则政府给予受评主体的支持可能性越强。因此中债资信认为政府支持可能性可从主体的重要性程度、主体违约的声誉影响、历史政府支持情况

三个方面考察。

表 9-21　政府支持可能性评价要素

获得政府支持的影响要素	具体考察因素
主体的重要性程度	主体经营业务的重要性、企业员工总数
主体违约的声誉影响	受评主体债务规模、主体出现风险事件或违约对区域金融生态环境的声誉影响程度
历史政府支持情况	主体在历史上获取政府一般和特殊支持的力度

（1）主体的重要性程度

一般而言，受评主体违约对地区经济、社会或政府本身影响程度越大，则其可获取的政府支持可能性越高。当受评主体（无论是国有企业还是非国有企业）对地区经济、就业、税收等产生重大影响，或者受评主体在地方政府国资企业中的地位越高，则政府在受评主体发生偿债风险时，出于区域经济和社会稳定的考虑，通常会给予主体一定的帮助，如联系银行给予企业信贷支持、垫付财政资金用于企业周转债务等。具体评价过程中，中债资信考察企业的重要性程度主要通过企业经营业务的重要性以及企业员工总数两个角度。企业经营业务的重要性考察企业对区域经济的贡献程度，实务中中债资信重点关注企业规模排名情况，对于央企，主要关注其在国资委下设央企中的收入规模排名，同时兼顾其所处行业对于国民经济和发展战略的重要性程度，对于收入规模排名较低的受评主体，如果其所处行业具有很高的国民经济和发展战略重要性，则同样能得到一个很好的评价得分，对于地方企业则结合所处行业是否为区域支柱产业以及对当地经济贡献的排名综合考察；企业员工总数主要考察企业在解决就业等社会问题方面对政府的重要性。出于维护社会稳定的考虑，企业劳动力密集程度越高，其违约后造成的社会影响越大，越有可能获得政府的外部性支持。

表9–22　主体的重要性程度评价要素及标准

评价指标	高（1）	较高（2）	一般（3）	微弱（4）
企业经营业务重要性	央企收入规模排名前25%或所处行业对国民经济和发展战略重要性很高；或地方企业为区域支柱产业内[①]收入规模排名前五名	央企收入规模排名前25%~50%，或所处行业对国民经济和发展战略重要性较高；或地方企业为区域支柱产业内收入规模排名第五至第十名	央企收入规模排名前50%~75%，或所处行业对国民经济和发展战略重要性一般；或地方企业为区域支柱产业内收入规模排名第十至第十五名；或地方企业为区域非支柱产业内龙头企业	央企收入规模排名75%之后，或所处行业对国民经济和发展战略重要性较低；或地方企业为区域支柱产业内收入规模排名十五名之后；或地方企业为区域非支柱产业内非龙头企业
企业员工总数	企业员工总数在10万人以上	员工总数在5万~10万人	员工总数在1万~5万人	员工总数在1万人以下

企业经营业务重要性和企业员工总数反映了受评主体对区域经济和社会稳定的重要性，中债资信认为上述两个子要素中企业经营业务重要性对于判断主体重要性程度的影响作用更为突出，因此赋予该指标更大的权重。具体权重设置如表9–23所示：

表9–23　主体的重要性程度子要素权重

要素名称	企业经营业务重要性	企业员工总数
影响权重	70%	30%

（2）主体违约的声誉影响

主体违约的声誉影响主要考察受评主体违约后对地方区域金融生态环境的声誉影响程度，主要从受评主体的债务规模，和受评主体出现风险事件或违约对区域金融生态环境的声誉影响程度两个角度来判断，主体违约后对地方区域内企业融资环境影响越大，地方政府出于维护区域性金融稳

① 支柱产业是指该产业对当地经济贡献或纳税贡献或工业增加值贡献占比在10%以上。

定的目的，给予主体救助的可能性越大。

表9-24　主体违约的声誉影响评价要素及标准

评价指标	高（1分）	较高（2分）	一般（3分）	微弱（4分）
主体出现违约对区域金融生态环境的声誉影响程度	企业出现风险事件或违约对区域金融生态环境的声誉影响很高	企业出现风险事件或违约对区域金融生态环境的声誉影响较高	企业出现风险事件或违约对区域金融生态环境的声誉影响一般	企业出现风险事件或违约对区域金融生态环境的声誉影响较低

（3）历史政府支持情况

历史上政府支持情况考察受评主体历史上实际获取的政府外部支持情况，包括一般性支持和特殊性支持，企业受到外部支持的次数越多、支持程度越大，则可以认为企业与政府的关系越紧密，未来企业出现信用危机时受到政府支持的可能性就越大。具体评价标准如下：

表9-25　受评主体历史政府支持情况评价标准

评价指标	高（1）	较高（2）	一般（3）	微弱（4）
历史上获得政府支持的情况	受到政府外部支持（一般性支持或特殊性支持）的次数多且受到支持程度很高	受到政府外部支持（一般性支持或特殊性支持）的次数较多且受到支持程度较高	受到政府外部支持（一般性支持或特殊性支持）的次数较少且受到支持程度较低	历史上从未受到过政府外部支持

2. 股东支持可能性评价要素

股东的支持可能性可主要根据受评主体与股东的关联程度进行评价，一般受评主体与股东关联程度越高，其获取股东救助可能越高。具体而言，中债资信主要关注主体与股东的业务关系、主体违约的声誉影响、主体与股东的法律关系以及获得股东历史支持情况四个方面要素，不同要素对于股东支持可能性的影响强度及角度有所不同，所要考察的子要素也有所差异。

表9–26　股东支持可能性评价因素

获得股东支持的影响因素	具体考察因素
主体与股东业务关系	实际控制力、对核心业务的贡献程度、经营一体化程度、财务一体化程度、战略重要性
主体违约的声誉影响	主体违约对股东声誉和融资的影响程度
主体与股东法律关系	担保条款或连带责任条款、支持协议、公司章程等
主体获得股东历史支持情况	历史上股东一般或特殊支持的态度和政策

（1）主体与股东的业务关系

一般情况下，受评主体与股东的业务关系越紧密，对于股东的重要性就越高，其获得股东支持的可能性就越大。中债资信主要从实际控制力、对核心业务的贡献程度、经营一体化程度、财务一体化程度、战略重要性五个子要素考察受评主体与股东的业务关系。实际控制力考察股东对受评主体的控制能力，股东对受评主体的实际控制力越强，其对主体经营的干预能力和可能性越大。实务中中债资信主要关注股东对受评主体的持股比例和表决权比例，当持股比例低于表决权比例时，以表决权比例作为判断标准；对核心业务的贡献程度考察受评子公司对股东的整体经营以及收入或利润的贡献程度，体现子公司在集团内的地位和重要性程度。此外，对于股东的关键供应商或是处于业务经营中重点环节的主体，股东支持的意愿也越强烈。实务中中债资信主要关注子公司对股东收入、资产、利润的贡献占比以及子公司是否处于股东业务经营中的关键环节；经营一体化程度考察股东与受评主体在业务经营上的联系紧密程度。受评主体与股东在业务经营上的一体化程度越高，联系越紧密，说明受评主体对股东经营业务的影响越大，股东救助的意愿也就越强烈。实务中中债资信主要关注受评主体是否与股东开展相同的业务活动、是否面向相同的客户群体、是否共享股东的分销网络等情况；财务一体化程度考察受评主体与股东财务职能的独立性，一般情况下，如股东完全控制受评主体的现金流、受评主体所有的外部融资均通过股东渠道获取，则两者财务关系非常紧密，股东在受评主体出现信用危机时给予救助的可能性很高。实务中中债资信主要关

注股东是否实施资金集中归集制度或设立财务公司；战略重要性主要考察受评主体对于股东在公司整体战略发展或区域布局战略中扮演的角色。受评主体战略重要性越高，股东越有可能进行危机救助。实务中中债资信主要关注集团整体战略中，受评主体所处地位情况。

表9–27　主体与股东的业务关系评价要素及标准

评价指标	高（1）	较高（2）	一般（3）	微弱（4）
实际控制能力	股东持股比例100%，或表决权比例超过2/3，对子公司具有很强的控制力	股东持股比例50%~100%，或表决权比例超过半数，对子公司具有较强的实际控制力	股东持股比例20%~50%，对受评主体的控制力一般	股东持股比例低于20%，对于受评主体的控制力较弱
对核心业务的贡献程度	营业收入、资产总额或利润总额占比高于60%（最近三年平均数），处于股东业务经营重点环节	营业收入、资产总额或利润总额占比高于40%（最近三年平均数），在股东业务经营环节占有较重要的地位	营业收入、资产总额或利润总额占比高于20%（最近三年平均数），受评主体是股东下属企业中较大的企业	营业收入、资产总额或利润总额占比低于20%（最近三年平均数），对股东的业务重要性很低
经营一体化程度	与股东业务和市场上的绑定程度很高，共享股东的采购、分销网络	与股东存在业务和市场上较大程度的绑定，共享股东大部分的采购、分销网络	与股东在经营业务和客户群体上有部分重合，共享股东小部分的采购、分销网络	与股东经营不同的业务和客户群体，不共享股东的采购、分销网络
财务一体化程度	—	受评对象与股东财务联系很强，独立性很弱（股东设置了集权式资金归集制度和财务公司）	受评对象与股东财务联系较强，独立性较弱（股东设置了集权式资金归集制度或财务公司）	受评对象与股东财务联系很弱，财务独立性很强（股东没有设置集权式资金归集制度和财务公司）
战略重要性	业务或职能对于集团总体战略不可或缺，对于股东的整体战略具有重要地位	对于股东战略重要性高，对于区域战略发展具有重要地位	业务或职能对于股东重要性一般	业务或职能与股东整体发展偏离较远，战略地位很低

（2）主体违约对股东的声誉影响

主体违约对股东声誉和融资的影响程度考察受评对象违约是否影响股东的融资难度和融资成本，当受评对象违约严重影响股东的融资环境时，股东给予受评对象的救助可能将很高。实务中中债资信主要关注受评主体债务违约对于股东市场声誉带来的负面影响程度，主要体现为融资难度和融资成本。

表9–28　主体违约对股东的声誉影响

评价指标	高（1）	较高（2）	一般（3）	微弱（4）
主体违约对于股东声誉和融资的影响程度	主体违约将对股东的声誉造成很大不良影响，表现为很高的融资难度和融资成本	主体违约将对股东的声誉造成一定不良影响，表现为较高的融资难度和融资成本	主体违约对于股东声誉的不良影响和融资成本的影响程度一般	主体违约对于股东的声誉和融资成本影响很弱

（3）主体与股东的法律关系

对于法律关系的考察主要基于受评主体与股东有无明确的关于支持方式的法律文件，以及相关法律文件的约束力和可执行程度。具体而言，主体与股东的法律关系，主要考察相关担保条款、支持协议条款以及公司章程中是否有明确提供支持的条款三方面考察：①担保条款中担保比例的约定。担保或定义清晰的连带违约条款具有明确的法律约束力，具体关注股东担保的条件以及担保比例。股东为受评主体提供的历史担保比例越高、相关担保条款及责任越明晰，未来受评主体出现信用危机时，股东提供特殊支持的可能性越高。②相关支持协议。各类支持协议包括经营捆绑、偿债基金、保证书、安慰函、书面声明等，其支持程度需要结合具体条款约定、法律效力和司法环境等综合考虑。③公司章程中的支持条款。公司章程是公司设立及运作的最基本条件和最重要的法律文件，公司章程中明确说明的支持条款也一定程度上反映了股东对受评主体的支持可能性。结合中国特殊国情，中债资信认为从法律效力看，担保条款强制执行力很高，因此股东提供连带责任担保后，其隐含的支持受评主体的意愿将相对强于

相关支持协议和公司章程中的支持条款。相关支持协议中的经营捆绑、偿债基金等正式协议和公司章程明确说明的支持条款的效力相对强于保证书、安慰函、书面声明等协议形式。基于法律效力的差异，中债资信设置如下判断标准。

表9–29　受评主体与股东的法律关系判断标准

评价指标	高（1）	较高（2）	一般（3）	微弱（4）
主体与股东的法律关系	具有条款明晰的担保法律文件或连带违约责任条款，担保债务比例在80%以上，担保方具有很强的担保意愿	担保条款中担保比例在50%~80%，担保意愿较强，或者公司章程相关支持条款很完善且具有很强的约束力	有对部分债务的担保约定，担保比例50%以下；或者无担保，但有完善的经营捆绑、偿债基金等效力相对较强的支持形式	无担保，有相关保证书、安慰函、书面声明等法律效力相对较弱的支持协议

（4）主体获得股东的历史支持情况

历史支持记录通常可以作为股东支持可能性考察的佐证，辅助判断股东支持可能性的强弱。主体获得的股东支持可分为一般性支持及面临困境时的特殊性支持，企业历史上获得的支持次数越多，支持政策力度越大则表示受评主体对于股东越重要，相应在出现危机时股东再次支持的意愿也越强烈。

表9–30　受评主体获得股东历史支持情况的判断标准

评价指标	高（1）	较高（2）	一般（3）	微弱（4）
主体获得股东历史支持情况	历史股东一直采取很积极的支持态度和政策，受到的支持次数多，支持力度大	受到股东外部支持（一般性支持或特殊性支持）的次数较多，受到支持程度较大	股东历史上只在某些特定条件下提供有限的支持	从未受到过股东的外部支持

参考中债资信研究

[1] 专题报告〔2017〕第64期 煤炭区域竞争力系列研究之一：我国煤炭运输通道及运费研究。

[2] 专题报告〔2017〕第118期 煤炭价格全解析（上）——拨云见日，带你厘清形形色色的煤价。

[3] 专题报告〔2017〕第120期 煤炭价格全解析（下）——追本溯源，探寻煤炭定价机制与先行指标。

[4] 专题报告〔2017〕第125期 区域煤炭品质全梳理（上）：图揭三大煤种产地优势？

[5] 专题报告〔2017〕第126期 区域煤炭品质全梳理（下）：条分缕析，带您领略各省煤质。

[6] 专题报告〔2017〕第207期 从煤矿审批流程看未来新增产能变化情况。

[7] 专题报告〔2015〕第68期 中国钢铁行业区域经营环境分析——区域供需格局及物流成本主导现阶段区域经营环境分化。

[8] 专题报告〔2015〕第69期 大浪淘沙，中债带你看钢企——关注高杠杆、高流动性压力、低成本控制力企业。

[9] 专题报告〔2016〕第85期 钢铁成本专题：钢企成本层层剖析，成本控制究竟谁更胜一筹？

[10] 专题报告〔2017〕第106期 行业百科之钢铁行业——居安思危，从炼铁环节看成本控制。

[11] 专题报告〔2017〕第110期 铁矿石价格预测专题研究——供需为纲，成本为领，看黑色暴力何去何从。

[12] 专题报告〔2017〕第121期 行业百科之钢铁行业——炼钢与轧材环节探秘。

[13] 专题报告〔2017〕第139期 上市钢企业绩表现回顾与前瞻——盈利从

“长强板弱”到“长板同强”。
[14] 专题报告〔2017〕第180期　行业百科之钢铁行业——从钢企电耗看成本控制和高炉限产。
[15] 专题报告〔2017〕第187期　钢铁行业供给侧观察——去限产能结合 供给何去何从?
[16] 专题报告〔2017〕第203期 钢铁行业信用风险分析的总体框架。
[17] 专题报告〔2017〕第56期（总第373期）房地产开发业务流程、审批要求及会计处理——房企财务分析宝典系列专题报告之一。
[18] 专题报告〔2017〕第65期（总第382期）抽丝剥茧房企重点会计科目及风险关注点——房企财务分析宝典系列专题报告之二。
[19] 专题报告〔2017〕第76期（总第393期）解密“明股实债”模式及信用分析启示——房地产财务分析宝典系列专题报告之三。
[20] 专题报告〔2017〕第81期（总第398期）房地产财务分析指标优化与体系建立——房地产财务分析宝典系列专题之四。
[21] 专题报告〔2017〕第179期（总第496期）我国商业地产供需现状及未来景气度解析——商业地产系列专题报告之行业篇。
[22] 专题报告〔2017〕第182期（总第499期）REITs风起，看商业地产估值之道——商业地产系列专题报告之估值篇。
[23] 专题报告〔2017〕第188期（总第505期）见微知著，从企业经营数据看商业地产行业信用风险分析——商业地产系列专题报告之经营信用风险分析。
[24] 专题报告〔2017〕第197期（总第514期）从财务视角看商业地产行业信用风险——商业地产系列专题报告之信用风险分析篇。
[25] 行业展望〔2017〕第2期中债资信2018年房地产行业展望。
[26] 专题报告〔2017〕第4期（总第136期）BT业务对建筑企业信用品质的影响及未来发展方向。
[27] 专题报告〔2017〕第104期（总第421期）建筑行业财务宝典系列一（入门篇）——建筑企业业务全流程与会计处理。
[28] 专题报告〔2017〕第105期（总第422期）建筑财务宝典系列二（进阶篇）——警惕“雾里看花”，透视应收账款与存货科目。

[29] 专题报告〔2017〕第112期（总第429期）建筑财务宝典系列三（进阶篇）——“循序渐进”“条分缕析”现金流。

[30] 专题报告〔2017〕第117期（总第434期）建筑财务宝典系列四（专项篇）——“营改增”祸兮？福兮？

[31] 专题报告〔2017〕第136期（总第453期）建筑财务宝典系列五（进阶篇）——“见微知著”建筑财务分析体系的全构建+。

[32] 特别评论〔2017〕第81期（总第884期）《2016年全国收费公路统计公报》点评——收支缺口继续扩大，偿债指标小幅改善，行业整体风险可控。

[33] 专题报告〔2017〕第83期（总第400期）行业年报信用跟踪系列——收费公路行业2016年年报梳理及跟踪评级调整报告。

[34] 专题报告〔2017〕第89期（总第406期）收费公路企业折旧政策研究——路产入账及折旧政策全梳理。

[35] 专题报告〔2017〕第186期（总第503期）收费公路全梳理系列（一）——基本概念与不同模式之比较。

[36] 专题报告〔2017〕第216期（总第533期）收费公路全梳理系列（二）——图说公路里程、密度的现状与变化。

[37] 行业展望〔2017〕第6期2018年收费公路行业展望。

[38] 中债资信行业信评手册——收费公路。

参考文献

[1] 亚当·斯密. 国富论·下[M]. 北京：清华大学出版社，2010.
[2] 马克思. 马克思恩格斯全集 第26卷 Ⅲ[M]. 北京：人民出版社，1956.
[3] 陈玮. 休谟经济论文选[M]. 北京：商务印书馆，2011.
[4] 吴晶妹. 现代信用学[M]. 北京：中国人民大学出版社，2009.
[5] 吴晶妹. 三维信用论[M]. 北京：清华大学出版社，2016.
[6] 刘澄，徐明威. 信用管理：Credit management[M]. 北京：经济管理出版社，2010.
[7] 叶蜀君. 信用风险度量与管理[M]. 北京：首都经济贸易大学出版社，2008.
[8] 徐辉. 信用行为经济学导论[M]. 合肥：安徽大学出版社，2014.
[9] 孟颖. 马克思的信用风险理论及其当代价值[D]. 南华大学，2015.
[10] 龚宗艳，陈收. 资源优化配置与利用模型研究综述分析[J]. 湖南大学学报（自然科学版），1998，25（1）：99–105.
[11] 李强，徐康宁. 资源禀赋、资源消费与经济增长[J]. 产业经济研究，2013（4）：81–90.
[12] 陈华，赵俊燕. 美国金融危机传导过程、机制与路径研究[J]. 经济与管理研究，2009（2）：102–109.
[13] 张冀，祝伟，王亚柯. 家庭经济脆弱性与风险规避[J]. 经济研究，2016（6）：157–171.
[14] 李绍华. 马克思社会有机体视域中的国家概念演进[J]. 党政研究，2015（1）：92–96.
[15] 赵奇伟，张楠. 所有权结构、隶属关系与国有企业生存分析[J]. 经济评论，2015（1）：54–65.
[16] 姚文宽. 政府对国有企业的优惠政策与反补贴专向性关系的研究[J]. 经济研究导刊，2014（11）：9–10.

[17] 韩东屏. 国家起源问题研究[J]. 华中师范大学学报（人文社会科学版），2014，53（4）：61–69.

[18] 宋李健. 工业革命为什么发生在18世纪的英国——一个全球视角的内生分析模型[J]. 金融监管研究，2012（3）：93–106.

[19] 武阳. 亚当·斯密对政府起源问题论证的法理学解读[J]. 云南大学学报（法学版），2012（3）：6–10.

[20] 李东. 历史视野中的政府组织——论政府组织的三种历史类型[J]. 西北大学学报（哲学社会科学版），2011，41（5）：117–123.

[21] 洪怡恬. 政企关系和银企关系对企业融资约束影响效应研究[D]. 华侨大学，2014.

[22] 符安平. 基础设施对我国区域经济增长的影响研究[D]. 华中科技大学，2011.

[23] 王安. 中国经济转轨中的中央控制力：作用及其调整[D]. 山东大学，2013.

[24] 周亚雄. 基础设施、区域经济增长和区域差距的关系研究[D]. 南开大学，2013.

[25] 粟梦婷. 基于公共服务供给的地方政府财政支出竞争策略互动研究[D]. 湖南大学，2013.

[26] 陈道富，刘新海. 我国担保圈大数据分析的初步发现[J]. 中国发展观察，2015（1）：24–29.

[27] 曲亮，任国良. 高管政治关系对国有企业绩效的影响——兼论国有企业去行政化改革[J]. 经济管理，2012（1）：50–59.

[28] 汪平，邹颖. 我国企业财务政策的现状及其国际比较[J]. 财务与会计（理财版），2012（7）：67–69.

[29] 汪平，邹颖，莫丽艳. 企业主要财务政策的制定：原则与方法[J]. 财务与会计（理财版），2012（10）：65–67.

[30] 奚尊夏. 企业互保融资的顺周期效应[J]. 上海金融，2013（12）：33–36.

[31] 杨兴全，吴昊旻. 成长性、代理冲突与公司财务政策[J]. 会计研究，2011（8）：40–45.

[32] 章宏都. 营运资本管理效率对公司盈利能力的影响研究[D]. 华南理工大学，2012.

[33] 奥利维尔·布兰查德，钟笑寒. 宏观经济学（第2版 国际版）[M]. 北京：清华大学出版社，2003.

[34] 郑权，朱光耀. 金融危机、经济安全与政府债务政策[M]. 北京：中国财政经济出版社，1999.

[35] 秦海. 论债务政策、财政政策和货币政策的偏差协调[J]. 经济学家，1990（2）：16–25.

[36] 李志毅. 浅析发展中国家的债务政策与措施[J]. 南开管理评论，1997（1）：57–61.

[37] 王建军. 中国地方政府债务融资行为及监管研究[D]. 陕西师范大学，2015.

[38] 沈炳熙，曹媛媛. 中国债券市场：30年改革与发展[M]. 北京：北京大学出版社，2014.